A. Seidel

Deutschlands Kolonien

REPRINT – VERLAG
LEIPZIG

Die zum Teil geminderte Druckqualität ist auf den
Erhaltungszustand der Originalvorlage zurückzuführen.

Aus drucktechnischen Gründen mußte der Stand der Tafeln
gegenüber der Originalausgabe geringfügig verändert werden.

Die Deutsche Bibliothek – CIP-Einheitsaufnahme

Ein Titeldatensatz für diese Publikation ist bei
Der Deutschen Bibliothek erhältlich.

© REPRINT-VERLAG-LEIPZIG
Volker Hennig, Goseberg 22-24, 37603 Holzminden
www.reprint-verlag-leipzig.de
ISBN 3-8262-1912-0

2. Reprintauflage der Originalausgabe von 1913
nach dem Exemplar des Verlagsarchives

Lektorat: Andreas Bäslack, Leipzig
Einbandgestaltung: Jens Röblitz, Leipzig
Gesamtfertigung: Druckhaus „Thomas Müntzer" GmbH

Ein Kratersee (Samoa).

Deutschlands Kolonien

Koloniales Lesebuch für Schule und Haus

Beschreibung der deutschen Schutzgebiete nebst
einer Auswahl aus der kolonialen Literatur

Von A. Seidel

Dritte vermehrte Auflage

bearbeitet von

Rektor **W. Kreyenberg** in Bergedorf

Mit 38 Vollbildern

Vorwort zur zweiten und dritten Auflage.

Es liegt im Wesen dieses Buches, daß eine Neuauflage zahlreiche Veränderungen verlangt. Von Jahr zu Jahr steigert sich das Interesse für unsere Kolonien in erfreulichster Weise, und getragen von dieser Teilnahme nehmen unsere Besitzungen in Asien, Afrika und in der Südsee einen ungeahnten Aufschwung. Ihrer weiteren geographischen Erschließung, ihrer fortschreitenden wirtschaftlichen Entwicklung, der Vergrößerung Kameruns mußte Rechnung getragen werden. Ebenso mußten aus den in den letzten Jahren erschienenen Büchern über unsere Kolonien Originalbeiträge an Stelle einiger älterer Artikel der in der ersten Auflage gekennzeichneten Bestimmung des Buches gemäß aufgenommen werden.[1] Das ist geschehen, und so kann das Buch, mit Schätzen aus der Kolonialliteratur bis zum Jahre 1912 beladen, seine Wanderung von neuem beginnen. Freunde des Buches werden wiederum eine Karte vermissen. Wenn aber eine solche auch beigegeben wäre, würde sie kaum mehr bringen können als das, was jeder Schulatlas bietet; darum verweise auch ich nochmals nachdrücklich auf den alljährlich neu erscheinenden und mit gutem Zahlenmaterial versehenen Deutschen Kolonialatlas (Berlin, Dietrich Reimer), der bei sehr geringem Preise den Anforderungen eines Laien völlig genügt.

Wie bei der ersten Auflage haben auch bei der zweiten und dritten zahlreiche Verlagsbuchhandlungen den Abdruck von Abschnitten und Bildern aus ihren Verlagswerken freundlich gestattet. Ihnen, sowie den Herren Autoren sei dafür herzlich gedankt. Besonderer Dank aber gebührt dem Reichskolonialamt, das die Wiedergabe einer Reihe von Abbildungen aus den amtlichen Denkschriften gestattete, wodurch die Bilderzahl erheblich vermehrt werden konnte. Daß auch der Verlag keine Mühen und Kosten gescheut hat, um das Buch trotz seines niedrigen Preises vornehm auszustatten, und daß er meinen Wünschen stets in weitestem Maße entgegengekommen ist, sei ebenfalls mit Dank erwähnt.

Bergedorf, im Dezember 1908 und 1912.

W. Kreyenberg.

---

[1] Ein Verzeichnis der Werke, aus denen einzelne Abschnitte entnommen sind, findet sich auf S. X ff.

Vorwort zur erſten Auflage.

Die Anregung zu dem vorliegenden Buche verdanke ich meinem ge=
lehrten Freunde, dem bekannten Kolonialgeographen Profeſſor
Dr. K. Dove zu Jena, der in einem gediegenen Aufſatze „Zur Frage
der kolonialen Bildung“ (Deutſche Kolonialzeitung 1900, S. 362 und
375) auf die Bedeutung einer volkstümlichen Darſtellung der deutſchen
Schutzgebiete für Familie und Schule hingewieſen hat.

Unſer Volk muß zunächſt mit kolonialem Wiſſen durchtränkt
werden, ehe man von ihm erwarten darf, daß es mit Verſtändnis
an der Kolonialpolitik tätigen Anteil nimmt. Aber an den modernen
Menſchen werden unzählige Anſprüche geſtellt. Es galt alſo, ihm eine
auf den neueſten Forſchungsergebniſſen aufgebaute, aber volkstümlich
gehaltene Darſtellung der Schutzgebiete, ihrer natürlichen Verhältniſſe,
ihrer Bewohner, ihres wirtſchaftlichen und politiſchen Zuſtandes dar=
zubieten, die weder an ſeine Zeit noch an ſeine geographiſche Vor=
bildung allzu hohe Anſprüche ſtellt. Dieſe bildet daher ſozuſagen das
Gerippe des vorliegenden Buches. Sie iſt möglichſt knapp gefaßt, be=
ſchränkt ſich auf die wichtigſten Tatſachen und ſtellt dieſe klar, aber
ſchmucklos dar, um möglichſt kurz zu bleiben. Sie ſtellt das Mindeſt=
maß deſſen dar, was der Gebildete von den deutſchen Schutzgebieten
wiſſen ſollte.

Aber es iſt dringend zu wünſchen, daß es hierbei nicht ſein Be=
wenden habe, ſondern daß der Einzelne, je nach ſeiner beſonderen Neigung,
auch ſeine Kenntniſſe auf beſtimmten Gebieten weiter ausbreite und
vertiefe. Eine außerordentlich reiche Literatur über die deutſchen Schutz=
gebiete ſteht ihm dazu bereits zu Gebote.[1] Aber eben dieſe Reichhaltigkeit
erſchwert ihm nicht nur die Wahl, ſondern überſteigt im Durchſchnitt
auch die Leiſtungsfähigkeit ſeiner Börſe und ſteht in ſchreiendem Gegen=
ſatz zur engen Begrenzung ſeiner Muße. Es mußte dem Leſer alſo eine

---

[1] Vergl. Maximilian Broſe: Die deutſche Kolonialliteratur von
1884—1895. Nachträge dazu erſcheinen alljährlich in den von der Deutſchen
Kolonialgeſellſchaft herausgegebenen „Beiträgen zur Kolonialpolitik und Kolo=
nialwirtſchaft“.

Auswahl aus der besten Kolonialliteratur gegeben werden, die wenigstens an einzelnen Punkten den Elementarstoff weiter ausführt, seine
Trockenheit belebt und durch ihre schmuckvollere Darstellungsweise auch
die Einbildungskraft beschäftigt. Diese Auswahl habe ich so getroffen,
daß sich die einzelnen Stücke im allgemeinen an die Unterabteilungen
der allgemeinen Beschreibung anschließen. Den Herren, die mir freund-
lichst gestattet haben, Abschnitte aus ihren Werken für diesen Zweck
zu benutzen, verfehle ich nicht, auch an dieser Stelle meinen Dank aus-
zusprechen.[1] Man wird es, wie ich hoffe, billigen, daß ich diese Lite-
raturstücke nicht überarbeitet habe, um der Darstellung nichts von ihrer
Ursprünglichkeit und dem Geiste des Autors zu rauben und dadurch den
Wunsch nach besserer Bekanntschaft mit seinen Werken wachzurufen.
Weniger sicher bin ich in einer anderen Beziehung, ob nämlich die getroffene Auswahl allgemeinen Beifall finden wird. Zwar habe ich mich,
was ich hier dankbar hervorhebe, bei der Abfassung des Buches des
freundlichen Rates vortrefflicher Kenner der in Rede stehenden Literatur zu erfreuen gehabt, wie der Herren Professoren Dr. Kirchhoff,
Dr. K. Dove, Dr. K. Hassert, Dr. Anton usw.; aber nicht immer
entsprach das Vorhandene den Ansprüchen, die mit Rücksicht auf die
Bestimmung des Buches gestellt werden mußten. Bald war die Darstellung zu wissenschaftlich, bald zu oberflächlich, bald zu trocken, bald
auch stilistisch nicht ganz auf der Höhe. Es war nicht möglich, allen
diesen Mängeln auszuweichen, da die Kolonialliteratur, so reich sie im
ganzen ist, im einzelnen doch noch recht erhebliche Lücken aufweist, wie
mir jeder Kenner bestätigen wird.

Die beigegebenen Bilder verdanke ich der Güte der Deutschen
Kolonialgesellschaft und des deutschen Kolonialhauses Bruno Antelmann.

Leider verbot die Rücksicht auf den Preis des Buches, der wegen
seines Zweckes eine gewisse Höhe nicht überschreiten durfte, das Werk,
wie es erwünscht gewesen wäre, mit reicherem Bilderschmuck auszustatten. Doch wird das Vorhandene genügen, um wenigstens einige
Hauptsachen zur Anschauung zu bringen. Karten beizugeben, habe ich
nicht für nötig gehalten, da der von der Deutschen Kolonialgesellschaft
herausgegebene kleine Kolonialatlas (bei Dietrich Reimer, Berlin) bei
billigstem Preise den hier zu stellenden Ansprüchen völlig genügt.

Im November 1901.

A. Seidel.

---

[1] Ein Verzeichnis der Werke, aus denen einzelne Abschnitte entnommen
sind, findet sich auf S. Xff.

Inhaltsverzeichnis

A. Die afrikanischen Schutzgebiete

C. Die deutschen Schutzgebiete in der Südsee

I. Kaiser-Wilhelmsland

II. Der Bismarckarchipel und die Salomonen

III. Die Marshallinseln

Verzeichnis der benutzten Literatur.

Adolf Friedrich, Herzog zu
  Mecklenburg . . . . Ins innerste Afrika. (Klinkhardt & Biermann, Leipzig.

Baumann, O. . . . . Usambara und seine Nachbargebiete. Berlin 1891.

Baumann, O. . . . . Durch Massailand zur Nilquelle. Reisen und Forschungen
  der Massai-Expedition des Deutschen Antisklaverei-
  Komitees in den Jahren 1891—1893. Berlin 1894.

Chamisso . . . . Bemerkungen und Ansichten auf einer Entdeckungsreise, unternommen in den Jahren 1815—1818. Wei-
  mar 1821.

Decken's, Baron C. C. v. d. Reisen in Ostafrika. Bearbeitet von O. Kersten. 3 Bde.
  Heidelberg 1869—1879.

Denkschrift über die Entwickelung der Schutzgebiete in Afrika und der Südsee im
  Jahre 1906/7.

Dominik, Hans . . . . . . Kamerun. (E. S. Mittler & Sohn, Berlin 1901.)

Dove, K. . . . . Deutsch-Südwestafrika. Ergebnisse einer wissenschaft-
  lichen Reise im südlichen Damaralande. Petermanns
  Geogr. Mitteilungen. Ergänzungsheft 120 (1896).

Eckenbrecher, Margarete v. Was mir Afrika gab und nahm. (E. S. Mittler &
  Sohn, Berlin 1907).

Eppler, Paul . . . . Geschichte der Basler Mission. 1815—1899. Basel.

Finsch, O. . . . . Samoafahrten. Reisen in Kaiser Wilhelmsland und
  Englisch-Neuguinea in den Jahren 1884 und 1885 an
  Bord des deutschen Dampfers „Samoa". Leipzig 1888.

Finsch, O. . . . . Karolinen und Marianen.

François, H. v. . . . . . . Nama und Damara. Südwestafrika. Magdeburg 1896.

Franzius, G. . . . . Kiautschou. Deutschlands Erwerbung in Ostasien.
  Berlin 1898.

Friedrichsen, Dr. Max . . Die Karolinen. Mitteilungen der Geographischen Gesellschaft in Hamburg. Bd. XVII. L. Friederichsen &
  Co., Hamburg 1901.

Goetzen, Graf G. A. v. . Durch Afrika von Ost nach West. Berlin 1895.

Große Generalstab. Kriegs-
  geschichtliche Abt. I desj. Die Kämpfe der deutschen Truppen in Südwestafrika·
  (E. S. Mittler & Sohn, Berlin 1906/7).

Hager, C. . . . . Die Marschall-Inseln in Erd- und Völkerkunde,
  Handel und Mission. Leipzig 1886.

Haffert, Dr. Kurt . . . . . Deutschlands Kolonien. Erwerbungs= und Ent=
wickelungsgeschichte, Landes= und Volkskunde und wirt=
schaftliche Bedeutung unserer Schutzgebiete. Leipzig 1899.

Hernsheim, F. . . . . . . Südsee=Erinnerungen. Berlin 1883.

Herrmann . . . . Ugogo, das Land und seine Bewohner. Mittlg. aus
den deutsch. Schutzgeb. 1892, S. 191.

Hesse=Wartegg, E. v. . . . Schantung und Deutsch=China. Leipzig 1898.

Hupfeld Fr. . . . . Land und Leute in Bsari. Beiträge zur Kolonial=
politik und Kolonialwirtschaft 1899/1900, S. 161.

Klose, H. . . . . Togo unter deutscher Flagge. Berlin 1899.

Kolonialblatt, Deutsches . . (E. S. Mittler & Sohn, Berlin).

Kolonialzeitung, Deutsche . (Deutsche Kolonialgesellschaft, Berlin).

Krämer, Dr. Augustin . . Die Samoainseln. (E. Schweizerbartsche Verlagsbuch=
handlung [E. Nägele], Stuttgart 1903).

Krieger, Dr. . . . . Neuguinea. Berlin 1899.

Leue, A. . . . . Schauri. Deutsche Kolonialzeitung 1899, S. 421.

Meinicke . . . . Die Inseln des Stillen Ozeans. Leipzig 1895.

Merensky, A. . . . . Deutsche Arbeit am Nyassa. Berlin 1894.

Meyer, H. . . . . Ostafrikanische Gletscherfahrten. Forschungsreisen im
Kilimandjarogebiet. Leipzig 1890.

Morgen, C. . . . . Durch Kamerun von Süd nach Nord. Leipzig 1892.

Neuhauß . . . . Deutsch Neuguinea. (Dietrich Reimer, Berlin).

Obermüller . . . . Samoa. Leipzig 1889.

Passarge, S. . . . . Adamaua. Bericht über die Expedition des Deutschen
Kamerunkomitees in den Jahren 1893/94. Berlin 1895.

Penny, A. . . . . Mitteilungen der Geogr. Gesellsch. Jena 1890.

Pfeil, J. Graf . . . . . . Die erste Expedition der Gesellschaft für deutsche
Kolonisation nach Ostafrika. Allgem. Konserv. Monats=
schrift. 1887, I. S. 285, 393, 621.

Pfeil, J. Graf . . . . . . Studien und Beobachtungen in der Südsee. Braun=
schweig 1899.

Pflanzer . . . . Ostafrikanischer, Flugblatt Nr. 3, Januar 1910. (Ber=
lin S. 42.)

Plehn, F. . . . . Die Kamerunküste. Studien zur Klimatologie, Physio=
logie und Pathologie in den Tropen. Berlin 1898.

Preil, Oberleutnant . . . Eine Otifahrt. Deutsche Kolonialzeitung 1900, S. 550.

Range, D. Paul . . . . . Die Entdeckung der Diamanten im Lüderitzlande.
Deutsches Kolonialblatt 1909, Nr. 22.

Reichard, P. . . . . Deutsch=Ostafrika. Das Land und seine Bewohner,
seine politische und wirtschaftliche Entwicklung. Neue
Ausgabe. Leipzig 1898.

Richthofen, F. v. . . . . . Kiautschau. Seine Weltstellung und voraussichtliche
Bedeutung. Preuß. Jahrb. 1897. Vergl. Geogr.
Zeitschr. IV. (1898) S. 103—107.

Ritter . . . . Neukamerun. (Gustav Fischer, Jena.)

Rohrbach, Dr. P. . . . . . Deutsche Kolonialwirtschaft Bd. 1. Südwest=Afrika.
(Buchverlag der „Hilfe" G. m. b. H., Berlin=Schöneberg
1907).

Schillings, C. G. . . . . . Mit Blitzlicht und Büchse. (R. Voigtländers Verlag, Leipzig 1903).

Schinz, H. . . . . Deutsch-Südwestafrika. Oldenburg und Leipzig 1891.

Schmidt, Geo A. . . . . . Die Ölpalme. Flugblatt Nr. 3 zum „Pflanzer". Januar 1910.

Schmidt, R. . . . . Geschichte des Araberaufstandes in Ostafrika. Seine Entstehung, seine Niederwerfung und seine Folgen. Frankfurt a. O. 1892.

Schnee, Dr. Heinrich . . . Bilder aus der Südsee. (Dietrich Reimer [E. Vohsen], Berlin 1904.)

Schwabe, K. . . . . Mit Schwert und Pflug in Deutsch-Südwestafrika. Berlin 1899.

Seidel, A. . . . . Geschichten und Lieder der Afrikaner. Berlin 1896.

Seidel, H. . . . . Lome, die Hauptstadt der Togokolonie. Berlin 1898.

Seidel, H. . . . . Die deutsche Salomoninsel Isabel. Deutsche Kolonialzeitung 1894, S. 104.

Semper . . . . Die Palauinseln Leipzig 1873.

Tappenbeck, E. . . . . . . Deutsch-Neuguinea. Berlin 1901.

Thorbecke, F. . . . . . . Duala und die Nordbahn. Deutsche Kolonialzeitung 1912, Nr. 2.

Vogel . . . . Eine Forschungsreise im Bismarckarchipel. (L. Friederichsen & Co., Hamburg).

Volkens, Prof. Dr. G. . . . Über die Karolneninsel Yap. Verhandl. der Gesellschaft für Erdkunde. Berlin 1901.

Weicker, Hans . . . . . . Kiautschou, das deutsche Schutzgebiet. (Alfred Schall, Berlin 1908).

Werner, B. von . . . . . . Ein deutsches Kriegsschiff in der Südsee.

Wohltmann, F. . . . . . . Der Plantagenbau in Kamerun und seine Zukunft. Berlin 1896.

Zintgraff, E. . . . . Nordkamerun. Berlin 1895.

Zöller, H. . . . . Deutsch-Neuguinea und meine Ersteigung des Finisterre-Gebirges. Stuttgart 1891

Verzeichnis der Abbildungen.

A. Die afrikanischen Schutzgebiete.

I. Deutsch-Ostafrika.

II. Deutsch-Südwestafrika.

III. Kamerun.

IV. Togo.

B. Kiautschou in Ostasien.

C. Die deutschen Schutzgebiete in der Südsee.

I. Kaiser-Wilhelmsland.

II. Bismarckarchipel und die Salomonen.

III. Die Marshallinseln.

IV. Die Karolinen, Marianen und Palauinseln.

V. Deutsch-Samoa.

A.

Die afrikanischen Schutzgebiete

1. Deutsch-Ostafrika

a) Allgemeine Beschreibung des Landes
Lage und Erwerbungsgeschichte.

Deutsch-Ostafrika ist fast noch einmal so groß wie Deutschland (etwa 995 000 qkm). Auf etwa 700 km bildet der Indische Ozean die natürliche Grenze im Osten, während im Westen die Kirunga-vulkane, der Kiwu-, der Tanganika- und der Nordteil des Njassa-sees, im Norden der Viktoriasee und das Bergmassiv des Kiliman-djaro, im Süden der in den Indischen Ozean fallende Rowuna als natürliche Scheiden gegen die Nachbargebiete betrachtet werden können. Die angrenzenden Ländereien gehören im Norden den Engländern, im Süden den Portugiesen, zwischen Njassa- und Tanganikasee wieder-um den Engländern und im Westen zu Belgisch-Kongo. Von den der Küste vorgelagerten Inseln ist nur Mafia deutscher Besitz.

Die Erwerbung des deutsch-ostafrikanischen Schutzgebietes ist eine unmittelbare Frucht der im Anfange der achtziger Jahre des vorigen Jahrhunderts überall in Deutschland emporlodernden Kolonialbewegung. Das mit der Neubegründung des Deutschen Reiches wiedererwachte na-tionale Selbstbewußtsein verlangte seinen Anteil an der noch unver-gebenen Welt übersee, um seine starke Auswanderung dahin abzu-leiten, seinen reichen Bedarf an Kolonialwaren auf eigenem Boden zu erzeugen und neue Absatzgebiete für die Produkte seines rastlos wachsenden Gewerbefleißes zu schaffen. In Frankfurt a. M. entstand der Deutsche Kolonialverein, in Berlin die Gesellschaft für deutsche Kolonisation, beide mit der Aufgabe, diese Gedanken in die Tat um-zusetzen. Die Einzieligkeit ihrer Bestrebungen führte nach wenigen Jahren zu ihrer Vereinigung unter dem Namen der Deutschen Kolonialgesellschaft und unter der Leitung des Fürsten Her-mann zu Hohenlohe-Langenburg und — nach dessen Berufung zum

1*

Statthalter der Reichslande — des Herzogs Johann Albrecht zu Mecklenburg, Regenten von Braunschweig.

Die Gesellschaft für deutsche Kolonisation hatte bereits im Jahre 1884 die Mittel aufgebracht, um eine Expedition nach Ostafrika zu entsenden. Dr. K a r l P e t e r s, J o a c h i m G r a f P f e i l und Dr. J ü h l k e führten dieselbe. Es gelang ihnen, mit den Häupt= lingen der Landschaften Useguha, Ukami, Ussagara und Nguru Schutz= verträge abzuschließen. Schon zu Beginn des Jahres 1885 wurden diese Gebiete durch kaiserlichen Schutzbrief unter den Schutz des Deut= schen Reiches gestellt. Dies war der Anfang der großen deutsch=ost= afrikanischen Kolonie.

Die weitere Ausbreitung dieses Besitzes war die nächste Aufgabe der hierauf ins Leben tretenden D e u t s c h = O s t a f r i k a n i s c h e n G e = s e l l s c h a f t. Sie schloß zahlreiche weitere Schutzverträge und nahm die erworbenen Gebiete, da sie mit Hoheitsrechten ausgestattet war, ebensowohl in staatliche Verwaltung wie in wirtschaftliche Ausnutzung.

Bald geriet sie indessen mit Séhhid Bárgasch, dem Sultan von Sansibar, der auf die Küstengebiete Rechte geltend zu machen suchte, in Streitigkeiten. Auch das arabische Element der Bevölkerung, in dessen Händen sich Handel und Wandel jener Gebiete befand, und das sich besonders in dem Betriebe des lohnenden Sklavenhandels bedroht sah, wurde gegen die Gesellschaft aufsässig. Nur unter dem Drucke des Erscheinens deutscher Kriegsschiffe vor Sansibar ließ sich der Sultan schließlich herbei, der Gesellschaft die Benutzung des Hafens von Dar= essalam zu gestatten. Nachdem er dann später zunächst die Zoll= stationen in Daressalam und Pangani an die Gesellschaft verpachtet hatte, überließ er ihr schließlich durch den Vertrag vom 28. April 1888 das ganze Küstengebiet für die Dauer von 50 Jahren und versprach ihr bei der Durchführung ihrer Verwaltungsmaßnahmen seine Unterstützung. Bald darauf starb er indessen, und sein Nachfolger Séhhid Chalífa zeigte sich den ausbrechenden Schwierigkeiten in keiner Weise gewachsen.

Unter der Führung des Arabers Buschiri erhoben sich nämlich im Sommer des Jahres 1888 die ostafrikanischen Araber und die von ihnen zum Teil aufgewiegelte Bevölkerung zur Vertreibung der Deutschen. Bald hatten sie fast das ganze Küstengebiet besetzt und alles bisher Geschaffene vernichtet. Daressalam und Bagamoho konnten nur durch die Unterstützung deutscher Kriegsschiffe gehalten werden. Die Gesell= schaft war am Ende ihrer Kraft, der Sultan unfähig, auch wohl un= willig zu helfen. Dem vom Mutterlande auf Reichskosten entsandten Reichskommissar Hermann von Wissmann gelang es indessen, mit einer in der Hauptsache aus Sudanesen bestehenden Truppe den Aufstand in we= nigen Monaten niederzuwerfen. Buschiri wurde gefangen und erschossen.

Trotz dieser schwierigen Verhältnisse waren von entschlossenen Män=

nern auch fernerhin sowohl in Uganda als auch an der Jubaküste und weiter nördlich Versuche gemacht worden, für Deutschland festen Fuß zu fassen. Auch das Wituland, nicht fern von dem nördlichsten Punkte der Küste des jetzigen deutschen Gebietes, stand bereits seit langer Zeit ganz unter dem Einflusse deutscher Unternehmer. Am 1. Juli 1890 kam indessen zwischen Deutschland und England, dessen Eifersucht er= regt war, ein Vertrag zustande, in welchem die Grenzen des Schutz= gebietes in ihrer heutigen Ausdehnung festgelegt wurden. Auch Sansibar fiel dem englischen Einflußgebiete zu. Dagegen erwarb Deutschland bei diesem Anlaß bekanntlich die Insel Helgoland.

Am 1. Januar 1891 übernahm das Reich die Hoheitsrechte der Ge= sellschaft und damit die gesamte Verwaltung der neugeschaffenen Kolonie.

Bodengestalt. Bewässerung.

Die Oberfläche des ostafrikanischen Schutzgebietes ist sehr einfach gestaltet. Fast das ganze Gebiet wird von einem mächtigen, meist aus Granit, Gneis, Glimmerschiefer, Quarzit bestehenden Hochlande erfüllt, das im Norden ziemlich nahe an die Küste herantritt, nach Süden zu sich immer mehr ins Innere und zuletzt bis fast an den Njassasee zurück= zieht. Dies Hochland, das im Durchschnitt mindestens 1000 m Meeres= höhe hat, ist im allgemeinen eintönige Ebene mit zerstreuten flachen Hügeln und Kuppen ohne erhebliche Bergzüge und mit geringer Be= wässerung. Ein starker Erdriß, der zentralafrikanische Graben, durch die Seenreihe Albert—Albert=Edward—Kiwu—Tanganika bezeichnet, trennt das Hochland Deutsch=Ostafrikas von dem des Belgischen Kongo. Ein zweiter Riß verläuft, schon vom Jordantale und dem Roten Meere her das Gelände brechend, in der Richtung des Naiwascha=, des Natron=, des Manhara= und des Njassasees. Dies ist der ostafrikanische Graben. Von ihm gehen mehrere seitliche Bruchspalten nach Westen aus, z. B. der Wembäre=Graben mit dem Njarasee und der Rukwagraben mit dem immer mehr eintrocknenden Rukwasee.

Bedeutende vulkanische Ergüsse haben die Sohle dieser Senkungs= felder und der Seitenspalten ebenso wie ihre Ränder nicht selten stark verändert und zur Bildung einzelner erheblicher Bergmassen geführt. Hierher gehören z. B. der Kilimandjaro, ein erloschener Vulkan, in einer Seitenspalte des ostafrikanischen Grabens, dessen Basis eine Fläche bedeckt, die anderthalbmal so groß ist wie der Harz. Er ist der höchste Berg des afrikanischen Kontinents überhaupt. Die westliche, 6010 m hohe Spitze, der Kibo (d. i. der Helle, weil sein Gipfel in die Region des ewigen Schnees hineinreicht), überragt die Mawensispitze noch um 655 m. Bis zu einer Höhe von 1700 m erstrecken sich allerlei Kulturen (vornehmlich Bananenpflanzungen); hieran schließt sich ein Ur=

waldgürtel (bis 2900 m). In geringer Entfernung wsw. liegt der vul=
kanische M e r u b e r g (4730 m), südwestlich davon am Balangdasee im ost=
afrikanischen Graben der Gurui (3402 m). Nördlich vom Kiwusee (im
zentralafrikanischen Graben) erhebt sich das gewaltige Massiv des
Kirungavulkans.

Der Ostrand des Hochlandes zeigt ebenso wie der durch den zentral=
afrikanischen Graben gebildete Westrand bedeutende Aufwulstungen, das
ostafrikanische und das zentralafrikanische Schiefergebirge. Zu diesem
sind die zwischen Kiwu= und Tanganika= und Viktoriasee gelegenen
Bergländer von Urundi und Ruanda zu rechnen. Jenes zieht vom Kili=
mandjaro, von dem es allerdings durch eine Senke getrennt ist, als Pare=
und Usambaragebirge am linken Ufer des Ruwu und Pangani in südöst=
licher Richtung fast bis an die Küste. Seine Mitte umgibt als Berg=
land von Nguru, als Rubehogebirge, durch das sich die Straße und
die Eisenbahn von Daressalam, Mrogoro nach Mpapua und Tabora
hinaufwinden, und als Uluguruberge den Ober= und Mittellauf des Wami.
Sein Südende streicht vom mittleren Ruaha, dem größten Nebenfluß
des Rufiji als Bergland von Uhehe südwestlich, heißt am Ostufer des
Njassasees das Livingstonegebirge und bildet am Nordufer desselben
das Bergland von Konde, dessen gewaltiger Gipfel, der Rungwe, mit
3170 m Höhe den höchsten deutschen Alpenberg noch um 200 m überragt.

Zwischen dem inneren Hochlande und dem Küstenstreifen dehnt sich
eine im Norden ziemlich schmale, nach Süden sich zu ansehnlicher Breite
erweiternde V o r l a n d s z o n e von höchstens 125 m Meereshöhe aus,
die aus jurassischen Tonschiefern und Kalken, weiterhin aus Sandstein
der Steinkohlenformation besteht.

Die wenig gegliederte K ü s t e besteht aus Korallenkalk, wird von
Mangrovendickicht umsäumt, von zahllosen Korallenriffen eingefaßt, von
starken Dünen überlagert und neigt zur Sumpfbildung. Größere Ein=
buchtungen finden sich bei Tanga, Daressalam, Kilwa, Lindi und
Mikindani.

Neben vielen kleineren Seen hat das Schutzgebiet auch vier große
Wasserbecken aufzuweisen, den Viktoriasee auf dem Hochlande, den
Tanganika und den Kiwusee im Verlauf des zentralafrikanischen und
den Njassasee im Verlauf des ostafrikanischen Grabens. Der Viktoria=
see, 1200 m hoch gelegen, sehr inselreich, fast von der Größe Bayerns,
hat meist flache Ufer, während der fischreiche Tanganika und der be=
deutend kleinere Kiwusee, beide 400 m tiefer gelegen, von waldigen
Bergen eingeschlossen sind. Der Njassasee, kaum 500 m über dem
Meeresspiegel liegend, ist etwas kleiner als der Tanganika, aber immer
noch doppelt so groß wie das Großherzogtum Mecklenburg=Schwerin.

Die Flüsse entwässern in ihrer Mehrzahl nach dem indischen Ozean,
einige nach den zentralafrikanischen Seen. Als Wasserscheide ist das

abflußloſe Gebiet der Wembäreſteppe und ihre ſüdliche Fortſetzung nach dem Rukwaſee hin zu betrachten. Die zum Indiſchen Ozean hin abfallenden Ströme, der Pangani, der Wami, der Kingani, Rufiji und Rowuma kommen vom Hochlande herab, durchbrechen das Randgebirge in breiten maleriſchen Tälern, ſind aber wegen ihres naturgemäß ſtarken Gefälles, zahlreicher Schnellen und Waſſerfälle nur mit Einſchränkungen ſchiffbar zu nennen. Je mehr das Randgebirge im Süden zurücktritt, umſoweniger machen ſich die Übelſtände bemerk= bar. Der Rufiji, länger als der Rhein (er nimmt den Ulanga und Ruaha auf), wird nach einigen Verbeſſerungen faſt in ſeiner ganzen Ausdehnung befahren werden können.

Jenſeits der oben erwähnten Waſſerſcheide fallen die wenig zahl= reichen, in der Trockenzeit oft wenig Waſſer führenden Stromläufe in den Viktoriaſee (wie der Kagera, Simiju u. a.) oder in den Tanganika (Malagaraſi).

Klima. Geſundheitsverhältniſſe.

Das Klima iſt tropiſch, aber nicht einheitlich. Von Ende April bis Anfang Oktober, d. i. während der Trockenzeit, wehen ſüdöſtliche, von Mitte November bis Mitte März nordöſtliche Winde. Dieſe öſtlichen Winde treiben die Dunſtmaſſen des Indiſchen Ozeans ins Land, wo ſie beim Aufſtieg auf das Hochplateau abgekühlt und niedergeſchlagen werden. Ins Binnenland gelangt davon naturgemäß nur wenig.

Je nach dem Sonnenſtande tritt eine Trockenzeit und eine gewitter= reiche Regenzeit ein. Das Vorland, außerdem zum Teil von den er= wähnten Steigungsniederſchlägen betroffen, hat gewöhnlich zweimal Regen= und Trockenzeit. Im Innern iſt der Gegenſatz zwiſchen beiden Jahreszeiten weniger ſtark. Die Regenzeiten ſind von ſehr verſchie= dener Ergiebigkeit und fallen zum Schaden der Vegetation oft ſehr ſpärlich aus. Im Gebiet des oſtafrikaniſchen Grabens beträgt die Regen= zeit nur 3—4 Monate und die Regenhöhe nur 30—40 cm.

Die Temperatur der feuchten Küſtenlandſchaften iſt ziemlich gleich= mäßig; ſie bewegt ſich im Mittel zwiſchen 23° im Juli und 28° C. im Februar. Da die trockene Luft des hochgelegenen Binnenlandes die Zuſtrahlung wie die Ausſtrahlung der Wärme fördert, ſo ſind hier die Tage heißer und die Nächte kühler, ein Gegenſatz, der unter anderm einen außerordentlich ſtarken Taufall zur Folge hat.

Für den Europäer iſt das Klima, wenigſtens an der Küſte und in der Vorlandzone, ſowie im Seengebiet nicht gerade geſund, da die gleichmäßig feuchtwarme Luft ſeinem Organismus auf die Dauer nicht immer zuträglich iſt. Dazu kommt, daß die Malaria mit ihren immer wiederkehrenden Anfällen die Geſundheit leicht in bedrohlicher Weiſe ſchwächt. Angeregt durch die Unterſuchungen des Geheimrats Koch ſind

aber Vorkehrungen getroffen, wodurch die Malaria bereits erheblich ein=
geschränkt wurde; auch gibt es Gegenden, wo sie seltener vorkommt,
z. B. in den Bezirken Moschi, Iringa und Langenburg, und diese
eignen sich für die Besiedelung mit Europäern. Auch Rheumatismus
und Katarrhe der Luftwege sind häufige Erscheinungen bei den Euro=
päern, seltener finden sich bei ihnen Ruhr und Typhus. — Unter den
Eingeborenen herrschen Wurmkrankheit, Aussatz, und im Seengebiet
Schlafkrankheit. Pest und Pocken treten dank der energischen Maßnahmen
der Regierung (Impfen der Einwohner, systematische Rattenvertilgung)
immer weniger auf. Die Aussätzigen werden in Lepradörfern und
Heimen untergebracht, Schlafkranke in Schlafkrankheitslagern an den
großen Seen gesammelt. Da die Verbreiterin dieser Krankheit, eine
Stechfliege (Glassina palpalis) in dem Ufergebüsch von Seen und
Flüssen ihre Schlupfwinkel hat, holzt man dieses ab. Der Erfolg davon
ist so günstig, daß die Schlafkrankheit immer mehr abnimmt und in
wenigen Jahren wohl aus dieser Kolonie verschwunden sein wird.

In Daressalam und in Tanga bestehen Gouvernementskranken=
häuser, in ersterem Orte ist auch ein Hospital für Farbige. Stations=
krankenhäuser und Polikliniken sind über das ganze Gebiet verbreitet.
Segensreich wirkt auch das Lienhardt=Sanatorium in Wugiri in West=
usambara für Weiße. Für das Pflegepersonal sorgt der Berliner
„Frauenverein für Krankenpflege in den Kolonien".

Pflanzen= und Tierwelt.

Hinsichtlich der Pflanzenbedeckung sind zu unterscheiden die Küste,
die Gebirgsländer und die Hochebene des Binnenlandes. Die feucht=
warme Küste zeigt eine üppige Flora. Der Ufersaum wird von Mangroven
eingefaßt, den Dünensand bedeckt spärlicher Graswuchs. Dahinter aber
erstreckt sich dichter Busch, untermischt mit unzähligen Kokospalmen,
ferner mit Mangobäumen, Affenbrotbäumen, Kopalbäumen Barring=
tonien usw. Dazwischen haben die Eingeborenen ihre Felder bestellt
mit Hirse, Mais, Muhogo (Maniok), Zuckerrohr, Reis usw.

Die Randgebirge, welche die Feuchtigkeit des Indischen Ozeans
auffangen, verdanken dieser besonders in den tieferen Schluchten eine
reichliche Pflanzenbedeckung. Daher die üppige Fruchtbarkeit z. B. in
den Gebieten Usambaras, in den Ulugurubergen, im Kondelande usw.,
ebenso in den Aufschüttungen im ostafrikanischen Graben, wie am Kili=
mandjaro, am Meru und Gurui. Hier finden sich auch ausge=
dehnte Waldbestände, bestehend aus Wollbäumen, Sykomoren, Tama=
rinden, Kopalbäumen, Myombobäumen, Albizzien, Butterbäumen, ver=
schiedenen Palmenarten, Bananen, Schlinggewächsen usw. In größerer
Höhe finden sich auch Nadelhölzer.

Auf dem Hochlande ſind Waſſermangel und Bodenbeſchaffenheit gleich widrig. Weite Strecken ſind von Laterit überlagert, in welchem das Waſſer ſchnell einſickert. Grundwaſſer fehlt. Nur hin und wieder findet ſich eine vorteilhafte Erddecke, wie z. B. Tonerde auf dem Maſai= hochlande. Der Pflanzenwuchs iſt daher dürftig. Hohes, in getrennten Büſcheln ſprießendes Gras überwiegt, untermiſcht mit Dornbuſch und anderem Geſtrüpp. Hier und da ſind Aloes und rieſige Euphorbien ver= ſtreut. Sind die Verhältniſſe günſtiger, ſo entwickelt ſich auf dieſer Steppe ein ſchwacher Waldbeſtand, meiſt von Akazien= und Mimoſen= arten, deſſen einzelne Stämme aber in weiter Entfernung voneinander ſtehen und ſelten nur enger zu einer Art Parklandſchaft zuſammenrücken.

Dies wenig erfreuliche Bild wird mit einem Schlage verändert, wo ein ausdauernder Fluß das Ufergelände befruchtet. Hier bilden ſich üppige Wieſen und oft nicht unanſehnliche Galeriewälder.

Die Tierwelt iſt in der Hauptſache eine Steppenfauna. Antilopen aller Art, Zebras, Giraffen, Büffel, Strauße durchſtreifen die Hoch= ebene. Hyäne und Schakal ſchleichen heimtückiſch umher; ſchwerfällig trottet das Nashorn ſeinen Weg. Leopard und Löwe ſind trotz der auf ſie geſetzten Schußprämie noch zahlreich, während die Elefanten immer ſeltener werden. In den Pflanzungen verurſachen Wildſchweine, Hundsaffen, Wühlratten, am Viktoriaſee auch Stachelſchweine und in den Getreidefeldern finkenartige Vögel großen Schaden. Die Flüſſe und Seen beherbergen neben vielen Fiſcharten auch Krokodile und Fluß= pferde und ſind die Tummelplätze zahlreicher Waſſervögel. Die Anopheles, die Trägerin der Malaria, iſt weit verbreitet. Die den Haustieren ſo verderbliche Tſetſefliege findet ſich nur ſtrichweiſe, die Schlafkrankheitsfliege nur im Seengebiet; dagegen iſt die gefräßige Termite häufig genug, und die Heuſchreckenplage hat nicht ſelten ſchon Hungersnot im Gefolge gehabt.

Bevölkerung.

Die Bevölkerungszahl kann bisher nur oberflächlich geſchätzt werden. Die Schätzungen ſchwanken zwiſchen 6 und 9 Millionen. Dichter be= völkert ſind die Küſte, das Randgebirge, das Kulturland am Kili= mandjaro und Meru und Ruanda. Infolge Aufhören der Stammes= fehden, Durchführung hygieniſcher Maßnahmen iſt die Zahl überall im Steigen begriffen, namentlich an der Küſte und an der Bahnlinie. Die Hauptmaſſe der Bevölkerung beſteht aus Bantunegern, d. h. Ange= hörigen jener großen Sprachen= und Völkerfamilie, die den afrikani= ſchen Kontinent vom 5° nördlicher bis zum 25° ſüdlicher Breite beſetzt hält. Sie zerfallen in mehrere Gruppen und Untergruppen, welche ſich aus zahlreichen Stämmen zuſammenſetzen. Neben dieſen finden

sich einige Völker hamitischen Ursprungs zum Teil mit nilotischer Bei=
mischung. Das durch seine Räubereien gefürchtete Volk der Masai
wird von Merker zu den Semiten gerechnet. Es hat in seinen reli=
giösen Überlieferungen auffallende Anklänge an die Bücher Mosis.

Die Bevölkerung der Küste im engeren Sinne sind die Wasuaheli,
ein Mischvolk aus den verschiedensten Inlandstämmen und arabischem
Blute. Sie sind im Gegensatz zu der Binnenbevölkerung Mohammedaner
und verdanken den Arabern eine Art Halbkultur. Ihre Sprache ist die
Verkehrssprache in einem großen Teile des Schutzgebiets und darüber
hinaus.

Außerdem finden sich in größerer Anzahl Araber, als Großgrund=
besitzer und Karawanenhändler, sowie infolge des Übergewichts ihrer
Kultur die vorherrschende Klasse, und Inder, als Großkaufleute und seß=
hafte Kleinhändler von großem Einfluß auf das gesamte Wirtschaftsleben.

An Europäern zählte die Kolonie Anfang 1911 4227 Einwohner,
wovon 3113 deutsche Reichsangehörige waren. Von den erwachsenen
Europäern waren 401 Regierungsbeamte, 195 Angehörige der Schutz=
truppe, 428 Geistliche und Missionare, 683 Ansiedler, Farmer, 356
Techniker usw., 293 Handwerker, 318 Kaufleute usw.

Erzeugnisse des Landes. Gewerbefleiß.

Für die Wirtschaft des Schutzgebietes sind vorläufig noch Acker=
bau und Viehzucht allein maßgebend. Für ihren eigenen Bedarf bauen
die Eingeborenen Bohnen, Hirse, Mais, Reis, Maniok, Süßkartoffeln,
Erdnüsse, Sesam, Erbsen, Bananen, Tabak, Zuckerrohr, Kokospalmen.
Seitdem sich ihnen durch Vermehrung der Transportmöglichkeiten neue
Absatzgebiete erschlossen haben, ist eine Steigerung in der Erzeugung
dieser Bodenfrüchte eingetreten, von denen Erdnüsse, Sesam, besonders
aber Kokosnüsse als Kopra in erheblicher Menge ausgeführt werden.
Baumwollenbau wird immer mehr Volkskultur. In Bukoba am Viktoria=
see haben sich die Neger dem Kaffeebau, im Bezirk Langenburg dem
Weizenbau zugewandt.

In den Europäerpflanzungen werden Kaffee, Sisalhanf, Kautschuk,
Baumwolle, Kapok, Tabak, Pfeffer, Nelken neben europäischen Obst=
und Gemüsesorten gewonnen. Eine geordnete Forstwirtschaft ist vor=
handen. Schon sind 427 648 ha Waldfläche reserviert, die in der Zu=
kunft reichen Nutzen versprechen. Sie liefern Nutzholz, darunter das
geschätzte Zedernholz, das Nürnberger Firmen schon zur Bleistift=
fabrikation verwenden, auch Kautschuk und Mangroverinde.

Viehzucht treiben besonders die Bewohner von Ruanda und die
Masai. Das Rind findet sich in zwei Arten, als kurzhörniges Buckel=
rind und als langhörniges Watussirind. Die Zucht leidet erheblich

unter Seuchen. Ziegen und Hühner, auch Schafe werden überall ge=
halten. Bienenzucht ist bei vielen Stämmen eingebürgert, Wachs ein
erheblicher Ausfuhrartikel.

Der Bergbau ist unbedeutend. Gewonnen wird bereits Gold in
der Wemberesteppe bei Sekenke (1910 : 374 kg = 1 Mill. M), ferner
Glimmer im Ulugurugebirge, sowie Salz in der Saline Gottorp und
von den Eingeborenen etwas Eisen. Nachgewiesen ist außerdem das
Vorkommen von Kohle, Granaten, Graphit und Malachit. Im Muanfa=
bezirk sind weitere Goldbergwerke im Entstehen.

Das Handwerk liegt in den Küstenstädten meist in den Händen
der Inder. Jetzt wandern auch europäische Handwerker ein. Eines
besonderen Rufes als Schmiede genießen die Wadjagga am Kiliman=
djaro. Sonst ist der Gewerbebetrieb gering und beschränkt sich auf
Töpferei, Holzschnitzerei, Flechterei. In Bukoba ist der Anbau und
die Verarbeitung von Panamastroh geglückt.

Handel und Verkehr.

An der Küste lag vor nicht zu langer Zeit der Handel ganz
in den Händen indischer Großkaufleute, die in Sansibar ansässig sind.
Von ihnen entnahmen die kleineren Händler in den Küstenorten ihren
Bedarf. Jetzt sind deutsche Firmen an die Stelle jener Großhändler
getreten.

Eingeführt werden Baumwollwaren, Reis, Weizen, Mehl, Hülsen=
früchte, Kartoffeln, Obst, Konserven, Wein, Bier, Branntwein, Zucker,
Tabak, Fische, Sämereien, Nutzholz, Zement, Salz, Steinkohlen, Petro=
leum, Seife, Eisen, Eisenwaren, Maschinen. Hauptausfuhrartikel sind
Sisalhanf, Kopra, Bauholz, Gerbhölzer und =rinden, Häute und Felle,
Erdnüsse, Sesam, Negerhirse, Kaffee, Rohbaumwolle, Kakao, Wachs,
Elfenbein, Kautschuk, Kopal, Glimmer, Matten. Im Jahre 1911 stand
einer Gesamteinfuhr von 45,9 Mill. M. eine Ausfuhr von 34,5 Mill. M.
gegenüber. Die Einfuhr hat sich seit den letzten vier Jahren fast ver=
doppelt, die Ausfuhr fast verdreifacht.

Und doch würde sich der Gesamthandel noch mehr erhöht haben,
wenn sich nicht immer noch der Mangel an geeigneten Verkehrsmitteln
geltend machte. Die englische Ugandabahn verfrachtete im Jahre 1910 noch
mehr Güter aus unserer als aus der eigenen Kolonie. Glücklicherweise
wird jetzt der Bahnbau in Deutsch=Ostafrika rascher betrieben. Die
Zentralbahn von Daressalam über Morogoro, Mpapua, Kilimatinde
ist bereits bis Tabora in Betrieb, wird Anfang 1914 bei Kigoma
den Tanganikasee erreichen und wird dann 1260,5 km lang sein. Sie
wird erst zu voller Bedeutung kommen, wenn sie eine Zweigbahn nach
dem Viktoriasee entsenden und so sich an die Nordbahn anschließen

kann, die von Tanga bis Arufcha füdlich vom Meruberge vollendet
ist. Eine Südbahn von Kilwa oder Lindi nach Wiedhafen am Njaffa=
fee harrt noch immer vergebens des Baues. Auf den drei großen
Seen verkehren einige deutsche Dampfer, deren Zahl nach Vollendung
der Eisenbahnen vermehrt werden wird. An der Küste vermitteln
Regierungsdampfer den Verkehr.

Mit dem Mutterlande wird die Kolonie durch die Reichspost=
dampfer der Deutsch=Ostafrikalinie verbunden, die alle drei Wochen auf
der Haupt=, alle vier Wochen auf der Zwischenlinie verkehren; auch
nach Bombay vermittelt diese Reederei den Verkehr. Postanstalten be=
stehen bereits 47. Die Verbindung zwischen ihnen wird durch Eisen=
bahnen, Dampfer, vorwiegend aber noch durch Boten vermittelt. An
das Telegraphennetz find 30 Orte angeschlossen. Muanfa und Bukoba
am Viktoriafee find durch Funkentelegraphie beständig in gutem Ver=
kehr. Telegramme aus Muanfa können bei Tage in Daressalam
von Schiffen aufgenommen werden. Von hier geht ein Unterseekabel
nach Sanfibar und vermittelt fo den Anschluß an den internationalen
Telegraphenverkehr. Die größeren Orte haben Ortsfernsprechnetze.

Verwaltung. Schule. Miffion.

Der Gouverneur vereinigt in feiner Person die oberste Zivil= und
Justizgewalt. Sein Vertreter ist gleichzeitig Kommandeur der aus 114
Offizieren und Ärzten, 129 Unteroffizieren, 5 Beamten fowie aus über
2500 farbigen Soldaten (Askaris) bestehenden Kaiserlichen Schutztruppe, die
aus 14 Kompagnien und einer Maschinengewehrabteilung besteht.

Für die Zwecke der Verwaltung ist das gesamte Schutzgebiet in
17 Bezirksämter, 1 Bezirksnebenamt, 2 Militärbezirke und 3 Resi=
denturen eingeteilt. Hauptstadt und Sitz des Gouverneurs ist
Daressalam (24 000 Einw.), das an Einwohnerzahl von Tabora (40 000
Einw.) übertroffen wird. Andere bedeutende Orte find Tanga, Pangani,
Bagamoyo, Kilwa, Lindi an der Küste, Bukoba, Muanfa, Schirati am
Viktoriafee, Bismarckburg, Udjidji, Ufumbura am Tanganika, Wied=
hafen am Njaffafee. In Amani im Gebiet der Nordbahn befindet fich
ein biologisch=landwirtschaftliches Institut. Europäerschulen find in Dar=
essalam, Leganga und am Nordmeru; auch Missionsschulen für euro=
päische Kinder find vorhanden, darunter die Karlsschule in Langen=
burg, von einem ungenannten Wohltäter gestiftet, die es den Missionaren
ermöglichen soll, ihre Kinder während der ersten Schuljahre in ihrer
Nähe zu halten, und deren Unterricht der Gymnasiallehrplan zugrunde
liegt.

Regierungsschulen für die Eingeborenen bestehen in Daressalam,
Tabora, Tanga, Pangani, Bagamoyo, Kilwa, Lindi. Fast mit allen find

Handwerkerschulen (für Tischler, Buchdrucker, Buchbinder, Schmiede, Schlosser, Drechsler) und Hinterlandschulen verbunden. Für die Ver=breitung des Evangeliums sind neun evangelische und drei katholische Missionsgesellschaften tätig.

b) Aus den Berichten der Reisenden und Forscher

Die erste Expedition der Gesellschaft für deutsche Kolonisation nach Ostafrika. [1])

Am Morgen ging der Marsch wieder am Flusse entlang, bei Stanleys Freund „Kadetamare" vorbei, dessen Dorf, das schönstgelegene im ganzen Mukondogwa=Tal, von riesigen Baobab beschattet, den Gipfel eines steilen Hügels krönt. Wir überschritten den seichten Fluß. Zackig und steil ragt ein dicht bewaldeter hoher Berg vor uns empor, bis zu dessen Fuß sich eine Ebene erstreckte, welche anscheinend bis auf den letzten Quadratzoll bebaut war. In ihrer Mitte und in Mitte der Anpflanzungen erhob sich ein Dorf von etwa 20 Hütten. Es war Muini=Sagara. Durch unaufhörliche Gewehrsalven grüßend betrat unsere Karawane das Dorf. Das Geschieße scheint eine unausrottbare Mode unter den Leuten zu sein; jedes Verbot bleibt unbeachtet; geschossen wird doch. Ein junger Schwarzer in auffallend reinlicher Kleidung empfing uns. Er trug ein weißes Unterkleid arabischen Schnittes, karrierten Überwurf und weiße Mütze ohne Rand. Ein Haus, welches wir während unseres Aufent=haltes hier bewohnen sollten, wurde uns angewiesen und mitgeteilt, daß der junge Schwarze „Kibana", der Sohn des Muini=Sagara, sei. Muini=Sagara ist kein Name, sondern ein Titel und heißt wörtlich übersetzt: Eigentümer von Sagara. Der Wohnsitz des „Eigentümers" wird nach ihm benannt, und zöge heute z. B. der Häuptling in ein anderes Dorf, so würde dieses den Namen Muini=Sagara erhalten. Als wir ein wenig geruht hatten, erkundigte sich Kibana nach Ziel und Zweck unserer Reise und erbot sich, sofort seinen Vater zu benachrichtigen, als er hörte, daß diesem hauptsächlich unser Kommen galt. Nun wurden die für diesen bestimmten Geschenke hervorgeholt. Goldgestickte arabische Gewandung, Unterkleid, bunter Turban und rote Weste funkelten neben nagelneuen Maskatzeugen reichsten und geschmacklosesten Musters; Glasperlen ver=schiedenster Art vervollständigten die Gabe. Auch des Sohnes wurde gedacht, seinen nicht unerheblich scheinenden Einfluß oder doch jedenfalls seinen guten Willen für uns zu gewinnen; ein ähnliches, wenn auch nicht ganz so reichliches Geschenk wurde für ihn auserlesen. Jetzt wurde Muini=Sagara angemeldet. Ich war neugierig auf sein Äußeres, denn erstens war er uns als ein mächtiger Häuptling geschildert worden,

---

[1]) J. Graf Pfeil: „Allgem. Konserv. Monatsschrift", 1887, S. 623—624.

zweitens vermutete ich in ihm den alten „Kabetamare" Stanleys, den Weißen so günstig gesinnten Freund.

An Stelle eines imposanten, von Ratgebern umgebenen Negerkönigs wankte, stabgestützt, ein altes Gerippe in das Haus und fiel in sitzende Position auf eine unserer Kisten. Im Gegensatz zum reinlichen Sohne war der Alte außer von einem alten Ziegenfell nur von namhaftem Schmutz bedeckt, und es regte sich bei mir Zweifel, ob er oder das Ziegenfell Ursache waren des nasebeleidigenden Duftes, welcher sich nach seiner Ankunft in dem engen Raume verbreitete. Mit einigen Grunz= tönen aus der Tiefe seines Magens beantwortete Muini=Sagara unseren ehrerbietigen Gruß. Ein Zeichen hohen Alters, deckte schmutzig gelbes, schon äußerst spärliches Haar sein Haupt. Wässerig und ausdruckslos, doch voll unsäglicher Habgier, starrten die Augen aus dem gleich dem ganzen übrigen Körper mit unzähligen Runzeln bedeckten Gesicht. Als ich Muini=Sagara später besser kennen lernte, erfuhr ich, daß man sein Alter über 100 Jahre schätzte. Vor etwa 20 Jahren wurde er nach Sansibar gelockt, um dort über einen Mord, den er hatte begehen heißen, Rechenschaft abzulegen. Er war damals so alt, daß man fürchtete, er würde die Reise nach Sansibar nicht mehr ertragen. In Sansibar saß er zehn Jahre im Gefängnis, kehrte dann nach Usagara zurück und lebt immer noch als Muini=Sagara. Stumpf für alles andere, hatte ihm sein Alter doch eins nicht rauben können: die Wertschätzung guter Dinge. Kaum war ihm das Verständnis darüber aufgegangen, daß die dargelegten Geschenke für ihn bestimmt seien, so erhellte sich sein Antlitz. Er grunzte etwas Unverständliches zu einem ihn begleitenden Knaben, der sofort mit sämtlichen Sachen verschwand. Hungrig fiel sein Blick auf die Geschenke für Kibana; ein Grunzton, der wohl die Frage ausdrückte, für wen die Sachen seien, wurde von Kibana selbst beantwortet, und erfreut ließ der Alte auch die Geschenke seines Sohnes wegtragen, sie natürlich selbst in Besitz nehmend. Kibana teilte mir später mit, wenn ich ihm etwas schenken wolle, möchte ich es nicht in der Gegenwart seines sehr hab= gierigen Vaters tun, der nicht gern etwas Gutes im Besitz eines anderen sähe. Nachdem die dargebotenen Geschenke in Sicherheit gebracht waren, irrten die hungrigen Blicke des Alten umher, ohne etwas Besonderes wahrzunehmen. Einige Brummtöne wurden uns dahin übersetzt, daß Herrn Muini=Sagara eines Messers gelüste, und noch mehr Gebrumme deutete wohl Unwillen an, daß wir Nichtbesitzes halber seinen Wunsch unerfüllt lassen mußten.

Den Alten in gute Laune zu setzen, erzählten nun unsere Leute von unserer Reise, teilten mit, daß wir überall reiche Geschenke verteilt hätten und auch seinen Wunsch bezüglich eines Messers gern erfüllen, ja solche unter Umständen, d. h. wenn uns ein Verweilen im Lande gestattet würde, gern mit der nächsten Karawane in reicher Auswahl herbeischaffen würden. Zur Erleichterung der Gemüter wurde Kaffee verabreicht, den auch Muini-Sagara kostete. Nach eindringlichem Palaver,[1]) in welchem gewiß das Messer eine große Rolle spielte, erklärte sich Muini-Sagara bereit, einen Vertrag zu unterzeichnen. Die Zeremonie ging ohne jede Feierlichkeit vor sich. Muini-Sagara machte ein Kreuz unter den vom Dolmetscher übersetzten Vertrag, dann unterzeichneten die höchsten Ratgeber, dann Kibana, am nächsten Tage ein anderer Sohn des Muini-Sagara, namens „Masengu", der von seinem entfernten Wohnsitz herbeigekommen war, die Weißen zu sehen. Am Tage nach unserer Ankunft lag der erforderliche Vertrag fertig vor uns, und die Gesellschaft für deutsche Kolonisation war Herrscherin in Usagara.

Durch den Urwald am Kirunga.[2])

Um ½3 Uhr begann langsam der Anstieg. Vorher schickten wir unsere Maulesel, denen das Klettern durch die Lavaspalten viele Mühe machte, mit den Somali zurück und betraten alsbald dichtes Gestrüpp, das sich, je weiter wir vordrangen, immer mehr zum eng verwachsensten, lianenbehangenen Urwald entwickelte. Bald umgab uns völlige Dunkelheit.

Mit einem Male hörte der Pfad auf, und gleichzeitig waren auch schon unsere Führer, einen unbeachteten Moment benutzend, im dichten Busch verschwunden.

Nun begann ein mühsames, schrittweises Vorwärtsarbeiten mit Axt und Messer. Aber ich merkte bald, daß es ganz unmöglich sei, die Einsattelung, die den Hauptkraterkegel von einem nach Süden vorgelagerten und bedeutend niedrigeren Nebenkrater trennte, noch vor Einbruch der Nacht zu erreichen. Wäre uns das gelungen, so hätten wir auf halber Höhe lagern können, und es wäre Aussicht vorhanden gewesen, am folgenden Tage bis zum Gipfel zu gelangen. So aber steckten wir mitten im undurchdringlichsten Wald und waren genötigt, uns erst einen Platz freizumachen, auf dem wir die Zelte aufschlagen konnten. Nachdem das geschehen war, legten wir uns um 9 Uhr zur Ruhe nieder.

Am nächsten Tage ließen wir die Zelte und Träger zurück und arbeiteten uns zunächst mit den drei Askari weiter. Unsere Jagdmesser bewährten sich dabei vorzüglich, noch besser aber die Seitengewehre [3]

---

[1]) d. h. Beratung, Unterhandlung, vom portugiesischen palabra (Wort) Palaver ist sonst nur in Westafrika gebräuchlich; die Suahili sagen „Schauri". (Siehe unten.)

[2]) Graf Goetzen: „Durch Afrika von Ost nach West", S. 193—194, 203—208, 208—213.

[3]) Es waren dies die kurzen, vor einigen Jahren in der deutschen Armee eingeführten, bald aber wieder abgeschafften Seitengewehre, mit denen die Leute am liebsten zu arbeiten pflegten, und mit denen sie Bäume schneller fällten, als mit Äxten.

unserer Soldaten. Es war ein wahres Vergnügen, die Äste und Lianen unter den Hieben rechts und links zur Seite fliegen zu sehen; aber dennoch ging es nur langsam vorwärts, weil oft genug so ein Hieb in das Dornengestrüpp gleich wieder neue Ketten von Lianen und Ranken herabriß. Zum Glück war die Steigung nicht sehr bedeutend; auch die Richtung nach der erwähnten Einsattelung glaubten wir im großen und ganzen innegehalten zu haben.

Unter solchen Schwierigkeiten legten wir fünf Männer in neun=stündiger Arbeit einen Weg von ungefähr 2 km Länge frei. Mühevoll genug, aber doch genußreich waren diese Stunden, denn eine ganz neue Natur tat sich uns hier auf. Wundervolle Blumen, Pflanzen mit phantastischen, riesenhaften Blättern, wie wir sie nie zuvor gesehen, zeigten sich unseren Blicken. Gummilianen, wilder Pfeffer, dazu zahllose Moose, Flechten und Schwämme an den vermoderten, uralten Stämmen, das alles bildete ein wirres Durcheinander, und über unsere Köpfe hinweg flatterten mit lautem Kreischen graue Papageien, die ersten Vertreter einer neuen Fauna.

Auch am folgenden Morgen wird tüchtig weiter gearbeitet und die Bahn auf weitere 2 km freigelegt. Bakari, der Lampenjunge, begleitet uns heute mit der Pflanzenmappe. Die Vegetation ist noch verschlungener und noch dichter, als tags zuvor. Dabei liegen häufig mächtige Baum=stämme quer vor uns hindernd im Wege, die, einmal überklettert, dann wieder umgangen werden müssen; und jede solche Umgehung er=fordert härtere Arbeit, je steiler der Abhang wird, an dem wir empor=streben. Wir arbeiten mit halbstündlicher Ablösung; gleichwohl lassen unsere Kräfte zusehends nach. Wenn wir nicht bald ins Freie kommen, werden neue und zahlreiche Pioniere vom Hauptlager herbeigeholt werden müssen; aber das bedeutet wieder einen vollen Tag Verzögerung! Also vorwärts! Weiter!

Mit dem vollen Gewicht unserer Körper legen wir uns in die un=entwirrbare Pflanzenmasse förmlich hinein, um sie niederzudrücken und zur Seite zu drängen, wenn die Messer die Hauptstränge der rankenden Schlingpflanzen durchschnitten haben. Oft spritzt milchiger Saft unter den Hieben hervor, dessen ätzende Schärfe unsere Augen gefährdet; dazu wird uns die Haut von zahllosen Dornen blutig geritzt und die Arm=muskeln schmerzen von der ungewohnten Arbeit immer heftiger.

Aber was tut das alles! Haben wir doch von unten schon ganz deutlich die obere Grenze des Urwalddickichts wahrnehmen können, und zeigen uns doch unsere Barometer, welch beträchtliche Höhe wir bereits erreicht haben. Das ersehnte Sattelplateau kann nicht mehr weit sein, vorausgesetzt, daß wir die richtige Direktion innegehalten haben.

Endlich um 10 Uhr treffen wir auf einen Wildpfad, der auch von den Holz und Honig suchenden Wilden begangen zu sein scheint. Aus

ſeiner Richtung gewinne ich die Überzeugung, daß die Hauptſchwierig-
keiten hinter uns liegen, und beſchließe nun zunächſt mit Prittwitz[1])
zu unſerem Zelt zurückzukehren, am Nachmittag aber von neuem mit
allen Leuten und Laſten aufzubrechen, um möglichſt hoch oben ein
zweites Nachtlager aufzuſchlagen. Hamis und Mambo ſollen den ge-
fundenen Pfad noch zwei Stunden weiter verfolgen, um zu ſehen, wohin
er ſich wende.

Trotz der geſpannten Erwartungen auf den nächſten Tag, die unſer
Sinnen lebhaft beſchäftigen, ſchlafen wir feſt bis um 6 Uhr morgens;
um 7 Uhr ſetzen wir uns mit zwölf ausgeſuchten Leuten wieder in Marſch.

Die Morgenluft iſt noch erfriſchend und kühl; am Himmel ſtehen
nur wenige Wolken, aber ein leichter Dunſt liegt über dem Wald, der
uns keine gute Ausſicht auf die Witterung verſpricht. Schon nach ein-
ſtündigem Steigen lichtet ſich der üppige Laubwald. Die ſaftigen grünen
Blätter verſchwinden, das Geſtrüpp nimmt eine graubraune, vertrocknete
Färbung an. Der Boden unter uns wird riſſiger und erſchwert das
Gehen, denn die weiche Humusſchicht fehlt hier, und die nackte Lava
tritt zu Tage. Diſtelartige Pflanzen und Erikaſträucher herrſchen vor,
während hier und da rote, unreife Brombeeren aus dem Geſtrüpp heraus-
leuchten. Um 1.⁴⁹ Uhr ſtehen wir endlich auf der Einſattelung am
Fuße des ſteil anſteigenden, faſt völlig kahlen Hauptkegels, deſſen Gipfel
dichte Wolken einhüllen. Nach Süden zu vorliegend erhebt ſich, nur
wenig höher als unſer Standort, eine Terraſſe, auf der wir nun deutlich die eingeſtürzten, zerklüfteten Ränder eines Kraterkeſſels wahrnehmen können. Aber ſtarr und tot ſind dort die Lavamaſſen: die
Tätigkeit des Nebenkraters iſt längſt erloſchen, und alles iſt ſchon von
dichtem Geſtrüpp überwuchert.

Einige Minuten gönnen wir uns Erholung, die ich benutze, um
Hypſometer,[2]) Aneroid und Thermometer abzuleſen. Dann geht es an
der Südſeite des Keſſels über ſcharfes Geſtein gerade hinauf.

Mit jeder Minute wächſt die Schwierigkeit des Emporklimmens,
weil ganze Wälle und Mauern von Laven überklettert werden müſſen,
und weil die zahlloſen Trachytblöcke und -trümmer die Füße wund
reißen. Die Barfüßigen unter den Leuten beginnen zu jammern und
verwünſchen vermutlich im Innerſten ihres Herzens unſeren unbegreif-
lichen Forſchertrieb, der uns vorwärts drängt. Mein Zeltdiener Iſa muß
zurückbleiben. Unſere Lungen und Pulſe ſchlagen immer höher; alle
20 Minuten muß Halt gemacht werden, damit wieder Atem geſchöpft
werden kann. Das zerklüftete, faſt ſchwarze Geſtein müßte auf uns
einen öden, faſt ſchauerlichen Eindruck machen, wenn nicht hin und

---

[1]) Der Begleiter des Grafen Goetzen.
[2]) Höhenmeſſer.

wieder die gelbgrünen Farben eines verkümmerten, grotesk geformten Senecio Johnstoni Abwechslung in das Bild der Umgebung brächten. Unter und über uns ist jetzt alles in dicken Nebel eingehüllt, zwischen dem auf wenige Sekunden schmale Streifen blauen Himmels hervorlugen, wenn der Wind die Dunstmassen zerteilt. Von arbeitender, vulkanischer Tätigkeit zeugt nirgends eine Spur, nur manchmal glauben wir ein leises Rollen wie fernen Donner zu vernehmen. Meine anfangs gehegte Besorgnis, der Wind würde uns von oben herab erstickende Schwefeldämpfe entgegenjagen, scheint unbegründet zu sein.

Vor mir klettert, Hände und Füße zugleich gebrauchend, der Träger M a b r u c k. Plötzlich sehe ich, wie er stehen bleibt und seinen Arm emporhebt. Er scheint zu rufen, aber ein gewaltiger Donner tönt uns entgegen und läßt den Ruf seiner Stimme ungehört verhallen. Ich stürze mit Aufbietung meiner ganzen Kräfte auf ihn zu, aber neben ihm anlangend pralle ich zurück vor dem Anblick, der sich mir darbietet. . .

Wie eine riesige Arena, ein verzehnfachtes Kolosseum, liegt ein Kraterkessel zu meinen Füßen. Fast senkrecht stürzt sich die Wand, auf deren äußerstem Rande wir stehen, in die Tiefe hinab; der Grundton ihrer Farbe ist tiefstes Schwarz; nur die Ränder der unzähligen Risse, von denen sie durchzogen ist, sind rosarot gefärbt.

Im ersten Augenblick ist die ganze Arena mit Wolken und Dampf angefüllt, gleich als befürchte die Natur, daß Sinn und Augen der ersten Menschen, denen es vergönnt war, eines ihrer großartigsten Geheimnisse zu schauen, nicht auf einmal den ganzen mächtigen Eindruck zu fassen vermöchten. Aber ein Windstoß fegt die Wolken rasch hinweg, so daß auch der jenseitige Rand des Kraters sichtbar wird. Dann blicken wir hinab, aber nicht in einen dunklen, unergründlichen Schlund, sondern auf eine helle, völlig eben erscheinende Fläche, die wie marmoriert in den verschiedensten Farbentönen heraufschillert. Und in der nördlichen Hälfte dieser Bodenfläche sehen wir die Öffnung zweier Schächte, so glatt und regelmäßig geformt, als seien sie von Menschenhand hineingemauert worden. Ununterbrochen strömen aus dem einen gewaltige Dampfwolken hervor, und in kurzen, unregelmäßigen Zwischenräumen hört man ein halb donnerndes, halb zischendes Geräusch aus der Tiefe heraufdringen, dessen Wiederholung meine staunenden Leute jedesmal erschrocken zurückfahren läßt.

Unsere schwarzen Begleiter aber wissen sich schneller zu fassen als wir. Nichts, was ihnen unerklärlich, übernatürlich erscheint, kann ihnen imponieren; „es ist eben einmal so," sagen sie sich und denken nicht weiter darüber nach, warum es „so" ist: eine Naivität der Auffassungsweise, die uns hier in nüchternster, fast brutaler Weise zu Gemüte geführt wurde. Denn während Prittwitz und ich sprachlos und ergriffen in die mächtige Tiefe hinabblickten und geraume Zeit keine Worte finden

konnten, unseren Empfindungen Ausdruck zu verleihen, unterbrach plötz=
lich der Wassukuma=Träger Pesa das Schweigen mit den geflügelten
Worten: „Herr, nun gibt es aber doch ein großes Trinkgeld?" Wir
straften den Sprecher mit einem Blick der Verachtung, waren aber nun
unsererseits so weit ernüchtert, daß wir Betrachtungen über die Art und
Größe des Kraterkessels anstellen konnten. Bald einigten wir uns in der
Meinung, daß wir einen erkalteten Lavasee vor uns hatten, unter dessen
Kruste die lebendige vulkanische Tätigkeit noch fortdauert. Auf den
Wasserdämpfen, die aus dem einen der beiden Schächte hervorströmten,
schien ein roter Glutschimmer zu liegen. Wenn der Wind uns den
Dampf gerade ins Gesicht trieb, so war von Schwefelgeruch so gut wie
nichts zu bemerken, doch sind die verschiedenen gelben und rosigen
Farbenschattierungen, die dem Boden und den Wänden der Kraterarena
ein so malerisches Aussehen verleihen, sicherlich Folgen schwefelhaltiger
Exhalationen.

Die Tiefe bis hinab zu der Decke des ehemaligen Lavasees suchten
wir annähernd aus dem Schall hinabgeworfener Gesteinsstücke zu er=
mitteln und fanden die Zahl 200—300 m.

Beim Sultan Msinga von Ruanda. [1]

Die gespannte Aufmerksamkeit, mit welcher die Bewohner von
Niansa uns beobachten, hatte aber auch noch einen besonderen Grund.
Denn die ungeheuren Mengen Lebensmittel, die großen Herden von
Vieh, die als Geschenk des Sultans hier aufgestapelt lagen, nicht zum
wenigsten die Anwesenheit des Residenten von Grawert selbst, der in
voller Uniform uns einholte, hatten die Vorstellung ganz besonderer
Machtentfaltung, die sich hauptsächlich um meine Person drehte, in
der Phantasie der Leute erweckt. Erzählungen unglaublichster Art schwirr=
ten in der Luft umher und bildeten das Gesprächsthema.

„Der große Stier kommt mit seinen Kälbern", flog es von Kuppe
zu Kuppe, „er hat vier Arme und sechs Beine", womit weniger ein
Porträt meiner Persönlichkeit gezeichnet, als vielmehr, der Denkungs=
art des Hirtenvolkes entsprechend, meine Macht und Stärke angedeutet
werden sollte.

Auf einem weiten Platz unweit der Sultanhütte, der dank Haupt=
mann von Grawerts Bemühungen vortrefflich vorbereitet worden war,
wurde diesmal das Lager mit ganz besonderer Sorgfalt hergerichtet. Denn
wir erwarteten den Besuch des „Mami".

---

[1] Aus dem vortrefflichen Werke: Adolf Friedrich, Herzog zu
Mecklenburg: „Ins innerste Afrika." S. 106—113. Mit gütiger Erlaubnis des
Verlages von P. E. Lindner, Leipzig.

Ehe der Allmächtige erschien, wurden wir aber noch Zeugen eines höchst erheiternden Vorganges. Rings um das Lager standen große Mengen von Wahuti. Neugierig hatten sie sich um das Lager geschart und starrten uns Ankömmlinge an. Aber offenbar störten diese Volksmassen nach Msingas Ansicht die Wirkung seines Anmarsches, denn plötzlich erschienen zwei in rote Toga gehüllte Gestalten und wirbelten in nicht mißzuverstehender Absicht ihre langen Stäbe um den Kopf, starr auf das Menschenknäuel blickend. Dann sausten die Stäbe mit voller Gewalt krachend und rücksichtslos in das Menschengewühl hinein. Aber der Volkshaufe kannte augenscheinlich dies Manöver schon, denn in dem Augenblick, als die Stockträger schwungholend ihre Waffe über die Köpfe erhoben, stob der ganze Haufe in wilder Flucht davon, so daß nur noch einige Nachzügler getroffen wurden. Augenblicklich war der Platz leer. Einige wiederkehrende Neugierige wurden mit Steinwürfen verscheucht.

Gleich darauf ertönten Trommelwirbel aus dem Palast. Und nun erlebten wir ein Schauspiel so voll echter Ursprünglichkeit und Originalität, wie man es nur noch hier, fernab vom allgemeinen Pfad der Reisenden, erleben konnte. Paarweise, in feierlicher Ruhe schritten die Prachtgestalten der Ruandafürsten mit ihren Söhnen voran. Die Sänfte Msingas, die eben das Tor der Residenz verließ, folgte langsam. Alle trugen Festtracht, dieselbe, in der Naturu und Bussissi[1]) sich gezeigt hatten. Der Körper ist nackt. Nur die Hüften umschlingt ein schmaler, in zwei Querfalten gelegter Schurz aus gegerbter Rindshaut, von der viele Schnüre aus Otter- oder Rinderfell bis zu den mit vielen Drahtringen geschmückten Knöcheln herabhängen. Über den Kopf läuft ein Haarkamm von Ohr zu Ohr, in dem eine dünne Perlenkette glänzt. Um den Hals hängt bis auf die Brust herab eine Fülle gelber Schnüre aus Bananenbast, an denen Perlenschmuck verschiedenster Größe, Mitako genannt, befestigt ist. Armbänder aus Kupferdraht und bunten Perlen umschließen die Handgelenke. So bewegte sich der Zug gemessenen Schrittes in vornehmer Ruhe auf mein Zelt zu. Die dem Sultan zustehende Wache der Expeditionstruppe, ein Schausch[2]) und zwei Mann, trat ins Gewehr. Des Sultans Sänfte, ein langer, einfacher Korb, dessen Bambusstangen auf den Schultern von Batwaleuten ruhten, wurde vorsichtig herabgelassen und mit den deutschen Worten: „Guten Morgen, Euer Hoheit", reichte mir Msinga die Hand.

Die Gestalt des Sultans, die infolge seiner bequemen Lebensweise

---

1) Zwei Abgesandte des Sultans, welche er dem Herzog zur Begrüßung mit Geschenken entgegengesandt hatte. D. H.

2) Unteroffizier. D. V.

etwas rundliche Formen zeigt, überragt ebenfalls die Höhe von 2 m.
Man sucht zuerst in seinem Gesicht vergebens den Ausdruck seiner
gepriesenen Intelligenz, auch stören ein Augenfehler und stark vor=
springende Oberzähne den sonst sympathischen Eindruck. Aber seine
Fragen, die er neben mir im langen Stuhle sitzend an mich und die
Umstehenden richtete, streiften die verschiedensten Interessensphären und
gaben Zeugnis von scharfem, logischem Denkvermögen.

Nachdem die Unterhaltung in der Sprache der Suaheli sich eine
Zeitlang auf den verschiedensten Gebieten bewegt hatte, bat mich Msinga,
seine Geschenke überbringen zu dürfen. Dieser Augenblick bedeutete für
den Sultan, seine Freunde sowohl wie seine Gegner einen hochpolitischen
Akt voll peinlichster Spannung, freilich, ohne daß ich selbst etwas davon
ahnt. Denn es hatte sich das Gerücht verbreitet, daß die Ablehnung
eines Teils der Geschenke meinerseits ein Zeichen sein würde, daß
.ich dem Kronprätendenden, einem Verwandten Msingas, zum Throne
verhelfen und den jetzigen „Mami" stürzen wolle.

Eine ungeheure Volksmenge hatte sich daher hinter den Stühlen,
auf denen wir mit dem Sultan Platz genommen hatten, sowie diesen
gegenüber aufgestellt, eine Gasse bildend, und erwartete mit mühsam
unterdrückter Erregung das Erscheinen der Liebesgaben. Und sie kamen,
kamen in endlosen Reihen. Voran wandelte eine Milchkuh, deren Kalb
nebenher getragen wurde. Sie bedeutete die größte Ehrung, die mir
widerfahren konnte. Dieser folgten zehn Rinder mit kapitalen Hörnern
als Schlachtvieh und dann eine nicht endenwollende Herde von Ziegen.
Trupp folgte auf Trupp, immer neue Mengen wälzten sich heran und
überschwemmten das Lager. Es folgte eine endlos lange Kette schwer
tragender Wahutu, die Hunderte von Lasten, bestehend aus Mehl, Milch
und Honig, Butter, Bohnen und Bananen, schleppten. Ihnen folgten
andere Züge mit dem hier seltenen und daher besonders wertvollen
Brennholz. Alle diese Schätze wurden im Lager aufgestapelt, das Vieh
aber in eine Umzäunung getrieben und von einer Askaripatrouille be=
wacht. Die Dauer des Vorbeizuges währte fast eine Stunde. Selbst
Grawert erklärte, trotz seines langen Aufenthaltes hier niemals ein
ähnlich imposantes Schauspiel erlebt zu haben.

Nachdem also der große Moment ohne die gefürchtete Ablehnung
vorübergegangen war, atmete man auf im Parteilager des Msinga.
Dann hatte der Besuch sein Ende erreicht und nach feierlicher Verab=
schiedung bestieg der Herrscher wieder seine Sänfte und schwebte da=
von. Ein Wald von 5000 Speeren folgte ihm. Ein unvergeßlicher
Eindruck.

Der Gegenbesuch am Nachmittag entfaltete den höchsten, aber immer=
hin noch sehr bescheidenen Pomp, den eine reisende Karawane zu ent=
wickeln imstande ist. Die möglichst sorgfältig ausgewählten Geschenke

— außer den landesüblichen Gaben an Zeug und Perlen — sollten vor allem die Mienen des Herrschers erhellen und sein Herz erfreuen, da ein Äquivalent im eigentlichen Sinne natürlich unmöglich war. Unter Vorantritt der Askari mit enthüllten Fahnen, gefolgt von allen Boys, jeder mit einem Geschenk auf den vorgehaltenen Armen, zogen wir unter Hörnerklang in den Hof des Sultans ein, der, freundlich und sauber gehalten, den eigentlichen Palast umgibt, und den ein aus Flechtwerk und Papyrus hergestellter Zaun umschließt. Der Sultan mit allen Watuales erwartete uns. Nach den üblichen Begrüßungs=worten und nachdem wir Platz genommen hatten, erfolgte die über=reichung unserer Geschenke, welche die Boys, einzeln herangewinkt, um den Eindruck zu erhöhen, — heranschleppten!

Die landesüblichen Geschenke erregten die Aufmerksamkeit des Herr=schers nicht sonderlich; sie wurden ziemlich achtlos fortgetan oder gleich unter die Großen verteilt. Das Rasseln einer Weckeruhr, die bis in alle Details erklärt werden mußte, befriedigte den Msinga aber schon mehr: diese Befriedigung steigerte sich zum Entzücken bei der über=reichung meines Jagdmessers und der mit Munition gefüllten Patronen=tasche, welche zu der ihm verliehenen Jägerbüchse Modell 71 paßte. Den Höhepunkt aber erreichte seine Begeisterung, als ich ihm feier=lich eine Säge überreichte, um die er besonders gebeten hatte. Nach einigen mißglückten Versuchen gelang es ihm bald, die Beine meines Stuhles und alles nur sonst Erreichbare mit bestem Erfolge an= und abzusägen. Auch das „Ministerium" beobachtete die Versuche mit leb=haftem Interesse. Zufriedenheit erregte auch die Askaritruppe, welche ich exerzieren ließ, und auch die Wirkung einer scharf geschossenen Salve verfehlte den gewünschten Eindruck nicht.

Die folgenden Tage waren sportlichen Wettspielen gewidmet, von denen das Hochspringen der jungen Watussi wohl das Erwähnens=werteste ist.

Zwischen zwei dünnen Bäumen wurde eine Schnur gespannt, die sich beliebig erhöhen ließ. Diese mußte auf einer schräg aufwärts führen=den Fläche angelaufen werden; zum Absprung diente ein kleiner, fuß=hoher Termitenhaufen. Und trotz dieser ungünstigen Bedingungen wurden Leistungen erreicht, die alle europäischen weit in den Schatten stellten. Die besten Springer, prachtvolle überschlanke Gestalten mit fast indianer=haftem Profil, erreichten die unglaubliche Höhe von 2,50 m, junge Knaben eine verhältnismäßig nicht minder bedeutende Leistung von 1,50—1,60 m.[1]

---

[1] Nach Mitteilung der deutschen Sportbehörde betrug der in Amerika erzielte Weltrekord 1,94 m.

Die Eroberung von Mlembule. [1])

Um 4 Uhr morgens brachen wir von Saadani auf, und kurz nach 6 Uhr trafen wir in Mlembule ein. Mit einem Bajonettangriff nahm ich zunächst eine unterhalb der Bana Heri'schen [2]) Buschboma gelegene ehe= malige Befestigung ein, deren Pallisaden die Aufständischen niedergerissen hatten, damit wir bei unserem Angriff hier nicht einen Stützpunkt und Deckung fänden. Um diese trefflich gelegene Position, von der aus einzelne Teile der Boma bequem zu sehen waren, entwickelte Wissmann seine Truppen. Unmittelbar bei jener Befestigung marschierte ich mit meinem Bataillon auf, rechts davon die Artillerie und Zelewski. Wir erhielten heftiges Feuer, wieder meist aus Hinterladergewehren, aus der etwa 400 m entfernten Boma und hatten auch gleich einige Verwundete. Es folgte ein $3^{1}/_{2}$ stündiges Feuergefecht, teils Zugsalven, teils Einzel= feuer der Europäer; letzteres besonders, wenn es darauf ankam, bei der Boma auftauchende feindliche Trupps wirksam zu beschießen; endlich Feuer der Artillerie, die sich zunächst mit Granaten einschoß und dann Schrapnells aus den 6 cm Geschützen aufsetzte, welche gute Sprengpunkte erzielten. Nichtsdestoweniger hielten die Aufständischen in der Boma aus; allerdings wurde nach $2^{1}/_{2}$ Stunden ihr Feuer etwas schwächer. Es war, wie wir später erfuhren, auf den Abzug einer Wanhamwesi=Karawane zurückzuführen, welche Bana Heri auf dem Saadani=Wege abgefangen und zu seiner Unterstützung mit Gewalt gezwungen hatte. Ein Teil der feindlichen Wasegua umging, gedeckt durch das Dickicht, welches unseren linken Flügel und die Boma deckte, unsere Stellung, so daß wir plötzlich von hinten Feuer erhielten. Wir brachten dies aber mit einigen Salven sofort zum Schweigen. Das Feuer aus der Boma war immer noch heftig genug. In einzelnen Pausen hörten wir, wie es auch damals bei meinem ersten Angriff der Fall gewesen war, einen Vorbeter in der Boma zu Allah rufen, und die Menge von Zeit zu Zeit einfallen mit dem bekannten Allah Allah ill Allah. [3])

Noch nie war uns während des Aufstandes ein solcher Fanatismus entgegengetreten. Bana Heri hatte es wohl verstanden, ihn zu schüren, und die Leute so zum Kampfeseifer gegen uns anzuspornen. Nach $3^{1}/_{2}$ stündigem Feuer, als uns die Munition bereits knapp zu werden anfing, wurde die Sudanesen=Kompagnie des Zelewskischen Bataillons unter Führung des Leutnants End nach links detachiert, um einen Weg, der nach der Boma führte, und den besten Angriffspunkt zu rekognoszieren. Der Süden und Südosten schien am wenigsten befestigt zu sein, während

---

[1]) R. Schmidt: „Geschichte des Araber=Aufstandes in Oſt=Afrika", S. 168 bis 170.

[2]) Einer der Führer des Aufstandes. Eine Boma ist eine wallartige Be= festigung. D. H.

[3]) Richtiger lā ilaha illa 'llāh (= es gibt keinen Gott außer Allah). D. H.

der Westen, wo wir das erste Mal angriffen, die stärkste Seite der Boma bildete. Als von der ersten Kompagnie die Meldung geschickt wurde, daß von der linken Flanke ein Weg nach der Boma führte, sandte mich der Major dahin, um nach Hinzutritt der Kompagnie End zu meinem Bataillon mit diesem den Sturm zu unternehmen. Bis zu meinem Eintreffen an der Boma, das ich möglichst gedeckt bewerkstelligen sollte, wollte er das gesamte Feuer der Artillerie und des Zelewskischen Bataillons gegen die Gegner richten, um sie noch im letzten Augenblick soviel als möglich zu erschüttern und uns so den Sturm zu erleichtern. In dem Moment, wo ich an die Boma so nahe herangekommen wäre, daß ich mit dem Bajonett vorzugehen beabsichtigte, sollte ich durch dreimaliges Schwenken der vorangetragenen Fahne ihm ein Zeichen geben, daß das Feuer einzustellen sei, sollte ich die deutsche Flagge an den Pallisaden aufpflanzen.

Alles geschah wie verabredet. Wir gingen gedeckt im Grunde vor, bis wir 30 Schritt vor der Boma auftauchten und das Signal mit der Flagge gaben. Aus der Boma wurden wir mit einem anhaltenden Schnellfeuer empfangen, das mehrere Verwundungen herbeiführte, und zwar, da die Gegner diesmal zu tief schossen, nur Beinverwundungen. Ein Sudanese z. B. hatte vier Schüsse durch seine Beine. Nachdem wir noch eine Salve in die Boma geschossen hatten, ging es mit Hurra vorwärts, worauf wir zunächst ebenfalls ein höhnisches Hurra aus der Boma zurückerhielten. Es gelang jedoch, an verschiedenen Stellen Bresche zu reißen und in die Boma einzudringen, voran die zu meinem Stabe als Ordonnanz-Offiziere gehörenden Herren (Jahnke und v. Elz) mit mir und die Europäer der unter uns rühmlichst bekannten Kompagnie End, gleich darauf Illich mit den Askari und die anderen Kompagnien.

Es war die härteste Arbeit, die bisher jemals bei der Einnahme einer feindlichen Stellung von den Truppen geleistet war. Bei unserem Eindringen flohen aber die letzten Gegner aus der Boma ins Dickicht der Umgebung.

Besteigung des Mawensigipfels des Kilimandjaro. [1)]

So ging es 3½ Stunden lang auf allen vieren aufwärts, bald mehr links, bald mehr rechts, bald über zwei Hände breite Simse platt auf dem Bauch, bald mit gespreizten Knien und Ellbogen in einem Kamin senkrecht hinauf. Unsere ganze aufs höchste gespannte Aufmerksamkeit galt nur den Lavafelsen über uns; Kibo und Plateau und Ebene waren völlig vergessen.

Gegen 11 Uhr standen wir dem Grat nahe. Etwa 10 m unter ihm sah ich plötzlich durch eine Spalte den blauen Himmel von der anderen

---

[1)] H. Meyer: „Ostafrikanische Gletscherfahrten", S. 147—149.

Aus: Adolf Friedrich, Herzog zu Mecklenburg: „Ins innerste Afrika". (Verlag P. E. Lindner, Leipzig).

Hochsprung eines Mtussi (2,50 m) (Deutsch=Ostafrika).

Aus: Adolf Friedrich, Herzog in Mecklenburg: „Ins innerste Afrika". (Verlag P. E. Lindner, Leipzig).

Euphorbiensteppe bei Katojo (Deutsch-Ostafrika).

Seite hindurchleuchten. Die ganze Mauer war hier mehr als 1 m dick,
ſo daß wir uns fragen mußten, ob der brüchige ſchwache Bau durch
unſer Gewicht nicht zuſammenbrechen würde; aber es gab keine Wahl,
und die Ruine hielt. Die Zerriſſenheit des Kammes ſpottet aller Be=
ſchreibung. Man begreift ſchlechterdings nicht, wie ſich dieſes morſche
Geſtein, dieſe dünnen, hinausragenden Zacken und die ſchiefen Türme
bei Wind und Wetter hier oben halten können. Obgleich es faſt wind=
ſtill war, ſauſten doch, von der ausdehnenden Sonnenwärme gelöſt,
nach allen Seiten Steinſchläge ab.

Teils auf dem Grat, teils dicht unter ihm kletterten wir nun am
Kamm entlang der Stelle zu, wo er in den zentralen Kamm des Ma=
wenſi einmündet. Da der Fortgang zur höchſten Spiße nicht unmöglich
ſchien, waren wir recht guter Dinge. Allein plötzlich gähnte zu unſeren
Füßen ein Abgrund, und beſtürzt ſahen wir, daß der Kamm, auf dem
wir in 5090 m Höhe ſtanden, durch eine tiefe Schlucht vom Haupt=
kamm getrennt war.

Die Enttäuſchung war zuerſt niederſchlagend; das Ziel war troß
aller Mühen nicht zu erreichen. Aber das Bewußtſein, die gewaltige
Natur doch beſiegt zu haben, ſoweit es in menſchlicher Macht ſteht, dieſer
bedeutendſte ethiſche Inhalt alles Bergſteigens, ließ uns raſch unſere
Faſſung wiedergewinnen. „Hier iſt unſere Kunſt zu Ende," rief ich Purt=
ſcheller zu, „wir wollen aber wenigſtens unſern Querkamm traverſieren".[1])
Und dies ſchien leichter zu ſein, als der Abſtieg an der Seite, auf der
wir gekommen waren. In kurzem waren wir, nach Norden hinunter=
ſteigend, in einem abſchüſſigen Schuttkeſſel und liefen gleitend auf ihm
hinab, bis wir zu unſerer peinlichen Überraſchung vor einem an 200 m
tiefen, überhängenden Abſturz ſtanden, unterhalb deſſen ſich die Schutt=
halde fortſetzte. Nirgends zeigte ſich an dieſem Querriegel eine „greif=
bare" Paſſage. Nach langem, beunruhigendem Suchen entdeckte ich un=
mittelbar unter unſerm Querkamm eine ſchmale, vereiſte Rinne (das ein=
zige Eis, das wir am Mawenſi beobachteten), in der wir uns langſam
abſeilen konnten. Dies war ein heikles Geſchäft, denn kaum hatten wir
die Hälfte des Weges hinter uns, als ein Hagel kleiner Steine über
unſere Köpfe weg pfiff, dem bald mit brummendem Sauſen ein großes
Geſchoß folgte. „Schnell, ſchnell hinunter," rief Purtſcheller, „der Berg
ſchlägt uns ſonſt tot." Noch ging ein praſſelnder Steinſchlag über uns
weg, da ſtanden wir auf dem unteren Schuttkar[2]) ſeitwärts außer der
Schußrichtung, ſtreckten uns unter einen Block und genoſſen mit Begier
den erſten Biſſen auf der erſten Ruheraſt dieſes Tages.

Es war ½2 Uhr, und in den höchſten Spißen des Mawenſi wogten

---

[1]) Quer hinübergehen. D. H.
[2]) Abhang mit Schutt bedeckt. D. H.

und wirbelten die Mittagsnebel. Rings um uns her türmten sich in fürchterlicher Steilheit die Lavamauern 500—600 m hoch mit den abenteuerlichsten Gratformen auf, am imposantesten die breite, an 700 m hohe Wand, welche von der höchsten Mawensispitze gekrönt ist. Und an ihnen allen wechseln die Tausende von übereinander liegenden Lava= schichten und die durchbrechenden Querspalten im wunderbarsten Spiele der Farben von mattem Gelb zu lichtem Rot, Graublau, Dunkelbraun, Grün und vielem anderen mehr. Hier gibts im Überfluß zu schauen für den Geologen und Geognosten, und welches Paradies für Minera= logen und Petrographen[1]) sind anderseits diese Schutthalden, wo sich alle die weit getrennten Gesteine des Berges bunt vereint zusammenfinden.

Ugogo.[2])

Die Grenzen sind im Norden die Masaisteppe, im Westen (geo= graphisch) der steile Rand des Unhamwesiplateaus; im Süden ist die Grenze undeutlich und veränderlich, da die Wahehe nach Norden vor= drängen und dort viele Orte gemischte Bevölkerung, halb Wagogo, halb Wahehe haben. Im Osten wird als geographische Grenze immer die Marenga mkali, ein acht bis zehn Stunden breiter, unbewohnter Strich angenommen; jedoch wohnen östlich davon seit langem soviel unvermischte Wagogo, daß man die Grenze eigentlich verschieben muß: sie wird ge= bildet durch den großen Busch (pori) zwischen dem Mukondokwatal und dem Dorfe Tambi; die Saadani=Karawanenstraße schneidet sie zwischen Mlali und dem Rubehopaß. Nach Karawanengebrauch rechnet man das Gebiet um Mpwapwa herum weder zu Ugogo noch zu Usagara, die Wasagara nennen es aber schon Ugogo.

Ugogo ist das Land der Steine; auf felsigem Untergrunde, wo überall Gneis und Granit ansteht, liegt brennend rote Erde oder roter und weißer, das Auge blendender Sand, der eine üppige Flora von vorn= herein ausschließt. Ugogo ist ferner, besonders im Osten, gebirgig. Himmelhoch stehen hier die kahlen roten und weißen Berge, oft ganz spitze regelmäßige Kegel, mit Millionen von Felsblöcken besät, um Mpwapwa[3]) herum. Nach Westen flacht sich das Gebirge allmählich ab. Langgezogene wellige Hügel, kahl und brennend rot oder mit dichtem struppigen Busch bestanden, ziehen sich von Nord nach Süd, im Norden gegen die Massaisteppe von höheren Gebirgszügen abgeschlossen. Selt= same Felsgruppen, ungeheure Blöcke und mächtig anstehende Platten wechseln mit breiten, versandeten Betten der Regenflüsse und roten stau=

---

[1]) Petrographie=Gesteinslehre. D. H.
[2]) Hermann: „Ugogo, das Land und seine Bewohner." Mitteilungen aus den deutschen Schutzgebieten. V, 4, S. 191—193.
[3]) Sprich M-puăpŭa D. H.

bigen Flächen, auf denen die Windrosen ihr Spiel treiben. Dann geht
es wieder über hunderte, durch Regen tief ausgerissene schmale Rinnen
oder meilenweit durch engverschlungenen, halbdunklen Busch (pori). Alles
rot, kahl und öde. Kaum zwitschert ein Vogel, keine frohe Tanztrommel
tönt aus den Dörfern, kein Bach murmelt, alles ruht im Schweigen der
Wüste. Auch die Karawanen ziehen stumm, die starre Natur drückt den
sonst so lebensfrohen Wanhamweiträgern Schweigen auf. Das Auge
kann sich an keinem schattigen Wald, keiner schönen Baumgruppe, keinem
wogenden Feld erfreuen. Nur riesige Affenbrotbäume mit unförmigem
Stamm und wenig Blättern, verkrüppelte Palmen, Akazien und Dornen.
Statt der Felder steinige Brachen, auf denen kümmerlich Mawele (ganz
kleines Negerkorn) gedeiht; bevorzugte Orte bauen Negerhirse (mtama),
Mais und Erdnüsse; wenn ein Kürbis gedeiht, so ist es schon eine reiche
Gegend. Keine Quelle, kein immerfließender Bach, nur grünlich schillernde,
oft natronhaltige Tümpel in den Tälern und ängstlich gehütete Wasserlöcher, in denen das Regenwasser oft acht Monate halten muß. Kein
Dorf schimmert freundlich aus dem Grün hervor, einzeln stehen die niedrigen, kaum vom Erdboden zu unterscheidenden Temben [1] weit voneinander
entfernt auf den Halden oder ganz oben auf den steinigen Bergen. Noch
weiter nach Osten hören auch die Hügelzüge auf, und in der Landschaft
Unhangwira erreicht die Öde ihren Höhepunkt. Soweit das Auge blickt,
alles eben wie eine Tenne; braun dehnt sich die Wüstensteppe bis an
den Fuß jenes blauen, fernen Plateaurandes, der Ugogo begrenzt und
jenseits dessen das gelobte Land Unhanhembe liegt, zu dem man aber
erst gelangt, wenn man den großen Mgunda mkali, den „Wald der
Schmerzen" [2] passiert hat. Eins besitzt Unhangwira vor dem übrigen
Ugogo, die Hyphänepalme, [3] die oft kleine Wäldchen bildet, eine froh be-
grüßte Abwechslung. Der Süden, an der Wahehegrenze, ist eins der
fruchtbarsten Gebiete, im übrigen ebenso gebirgig und steinig wie das
übrige; der Westabfall des Süd-Rubehogebirges, den man noch zu
Ugogo rechnen kann, enthält die höchsten Erhebungen in Ugogo und
bietet mächtig wirkende Bilder einer starren, unbelebten Natur.

Man sieht also, Ugogo ist, was den Boden anbelangt, wertlos; die
Berge enthalten kein kostbares Gestein, höchstens ein paar Bergkristalle.
Vom Lande ist nichts zu hoffen, oder man müßte gute Erde von der
Küste hintragen. Das Versprechen Stanleys, in sechs Monaten einen
Garten zu schaffen, ist also absurd und nur berechnet, das Kolonisie-
rungstalent Deutschlands herabzusetzen.

So, wie in obigen Zeilen beschrieben, sieht Ugogo sieben Monate

---

[1] d. h. Gehöfte. D. H.
[2] Wörtlich vielmehr: „Das wilde Land". D. H.
[3] Fächerpalme. D. H.

lang aus, es ist das rote Ugogo während der trockenen Zeit. Wie ist
nun das grüne?

Gegen Mitte November zieht der Lenz auch in Ugogo ein und
schmückt mit mitleidiger Hand die steinigen Halden mit freundlichem
Grün und bunten Blumen. Wenn man dann gen Norden über die
Berge zur Massaisteppe hinuntersteigt, so wogt es in der weiten Gras=
steppe von Erika, Primeln und anderen würzig duftenden Blumen, so
daß man glaubt, auf deutscher Heide zu stehen; auch die endlose Wüste
und Steppe hat ihre Poesie!

Die großen „Pori" werden grün und verdecken die rote Erde und
die vielen Dornen; der Affenbrotbaum treibt seine großen, weißen Blüten,
besonders gefallen die vielen gleichzeitig rot und weiß blühenden Büsche;
ganze Wälder gibts von baumartigen Liliaceen mit lang herabhängenden,
lilienartigen Blüten, grüner Rasen im parkartigen Wald; in den steilen
Schluchten hüpft der Bach über die Felsen, von Schattenbäumen, meist
Sykomoren, eingefaßt. Mit einem Wort, man erkennt Ugogo nicht
wieder, und mancher Reisende, dem man vorher Angst gemacht, findet
das Land geradezu schön und kann nicht begreifen, daß nach fünf
Monaten alles wieder so wüstenähnlich sein soll. Freilich nur im Osten
und Süden verändert sich das Aussehen des Landes so sehr, längs
der großen Straße und in der Landschaft Unhangwira bleibt es viel=
fach beim alten, das Grün reicht nicht aus, alles zu bedecken.

Was den Holzreichtum anbetrifft, so nimmt er von Osten nach Westen
ab. Im Osten hat man noch große Myombowälder, also reichlich Brenn=
holz, im Westen muß das allernötigste Brennholz oft viele Stunden weit
geholt werden. Da es weiße Ameisen und Holzbohrkäfer in erschreckender
Anzahl gibt, kann zum Hausbau nur ganz hartes Holz verwendet
werden, welches leider stets krumm gewachsen und nie in langen Stämmen
zu haben ist. Karawanen kochen vielfach mit Gras und trockenem Kuh=
mist. Ugogo ist sehr wasserarm; es hat keinen einzigen immerfließenden
Bach; in einigen stehen wenigstens das ganze Jahr Tümpel, die Mehr=
zahl ist jedoch, oft wenige Stunden nach dem Regen, schon wieder trocken.
In der Mitte der großen Regenzeit ist dann wieder zu viel Wasser, alle
Rinnen reißend angeschwollen, die Steppen gänzlich unter Wasser. In
den Tälern hält sich das Wasser an sumpfigen Stellen oft das ganze
Jahr über und bildet sogenannte siwe d. h. Sümpfe oder Teiche, doch
kann man nie wissen, ob sie nicht im nächsten Jahr austrocknen. Im
übrigen graben die Wagogo neben ihren Tembén tiefe Wasserlöcher, oft
zu Dutzenden, hoffend, daß wenigstens in einem das Wasser sich hält;
und doch ist es vorgekommen, daß ganze Ortschaften bei den Nachbarn
um Wasser betteln oder es teuer bezahlen mußten, denn diese Wasser=
löcher werden Tag und Nacht scharf bewacht.

Der Njassasee. [1]

Der Njassasee ist 400 km lang, und seine Breite beträgt da, wo sie am größten ist, ca. 70 km. Seine Wasserfläche bedeckt ca. 27 000 qkm und liegt 480 m über dem Meeresniveau. Herrlich ist die blaue Färbung und die durchsichtige Klarheit des Wassers, das auch gesund und angenehm von Geschmack ist. An der äußersten Südspitze liegt vor dem Ausfluß eine Barre, auf der bei seichtem Wasserstande sich nur etwa vier Fuß Tiefe findet, weiterhin aber nimmt die Tiefe des Sees ganz bedeutend zu. Bei Kap Maclear hat man bei 200 Faden noch keinen Grund gefunden. Im Norden ist der See weit flacher; ausgedehnte Sandbänke sind dem nördlichen und nordöstlichen Ufer vorgelagert, was sich daraus erklärt, daß hier von sechs Strömen dem See Massen von Sand und Geröll zugeführt werden. Der See ist fischreich, so daß es an seinen Ufern nicht an Fischerdörfern fehlt. Krokodile sieht man selten, sie lieben es nicht, sich in so hellem, klarem Wasser aufzuhalten, da es ihnen in solchem schwer wird, Beute zu machen; Tiere und Menschen erspähen hier zu leicht den Feind. Wo sich Sümpfe an den Ufern finden, hausen zahlreiche Nilpferde.

Große Aufmerksamkeit habe ich auf Entscheidung der Frage verwendet, ob der Wasserstand des Sees im Abnehmen begriffen ist, und bin zu der Überzeugung gekommen, daß er seit Jahrtausenden sich unverändert auf seiner jetzigen Höhe erhalten hat. Freilich steigt er jährlich in der Regenzeit, bis er etwa im April und Mai seinen höchsten Stand erreicht, um dann wieder vom Juni an zu fallen. Im November und Dezember ist er am niedrigsten. Der Unterschied zwischen dem höchsten und dem niedrigsten Wasserstand beträgt 1 m. Daß aber der Wasserstand im großen und ganzen seit undenklichen Zeiten derselbe geblieben ist, beweisen die Wasserzeichen, welche ich an den Felsen der Monkey-Bai deutlich eingeschnitten fand. Im August befand sich die höchste Wasserlinie 2 Fuß 4$\frac{1}{2}$ Zoll über dem damaligen niedrigen Wasserstand. Weiter fanden sich die ungeheuren Adansonien von 3—5 m Durchmesser dicht am Seeufer in Mponda-, Livingstonia- und Leopards-Bai, nur 2 oder 3 m über der Linie des damaligen Nieder-Wasserstandes. Adanson hat das Alter eines solchen Baumes von der angegebenen Stärke auf 5000 Jahre berechnet. Somit wäre bewiesen, daß vor Jahrtausenden der Spiegel des Sees jedenfalls nicht auch nur 2 m höher gestanden hat als heute; denn der genannte Baum gedeiht nur auf trockenem Land, er bietet also zur Beurteilung, ob man Neuland vor sich habe oder nicht, in Afrika einen ausgezeichneten Anhalt. Den Grund für solche Stetigkeit des Wasserstandes bei diesem See ist in dem Vorhandensein einer Granitbank zu suchen, welche in einer Mächtigkeit von 2300 m etwa 45 km

---

[1] Merensky: „Deutsche Arbeit am Njassa“, S. 79 bis 80.

südlich vom Malombesee den Schire quer durchsetzt. Oberhalb dieser
Barre ist die Stromgeschwindigkeit des Flusses sehr gering, und dadurch erklärt sich auch das nicht zu leugnende Verschlammen des Malombe-
sees, welches aber keineswegs als Beweis für ein Fallen des Wasserspiegels des großen Sees gedeutet werden darf.

Die Küsten des Sees sind im Südosten und Westen wenig anmutig.
Kahle, wüste Felsgebirge treten hier und da nah an die Wasserfläche
heran, sind aber manchmal von dieser auch durch vorgelagertes Sumpf-
land getrennt. Der Boden ist hier wenig fruchtbar, oft ausgesprochen
sandig. An Flüssen und Flüßchen ist an diesen Küsten ein auffallender
Mangel. Unendlich schöner und fruchtbarer ist das nordöstlich und
nördlich vom See gelegene Land, also das Land, welches unser in der
Ferne ersehntes Ziel war.

Küsten-Vegetation. [1]

Überall wo das flache Land in größerer Breite bis an die See
reicht, zeigt es sich von weitem als dunkle einförmige Waldmauer. Es
ist dort dicht mit Mangroven, jenen glänzendblätterigen Rizophoren bedeckt, die in allen Tropenländern die Flußmündungen erfüllen und durch
ihr amphibisches Dasein, sowie das Wurzelgewirre, das sie selbst von den
höchsten Zweigen in den schlammigen, zur Flutzeit von der See bespülten
Boden senken, ein abenteuerliches Aussehen gewinnen. Die Mangroven
an der Tangaküste erreichen keine besondere Höhe. Unter dem dichten
Schatten ihres Laubes treiben Krabben und andere Seetiere am Boden
ihr Spiel, und im Geäste leben zahlreiche kleine Affen und lichtscheue
Lemuren. Die Mangroven sind hier übrigens keineswegs an die brackigen
Flußmündungen gebunden, sondern erfüllen ebenso massenhaft die Striche
an der Bucht von Muoa und am Kigirini-Kanal, wo niemals ein Tropfen
Süßwasser hingelangt. Wo sich, wie bei Wanga und Pagani, ein größerer
flacher Streifen hinter dem Strande ausdehnt, ist dieser zum großen
Teile mit den Feldern und Palmgärten der Eingeborenen bedeckt. Wie
weit mehr kommen diese jedoch zur Geltung, wo sie, wie das gewöhnlich
der Fall ist, sich auf der Höhe der Uferrampe ausdehnen. Besonders
wo diese bis knapp an die Küste heranreicht, bietet sie mit ihren male-
rischen, von tropischer Vegetation bedeckten Steilabfällen, gekrönt von den
weiten Kokoshainen, einen prächtigen Anblick. Der Boden dieser
„Schambas" (Landgüter) ist vorherrschend ebenfalls sandig, gedeiht doch
die königliche Kokospalme am liebsten auf salzigem Seesandgrunde, vielfach
sind aber auch Schollen braunroten Lehmbodens eingelagert, die hauptsächlich den Feldfrüchten ein günstiges Terrain bieten. Zwischen den
Palmen sind hohe, dunkellaubige Mangos mit ihren riesigen Kronen ver-

---

[1] Baumann: „Usambara", S. 19—20.

streut. Besonders wenn diese in Blüte stehen und einen feinen Duft durch die Schambas verbreiten, kann man sich nichts Schöneres denken, als diese tropischen Parkanlagen. Wo das Land nicht bebaut ist, bedecken es niedrige, stachelige Gesträuche und zahllose vielverästelte Dumpalmen. Manchmal ragt auch, einer riesigen antiken Säule gleichend, die breitstämmige Hyphäne zu bedeutender Höhe auf, oder erhebt sich ein mächtiger, abenteuerlich geformter, meist laubloser Baobab. Letzterer Baum ist ebenso wie die hochstämmige Tamarinde mit ihren angenehm säuerlichen Früchten in den Schambas, ja in den Dörfern selbst sehr häufig, und Namen, wie „Mikwajuni" (bei den Tamarinden) oder „Mabuhuni" (bei den Baobabs) sind an der Tangaküste gemein. Die Dumpalmenstriche bieten den beliebten Aufenthaltsort großer Affen, die sich von den roten, auch für Menschen genießbaren Früchten dieser Pflanze nähren und bei jedem Geräusch plump, aber erstaunlich schnell in kurzen Sprüngen davoneilen.

Die Wahehe. [1])

Die Wahehe [2]) bilden heutzutage einen sehr kopfreichen Stamm, so daß die Bevölkerung des Landes für afrikanische Verhältnisse sehr dicht genannt werden muß. Sie bewohnen die schon sehr oft beschriebenen Tembe, deren flache, erdbeworfene Dächer in der Regenzeit nur schlechten Schutz gewähren. Die Tembe sind oft von ganz enormer Ausdehnung. So fand Giraud die Tembe des Häuptlings Mkuanika von einer Boma umgeben, welche im Viereck errichtet war mit einer Seitenlänge von 500 m und innerhalb dieser enormen Befestigung, welche übrigens stellenweise schadhaft war, 25—30 Tembe, darunter eine von 150 m Länge. Ein Bach floß durch die Anlage hindurch, welcher zweimal überbrückt war.

Die Wahehe sind der Hauptsache nach Viehzüchter. Ihre Hauptnahrung ist Milch, welche die Männer selbst melken. Es ist dies ihre einzige Beschäftigung im Haushalt. Die Milch wird nie gekocht, sondern nur frisch oder als saure Milch genossen; Butter verstehen die Wahehe nicht herzustellen. Für den Fremden ist es außerordentlich schwierig, Milch bei ihnen zu kaufen. Die Rinder, der Buckelklasse angehörig, werden während der Nacht in der Tembe untergebracht. Wie bei allen viehzuchttreibenden Stämmen spielt das Rind die Hauptsache im Leben der Wahehe, wird aber nicht so hoch geschätzt wie bei den Massai. Der Mhehe entschließt sich übrigens nur sehr schwer dazu, ein Rind zu schlachten, trotzdem er ein leidenschaftlicher Verehrer von Fleisch ist. Nur alle nicht mehr milchenden Kühe oder kranke Tiere werden geschlachtet, in dem man sie mit Lanzenstichen tötet. Dagegen stillen sie

---

[1]) Reichard: „Deutsche Kolonialzeitung 1891", S. 162.
[2]) Mehrzahl: Wahehe. (Einzahl: Mhehe.

ihren Heißhunger für Fleisch mit fetten Hunden, welche in großer Menge in Uhehe gezüchtet und mit Leidenschaft gegessen werden, entweder gekocht oder leicht geröstet, ebenso das Rindfleisch. Die Hunde sind die in ganz Afrika verbreiteten kleinen gelben Köter mit spitzer Schnauze und spitzen großen Ohren und Fuchsgesichtern. Die Hunde werden auch deshalb in so großer Menge gezüchtet, weil man ihrer Schwänze für die Speere bedarf, worauf wir noch zu sprechen kommen werden. Alle Reisenden, außer B u r t o n und S p e k e, erwähnen diese merkwürdige Tatsache nicht, daß die Wahehe so große Liebhaber von Hundefleisch sind. Daß die Hunde=schwänze aber für Speere verwendet werden, habe ich erst erfahren.

Hühner findet man in Uhehe so gut wie gar keine, eine eigentüm=liche Tatsache, die wohl damit zusammenhängen mag, daß im allge=meinen die Wohnsitze der Weideplätze wegen oft geändert werden müssen. Neben Viehzucht wird, wenn auch wenig, Ackerbau getrieben, haupt=sächlich um Sorghum und Eleusine für Pombe, das einheimische Bier, zu bauen, welches von den Wahehe in großer Menge getrunken wird und eigentlich als Nahrung zu betrachten ist.

In kleinen Gärten bauen die Weiber Gurken und Kürbisarten, sowie eine innen grüne Wassermelone, alles Früchte, welche die Wahehe gern genießen. Mehl dagegen, wie es als Brei oder Grütze von anderen Stämmen genossen wird, verschmähen sie fast durchweg.

Die Wahehe sind schlank, aber ziemlich muskulös, und haben ein echtes Negergesicht. Der Haarwuchs ist spärlich, wenn aber T h o m s o n meint, es gehöre zu ihren auffallendsten „Charaktereigenschaften", daß sie im Gesicht und am Körper keine Haare hätten, so irrt er. Es rührt einfach daher, daß sie sich, wie alle Neger, die Haare aus den Achsel=höhlen abrasieren und jede Spur eines Bartes mit Zangen ausreißen. Auf die Frisur verwenden sie sehr wenig Sorgfalt. Sie schneiden sich entweder die Haare mit einem Messer kurz ab oder lassen sich die Pudellocken wachsen.

Schmuck trägt der echte Wahehe gar keinen, nicht einmal die bei allen anderen Stämmen gebräuchlichen Amulette; er ist auch weniger abergläubisch wie seine übrigen schwarzen Brüder. So wie ihn Gott geschaffen hat, läuft er in der Welt herum, splitternackt. Die Weiber tragen entweder ein um die Lenden geschlungenes Fell oder zwei kleinere Baumwollstücke als Schürzen hinten und vorn. Die Wahehe sind sehr unreinlich, was man nicht nur an ihren wenigen Hausgerätschaften sehen kann, einigen Flaschenkürbissen und Tongefäßen, welche mit Schmutz=krusten überzogen sind, sondern auch an ihrem Äußeren. Die anscheinend ziemlich dunkle Haut zeigt sich nämlich immer als ein schwärzliches Grau, welches davon herrührt, daß sich die Leute niemals waschen und es lieben, in warmer Asche zu schlafen. Mit Öl oder Butter reiben sie sich auch

105.

(Aufg. von Prof. Dr. Uhlig.)

Hafen von Muansa, vom Schloßberge gesehen
(Deutsch-Ostafrika).

nie ein, und so kommt es, daß die Wahehe immer jene graue Farbe zeigen, die nur verschwindet, wenn sie vom Regen abgewaschen sind. Die Wahehe kennen weder Beschneidung, noch Tätowierung, noch Zahnverstümmelung. An Komfort machen sie gar keine Ansprüche, und wenn sie zu Hause auch in der kühlen Zeit in Asche, wie schon ange= deutet, und in der wärmeren auf einem Bettgestell schlafen, welches mit einer Matte oder einer trockenen Rindshaut bedeckt ist, so legen sie sich auf Wanderungen auf die nackte Erde und verschmähen sogar meist, ein Feuer in der Nacht anzuzünden. Sie sind überhaupt außerordentlich abgehärtet und ertragen die rauhen Passatwinde ihrer Heimat weit besser als die ihnen gegenüber verweichlichten Wagogo. Sie können tagelang hungern, Durst ertragen und legen weite Strecken in ununterbrochenem Geschwindschritt und Trabe zurück. Dazu kommt große persönliche Tapferkeit, eine Eigenschaft, die sehr wenige Negerstämme mit ihnen gemein haben. Wenn die Wahehe auch händelsüchtig sind, so besitzen sie doch ein, ich möchte fast sagen, ritterliches Wesen. Alle Reisenden außer Burton und Speke stimmen darin überein, daß sie nach dieser Seite hin über allen Negern stehen. Selbst Giraud, der viel von ihnen be= lästigt wurde, kann nicht umhin, die Art von Ritterlichkeit hervorzuheben. Ich habe die Wahehe kennen gelernt als Leute, welche halten, was sie versprachen, und, sobald sie sehen, daß ihre Häuptlinge und Würden= träger den Fremden ehren, sich jeder Zudringlichkeit und Belästigung enthalten. Ruhig, gemessen und würdevoll benehmen sie sich und zeigen besonders nie jenes freche, lärmende und unverschämte Benehmen ihrer Nachbarn, der Wagogo. Giraud machte deshalb schlechte Erfahrungen nach dieser Richtung, weil er zu einer Zeit bei ihnen angelangt war, wo eine gut ausgefallene Ernte bei ihnen große Völlerei im Gefolge hatte, welche sogar derart war, daß der Häuptling Mkuanila das Waffentragen in seiner Residenz verboten hatte, weil die Leute fort= während in Streit miteinander gerieten.

Die Häuptlinge führen ein sehr straffes Regiment; ihren Befehlen wird, so lange es sich nicht um private Angelegenheiten handelt, unbe= dingte Folge geleistet, besonders was die Heerfolge angeht. Jeder Mhehe, der dem ersten Knabenalter entwachsen ist, ist verpflichtet, im Kriege dem Ruf des Häuptlings zu gehorchen. In kürzester Zeit vermag er viele Tausende zu sammeln, welche von allen Seiten herbeieilen und in Eilmärschen dem Feinde entgegenziehen. Die Ausdauer und Fähig= keit, Mühsalen zu widerstehen, neben der persönlichen Tapferkeit, macht sie zu sehr gefährlichen Gegnern, wie wir es ja zu unserm Schaden er= fahren mußten. Die Waffen der Wahehe bestehen aus dem spitzovalen Schild aus Rinder= oder Zebrahaut, dessen Höhe 1,25 m und dessen Breite 40 cm betragen mag. Der Rand ist nicht ausgenäht, wie bei den Massaischilden, auch werden die Haare nicht heruntergeschabt. Ein

Stab, durch zahlreiche Schlitze der Länge nach durchgesteckt, gibt dem
dünnen Schilde Halt. Die Handhabe, in der Mitte angebracht, stellt eine
Krümmung des Stabes her und zeigt durch ihre Kleinheit, daß die
Wahehe sehr schmale Hände haben. Es ist notwendig, zu erwähnen, daß
alle Neger, welche Schilde führen, die Handhabe genau in der Mitte derselben anbringen und nie den Unterarm durch einen Riem stecken, wie es
bei unseren Ritterschilden oder heute noch bei den Chinesen gebräuchlich
ist. Die Hauptwaffe des Mhehe ist der Mpalala, ein pfeilartiger, kleiner
Wurfspeer, von 1,13 m Länge und sehr leichter, gefälliger Form. An der
dicksten Stelle, da, wo die Klinge in den aus einem sehr zähen dunklen
Holz hergestellten Schaft eingelassen ist, ist derselbe nicht stärker wie ein
schwacher kleiner Finger. Der Schaft verjüngt sich dann nach unten zur
Dicke eines Gänsekiels und trägt dort immer einen kleinen kugelartigen
Kupfer- oder Messingring, der ohne Schweißung sehr geschickt geklopft ist.
Die Klinge ist fingerlang, myrtenblattförmig und daumenbreit. Sie
läuft in einen gut spannlangen Stiel aus von der Dicke eines Gänse-
federkiels und ist in den Schaft eingebrannt, um mittels der noch feucht
überzogenen Haut eines Hundeschwanzes festgehalten zu werden, welche
bis zum völligen Eintrocknen mit einer Schnur umwickelt bleibt. Der
Schaft des Mpalala wird durch gewickelten, sehr feinen Messing- und
Kupferdraht, sowie durch aufgesteckte Posen von Straußfedern geziert.
Die zweite Waffe ist der Ndula oder Stoßspeer, dessen Schaft um einiges
länger wie der des Mpalala ist, überall gleich fingerdick. Die Klinge
ist spannlang und ohne sichtbaren Stiel im Schaft eingebrannt. Sie
wird ebenfalls mittels Hundeschwanzhaut festgehalten, derart, daß der
unterste schon verbreitete Teil noch mitgefaßt wird. Der Schaft wird
ebenfalls mit in Abständen gewickeltem Draht geziert.

Der Wurfspeer ist die gefährlichste Waffe in den Händen der Wahehe.
Sie vermögen denselben mit außergewöhnlicher Kraft auf große Ent-
fernung, bis zu 100 Schritten, zu schleudern und dabei noch zu treffen.
Ich sah selbst, wie während eines Gefechts ein Mhehe einen fliehenden
Feind auf 40 Schritte mit einem Mpalala von hinten traf, so daß die
Waffe das linke Schulterblatt und das Brustbein des Feindes durch-
bohrte. Mit hohem Satz brach der Getroffene lautlos zusammen. Jeder
Mhehe führt immer sieben bis acht Mpalala und nur einen Ndula, die
entweder in einem Bündel geschultert getragen werden, oder die Wurfspeere stecken alle in einer zweckmäßigen Vorrichtung aus Riemen im
Schild. Der Ndula wird nicht geschleudert, sondern dient dazu, im
Handgemenge verwendet zu werden, wobei er am äußersten unteren
Schaftende angefaßt und ähnlich gehandhabt wird, wie die Somali ihre
langen Speere gebrauchen. Auch versetzt man dem Gegner den Gnaden-
stoß damit. Die Klinge des Ndula dient auch als Messer zum Schneiden
des Fleisches. Die Wahehe lösen dem erschlagenen Feinde die rechte

Hand aus dem Gelenk und stecken sie auf den Ndula, während sie, aus dem Krieg und Kampf heimkehrend, den Schild auf den Kopf legen, weshalb man sofort erkennen kann, ob man es mit aus= oder heim= ziehenden Kriegern zu tun hat.

Die Wahehe beunruhigten schon seit Menschengedenken ihre Nach= barn, besonders die ostwärts wohnenden Stämme, durch alljährliche Raubzüge, indem sie Rinder und Sklaven raubten und die letzteren bei dem Feldbau verwendeten und an Araber oder auch Wagogo verkauften, wo= bei es oft genug vorkam, daß sie den Wagogo ihre eigenen Landsleute verkauften. Um die erbeuteten Menschen auf dem Rückmarsch aus dem Gefecht an der Flucht zu hindern, wenden sie ein einfaches, sehr pro= bates Mittel an, sie geben den Gefangenen Steine zu schleppen, da sie andere Lasten nie mitführen, um die Leute derart zu ermüden, daß sie, am Lager angelangt, nur an Ruhe denken.

Bei allen Kämpfen wenden sie dieselbe Taktik an, indem sie den Gegner unvermutet überfallen, was ihnen um so leichter wird, als sie ungeheure Strecken zurückzulegen vermögen. Sie marschieren die letzte Strecke bei Nacht und umzingeln die feindlichen Dörfer noch in der Dunkelheit. Darin unterscheiden sie sich wesentlich von anderen Negern und auch den Mafiti, welche wohl in der Nacht marschieren, aber nie eine Operation ausführen. Wenn dann der erste Schein der Morgen= dämmerung im Osten sichtbar wird, ertönt der schaurige Kriegsschrei „u u u i!" und der aus dem Schlafe auffahrende Feind, welcher das Freie zu gewinnen sucht, wird niedergestochen. Auf diese Weise war es den Wahehe leicht, die Wagogo zu besiegen, welche besonders in der Dunkel= heit sehr feige sind. Die offene Feldschlacht meiden sie nach Möglichkeit wie alle Afrikaner.

Wenn die Wahehe Karawanen überfallen wollen, so pflegen sie sich in den Hinterhalt zu legen und wählen dazu immer solche Stellen, wo sie sich auf eine lange Strecke gut verbergen können, um dann auf langer Linie von zwei Seiten den Feind anzufallen. Der Überfall gelingt ihnen fast jedes Mal, da sie vollständig nackt sind und keine klappernden Gegenstände tragen und auch ihre Waffen nicht klirren.

Ruanda. [1]

Der Anfang des Monats August führte uns endlich in das Sagen= land Ruanda. Seit Wochen hatten wir diesem Erlebnis mit Spannung entgegengesehen.

Ruanda ist wohl das interessanteste Land des deutsch=ostafrikani=

---

[1] Aus dem vortrefflichen Werke: Adolf Friedrich, Herzog zu Mecklenburg: „Ins innerste Afrika." S. 77—96. Mit gütiger Erlaubnis des Verlages P. E. Lindner, Leipzig.

schen Schutzgebietes und ganz Zentralafrikas überhaupt, wohin es nach seiner ethnographischen und geographischen Lage gehört. Besonders interessant auch deshalb, weil es eins der letzten Negerreiche ist, das noch in absoluter Autorität von einem souveränen Sultan beherrscht wird und zur deutschen Oberhoheit in nur sehr loser und bedingter Abhängigkeit steht. Dabei ein Land, „wo Milch und Honig fließt", wo Vieh= und Bienenzucht blüht und der kultivierte Boden reiche Er=träge bringt. Ein Bergland, dicht bewohnt, von hoher landschaftlicher Schönheit, mit unvergleichlich frischem und gesundem Klima. Ein Ge=biet mit fruchtbarem Boden und vielen, nie versiegenden Wasserläufen, das dem weißen Ansiedler die glänzendsten Aussichten eröffnet.

Die erste Kunde, die wir aus Ruanda erhielten, verdanken wir dem Bericht des früheren Gouverneurs Deutsch=Ostafrikas, Grafen von Götzen Seitdem Graf Götzen im Jahre 1894 auf seinem Zug zum Kiwu hier durchkam, hat sich, wie es scheint, nur weniges verändert. Bloß der unfreundliche Charakter der Bevölkerung ist unter dem ständig weiter um sich greifenden Europäereinfluß einer ruhigeren Haltung gewichen. Später erhielten wir dann genaue Nachrichten über dies merkwürdige Land von Dr. Kandt, der seine Erlebnisse mit unvergleichlichem Erzähler=talent in seinem bekannten, trefflichen Werke „Caput Nili" niederge=legt hat.

Kandt gilt mit Recht als einer der besten Kenner Ruandas. Zwei kleine Besitzungen, Kagira am Mashiga=Bach und Bergfrieden am Süd=ende des Kiwu, legen von seiner Liebe für diesen Gebietsstrich Zeugnis ab. Neben ihn stellt sich würdig die Persönlichkeit des Hauptmanns von Grawert, der in zehnjähriger Tätigkeit die Residentur geführt hat, bis die Trennung von Urundi und Ruanda eine Neueinteilung in der Verwaltung erforderte. Grawert hat mit diplomatischem Geschick und großer Umsicht sein schwieriges Amt verwaltet und es meisterlich ver=standen, die anfangs renitente Bevölkerung allmählich und unmerklich der deutschen Herrschaft näher zu bringen.

Die Bevölkerung des Landes setzt sich aus drei großen Klassen zu=sammen, den Watussi, den Wahutu und dem kleinen Volk der Batwa, das hauptsächlich in den Bambuswäldern von Bugoie, in den Sümpfen am Bolero=See und auf der Insel Kwidschwi des Kiwu heimisch ist.

Die Urbevölkerung bilden die Wahutu, ein ackerbautreibender Bantu=stamm, der, man könnte sagen, die wirtschaftliche Erdausnutzung des Landes besorgt. Ein mittelgroßer Menschenschlag, dessen unschöne For=men harte Arbeit verraten und der sich geduldig in völliger Knechtschaft der Ruanda beherrschenden, später eingewanderten Rasse der Watussi beugt.

Die Einwanderung der Watussi hängt zweifellos mit der großen Völkerbewegung zusammen, die Ostafrika den Stamm der Massai ge=

bracht hat. Dieselben Argumente, die Merker bewogen haben, die Massai
als einst von Norden her, aus Ägypten oder gar Arabien eingewandert
zu erklären, werden wohl auf die Watussi Anwendung finden können.
Wir finden in der Tat viele verwandte Züge bei beiden Völkerstämmen,
die hier aufzuzählen zu weit führen würde. Die Watussi sind ein
hochgewachsener Stamm von geradezu idealem Körperbau. Längen von
1,80 m, 2,00 m, ja sogar 2,20 m sind keine Seltenheiten, durch die
die Gestalt aber keine Einbuße erleidet. Während die Schultern meist
kräftig gebaut sind, zeigt die Taille oft eine fast beängstigende Dünne.
Die Hände sind vornehm und überaus fein gebaut, die Handgelenke
von fast weiblicher Zierlichkeit. Wie bei den orientalischen Völkerschaften
finden wir auch hier den graziösen, lässigstolzen Gang.

Der höheren Kultur, die wir bei den Watussi finden, kommen die
klimatischen Verhältnisse zu Hilfe. Diese sind für ein äquatoriales Land
geradezu ideale. Die durchschnittliche Höhenlage von etwa 1600 m
schließt wirkliche Hitze aus. Die Temperatur gleicht vielmehr einem
warmen Sommertage bei uns. Abends und während der Nacht tritt
eine erfrischende Kühle ein, die auf den Schlaf einen wohltuenden Ein=
fluß ausübt. Fiebererscheinungen gehören, da der die Malaria über=
tragende Moskito (Anopheles) fast ganz fehlt, zu den Seltenheiten.
Man findet wohl vereinzelt Malariaparasiten im Blute der Ruanda=
bewohner, doch dürften diese meist aus weniger gesunden Gegenden,
wo der Anopheles vorkommt, eingeschleppt sein. Auch nach Ravens
Untersuchungen scheint die Malaria in Ruanda im Verhältnis zur Be=
völkerungsdichte keine große Rolle zu spielen. Die dem Menschen und
Vieh verderblichen Tsetsefliegen fehlen ganz und dies sichert diese Gegend
vorläufig auch vor der verheerenden Schlafkrankheit, deren Überträgerin
bekanntlich eine Tsetsefliege, die glossina palpalis, ·ist.

Diese günstigen klimatischen Verhältnisse werden von den Watussi
nach Kräften ausgenutzt; denn das Land besitzt einen unglaublichen
Reichtum an Vieh, dessen Zucht sich dieses Hirtenvolk besonders widmet.
Ungeheure Herden des großhörnigen Rindes und des Kleinviehs sieht man
täglich auf den Berglehnen weiden, für deren Nahrung durch ständiges
Abbrennen des trockenen Grases gesorgt wird. Die auf diesen Abbrand=
flächen hervorsprießenden jungen Triebe bilden eine besondere Deli=
katesse. Die Viehzucht und die landwirtschaftliche Leistungsfähigkeit des
Landes überhaupt wird erleichtert durch eine außerordentliche Anzahl
kleiner, zum größten Teil auch in der Trockenzeit nicht versiegender
kühler Wasserläufe.

Aus allem diesen ergibt sich, daß Ruanda in seinem weitaus
größten Teile in hervorragender Weise zur Besiedlung durch Weiße
geeignet erscheint, daß hier Viehzucht in großem Stile und auch Acker=
bau lohnend getrieben werden könnte; denn die Qualität des Viehes

ist ebenso vorzüglich wie seine Milch. Und da auch die Beschaffenheit des Erdbodens nichts zu wünschen übrig läßt, so steht es fest, daß hier ein ganz neues, großes Absatzgebiet geschaffen werden könnte.

Die Araber. [1])

Die Araber, welche an der Tangaküste leben, scheiden sich in zwei Gruppen: in Leute aus Oman und solche aus Hadramaut. Erstere, die bisherigen Herren des Landes, sind es, die von den Schwarzen allein als „Waarabu" bezeichnet werden. Sie leben in größerer Zahl in Pangani und Wanga, ziemlich zahlreich in Tanga, an der übrigen Küste findet man nur einige von ihnen in Mtangata, einen einzigen in Muoa. Ihre ziemlich wechselnde Gesamtzahl dürfte 300 bis 400 nicht übersteigen. Eine große Anzahl von ihnen ist in Oman geboren, diese sprechen Arabisch als Muttersprache. Da meines Wissens eine Vollblutaraberin an der Tangaküste nicht lebt, so kann von reinen, im Lande selbst geborenen Arabern nicht die Rede sein, um so mehr, als die Kinder der Surias [2]) sofort in die Kategorie der Suahili eingereiht werden. Dennoch findet man eine ganze Anzahl häufig, aber nicht immer dunkelgefärbter Leute, die sich ebenfalls Araber nennen und meist aus Pemba oder Sansibar stammen. Sie verstehen arabisch, sprechen jedoch Kisuahili als Muttersprache. So war der bekannte Buschiri bin Salim ein Pemba=Araber; der in Tanga aufgewachsene, zu Saadani 1890 hingerichtete Mohammed bin Chassim und sein Bruder Hamis bin Chassim (jetzt Jumbe von Tambarini) stammen von Sansibar usw. Vom Geschlechte der streit= baren Satrapen von Mombas, der Msara, leben auf deutschem Gebiet keine, wohl aber in Wanga einige wenige, dunkelfarbige, aber in den Zügen sehr reine Araber, die nur Kisuahili sprechen. Die echten Omanleute sind meist licht gelbbraun gefärbt, hager und hochgewachsen. Wohlbeleibtheit deutet in den meisten Fällen Negerblut an. Sie haben die charakteristisch semitischen, scharf geschnittenen Gesichtszüge und tragen Kinnbart, aber keinen Schnurrbart. Sie altern, wie es scheint, recht früh, eine Mittelstufe vom jungen Krieger zum greisen, weißbärtigen Patriarchen ist kaum vorhanden. Die Tracht gleicht jener der Suaheli, oder vielmehr letztere haben sie den Arabern entnommen, nur tragen fast alle Männer Turbans und den kurzen Sicheldolch im Gürtel, da es für den Freien schmachvoll gilt, unbewaffnet zu gehen.

Ihre Wohnungen gleichen jenen der Eingeborenen, nur selten erhebt sich einer bis zur Erbauung eines Steinhauses. Die Araber waren bis= her der hohe Adel im Lande, eine Menschenklasse, welche die Eingeborenen

---

[1]) O. Baumann, Usambara, S. 64—66.
[2]) Nebenfrauen.

um Haupteslänge überragte und deren Einflüſſen und Befehlen ſie willen=
los gehorchten. Was ſie eigentlich trieben und noch treiben, iſt ſchwer
zu ſagen; ſo viel iſt ſicher, daß ſie niemals etwas gearbeitet haben.

Außer einigen armen Leuten, die ſich als Krämer durchbringen, ſind
faſt alle Farmbeſitzer, welche mit Hilfe eines Arbeitermaterials von
Sklaven das Land bebauen und daneben auch Handel treiben. An den
Karawanen nach dem Innern beteiligen ſie ſich hier wenig. Alle ſind
natürlich ſtrenge, doch keineswegs fanatiſche Mohammedaner und gehören
zur Sekte der Ibaditen, die von den übrigen Moslim, beſonders den
Sunniten, für ſehr ketzeriſch gehalten werden. Das mächtige Kulturwerk
bezweifeln zu wollen, welches die Araber in Oſtafrika verrichtet, wäre
völlig müßig. Man braucht nur zu vergleichen, was die Europäer mit
ihren Jahrhunderte alten, zahlreichen Niederlaſſungen in Weſtafrika den
Eingeborenen gegenüber erzielt, oder vielmehr nicht erzielt haben, um zur
vollen Erkenntnis der arabiſchen Leiſtungen im Oſten geführt zu werden.

Die Maſſai. [1]

Das weite Maſſai=Land, welches früher der ungeheure Weideplatz der
Maſſai=Herden war, iſt jetzt in verſchiedene Diſtrikte wie Kiwaya,
Simangiro, Muthek uſw. geteilt, deren jeder ein beſtimmtes Schild=
wappen führt, an dem ſich die Krieger erkennen. Innerhalb der einzelnen
Diſtrikte ſind ſtets faſt alle Maſſai=Stämme vertreten, die als mehr oder
weniger vornehm gelten und wahrſcheinlich noch aus der unbekannten
Urheimat der Maſſai ſtammen. So gibt es überall Vertreter der Stämme
Mulcilyan, Leiſſeri, Leitoyo, Mamaſita, Mageſen, Marumwai, Lugu=
mai, Maguveria und des Schmiedeſtammes der Elkonono, die ebenfalls
Maſſai ſind, aber von den anderen verachtet werden.

Die Maſſai ſind meiſt hochgewachſen, ſchlank und langbeinig. Ihre
Körperformen ſind ſelten voll, ſondern auch bei Männern vielfach zart
und weibiſch, doch oft von großer Schönheit. Dennoch beſitzen ſie be=
deutende Muskelkraft und Ausdauer. Die Extremitäten ſind zierlich und
ſchmal, die Haut iſt meiſt dunkler als ſchokoladenbraun und erſtaunlich
weich und ſammetartig. Der Geſichtstypus variiert ſehr. In Sogonoi
und Kiwaya, alſo im Steppengebiet, findet man oft negerhafte Züge,
hier treten auch vollere Körperformen auf. Faſt rein hamitiſch ſehen die
Plateau=Maſſai, alſo die von Muthek und Serengeti aus. Dieſelben
haben regelmäßige Züge, ſchmale Naſen und glänzende, ſchwarze Augen,
die manchmal leicht ſchiefgeſtellt ſind. Im Alter werden die Züge hart
und oft adlerartig ſcharf. Häufig trifft man ſogenanntes Hamiten=Haar.
Wenn der Kopf friſch raſiert iſt, ſo erſcheint das nachwachſende ſchwarze
Haar bis zur Länge von ca. 1 cm völlig glatt und bekommt dann erſt

---

[1] Baumann: „Maſſailand", S. 158.

eine leichte Kräuselung, die an die Kraushaare mancher Europäer erinnert.
Beim echten Wollhaar erscheinen dagegen schon die ersten Haaransätze
gekräuselt. Dieses, an der Küste bei Mischlingen von Arabern und
Negern nicht seltene Hamiten-Haar findet sich bei den Plateau-Massai
häufig, etwas seltener bei jenen des Tieflandes, die häufig Wollhaare
haben.

Im allgemeinen machen die Massai den Eindruck eines hamitischen
Stammes, der in verschiedenen Gegenden mehr oder weniger starke Blut=
mischungen mit Bantu erhalten hat. Den tiefschwarzen, typisch neger=
haften Sudanesen, welchen sie sprachlich so nahe stehen, gleichen sie physisch
in keiner Weise.

Das Haar wird von jungen Leuten kurz getragen, Krieger lassen
dasselbe lang wachsen und flechten es in fadendünne Strähnen, so daß
es von weitem wie schlichtes Haar aussieht. Diese Strähnen werden mit
Fett und roter Lehmfarbe eingerieben und verschiedene Frisuren daraus
geflochten, bei welcher die mit langem, bastumwundenem Zopf überwiegt.
Die eigentümliche Art der Beschneidung (Incision) beschreibt Thomson
ausführlich.

Die Weiber tragen den Schädel rasiert. Die beiden oberen, vorderen
Schneidezähne werden bei beiden Geschlechtern vorgebogen, die entsprechen=
den unteren ausgebrochen, doch ist diese Sitte nicht mehr allgemein üblich.
Die Ohrläppchen werden durchlöchert und bis zur Länge von 10 cm und
darüber ausgedehnt. Darin tragen die Krieger Eisenspiralen, an welchen
Kettchen hängen, die Weiber tellerförmige Eisenspiralen, die oft so schwer
sind, daß sie durch einen über den Schädel gelegten Riemen gehalten
werden müssen.

Um den Hals tragen die Weiber Bänder aus steifem Leder, auf
welche weiße und rote Glasperlen genäht sind, und von denen Eisen=
kettchen und Glasperlen herabhängen, die Verheirateten auch einen teller=
förmigen Kragen von dickem, gewundenem Eisendraht. Am Oberarm
tragen die Krieger ein Armband aus Horn, am Unterarm manchmal
einige Glasperlen. Die Weiber umwinden sich den Unterarm und Unter=
schenkel mit mächtigen Manschetten aus Eisendraht.

Die Kleidung besteht bei Kriegern aus einem kurzen Lederüberwurf,
der die linke Schulter freiläßt. Derselbe ist manchmal außen hart und
aus verschiedenfarbiger Rindshaut gefertigt. Öfter tragen sie am
Hinterteil ein dreieckförmiges Schürzchen als Sitzmöbel. Die älteren Leute
haben längere Ledermäntel, ebenso die Weiber, deren die Brust ver=
hüllende Lederkleidung an den Hüften durch einen Gürtel zusammen=
gehalten wird. An den Füßen trägt man häufig Ledersandalen.

Der Kriegsschmuck der Massai ist schon oft beschrieben und abgebildet
worden. Gerade diese zahlreichen Abbildungen können jedoch die Ansicht
hervorrufen, daß dieser wilde, aus Colobusfellen, Straußfedern usw.

gebildete Kriegsschmuck allgemein getragen wird. Dies ist jedoch keines=
wegs der Fall. Ich habe auf dieser und auf meinen früheren Reisen
öfter Massai am Kriegspfade gesehen, aber nicht einen einzigen im vollen
Kriegsschmuck. Einer oder der andere — von 100 Kriegern etwa ein
Dutzend — trugen den bekannten Federschmuck aus Straußfedern, der
das Gesicht einrahmt, die übrigen zogen in gewöhnlicher Tracht ins
Feld und bemalten sich höchstens mit weißem Mergel an den Beinen.

Körperbemalung ist überhaupt allgemein üblich und wird mit Fett
und roter Lehmfarbe ausgeführt. Eine Körperreinlichkeit kennen die
Massai nicht. Mein ältester Rinderhirt, ein weißhaariger Elmoruo, gestand
mir ein, daß er sich im Leben noch nie gewaschen habe. Deshalb
wimmeln denn auch die Haare, Lederkleider, ja selbst der Eisenschmuck
der Weiber von Ungeziefer.

Nahrung der Konde.[1])

In bezug auf das tägliche Leben und die tägliche Nahrung ist zu=
nächst hervorzuheben, daß die Leute im Gegensatz zu den Sulustämmen
Fleischnahrung nicht nur wenig genießen, sondern auch wenig schätzen.
Sie sind Vegetarier zu nennen, denn sie leben fast ganz von Milch und
Pflanzenkost. Gegner des Fleischgenusses werden geneigt sein, die größere
Milde des Volkscharakters hierauf zurückzuführen. Die Milch wird meist
sauer genossen; da sie immer in Bestände von saurer Milch oder in
durchsäuerte Gefäße eingemolken wird, so gerinnt sie sofort. Diese Milch
und Hülsenfrüchte, die als Erbsen und Bohnen in mehreren Arten fast
täglich genossen werden, geben dem Nahrungsquantum hinreichenden Ge=
halt an Eiweis und Fett, so daß der Genuß von Fleisch leicht entbehrt
werden kann. Daneben sind tägliche Nahrung die Bananen. Die ge=
meine Banane wird halbreif geröstet gegessen, sie ist das tägliche Brot,
daneben liebt man Brei aus Bananenmehl, weniger solchen aus Sorghum
und Mais. Vom Mais ißt man am liebsten die Körner des unreifen
Kolbens. Halbreife Bananen und einige Baumfrüchte dürfen nur Männer
essen, andere Früchte wieder nur Weiber, auch für Kinder bestehen ge=
wisse Nahrungsverbote. Bier trinken die Männer, aber es wird schwach
gebraut und mäßig getrunken; man sieht betrunkene Leute nicht, und
wüste Trinkgelage fehlen ganz. An anderen Feldfrüchten, an Baum=
früchten und besonders den köstlichen Bananen ist Überfluß, so daß an
Nahrungsmitteln im Lande kein Mangel ist.

Wie wenig das Volk nach Fleischnahrung begierig ist, geht daraus
hervor, daß man selbst das Fleisch der Ziege verschmäht. Der Volks=
glaube will, daß sein Genuß Krankheit bringt. Erst jetzt bequemt man
sich zum Genuß des Ziegenfleisches um des Beispiels der Araber und

---

[1]) Merensky: „Deutsche Arbeit am Nyassa", S. 151/152.

Weißen willen. Dagegen ißt man Hühner, manche genießen selbst deren
Eier. Merkwürdigerweise verschmäht man nicht nur das Fleisch reißen=
der Tiere, sondern auch das des Rhinozeros, ja selbst das des Zebra und
mancher Antilopen, deren Fleisch von Europäern ganz besonders ge=
schätzt wird, wie das Fleisch des Kudu und der Elen=Antilope. Da=
gegen ißt man Büffel und Wildschweine, ja auch den Elefanten. Fisch=
otter und Erdschwein dürfen nur Häuptlinge essen.

Daß man Krokodile und Schlangen nicht essen will, ist verständlich,
aber Fische werden nicht verschmäht. Nur die Aale und Schlammfische
(Wels usw.) gelten nicht als tafelfähig.

Die Männer lieben das Tabakrauchen in hohem Maße, die Knaben
fangen schon an zu üben, und in manchen Teilen des Landes er=
quicken sich auch Frauen an der beliebten Wasserpfeife. Diese ist einfach
hergestellt. Eine Kürbisflasche ist mit einem angesetzten Rohr versehen,
auf dem der aus Stein geschnittene Pfeifenkopf sitzt. Die Kürbisflasche
wird mit Wasser gefüllt, der Tabak im Kopf wird in Brand gesetzt, und
um die Öffnung des Flaschenhalses legt der Raucher die Lippen. Er
tut einige Züge, saugt den Rauch in die Lungen und gibt den Apparat
weiter. So geht er in dem Kreise von Hand zu Hand. Diese Art zu
rauchen scheint den Leuten wirklich ein hoher Genuß zu sein.

Schauri. [1]

In Deutsch=Ostafrika gibt es ein Wort, das eine vielfache Be=
deutung hat. Es ist das Wort Schauri und heißt soviel wie Behand=
lung, Beratung, Partei, Rat, Sache, Sitzung. Ohne Schauri kann der
Ostafrikaner gar nicht leben. Nichts bereitet ihm solchen Genuß wie ein
recht langes Schauri. Soll ein Huhn, eine Ziege, ein Ochse, ein Elfen=
beinzahn oder sonst ein Objekt verkauft oder erworben werden, so geht
dem Handel ein endloses Schauri voraus. Will der Ostafrikaner eine
Frau nehmen, so macht er mit sich selbst, mit seinen Verwandten und
seinen zukünftigen Schwiegereltern Schauri. Hat ein Knabe ein Mägd=
lein lieb, so macht er in erster Linie mit ihm Schauri. Will es sich
nicht betören lassen, so macht der abgewiesene Liebhaber schleunigst
Schauri mit einem Medizinmanne behufs Lieferung von Liebestränken
und anderen Zaubermitteln. Leidet jemand an einer hartnäckigen Krank=
heit, so . unternimmt er oft große Reisen, um mit einem berühmten
Mganga, wir würden sagen Spezialisten, Schauri zu machen. Weigert
sich ein Häuptling im Innern, zum Schauri zu kommen, so ist er kaidi,
d. h. ein Rebell. Machen auf einer schwierigen oder gefährlichen Ex=
pedition die Träger unter sich Schauri, so hat der Chef allen Grund, auf
seiner Hut zu sein. Krieg und Frieden, Schuld und Sühne, alles hängt

---

[1] A. Leue: „Deutsche Kolonialzeitung 1899", S. 421.

vom Schauri ab. Selbst der Straßenräuber setzt sich vor der Ausübung
eines Verbrechens mit seinen Komplizen zu einem Schauri zusammen, in
welchem Vor= und Nachteile der Tat sorgfältig erwogen werden. Bietet
man dem Ostafrikaner unter der Hand für einen Gegenstand auch den
denkbar höchsten Preis, so läßt er sich ohne Schauri doch ungern auf
die Sache ein. Lieber gibt er ihn nach längerem Schauri billiger weg.
Er will doch wenigstens sein Vergnügen davon haben. Behelligt man
den Farbigen, sei er nun Araber, Suahili oder Stammesangehöriger,
mit einer ihm unangenehmen Affäre, so gebraucht er stets die Ausrede:
„Si shauri yangu" (das ist nicht meine Sache). Macht man ihn in
politischer Hinsicht für einen Genossen verantwortlich, so erwidert er
gewöhnlich: „Der Mann gehört zu einem anderen Schauri".

Wegen jeder Bagatelle wird Schauri gemacht. Einst erbat sich auf
einer Expedition während der Marschpause mein Diener Urlaub, um
wegen eines Mittagsmahles mit seinen Freunden Schauri zu machen.
Nach etwa einer Stunde kehrte er zurück. „Nun," fragte ich scherzend,
„was gedenkt ihr denn zu speisen?" — „Bananen," war die Antwort.
— „Und um das herauszutüfteln, braucht ihr eine Stunde Zeit?" rief
ich lachend. — „Ja," sagte er empfindlich, „wir konnten doch vorher
nicht wissen, was wir essen wollten."

Diese Leidenschaft der Farbigen für das Schauriabhalten wissen sich
die indischen Kaufleute vorzüglich zu nutze zu machen. So schlau die
Eingeborenen auch sind, so werden sie von den Indern doch meist über=
trumpft. Wegen eines Elfenbeinzahnes machen die Händler oft acht
Tage lang Schauri. Zahn um Zahn wird in dieser Weise darin ver=
handelt. Ein Europäer hielte dies gar nicht aus. Der Inder aber ist
unermüdlich und erreicht gewöhnlich auch seinen Zweck. Für ihn ist die
Zeit ja Geld.

Zu seinem höchsten Glück entwickelt sich das Schauri in seiner Eigen=
schaft als öffentliche Gerichtssitzung. Der Schauritag ist für den Farbigen
ein Festtag. Was gibts für ihn Feierlicheres, Großartigeres und Inter=
essanteres als ein Schauri, dem der Bwana mkubwa (Bezirksamtmann
bzw. Bezirkschef) persönlich vorsitzt. Die Großen der Stadt und Um=
gegend, die Araber, die indischen Händler, die Schirasi=Diwane, die
Suaheli=Jumben, die benachbarten Stammeshäuptlinge, alle erscheinen
in bunten, oft goldgestickten Gewändern, mit silbernen Dolchen und präch=
tigen Turbanen, um sich auf ihren Bänken pomphaft niederzulassen. Es
gehört zum guten Ton, diesen Sitzungen beizuwohnen. Der Wali führt
an diesem Tage sein langes, kostbares Schwert, welches einen Wert von
1000 ℳ. haben soll und das, wenn der eingravierten Jahreszahl zu
glauben ist, schon zur Zeit der Kreuzzüge geschwungen wurde. Links
und rechts vom Gerichtstische sitzen auf ihren Ehrenplätzen die Beisitzer,
die Sachverständigen, die Akidas und die Gemeindevorsteher. Sachver=

ständiger für das mohammedanische Recht ist der Wali, für Handelsrecht gewöhnlich ein indischer Großhändler. Kurz vor Beginn der Sitzung tritt, allseitig begrüßt, der Bezirksamtmann ein. Neben ihm nehmen Platz der Bezirksamtssekretär, sowie der deutsche und der arabische Schreiber. Vor dem Gerichtstische fungiert, unterstützt von seinen Soldaten, der Polizei-Effendi als Gerichtsvollstrecker. Der Sitzungssaal ist umlagert von vielen hunderten von Zuschauern, Männern und Weibern. Verhandelt werden im Schauri Strafprozesse, Zivilstreitigkeiten, Akte freiwilliger Gerichtsbarkeit, Bezirks- und Steuersachen, städtische Angelegenheiten, kurz alles, was das Wohl und Wehe der Einwohnerschaft berührt.

Ein Bezirksamtmann oder Stationschef, der es versteht, das Schauri verständig und würdig zu leiten, wird stets das Vertrauen und die Liebe der Bevölkerung genießen. Für die Auswahl geeigneter Persönlichkeiten ist dieser Gesichtspunkt nicht unwichtig. Durch ein rechtzeitiges, vernünftiges Schauri kann in Ostafrika, vor allem im Innern, manchem Unheile vorgebeugt werden.

Eine Tierfabel der Suahili. [1]

Der Fuchs [2] und der Löwe.

Der Fuchs ging einst aus, im Walde Nahrung zu suchen und erblickte einen großen Kalebassenbaum. [3] Als er an ihm in die Höhe blickte, sah er einen Bienenstock mit Honig und kehrte sogleich zur Stadt zurück, um Genossen zu holen und den Bienenstock zu plündern. Als er an der Tür des Buku [4] vorbeikam, nötigte ihn dieser zum Eintreten. Er sprach zum Buku: „Mein Vater ist gestorben und hat mir einen Bienenstock hinterlassen, laß uns hingehen und essen." Und sie gingen hin. Und der Fuchs sagte: „Klettere hinauf!" Und sie kletterten beide hinauf, hatten Brennstroh mitgenommen, räucherten die Bienen aus und fraßen den Honig. Plötzlich kam der Löwe dazu, blickte auf, sah die Leute essen und fragte, wer sie wären. Der Fuchs sprach zum Buku: „Schweig still, der alte Bursche ist toll." Der aber fragte wieder: „Wer seid Ihr, könnt Ihr nicht reden?" Da antwortete der Buku erschreckt: „Wir sind hier."

Nun sagte der Fuchs zum Buku: „Wickle mich ins Stroh und sage dem alten Löwen, er solle unten aus dem Wege gehen, damit Du das Stroh hinabwerfen könntest, du würdest dann selber hinabkommen."

---

[1] A. Seidel: „Geschichten und Lieder der Afrikaner", S. 224.

[2] Im Original: sungura (Hase, Kaninchen). Der sungura spielt in den Tierfabeln des Suahili die Rolle des Fuchses.

[3] Suaheli: mbuyu, die bekannte Adansonia digitata. Affenbrotbaum.

[4] Eine Gazellenart.

Der Löwe trat beiseite, das Stroh wurde hinabgeworfen, der Fuchs befreite sich eilends daraus und lief davon.

Und der Löwe sprach: „Nun, so komm doch herunter." Als der Buku herunterkam, ergriff ihn der Löwe und fragte: „Wer war da noch mit dir auf dem Baume?" Er antwortete: „Ich und der Fuchs. Hast du ihn nicht gesehen, als ich ihn hinunterwarf?" Da fraß der Löwe den Buku auf und ging aus, den Fuchs zu suchen, fand ihn aber nicht.

Einige Tage später ging der Fuchs zur Schildkröte und lud sie ein, Honig mit ihm zu essen. Sie fragte: „Wem gehört er?" Er antwortete: „Meinem Vater." Da ging sie mit. Sie räucherten die Bienen aus, setzten sich nieder und aßen.

Plötzlich erschien der Löwe, dem der Honig gehörte, und fragte, wer sie wären. Der Fuchs sprach zur Schildkröte, sie solle sich ruhig ver= halten. Als der Löwe aber nochmals fragte, ward sie ängstlich und sprach zum Fuchs: „Ich werde antworten. Du hast mir doch gesagt, der Honig sei dein, gehört er denn dem Löwen?" Und der Löwe fragte zum drittenmal. Da antwortete die Schildkröte: „Wir sind hier." Darauf hieß er sie herabkommen und. frohlockte bei sich: „Jetzt habe ich den Fuchs gefangen, den ich so lange gesucht habe."

Der Fuchs aber sprach zur Schildkröte: „Wickele mich ins Stroh, sage dem Löwen, er solle aus dem Wege gehen, damit du das Stroh hinabwerfen könntest." Die Schildkröte dachte bei sich: „Aha, er will sich aus dem Staube machen und mich dem Löwen zum Fraße lassen, der soll ihn aber zuerst fressen." Und sie wickelte ihn ins Stroh, warf ihn hinab und schrie: „Der Fuchs kommt."

Der Löwe ergriff ihn mit seinen Tatzen und sprach: „Was soll ich mit dir anfangen?" Der Fuchs sprach: „Falls du mich fressen willst, so wisse, mein Fleisch ist sehr zäh." „Nun, was soll ich denn mit dir anfangen?" fragte der Löwe wieder. Er antwortete: „Greif mich beim Schwanz, wirbele mich herum, dann schleudere mich zur Erde und friß mich." Der Löwe ließ sich täuschen, und als er den Fuchs losließ, entsprang er hurtig.

Da ließ er die Schildkröte herunterkommen und sprach zu ihr: „Was soll ich mit dir anfangen?" Sie sprach: „Lege mich in den Sumpf und reibe mich, so lange, bis die Schale abgeht." Und der Löwe ging mit ihr ins Wasser und rieb sie; sie entschlüpfte aber unbemerkt, und er rieb, bis ihm die Tatzen blutig wurden. Da sah er, daß er geprellt war.

Er fragte nun die Leute, wo der Fuchs wohnte; sie sagten aber, sie wüßten es nicht. Der Fuchs sprach aber zu seinem Weibe: „Laß uns in ein anderes Haus ziehen." Und sie zogen um. Als der Löwe zuletzt des Fuchses Wohnung erfragt hatte, verbarg er sich darin und dachte: „Wenn der Fuchs mit seinem Weibe heimkommt, werde ich sie fressen."

Der Fuchs und sein Weib kamen herzu; als sie aber die Fußspuren des Löwen sahen, schickte der Fuchs sein Weib zurück. Er selbst folgte den Fußspuren und sah, daß sie in sein Haus führten. Da dachte er: „Oho, Löwe, du bist darin." Dann ging er vorsichtig zurück und rief aus einiger Entfernung: „Guten Tag, Haus! Guten Tag, Haus!" Er erhielt aber keine Antwort. Da sprach er laut: „Was ist das? Wenn ich sonst komme und dem Hause „Guten Tag" wünsche, so antwortet es mir. Wahrscheinlich ist heute jemand darin." Der Löwe ließ sich fangen und antwortete: „Guten Tag!"

Da lachte der Fuchs und sprach: „Oho, Löwe, dacht' ich's doch, daß du darin wärst, um mich zu fressen. Wo hast du denn je gehört, daß ein Haus sprechen kann?" Der Löwe antwortete: „Warte ein wenig, ich komme und sage es dir." Der Fuchs aber machte sich davon, und, obwohl der Löwe ihn verfolgte, holte er ihn nicht ein. Da sprach er zu den Leuten: „Der Fuchs hat mich überwunden, ich will ihn künftig in Ruhe lassen."

Mais- und Sorghum-Kultur der Wanyamwesi.[1])

Die Aussaat von Sorghum und Mais geschieht meist gleichzeitig auf demselben Acker, indem man zuerst Sorghum und dann etwas weiterstehend Maiskörner einlegt. Sorghum gedeiht am besten im roten, fetten Laterit, verlangt aber während drei bis dreieinhalb Monat regelmäßige Regengüsse, auch im Glimmerton, wenn dieser nicht zulange unter Wasser steht. Mais verlangt schweren fetten Boden und viel Feuchtigkeit. Derselbe bedarf zweieinhalb, höchstens drei Monate zur Reife und wird Ende März bis Anfang April geerntet, wobei eine Pflanze oft drei bis vier Kolben zur Reife bringt. Am besten gedeiht er in dem wasserreichen Kawende. Die Kolben werden übrigens schon vor der vollständigen Reife vielfach genossen und gelten gekocht oder geröstet als Leckerbissen.

Die Männer beteiligten sich, nachdem die Aussaat gemacht ist, nicht mehr an der Arbeit, wenn sie nicht die Felder zum Schutze gegen Wild, wie Schweine und Büffel, mit einem $\frac{1}{2}$ m tiefen, jedoch nur spannbreiten Graben umziehen, dessen ausgehobene Erde nach der Seite des Feldes geworfen wird in $\frac{1}{2}$ m Höhe. Gegen Schweine genügt auch das Aufstecken von Dornen. Die Feldfrüchte sind dann vollkommen gegen diese Tiere geschützt. In weiten Zwischenräumen werden besonders da, wo Fußpfade entlang führen, Fallgruben mit eingesenkten spitzen Pfählen angebracht. In Gegenden, wo große Büffelherden existieren, muß der Wall noch etwas erhöht und eine sehr starke, brusthohe Palisadenzäunung errichtet werden. Die weiteren Arbeiten über-

---

[1]) P. Reichard: „Deutsch-Ostafrika", S. 376.

läßt der Munhamwesi ganz und gar der Frau, wie z. B. Ausjäten von
Unkraut. Wenn der Mann nicht zur Küste zieht, um sich als Träger
anwerben zu lassen, kann auch der Fall eintreten, daß die ganze Familie
auf weit entlegenen Feldern eine provisorische Hütte bezieht, welche gerade
so gebaut ist wie die im Dorfe, um gemeinsam die Felder zu hüten.
Im allgemeinen übernimmt auch diese Arbeit die Frau mit den Kindern.
Besonders die Knaben haben die Aufgabe, von hohen Gestellen, welche
später die 4 m hohen Sorghumhalme überragen müssen, allerhand Ein=
dringlinge abzuhalten. Von den Gestellen aus werden durch Schreien
und Würfe mit Erde oder kleinen Steinen einfallende Vögel, hauptsächlich
Finkenarten, Tauben, Papageien, sowie die sehr zahlreichen und diebischen
Affenbanden abgewehrt. Selbst die Nacht hindurch wird manchmal
Wache gehalten, wenn der Besitzer des Feldes zu faul war, Schutzgraben
und Wall anzulegen. Als Vogelscheuche für die Saat und keimende
Frucht werden an schräg in die Erde gesteckten Stöcken Palmblätter und
Strohbündel befestigt, und letzteren wird oft die Form einbeiniger, lang=
geschwänzter Ungeheuer gegeben, an deren Kopf weißgebleichte Achatina=
gehäuse als Glasaugen angebracht sind. Zum Schutze gegen Diebe gräbt
man an Kreuzwegen zersprungene Tongefäße mit dem Boden nach oben
zur Hälfte ein oder bringt hier und da kleine Ruten mit wunderkräftigen
Zaubermitteln an. Mitte April ist die Maisernte vorüber; die Kolben
werden abgebrochen und dann die ganzen Stauden ausgerissen, wobei
der Boden durch das Ausreißen etwas aufgelockert wird. Die Kolben
werden in großen Rindenschachteln ins Dorf getragen und dort in der
Hütte belassen, um entweder an hohe Stangen gebunden oder in sehr
großen 1—1½ m hohen und ebensolchen Durchmesser haltenden Rinden=
schachteln (Kiu; Lindo) ohne Deckel offen aufbewahrt zu werden, bis sie
nach etwa zwei oder drei Monaten steinhart ausgetrocknete, goldgelbe
Körner zeigen. Hierauf schichtet man sie möglichst dicht in Schachteln,
steckt die obersten Maiskolben kuppelartig mit den Spitzen nach unten
dicht zusammen und überstreicht die Kuppel und die Nähte der Rinden=
schachtel mit Lehm, welchem Asche beigemischt ist, um die Maisernte
gegen Termiten und die sehr zahlreichen Ratten zu schützen, was man
damit auch vollkommen erreicht. Derartige Lindo stellt man auf einem
kniehohen Pfahlrost entweder im Innern der Hütte oder unter der
Veranda auf. Die schönsten Kolben mit den großen Körnern sucht man
in genügender Anzahl aus und bindet sie in Bündeln in der Hütte
als Saatkorn in der Hütte an einen Sparren des Kegeldaches.

Die Sorghumhalme haben mit dem Mais dieselbe Höhe erreicht
und können sich nun, nachdem der Mais entfernt ist, freier entwickeln.
Ganz ungestörten Besitzes des Bodens darf sich jedoch der Sorghum
nicht allenthalben erfreuen; denn je nach Bedarf werden in den besseren
Böden auf größerer oder kleinerer Fläche zwischen die Halme in die

noch feuchte Erde Gurken=, Kürbis=, Melonenkerne und Strauchbohnen
gesteckt, deren Ranken schließlich den Boden ganz überwuchern.

Die Mais= und Sorghumkultur ist in Afrika sicher schon uralt und
jedenfalls nicht in geschichtlicher Zeit dort eingeführt. Den Reisbau hin=
gegen haben die Wanyamwesi von den Arabern übernommen; derselbe
beginnt erst jetzt allgemein eingeführt zu werden; doch zieht der Neger
mit Recht immer den viel kräftigeren Sorghum vor.

Industrie der Wanyamwesi.[1]

Die industriellen Erzeugnisse stehen nicht höher, als die der meisten
anderen Negerstämme. Töpfe aus Ton herzustellen, ist eine Obliegen=
heit der Frauen. Sie stampfen und reinigen das Material und formen
daraus den Topf ohne Drehscheibe, ganz aus freier Hand. Nachdem er
lufttrocken geworden, wird er gebrannt und mittels des Blätterextraktes
aus einem Msima genannten Baume mit allerlei schwarzen Linien und
Dreiecken verziert. Die tönernen Köpfe für die Wasserpfeifen der Männer
stellen diese selbst her. Die Weiber rauchen aus kurzen Stummelpfeifen,
deren Mundstück oft aus einer kleinen Eisenröhre gebildet ist. In die
braune Rinde der Kalebassen brennt oder kratzt man Punkte oder Linien=
muster ein; häufig finden sich auch rohe schraffierte Zeichnungen von
menschlichen und tierischen Figuren darauf. Körbe verschiedenster
Form und oft von sehr beträchtlicher Größe werden von den Männern
aus dünnem Gras hergestellt, ebenso die Virago genannten Matten.
Einen sehr wichtigen Industrieartikel bilden die schon öfter genannten
Rindenschachteln (lindo), zu denen die Rinde des Myombobaumes ver=
arbeitet wird. Nach der Regenzeit, zur Zeit der Maisreife, wenn der
Saft im Baume aufsteigt, werden mit der Axt zwei Kreisschnitte in die
Rinde gemacht und diese durch einen Längsschnitt verbunden; dann läßt
sich das dazwischen liegende Stück Rinde, ein Zylindermantel, leicht ab=
lösen und nach Hause schaffen. Dort wird es von der groben Außen=
rinde befreit, geknetet und, wenn zu trocken, mit Wasser befeuchtet. Die
Rinden des ursprünglichen Längsschnittes werden nun mit einem kleinen
Eisen durchlöchert und mit Baststreifen, die demselben Baume entnommen
sind, zusammengeheftet. Endlich näht man dem so entstandenen Zylinder
ein kreisrundes Baststück als Boden an. Der schmale Schachteldeckel wird
auf entsprechende Weise hergestellt. Zur Verschönerung und um das
Material zu dichten, bemalt man das Ganze mit roter, aus einem
„Msansa" genannten Baume hergestellten Farbe und verziert es schließ=
lich wie die Tongefäße mit schwarzen Mustern aus Linien und Drei=
ecken, die mit Hilfe einer Hühnerfeder aufgemalt werden. Derartige Lindo,
die von wenigen Zentimetern bis zu einem Meter Durchmesser her=

---

[1] Dr. F. Stuhlmann: „Mit Emin Pascha ins Herz von Afrika", S. 79.

Straße in einem oftafrikanischen Dorfe.

gestellt werden, benutzt man zur Aufbewahrung von allen erdenklichen
Sachen und auch als Reisekoffer.

Schiffahrt der Eingeborenen. [1]

Die an der Ostküste Afrikas, auch in Arabien und Indien üblichen
Fahrzeuge, Daus, Bethens, Bogalos usw. sind plumpe, hochbordige
Schiffe bis zur Tragfähigkeit von etwa dreihundert Tons. Nur die
größten unter ihnen, die Bogalos, besitzen einen gut gedeckten Raum;
die anderen haben wohl teilweise ein Deck, doch fehlen zumeist die Deckel
für die Luken. Am breiten Hinterteile findet sich gewöhnlich ein Halbdeck
zum Aufenthalte für Kapitän und Reisende, darunter für letztere der
Schlafraum, dessen Fußboden ein bis zwei Fuß unter dem Hauptdeck
liegt und auf diese Art eine Lücke zum Durchkriechen aus dem unteren
in den oberen Raum läßt. Ein wenig vor der Mitte des Fahrzeugs steht
der große Mast (mlingoti), ein starker, roh zugerichteter Baumstamm,
welcher ein außerordentlich großes, lateinisches Segel (tanga) an einer
mächtigen, schräg aufsteigenden Raa (formali) trägt; ein kleinerer Mast
auf dem Hinterdeck wird selten, nämlich bei ganz flauer Brise gebraucht.
Die eine Seite des fast dreieckigen Segels ist sehr lang, die andere kurz,
diese heißt josch, jene demani; ebenso heißt auch jede Seite des Schiffes
josch oder demani, an welcher gerade, je nach der Richtung der Fahrt
und des Windes, das kurze oder lange Segelende befestigt ist, eine Be=
zeichnung, welche unserem „Luf" und „Lee" entspricht, „Seite an und
unter dem Winde". Will man das Segel wenden, so muß man auch
die Raa, an welcher jenes mit Stricken festgebunden ist, niederlassen,
umdrehen und darauf wieder emporholen; bei dieser umständlichen Hand=
habung verliert das Schiff gewöhnlich mehr, als es vorher durch Segeln
scharf beim Winde gewonnen. Ein Kreuzen mit solchen Küstenfahrzeugen
ist also höchst unersprießlich; dagegen segeln sie trefflich vor dem Winde.
Dabei wird ein hoher Baum, dasturi, querüber gelegt, um das breite
Segel zu spannen und die große Leinwandfläche völlig zur Ausnutzung
zu bringen.

Arabische Schiffer fahren, falls es irgend angeht, längs der Küste
hin, vorzugsweise in dem ruhigen Wasser hinter den in Ostafrika so
häufigen, mit der Küste gleichlaufenden Inselketten oder Riffen. Hier fühlen
sie sich, trotz ihrer großen Unkenntnis des Fahrwassers, sicher; denn sie
bangen nicht vor dem Auflaufen auf eine der zahlreichen Sandbänke,
weil sie wissen, daß ihr Schifflein dem widersteht und mit nächster Flut
wieder freikommt. Außerhalb der oft engen und nur für kleine Fahr=
zeuge geeigneten, inneren Straßen hingegen zeigen sie sich ungemein
ängstlich, teils weil sie besorgen, sie möchten außer Sicht des Landes die

[1] von der Decken: „Reisen in Ost=Afrika", Bd. I S. 142.

Richtung verlieren und verschlagen werden, teils weil sie die hohen
Wogen des weiten Weltmeeres fürchten, denen ihre offenen Boote schutz=
los preisgegeben sind. Müssen sie dennoch einen breiteren Meeresarm
überschiffen, so steuern sie nicht gerade auf ihr Ziel los, sondern segeln
so lange als möglich längs der schutzbietenden, von unseren Schiffen so
sehr gefürchteten Küste hin und stechen da in See, wo die Überfahrt am
kürzesten. Nun erst holen sie den kleinen Kompaß (dira) hervor — vor=
ausgesetzt, daß ein solcher überhaupt vorhanden — setzen ihn in ein mit
Hirsekörnern gefülltes Kistchen, um eine nahezu wagrechte Stellung zu
erzielen, und werfen wirklich dann und wann einen Blick auf die Nadel.

Allabendlich läßt, falls nicht besondere Umstände obwalten, der
wackere Schiffshauptmann den ersehnten Ruf ertönen: „dia nanga" —
„werft den Anker!" Das Fahrzeug hält, die Raa wird herabgelassen,
das Segel, um es zu schonen, losgebunden und unter Sang und Tamtam=
schlag in einem Sacke geborgen; die Mannschaft begibt sich ans Land,
um Getreide durch Stampfen zu enthülsen und für die Abendmahlzeit
herzurichten.

Ausnahmsweise kocht man das Essen auch an Bord im Bauche des
Schiffes; bei schlechtem Wetter aber und bei hohem Wogengang auf
offener See ist dies nicht möglich; dann hält die Mannschaft gezwungenes
Fasten, bis wieder bessere Witterung eintritt oder ein günstiger Landungs=
platz sich findet.

Mit frühestem Morgen, in mondhellen Nächten auch vor Sonnen=
aufgang, wird die Fahrt fortgesetzt.

Der Schiffer oder Nahofa (Nakadar), zumeist ein Araber aus dem
Norden, ist gewöhnlich Eigentümer des Fahrzeuges oder hat wenigstens
Anteil an dem Gewinne der Ladung. Er kleidet sich nicht besser als
andere seiner Landsleute (in baumwollenem Hemd und Lendenschurz),
schläft bei jeder Witterung ohne irgend welchen Schutz auf Deck, läßt
nach einem Regengusse seine Kleider am Leibe trocknen und leidet infolge
dessen häufig an Rheumatismus und Fieber.

Die Bemannung eines arabischen Küstenfahrzeuges von 25—30 Tons
ist ebenso stark als die eines zehnfach größeren europäischen Schiffes;
die schwarzen Matrosen, baharia oder wanamadschi (d. i. Seeleute), sind
eben keine ausgedienten Leute, sondern gewöhnliche Neger, welche von
Reiselust getrieben sich dem Schiffer für die Dauer der Reise vermieten,
ohne ihm Beweise von ihrer Geschicklichkeit ablegen zu müssen: versteht
dieser doch selbst zu wenig vom Handwerke, um große Anforderungen
an seine Leute stellen zu dürfen. Ihre Löhnung ist eine sehr geringe;
doch haben auch sie gewöhnlich einen Anteil an dem Gewinne der Reise,
in ähnlicher Weise, wie dies bei den Walfischfahrern der Fall ist.

Karawanen=Lager. [1])

Nach einigen Stunden weiteren Marſches iſt das Safari [2]) an der zum
Lagerplatz auserkorenen Stelle im Walde angelangt. Es ſind noch viele
alte Lagerſtellen vorhanden. Doch aus Reinlichkeitsrückſichten ziehen die
Weißen zum großen Ärger der Leute etwas weiter. Nun entſteht allge=
meines Durcheinander. Die Träger ſetzen ihre Laſten nieder und binden
ihr perſönliches Eigentum ab. Ihre Arbeit iſt für heute getan. Es
liegt nun den Askari [3]) und Rugaruga [3]) ob, die Laſten geordnet auf=
zuſchichten, nachdem in kürzeſter Zeit mit Beilen ſchenkeldicke Stämme
abgeſchlagen ſind, um als Unterlage für die Laſten im Zelte zu dienen.
Ohne dieſe Vorſichtsmaßregel würden die Waren über Nacht unbarm=
herzig von den allgegenwärtigen Termiten zerfreſſen werden. Über die
Laſten werden die dachförmigen, nach arabiſchem Muſter geſchnittenen
Zelte auf lange Bambusſtangen geſpannt. Ein anderer Trupp hat in=
zwiſchen die Schlafzelte der Europäer aufgerichtet, welche ſich bequem auf
die leicht zerlegbaren Seſſel geſtreckt haben und behaglich auf das bunte
Treiben und Gewimmel blicken. Die Hauptleute haben vor allen Dingen
dafür zu ſorgen, daß die Hütten der Träger und Soldaten in weitem
Kreiſe ums Lager errichtet werden. Ließe man die Leute gewähren, ſo
bauten ſie alle Hütten auf einen Haufen, möglichſt fern von den Zelten.
Der Koch lärmt unterdeſſen umher und hat längſt Waſſer zum Kochen
gebracht, welches ihm die ihm unterſtellten Dienerinnen, Weiber der
Askari oder der Diener, aus den metertiefen, zahllos in den gelblichen
Sand gegrabenen kleinen Löchern geſchöpft haben. Es iſt von leicht
milchiger Farbe und ſchmeckt ſehr gut, hat aber eine Temperatur von
20—21° C. Die Zelte der Ratgeber ſind ebenfalls aufgeſchlagen, und
im Walde ringsum ertönt der Schlag der Axt, um das Material zu
den leichten, kleinen, koniſchen Hütten in Geſtalt dünner Stäbe zu be=
ſchaffen oder trockenes Holz zum Brennen abzuſpalten. Jeder Träger iſt
verpflichtet, einen Span in die Küche abzuliefern, welcher Tribut oft zum
Nachteil für den Säumigen durch einen der Küchenjungen eingetrieben
werden muß. Ein Ausrufer fordert diejenige Abteilung der Träger,
welche an dem Tage verpflichtet iſt, die Hütte für die Küche zu errichten,
auf, ihre Pflicht zu tun. Schäkernd ziehen die Weiber mit ihren Kale=
baſſen und Tongefäßen zu den Waſſerlöchern, und vielfach ungeduldige
Rufe der betreffenden Ehemänner laſſen erkennen, daß auch, wie bei uns,
der Aufenthalt am Brunnen oft über Gebühr ausgedehnt wird. Von
allen Seiten kehren bald Leute mit Material zurück, und in nicht ganz
einer Stunde erheben ſich in weitem Kreiſe 80—90 leichte Strohhütten,

---

[1]) P. Reichard: „Deutſch=Oſtafrika", S. 303.
[2]) Suahiliausdruck für Karawanen. D. H.
[3]) Soldaten, welche die Karawanen begleiten. D. H.

vor denen lustige Feuer prasseln, leichte Rauchwölkchen gegen die flachen und wenig belaubten Baumkronen sendend. Die Schwarzen haben ihre karge Mahlzeit, Mehl oder Hülsenfrüchte, bald gekocht und noch schneller verzehrt, und laute Fröhlichkeit, der Grundzug im Wesen des Negers, herrscht allseitig.

Tierleben in der ostafrikanischen Steppe.[1]

Zwischen steilen Felsen mündet der Bach, in dessen Nähe ich lagerte, in die Steppe ein, um nach wenigen Kilometern plötzlich zu versiegen. Während seines Laufes inmitten der schroffen Bergtäler war er dem Wilde kaum zugänglich, dafür aber fand ich zahlreiche höchst betretene Wechsel,[2] welche alle zum Bache während seines Steppenlaufes führten. Der Bach war teils von Dorngestrüpp, teils von hohem Gras und Rohr umgeben, und zahlreiche Löwen hielten sich zu dieser Zeit in seiner Umgebung auf. Da, wo er in seinem Unterlaufe zur Zeit bereits ver= trocknet war, dehnten sich Schilfwälder von beträchtlicher Ausdehnung aus, zur Regenzeit sumpfige Seen bildend. Diese Rohrwälder boten während des Tages den Löwen sowohl wie auch Nashörnern erwünschte Aufenthaltsorte; nachts aber belebte sich der Bachlauf von durstigem Wilde aller Art und dem es verfolgenden Raubzeuge.

Früh morgens bereits eröffneten den Reigen der durstigen Gäste aus der trocenen Steppe große Flüge und Ketten von Sandhühnern.

In drei schön gefärbten Arten (Pterocles gutturalis, decoratus und exustus) kommen diese prächtigen Flughühner hier vor. Am Tage halten sie sich außerordentlich weit entfernt vom Wasser in den trockensten Örtlichkeiten der Nyika[3] auf.

Pfeilschnellen Fluges eilen die Ketten erstgenannter Art, sich hoch in die Lüfte erhebend, nach Sonnenaufgang zum Wasser. Diese Flüge zählen bis zu dreißig und mehr Stück; unter lebhaftem, weither ver= nehmbarem Locken, das sich mit gle gle gle lá gak, gle gle gle lá gak am besten verdolmetschen läßt, streichen die herrlichen Tiere reißend schnell dahin; das Flugbild ist dabei nicht unähnlich dem unserer Waldschnepfe (Scopolax rusticola).

Schnell und plötzlich lassen sie sich zum Wasser nieder. Mit den großen Flügen dieser Sandhühner kommen öfters einzelne Exemplare des mit lanzettförmigen Schwanzfedern geschmückten kleineren Flughuhnes Pterocles exustus. Pt. gutturalis läßt sich in einiger Entfernung vom Wasser nieder und erreicht dieses dann laufend. Pt. decoratus hingegen,

---

[1] Aus C. G. Schillings, „Mit Blitzlicht und Büchse". Mit gütiger Erlaubnis aus R. Voigtländers Verlag, Leipzig.

[2] weidmännischer Ausdruck für Wildpfad. D. H.

[3] Steppe südlich vom Kilimandjaro. D. H.

die kleinste Art, stürzt meist u n m i t t e l b a r am Wasser aus der Luft nieder. In schnellen, hastigen Zügen sättigen sich die Durstigen nun an der Quelle, um sich darauf hoch in den Lüften wieder in ihreAufenthalts= orte zurückzubegeben. Die Sandhühner sind nicht eigentlich zutraulich, klatschenden Fluges erheben sie sich bei Annäherung des Menschen.

Allmorgendlich wiederholt sich das herrliche Schauspiel der regel= mäßig an bestimmten Stellen erscheinenden Flughühner; während des Tages dagegen bietet der Wasserlauf ebenfalls ohne Unterbrechung vielen Mitgliedern der Ornis [1]) Erquickung. Lautlos treibt der seltsame Schattenvogel (Scopus umbretta) — jene allgegenwärtige Begleit= erscheinung wasserreicher Tümpel, Tränken und Gräben — ein den Reihern nicht fernstehender Vogel, hier sein Wesen. Er hat seinen er= staunlich großen dreikammerigen Horst nicht weit vom Wasserspiegel über dem Bache in den gabligen Ästen einer Akazie gebaut, drei weiße Eier hier bebrütend. Stets wieder stöbern wir ihn auf; an Tümpeln und Lachen, wie an Flußufern oder andern passenden Orten finden wir ihn während der ganzen Reise. Obwohl wir dieses Paar seiner Eier beraubten, scheint es seinen Nistort nicht verlassen zu wollen. Leisen Fluges geht das Tier vor unseren Füßen auf, um an einem Wasserlaufe in der Nähe in geduckter Haltung einzufallen, uns immer wieder in seinem Wesen an den Nachtreiher zu erinnern.

Nilgänse (Chenalopex aegyptiacus) hielten sich in einzelnen Exem= plaren auf dem Bach auf, schnatternd hin und her streichend; Geier und Marabus aber hatten ihre bestimmten Bade= und Tränkplätze.

Außerordentlich zahlreiche Kleinvögel und Vögel aller Art lockte die Umgebung des Baches an. Wir fanden prächtig gefärbte Würger, unter denen der fast ganz schwarze Trauerwürger (Dryoscopus funebris Hartl) besonders auffiel. Sein sonorer melodischer Pfiff wird von dem Gatten eines Paares begonnen, um vom Weibchen so exakt beantwortet zu werden, daß man den Eindruck hat, nur e i n e n Vogel zu hören. Glas= glockenartig tönt uns diese Unterhaltung der schönen Vögel vom dichten Ufergebüsch des Baches entgegen.

Jubelnd erschallt jetzt ein öfters wiederholtes Türie=é, türie=é, türie=é aus der Krone einer Akazie. Die eindringliche, charakteristische, jubelhelle Strophe wird von der Tschagra (Telephonus senegalus L.), einem würgerähnlichen Vogel, vorgetragen.

Hier wie überall vereinen sich für den durch Auge, Ohr und alle andern Sinne empfänglichen Beobachter eine Fülle von Tönen, Farben= reizen und mannigfachen Eindrücken, unter der Einwirkung eines fremd= artigen, feindlichen Klimas, — so daß, wie Hans Meyer an einer Stelle dem Sinne nach ausführt, aus alle dem ein unendlich komplizierter,

---

[1]) D. i. Vogelwelt. D. H.

eindrucksvoller, aber schwer definierbarer Stimmungsinhalt von höchster Eigenart resultiert.

Sonne und Licht, Wolken, Schatten, die Bodenformationen, endlich die mir allmählich immer näher getretenen, verständlicheren und lieb= gewordenen Mitgliedern der Fauna und Ornis — die Flora dieser Steppe — alles das vereinigte sich zu Bildern und Eindrücken harmonischster Wirkung. —

Während des Tages finden wir in der Nähe des Bachlaufes von Säugetieren fast ausschließlich Impallaantilopen (Aepyceros suara Mtsch.); die anderen größeren Säugetiere suchen das Wasser zur Nacht= zeit auf.

Dies geschieht namentlich dann, wenn eingeborene Jäger, den er= giebigen Ansitz an der Tränke benutzend, an den verschiedensten Stellen am Bachlaufe geschickt versteckte Schirme aus Reisig und Buschwerk an= gebracht und von ihnen aus mit ihren Giftpfeilen Wild erlegt haben. Wurde jedoch das Wild nicht beunruhigt, so zeigen sich die einzelnen Arten wesentlich vertrauter. Die Impallaantilopen äsen das in unmittelbarer Nähe des Wassers, in den kleinen Bodensenkungen frisch emporsprießende Gras überall ab; wir finden zu dieser Jahreszeit Rudel von 50, 100 und mehr Stück beisammen, und zwar beide Geschlechter vermischt. Bald darauf sondern sich einzelne weibliche Stücke ab, um in dichtem Ge= strüpp und hohem trockenen Gras ihre Jungen zu setzen.

Bei Annäherung des Menschen werden die Impallas in ganz außer= ordentlichen Sätzen flüchtig. Ihre Fluchten sind erstaunlich hoch und weit, der Anblick eines flüchtigen Rudels gehört für ein Jägerauge mit zu dem Schönsten, das man wünschen könnte.

Ihre stahlharten Läufe tragen die graziösen Tiere bis 2½ Meter hoch über den Boden, dann wieder verhoffen sie plötzlich, um langsam fortziehend, gleich darauf wieder hochflüchtig zu werden. Häufig ver= nimmt man den bellenden Schreckton der Böcke, der weithin vernehmbar, ganz entfernt an das Schmälen unseres Rehbockes erinnert. Er wird von beiden Geschlechtern gleicherweise ausgestoßen.

Gegen Abend zeigt uns eine unternommene Pürsche zunächst hier oder da rege gewordene Zwergantilopen (Madoqua kirki Gthr.). Die zierlichen Tiere haben mit ihren feinen Sinnen fast stets die Annäherung des Menschen schon wahrgenommen; um die verhoffenden mit dem Blicke zu erfassen, bedarf der Europäer längerer Übung. Ihre Färbung ver= schwimmt ganz außerordentlich mit der Umgebung. Ich erinnere mich mit Vergnügen, daß ich ganz im Anfang, trotz meiner für die nordische Fauna geübten Augen, ein solches Zwergböckchen nicht ausmachen konnte, obwohl ein Schwarzer auf das Tier hinwies, das höchstens 20 Meter von meinem Standorte in der Dickung verhoffte. Einzeln, aber auch zu zweien und dreien, führt dieses schöne Geschöpf sein Gnomenleben in=

mitten der ſtachlichten Dickung; wenige Sprünge bringen es in ſeinem
ſchwer zugänglichen Reiche in Sicherheit.

An ihrem Standorte, gut verſteckt und mit günſtigem Winde ihr
Tun und Treiben zu beobachten, gehörte ſtets zu meinen beſonderen Ver=
gnügungen. Die feinen Muffeln, aufmerkſam ſuchend, nach allen Rich=
tungen hin und her wendend, gewähren dieſe großäugigen, zierlichen
Geſellen einen wundervollen Anblick für den Tierfreund.

Ebenſo reizvoll iſt es, vom Glücke begünſtigt, die an denſelben Ört=
lichkeiten, in der etwas freieren Grasſteppe vorkommenden Steinantilopen
(Raphiceros Neumanni Mtsch.) — in ihrer rehbraunen Färbung für
das menſchliche Auge beſſer ſichtbar wie die ebengenannten Windſpiel=
antilopen — in ihrem Treiben belauſchen zu können.

Je mehr die Sonne zur Rüſte geht, um ſo vielfältiger belebt ſich die
Umgebung durch Gäſte aus der Tierwelt. Meine bevorzugten Freunde,
die klugen Kropfſtörche, haben ſich in Geſellſchaft von Geiern verſchiedener
Art auf kahlen Äſten hoher Bäume in der Nähe niedergelaſſen. Hier
und da hat auch ein einzelner Raubadler aufgeblockt. Große Ketten von
Perlhühnern tauchen laufend im Geſtrüpp auf; im Scheine der Abend=
ſonne fliegen die wundervoll gefärbten Racken eifrig hin und her. Es gilt
vor Anbruch der Nacht noch ihrer Inſektenjagd obzuliegen. Die helle
Stimme des kleinen Wald=Frankolins (Francolinus Granti Hartl.)
läßt ſich allenthalben vernehmen, hier und da auch die rauhe Lock=
ſtimme des ſelteneren Francolinus Hildebrandti Cab.

Laut und ſchneidend dagegen ruft das ſo häufige große, gelbkehlige
Frankolin (Pternistes leucoscepus infuscatus Cab.) in die Steppe
hinaus.

Über den welligen, nächſtgelegenen Hügelketten, aus welchen zahl=
reiche Wildwechſel zu den einzelnen tennenartig flach ausgetretenen
Tränkſtellen am Waſſer führen, tauchen jetzt ſchon ganz langſam, unter
Führung alter bewährter Leittiere heranziehend, Trupps der herrlichen
Wildpferde, der Zebras auf.

Sie haben aufgehört zu äſen, und durſtig ziehen ſie zur Tränke.
Aber ihre Vorſicht läßt ſie nicht im Stich. Geſchickt ſuchen ſie eine unter
dem Winde gelegene Stelle am Bache auf, langſam und vorſichtig erkunden
ſie durch Naſe und Auge, ob dort ihnen Feindliches verborgen ſei.

Entweder in ihrer Geſellſchaft oder meiſt etwas ſpäter, in einzelnen
Rudeln folgen die Gnus (Connochaetes albojubatus Thos). Auch ſie
halten anfänglich meiſt die weit aus der Steppe herbeiführenden Wechſel
ein. Hier und da zeigen ſich kleine Geſellſchaften von Gazellen
(Gazella thomsoni Gthr.).

Mehr und mehr ſenkt ſich die Sonne; langſam und vorſichtig haben
die Zebras und Gnus nunmehr das Waſſer erreicht. Die Leittiere ſtutzen
einen Augenblick; dann überwindet der brennende Durſt ihre Scheu,

und in langen Zügen beginnen sie zu trinken. Nunmehr in Sicherheit gewiegt, eilen auch die letzten Mitglieder der Rudel herbei, und das Bett des Baches ist nunmehr gedrängt voll von etwa Hundert der herrlichen Tiere. Ein unvergleichlicher Anblick!

Die letzten Strahlen der im dunstigen Horizonte verschwindenden Sonne beleuchten mir das so oft geschaute, immer wieder im höchsten Maße reizvolle und fesselnde Bild.

Einige der Zebras fangen an, mit den Vorderhufen im Wasser zu scharren; mit unwilliger Kopfbewegung wehrt ein Gnu ein sich allzu dicht herandrängendes Zebra — ohne es doch zu verletzen — ab!

Zwei der grotesken Schlangengeier und eine durstige Riesentrappe hatten lange vor Ankunft des Wildrudels das Wasser aufgesucht und sich dann schweren Fluges in die Lüfte erhoben. Dafür haben nun auf abgestorbenen Ästen mächtiger Ficusbäume viele Dutzende von Geiern aufgeblockt. Ihre dunklen Silhouetten heben sich scharf umrandet vom rötlich flammenden Himmel ab!

Alle Zebras und Gnus sind nunmehr getränkt, — da weht ein Lufthauch von den Bergen zu den Tieren herüber. Er streift meinen Standort; ein prustender Schreckton eines Leithengstes der Zebras ertönt, im selben Augenblick spritzt das Wasser hoch auf, und mit donnerndem Getöse gewinnt die ganze Herde die Uferböschung, augenblicklich dabei in eine Wolke von Staub sich hüllend. Mit dröhnendem Hufschlag nehmen sie alle in wilden Fluchten den nächsten Abhang der Steppe, und gleich darauf, in sicherer Entfernung verhoffend, ertönt die merkwürdig bellende Stimme des Leithengstes zu mir herüber.

Von verschiedenen Punkten der Steppe wird ihm Antwort und zeigt mir, daß noch mehrere andere Herden der schönen Tigerpferde in der Nähe sind. Über den harten Steppenboden galoppieren sie in sicherer Entfernung abseits vom Bache; Dunkelheit ist eingetreten und veranlaßt mich, meinen Beobachtungsposten aufzugeben.

Als ich im Lager anlange, umgibt mich bereits finstere Nacht. Aber nach einiger Zeit wird es hell, und eine der herrlichsten Mondnächte legt sich mit ihrem ganzen Zauber über die schlafende Steppe. Bald wird es rege in ihr. Viele Schakale lassen ihr klagendes Bellen vernehmen, und die gefleckten Hyänen geben ihren unserem Ohre so vertrauten, wenn auch unschönen Laut von sich.

So vertraut sind diese langgezogenen tierischen Signale meinem Ohre geworden, daß mir etwas zu fehlen scheint, wenn nicht zur Abendstunde sich der Hyänenschrei mit der hereinbrechenden Dunkelheit vermählt.

Einige Impallaantilopen schmälen plötzlich, wohl einen Leoparden witternd, nicht allzuweit vom Lager, und wieder tritt minutenlange Stille ein. Jetzt wieder vernehmen wir an mehreren Stellen das

Wanyamwesi (Deutsch-Ostafrika).

(Aus der amtlichen Denkschrift.)

Landungsbrücke in Swakopmund. (Löschbetrieb)
(Deutsch-Südwestafrika).

Wiehern der Zebrahengfte, und über den Boden schallt das Trappeln flüchtiger Wildrudel zu uns hin.

Aber vergebens erwarteten wir bisher das großartigfte Konzert, das menschlichen Ohren dort werden kann. Doch wir wissen: vor Mitter= nacht wird es schwerlich ertönen!

Aus den Fährten und Spuren der Löwen, die am Bache ihr Quartier aufgeschlagen, konnte ich erkunden, daß gegen dreißig dieser Herrscher im Reiche der Tierwelt allnächtlich ihren Jagden hier ob= liegen. Außer einzelnen alten Herren haben auch ganze Rudel, teils geringerer Löwen und Löwinnen sich hier ein Stelldichein gegeben. Meine Fallen waren bisher nicht in Tätigkeit getreten, und in dem sehr coupierten Terrain und bei der sehr reichen Deckung dieses Re= viers war mir zur Tageszeit ein Zusammentreffen mit dem königlichen Wilde hier noch nicht zuteil geworden. Doch wohlweislich wartete ich des Augenblickes, wo mir mehr als schnell vergängliches Jagdglück hier werden sollte: lag es doch in meiner Absicht, aus nächster Entfernung zur Nachtzeit den König der Wüste auf meine photographische Platte zu zwingen! Dazu aber mußte ich geduldig die Wechsel und Gewohn= heiten der Tiere an diesem Orte erkunden.

Nicht umsonst donnerten polternd in dieser Nacht wiederum die Wildherden hin und her. Ich wußte, nunmehr waren auch die un= gestalten, aber für mich wenigstens eigenartig schönen Kuhantilopen, vielleicht auch die scheuen Oryx nebst den riesigen Elenantilopen aus der Steppe zum Wasser gezogen: Alle aber fürchteten den gewaltigen Erbfeind, den Löwen, der hier und da auf ihren Fährten war oder im Röhricht verborgen der Kommenden lauerte!

Zauberhaft glitzerten die Mondstrahlen, tausendfach sich wider= spiegelnd auf den hellen, von weißen Quarzstücken übersäeten Felskuppen in der Nähe des Lagers; lebhafter und reicher wurde das Leben und Weben der Tiermengen in der Nähe des Baches! Mehr zu ahnen, ich möchte fast sagen zu fühlen, war es, als auf andere Weise wahrzunehmen. Da aber! — Was war das? — Wir haben uns nicht getäuscht, die markerschütternde, über alle Beschreibung imposante Stimme des Löwen erhebt sich! Fast unmittelbar fallen mehrere andere Löwen in der Nähe in den Chorus ein! Wie aus dem Erdboden hervorquellend, schwillt der mächtige Ton hier und dort stärker ertönend an, um über= gehend in ein tiefes, unheimlich sich auf die Seele des lauschenden Menschen legendes Stöhnen zu verhallen . . . .

Ein Konzert, ursprünglich und von gewaltigster Wirkung!

Mag der Großstädter auch mit ihm vertraut sein, mag er es oft= mals vernommen haben, allmählich vielleicht mit einem Lächeln! Ihn trennten ja sichere Gitter von der gewaltigen Katze! Selbst dann noch habe ich beobachtet, daß selbst Männer geschweige denn Frauen einen

Schritt zurückwichen, daß ihre Mienen sich sichtlich veränderten, als der Tierkönig — jetzt Sklave des Menschen — seine Stimme erhob!

Wem aber, wie mir, viele Nächte es vergönnt war, diesem elemen=taren Laute im zerbrechlichen Zelte zu lauschen, wenn nicht ein, viel=mehr ganze Rudel von Löwen so in der Wildnis in unmittelbarer Nähe in märchenhafter, tropischer Mondscheinnacht, mit ganzer Lungen=kraft ihre Stimmen erschallen ließen, der wird, wenn er überhaupt eindrucksfähig, es mir zugeben, daß solches Erlebnis an Großartigkeit nicht übertroffen werden kann!

Ich habe vielerlei erlebt, kenne aber nichts, was ihm gleichkäme. Es löst Empfindungen aus, die gemeiniglich und namentlich inmitten des Treibens der Kulturwelt gänzlich ruhen! Wer das fühlen und verstehen will, muß immer wieder weit ab vom Menschen und seinem Treiben hinausziehen in die freie Wildnis, die täglich in gewaltiger Sprache zu ihm redet — erst dann wird er fähig sein, das Große, das Gewaltige verstehen zu lernen, das so auf ihn einwirkt. . .

Einen Augenblick schien die ganze nächtliche Tierwelt der Stimme ihrer Gebieter zu horchen, und wiederum hört man ringsumher die flüchtigen Rudel, die angstvoll die freie Steppe aufsuchen, um, durst=gequält, immer wieder an einer anderen Stelle zum Bache zurückzukehren.

Mehr wie sieben Löwen auf einmal habe ich nie zusammen ver=nommen. Hier am Bache konnte ich so viele, aber deutlich und sicher ansprechen, daß sie von ganz verschiedenen Örtlichkeiten aus ihr gran=dioses nächtliches Konzert hören ließen. —

II. Deutsch-Südwestafrika

a) Allgemeine Beschreibung des Landes

Lage und Erwerbsgeschichte.

Die zweitgrößte deutsche Kolonie, Deutsch-Südwestafrika (etwa 835 000 qkm), liegt nördlich von der englischen Kapkolonie am Atlantischen Ozean, der auf eine Strecke von 1500 km von der Mündung des Oranje bis zu der des Kunene im Norden die westliche Grenze bildet. Im Norden stößt sie an die portugiesische Angola-Kolonie, im Osten an Britisch-Betschuanaland, und im Nordwesten erstreckt sich eine Zunge, der sogenannte Capriviizipfel, zwischen portugiesischem und britischem Besitz bis an den Sambesi. Das Schutzgebiet umfaßt von Norden nach Süden das Ambo- (auch Ovambo-) Land, das Kaokofeld, das Herero- (auch Damara-) Land und das Groß-Namaland. [1]

Schon lange Jahre vor der deutschen Besitzergreifung ist die Rheinische Missionsgesellschaft in dem jetzigen Schutzgebiete tätig gewesen. Am 1. Mai 1883 erwarb ein Beauftragter des Bremer Kaufmanns Lüderitz, der sich vorher über die Stellung der Reichsregierung vergewissert hatte, von dem Häuptling Joseph Fredericks den Hafenplatz Angra Pequena nebst den angrenzenden Ländereien. Da die Engländer Miene machten, die Oberhoheit über das fragliche Gebiet für sich in Anspruch zu nehmen, so wurde dasselbe am 24. April 1884 vom Fürsten Bismarck unter deutschen Schutz gestellt. Am 7. August wurde die deutsche Flagge von den deutschen Kriegsschiffen „Leipzig" und „Elisabeth" gehißt. Das Kanonenboot „Wolf" erhielt den Auftrag, an allen Küstenplätzen vom Oranje bis zum Kunene das gleiche zu tun. Nur Walfischbay war bereits englisch und ist es auch heute noch. Die beiden Reichskommissare Dr. Nachtigal und Dr. Göhring schlossen dann in der Folge Schutzverträge mit einer Reihe von Häuptlingen des Binnenlandes ab und begründeten damit Deutschlands Anspruch auf das

---

[1] Klein-Namaland liegt südlich davon in der Kapkolonie.

Hinterland. Am 1. Juni 1890 kam ein Abkommen mit England zustande, in welchem die heutigen Grenzen vereinbart wurden.

Die Eingeborenen innerhalb dieses Gebietes fügten sich sämtlich der deutschen Oberhoheit bis auf H e n d r i k W i t b o o i, den Führer eines Hottentottenstammes, der sich zu kriegerischem Widerstande hinreißen ließ und sich gegen die wenig zahlreiche Schutztruppe ziemlich lange hielt, bis er endlich durch Major L e u t w e i n mit erheblich verstärkten Kräften geschlagen und zur Unterwerfung gezwungen wurde. Nach einem kurzen Aufstand der Hereros 1896 und der Rinderpest 1897 kam eine Zeit der Ruhe über die Kolonie. Ansiedler strömten herbei, und das Land fing an aufzublühen. Durch die fortschreitende Besiedelung des Landes mit deutschen Farmern fürchteten die Eingeborenen, daß sie mit der Zeit alles Land verlieren würden, und es bildete sich unter ihnen eine Partei, die die Vertreibung der Deutschen ins Auge faßte. Als dann in den ersten Januartagen 1904 der Gouverneur fast mit der gesamten Schutztruppe im äußersten Süden der Kolonie weilte, glaubten die Hereros und bald auch die meisten Hottentottenstämme den Augenblick zu einer Erhebung gekommen. Der Aufstand brach so plötzlich aus, daß zahlreiche Farmer nicht mehr die schützenden Stationen erreichen konnten und auf bestia- lische Weise ermordet wurden. Seine Niederwerfung währte über drei Jahre, verursachte dem Reiche gewaltige Kosten und stellte Anforderungen an die hinausgesandten Truppen, wie sie in einem europäischen Kriege undenkbar sind. Es galt nicht nur einen zähen Gegner, der mit allen Schleichwegen, mit allen Wasserstellen des Landes vertraut war, nieder- zuringen, sondern auch die Schwierigkeiten, die sich aus dem Gelände, dem Klima, den Wasserverhältnissen des Landes ergaben, zu über- winden. Den geradezu übermenschlichen Anstrengungen, dem Durst und dem Typhus erlagen mehr Kämpfer als dem Feinde, der dank der helden- mütigen Hingabe der Truppen völlig aufgerieben wurde. Die übrig- gebliebenen Hereros und Hottentotten haben erreicht, was sie verhindern wollten, haben Grund und Boden verwirkt und dadurch Raum geschaffen für deutsche Ansiedler. Mit der Blüte der Kolonie schien es vorbei, der Viehstand, das Lebenselement für Deutsch-Südwestafrika, nahezu vernichtet zu sein; aber deutscher Fleiß hat das Verlorene bald wieder ein- geholt, die Kolonie ertragreich gemacht und dadurch bewiesen, daß das Blut so vieler blühender Menschenleben nicht vergeblich geflossen ist.

Bodengestalt. Bewässerung.

Die Küste ist wenig gegliedert und wegen des längshin nordwärts verlaufenden Benguelastroms und hoher Brandung schwer zugänglich. Gute Häfen scheinen zu fehlen. Der deutsche Haupthafen Swakopmund ist eine offene Reede mit schwierigen Landungsverhältnissen. Die Lüderitzbucht im Süden war wegen der Unwirtlichkeit ihres Hinterlandes wenig geeignet; doch seitdem sie als Ausgangspunkt einer Bahnlinie über Aus nach Keetmanshoop dient und seit Auffindung der Diamanten hat sie immer größere Bedeutung gewonnen.

Dünen von gewaltiger Breite und Höhe begleiten die Küste von Süden bis nach Swakopmund. Dahinter erstreckt sich ein bis 90 km breiter Wüstenstreifen, die Namib, welche, aus Granit und Gneis auf=gebaut, erst allmählich und dann immer schneller und steiler zu einer bedeutenden Hochebene ansteigt. Die höchste Erhebung erreicht sie in den Aos= (Aus=) Bergen (2000 m). Ein weiteres Tafelland von wechseln=der Höhe und steppenartigem Charakter, von zahlreichen meist Nord=Süd verlaufenden Brüchen (der bedeutendste ist die Grabensenkung des großen Fischflusses) in viele Einzelplateaus (z. B. Huib=Hochebene, Homs=Hoch=ebene, Hanami=Hochebene, Karas=Hochebene usw.) zerrissen, erfüllt das ganze südliche und mittlere Schutzgebiet. Im Süden wird es durch die gewaltige Erosionsrinne des Oranje jäh unterbrochen, im Norden senkt sich die Hochebene allmählich zu den Grasebenen des Kaokofeldes und dem flachen Ambolande, im Osten zur Kalahari herab. Nicht nur in den Bruchspalten sind bedeutende vulkanische Erhebungen aufgeschüttet, wie der Porphyrkegel des Geitsegubib (1600 m) im Graben des Fisch=flusses, sondern auch sonst unterbrechen zahlreiche Gebirgsmassen und hin und wieder auch Einzelberge den einförmigen Charakter des Tafellandes. So erheben sich im Damaralande, die Tafelebene des Binnenlandes durch gewaltige Hochgebirgsmassen in eine südliche und eine nördliche Hälfte scheidend, das Auasgebirge (2100 m) südlich von Windhuk, nördlich von Omburo der Omatako=Berg (2600 m), südlich von Okahandja die Otji=havero=Berge (2100 m), im Norden des Damaralandes das Ombororo=Gebirge und das Waterbergmassiv (Omuweromwe=Berge, 1900 m).

Die Wasserläufe sind meist Regenflüsse und laufen nur in ergiebiger Regenzeit und sonst bei starken Niederschlägen oberirdisch. Hiervon sind nur die großen Grenzströme, der Oranje, der Kunene und der Okavango sowie der Sambesi im Nordosten ausgeschlossen. Die Regenbäche des Namalandes werden vom Großen Fischfluß und dem Molopo (entstehend aus der Vereinigung des Schwarzen und des Weißen Nosob) gesammelt und dem Oranje zugeführt. Zum Atlantischen Ozean wässern das Damaraland (Kuiseb, Tsoachaub, oft verderbt Swakop genannt) sowie das Kaokofeld ab, während die nordöstlich von der Wasserscheide rinnenden Wasserläufe den Omuramba Uamatako speisen und von ihm dem Okavango zugeführt werden.

An größeren Seen fehlt es dem Schutzgebiete gänzlich. Dagegen finden sich viele Vleys, flache, abflußlose Becken, in denen sich zur Regen=zeit das Wasser sammelt und längere Zeit hindurch hält, sowie im Norden die sogenannten Salzpfannen (Pans), deren Boden salzhaltig ist. Die bedeutendste Salzpfanne auf deutschem Gebiete ist die Etoschapfanne.

Klima. Gesundheitsverhältnisse.

Das Klima zeigt starke Gegensätze. Der Norden, noch in den Tropen liegend, hat reichliche, der Süden, schon der gemäßigten Zone zugehörend, spärliche Niederschläge; das Binnenland zeigt Sommerregen, die Küste Winterregen.

Das Klima der Küste wird bedingt durch das ungewöhnlich kalte Auftriebwasser des Meeres in Verbindung mit den herrschenden kühlen Südwestwinden, welche die Dunstmassen landwärts treiben, aber die Regenbildung hindern. Die Folge ist ein gleichförmiges, ungemein regenarmes, dabei aber luftfeuchtes und für die geographische Breite kaltes Klima. Die mittlere Jahreswärme beträgt nur 16 bis 17° C; im heißesten Monat, dem März, erreicht die mittlere Temperatur 20° C, im August, dem kältesten Monat, nur 14° C. Des Nachts treten starke Nebel auf, die sich zu überreichlichem Taufall verdichten.

Gänzlich verschieden davon ist das Klima des Binnenlandes. Die Luft ist trocken; ihre Wärme nimmt mit wachsender Meereshöhe zu. Infolge der Lufttrockenheit zeigt sich ein starker Gegensatz zwischen Tag- und Nachttemperatur. Im Sommer beobachtet man tagsüber Temperaturen von über 40° C, die nachts bis auf 15° C abstürzen. Auch der Unterschied zwischen Sonnen- und Schattentemperatur ist gewaltig und kann bis zu 30° C. betragen. Der wärmste Monat ist der November oder Dezember (durchschnittlich 38° C im Schatten, nachts 15° C), der kälteste der Juni oder Juli (ca. 28° C, nachts —9° C).

Der Regenfall ist am stärksten im Norden und nimmt nach Süden zu schnell ab. Während man in den nördlichen Gebieten deutlich eine heiße Regenzeit (etwa Oktober bis April) von einer kalten Trockenzeit (etwa Mai bis September) unterscheiden kann, verwischt sich dieser Gegensatz, je mehr man nach Süden kommt. Die Regenzeit tritt unregelmäßig auf, bleibt in einzelnen Jahren ganz aus und dauert auch im günstigsten Falle selten über vier Monate.

Die Winde kommen hauptsächlich aus Südwest (kühl und trocken) und aus Nordost (warm und feucht).

Für den Europäer ist das Klima, vom Amboland vielleicht abgesehen, gesund; die Trockenheit der Luft macht die Hitze erträglicher, die kühlen Nächte wirken erfrischend. Klimatische Krankheiten kommen nicht vor; Fieber findet sich allerdings im tropischen Ambolande. In einzelnen Flußtälern, wo es vor kurzem noch auftrat, haben umfassende Sanierungsarbeiten es nahezu beseitigt. Nur gelegentlich nach starken Niederschlägen erscheint es noch und dann sehr milde. Der Europäer kann überall

im Freien arbeiten, nur muß er Kopf und Nacken gegen die Sonnen=
ſtrahlen ſchützen.

Pflanzen= und Tierwelt.

Die Küſte, deren Boden nur durch die Nebel geringe Feuchtigkeits=
mengen zugeführt erhält, hat nur eine ſpärliche und kümmerliche Pflanzen=
decke, die ſchon in ihrem Äußern das Beſtreben ausgeprägt hat, ſich
möglichſt gegen Waſſerverluſt zu ſchützen, ſo die ſonderbare Welwitſchia
mirabilis u. a. Die einzige Nahrungspflanze iſt der Naraſtrauch.

Die Namibwüſte nährt beſonders Euphorbien= und Aloearten und
einige Zwergbäume.

Im Binnenlande unterſcheidet man die ſchnell aufſprießende und
wieder verſchwindende Regenvegetation von der ſtändigen, aber nur ſehr
ſpärlich anzutreffenden Grundwaſſervegetation. Die Hochebenen des
Nama= und des Damaralandes ſind meiſt Gras= oder Strauchſteppen.
Dieſe Sträucher ſind meiſt verkrüppelte Akazienarten, das Gras ſilbergrau,
in einzelnen Büſcheln ſprießend, überall dem Felsboden Durchlaß ge=
während. Nach Norden zu wird die Vegetation reicher und nähert ſich
immer mehr dem tropiſchen Charakter. Im Ambolande finden ſich neben
dem waldbildenden Omutati die Damarafeige (Ficus damarensis), der
Affenbrotbaum und einzelne Palmenarten.

In den Grundwaſſer führenden Flußtälern trifft man auf Akazien=
arten, Tamarisken, Ebenholzbäume u. a. Doch bilden ſie höchſtens ſoge=
nannte Galeriewälder.

Das Schutzgebiet iſt außerordentlich wildreich. Zwar ſind die
größeren Säuger, Elefant, Nashorn, Flußpferd, Büffel, Giraffe, Löwe,
nur noch im Norden zu finden, auch der Leopard iſt ſchon ſeltener ge=
worden; dagegen ſind die kleineren Raubtiere (Hyäne, Schakal, wilder
Hund, Wüſtenluchs) noch überall ziemlich häufig. Am weiteſten verbreitet
ſind die Antilopen, deren das Schutzgebiet zahlreiche Arten aufweiſt.
In den Bergen hauſen der Pavian, der Klippſchiefer, das Larven=
ſchwein und eine Stachelſchweinart. Springhaſen und Kaphaſen
ſind in großen Mengen verbreitet. Ebenſo reich iſt die Vogelwelt
vertreten, unter deren Repräſentanten beſonders der Strauß hervor=
ragt. Im Kunene und Okavango lebt das Krokodil. Schlangen und Schild=
kröten ſind häufig, unter den erſteren die Puffotter und die Cobraſchlange
gefürchtet. Skorpione und Taranteln bedrohen nicht ſelten den unacht=
ſamen Wanderer. Auch die Termite findet ſich häufig, aber die Tſetſe=
fliege iſt heute verſchwunden.

Bevölkerung.

Das Land iſt ſchwach bevölkert. Gezählt wurden am 1. Januar
1911 82 000 farbige Bewohner; dazu kommen noch etwa 60 000 Ambo

im Norden der Kolonie, die erst 1908 die deutsche Herrschaft anerkannt haben und deren Land für Ansiedler gesperrt ist. Ihre südlichen Nachbarn, die Hereros, zwischen dem 20. und 23. Grade s. Br. haben durch den Aufstand ihr Land verwirkt. Die Hottentotten leben im Kaokofelde zerstreut und hatten, als Nama in verschiedene Stämme geteilt, das Land zwischen dem 23. Grade und dem Oranjefluß inne. Dadurch, daß die Mehrzahl ihrer Stämme sich den Hereros gegen die Deutschen anschlossen, müssen sie deren Schicksal teilen. So sind die Rote Nation und die Feldschuhträger nahezu aufgerieben und die Reste der Witbois im Hererolande in Reservaten angesiedelt. Die Versebahottentotten und die Bondelzwarts haben sich rechtzeitig unterworfen, darum Land und Vieh behalten, bedürfen aber einer strengen Überwachung. Außerdem kommen noch für die Kolonie die Bergdamaras, die unter den Hereros zerstreut saßen, die Buschmänner, die im Nordosten ziemlich ungebunden das Sandfeld durchschweifen, sowie die Bastards um Rehoboth herum in Betracht.

Von den genannten Völkerschaften gehören die schwarzhäutigen Ambo und Herero zu den Bantuvölkern, die gelbhäutigen Hottentotten und die Buschmänner bilden eine Gruppe für sich. Die Bantu sind vor etwa 150 Jahren von Norden her, die Hottentotten und Buschmänner von Süden her eingewandert. Als Reste der Urbevölkerung werden die schwarzen Bergdamara angesehen. Die Bastards (etwa 5000 Seelen) sind eine Mischrasse von Hottentotten und Kapländern.

Die Herero zählten vor dem Aufstande etwa 65 000, nach andern 120 000 Seelen. Jetzt sind es etwa noch 20 000, die als Arbeiter und zur Bewachung der Herden der Ansiedler Verwendung finden. Sie sind groß, kräftig, muskulös, von dunkelbrauner Hautfarbe und tiefschwarzem, wolligem Haar. Fast ausschließlich mit Viehzucht beschäftigt, hatten sie große Herden. Die Ambo sind seßhafte Ackerbauer; ein Teil von ihnen geht als Wanderarbeiter zu den deutschen Ansiedlern oder findet bei den Eisenbahn- und Wegebauten und in den Minen lohnenden Verdienst.

Die Hottentotten sind klein, noch kleiner die Buschmänner. Beide haben eine gelbe Hautfarbe, spärliche Behaarung, schwache Muskulatur, vorspringende Backenknochen und schiefgestellte Augen. Sie sind faul und wirtschaftlich untüchtig. Ihre Sprache hat sich bisher mit keiner anderen als verwandt erweisen lassen und ist durch die merkwürdigen Schnalzlaute ausgezeichnet.

Die Bergdamara, in ihrem Körperbau mehr den Bantuvölkern gleichend, haben von den Hottentotten die Sprache angenommen. Sie sind arbeitsam und anspruchslos, treiben zum Teil Gartenbau, sind aber vielfach auch als Diener und Knechte bei Hereros und Hottentotten tätig oder versklavt.

Aus dem Deutschen Kolonialblatt Jahrg. 1912, Nr. 5. (Verlag E. S. Mittler u. Sohn, Berlin.)

Am großen Fischfluß (Deutsch-Südwestafrika).

In Rehoboth ist das Hauptquartier der Bastards. Sie sind ein sehr wertvolles Bevölkerungselement, da sie arbeitsame und geschickte Leute sind.

Die Mission, die gerade in Deutsch=Südwestafrika seit langen Jahren tätig gewesen ist, hat besonders unter den Hereros, den Namas und den Bastards große Erfolge zu verzeichnen. Unter den Ovambos hat die heimische Mission erst in neuerer Zeit ihr Werk begonnen.

Die weiße Bevölkerung betrug am 1. Januar 1911 14000 Seelen. Infolge der günstigen Siedelungsbedingungen ist der Zustrom von An= siedlern immer noch im Steigen. Sie vermehrt sich besonders durch die Niederlassung ausgedienter Mannschaften der Schutztruppe.

Produktion des Landes. Gewerbefleiß.

Infolge der von Natur ungünstigen Boden= und Wasserverhältnisse wird der Ackerbau von den Eingeborenen nur stellenweise und meist in der Form des Gartenbaues getrieben. Nur die Ambo, die unter tropischen Bedingungen leben, sind eigentliche Ackerbauer; sie bauen Mais und Kafferkorn. Die Bastards ziehen Mais, Weizen, Tabak, Kürbisse und Melonen. Sonst werden an pflanzlichen Erzeugnissen noch die Kerne des Narastrauchs und etwas Gummiarabikum gesammelt.

Die weißen Siedler haben mit vielem Glück europäische Gemüse und Obstsorten eingeführt, auch Versuche mit der Weinkultur gemacht. Die Versuche mit Feigen, Dattelpalmen, Eukalyptus, Kasuarinen, Sisal= agaven, Maulbeerbäumen, Akazienarten, Sojabohnen, Baumwolle sind noch nicht abgeschlossen, versprechen aber zum Teil guten Erfolg. Eine größere Ausdehnung dieser Kulturen ist indessen davon abhängig, ob es gelingt, die Frage der künstlichen Bewässerung mit Hilfe von Stau= dämmen und Brunnenanlagen befriedigend zu lösen.

Immerhin wird auch in Zukunft die Viehzucht den Ackerbau über= ragen, wenngleich sie von einer Reihe schwerer Seuchen bedroht wird; ihre Erzeugnisse, wie Schlachtvieh, Häute, Felle, Wolle, Hörner, wer= den nächst denen des Bergbaues die vornehmsten Handelsprodukte der Kolonie bilden. In erster Linie steht die Rinderzucht, die sich schnell von den Folgen des Hereroaufstandes erholt hat. Durch Einfuhr von Zuchttieren aus Deutschland und Südafrika, sowie durch Kreuzung der einheimischen Rasse mit Simmenthaler, Algäuer und ostfriesischem Vieh ist der Rindviehbestand vermehrt und verbessert worden. Die Pferdezucht macht, gefördert durch das Gestüt Nauchas, gute Fort= schritte. Die Zucht von Fleisch=, Woll= und Karakulschafen,[1]) Ziegen, besonders Angoraziegen, ist von den Ansiedlern in Angriff genommen

---

[1]) Sie liefern Pelzwerk, das als Krimmer und Persianer in den Handel kommt.

worden und verspricht lohnend zu werden. Auch unser Kaiser hat
zwei Farmen, Dickdorn und Kosis, erworben, wo Wollschafzucht ra=
tionell betrieben werden soll. Die Straußenzucht kommt in Auf=
nahme. Zu ihrer Förderung hat die Regierung eine Versuchsfarm in
Otjitueza am weißen Nosob angelegt.

Weit bedeutender als die Erzeugnisse der Viehzucht sind die Er=
träge des Bergbaues. Seitdem im Mai 1908 bei Kolmannskoop in
der Nähe von Lüderitzbucht Diamanten gefunden wurden, hat eine
energische bergmännische Durchforschung des Schutzgebietes eingesetzt. Der
Wüstensand der Namib enthält unfern der Küste zwischen dem 24.
und 28.⁰ südl. Br., besonders aber südlich von Lüderitzbucht Diamanten,
die eine lebhafte Schürftätigkeit ins Leben riefen, so daß die Diamanten=
förderung der Kolonie jetzt bereits 7 % der Weltproduktion ausmacht.
Trotz eifrigen Suchens ist es aber bisher nicht gelungen, das boden=
ständige Gestein aufzufinden, aus dem diese kostbaren Edelsteine aus=
gewittert und in den Wüstensand gelangt sind. So lange das Suchen
erfolglos bleibt, muß „mit der Möglichkeit gerechnet werden, daß die
Diamantenproduktion sich wieder vermindern wird; denn die bis jetzt
gemachten Erfahrungen beweisen, daß die Diamanten, je tiefer man
kommt, desto seltener werden, was an -und für sich eine Verminderung
der Produktion zur Folge haben kann, während außerdem zahlreiche
Felder, welche an der Oberfläche noch einen lohnenden Ertrag bringen
können, später keine gewinnbringende Ausbeute mehr in Aussicht stellen.“

Zuverlässiger sind also die Erzlager. Kupfer und oft gleichzeitig
mit ihm Blei werden bereits im Otavigebiet, ferner bei Tsumeb und
Guchab, in den Onjutibergen bei Otjisonjati und in Gorab am Rande
der Namib unfern des Kuisebtales gewonnen. Bei der Eisenbahnhalte=
stelle Kalkfeld sind mächtige Eisensteinlager erschlossen, ebenso im Kaoko=
feld, das auch Goldquarzgänge enthält. Rings um das Erongagebirge,
besonders aber im Tal des Eiseb bis an die Namib heran, sind abbau=
würdige Zinnerze gefunden, so daß Okambahe und Omaruru die Mittel=
punkte eines blühenden Zinnbergbaues zu werden versprechen. Zwischen
Kubas und Karibib wird Marmor gebrochen, auch Graphit und Stein=
kohlen sind nachgewiesen. So scheint die einst viel geschmähte Kolonie
alle anderen an Bodenschätzen zu übertreffen.

Die einheimische Industrie ist fast völlig verschwunden; ihre Er=
zeugnisse werden durch europäische Fabrikate ersetzt. Nur bei den Ovambo
steht das Handwerk noch in Blüte. Sie sind geschickte Schmiede, Töpfer
und Flechter und verstehen auch Kupfererze zu verarbeiten.

Handel und Verkehr.

Während bis vor kurzem die Ausfuhr aus der Kolonie sich in
mäßigen Grenzen hielt, ist sie seit Auffindung der Diamanten mächtig

in die Höhe geschnellt. Sie betrug 1910 34,7 Mill. M. Davon ent=
fielen auf Diamanten 27 Mill. M., auf Kupfer= und Bleierze 6,6 Mill.
M. und noch nicht ½ Mill. M. auf Erzeugnisse der Viehzucht. Die
Gesamteinfuhr belief sich auf 44,3 Mill. M. und bestand aus denselben
Gegenständen wie in Deutsch=Ostafrika. Der Vertrieb der einge=
führten Waren geschieht teils in stehenden Läden (Stores), teils durch
umherziehende Händler, die mit dem Ochsenwagen ins „Feld" gehen. Der
Ochsenwagen ist das landesübliche Verkehrsmittel. Er wird von 14 bis
20 an langes Dursten gewöhnten Ochsen gezogen und überwindet bei
seiner starken Bauart die schwierigsten Hindernisse. Zwar sind bereits
mehrere größere Straßen angelegt worden, um den Verkehr zu er=
leichtern. Für die wirtschaftliche Entwicklung des Landes bedarf es aber
natürlich besserer Einrichtungen. Eine Eisenbahn vom Hafenplatz Swa=
kopmund nach der Hauptstadt des Landes (382 km) besteht seit Juli
1902. Eine andere Bahn geht von Swakopmund über Otavi, Tsumeb
nach Grootfontein; eine dritte von Lüderitzbucht nach Keetmanshoop
und entsendet von Seeheim eine Zweigbahn nach Kalkfontein. Eine
Verbindung der Nord= und Südbahn durch eine Linie Keetmanshop
Windhuk ist 1912 vollendet.

Mit dem Mutterlande steht die Kolonie durch die Dampfer der
Hamburger Woermann=Linie und der Paketfahrt zweimal monatlich,
durch Dampfer der Deutsch=Ostafrika=Linie alle drei Wochen in Ver=
bindung. Auch für telegraphischen Anschluß des Schutzgebietes an Deutsch=
land ist bereits Sorge getragen, und dieser wird bald direkt durch
ein deutsches Kabel vermittelt. Reichspostanstalten befinden sich be=
reits an 88 Orten, 66 haben Telegraphenbetrieb, 23 eine Ortsfern=
sprecheinrichtung, Swakopmund und Lüderitzbucht Funkentelegraphie.

Verwaltung. Schule. Mission.

Das Schutzgebiet untersteht einem Kaiserlichen Gouverneur. Ihm
zur Seite als vorwiegend beratendes Organ steht der Landesrat, der zur
Hälfte von den Bezirksverbänden auf fünf Jahre gewählt, zur Hälfte
vom Gouverneur ernannt wird und mindestens einmal jährlich zusammen=
tritt. Eingeteilt wird das Land in 11 Bezirks= und 6 Distriktsämter,
die wiederum in den Bezirksräten eine Art Selbstverwaltung haben.
Geschlossene Ansiedelungen regeln ihre Angelegenheiten ähnlich unseren
Städten. An ihrer Spitze steht ein Gemeindevorsteher und ein Ge=
meinderat, der halb von den Gemeindeangehörigen in allgemeiner direkter
Wahl, halb durch die hauptsächlichsten Berufsstände gewählt wird. Die
Schutztruppe zählt jetzt 2179 Mann, die Landespolizei 720 Mann.

Der Sitz des Gouverneurs und die Hauptstadt des Landes ist
Windhuk, am nördlichen Abhang der Auasberge. Andere bedeutende

Orte sind 1. an der Küste: Swakopmund und Lüderitzbucht; 2. im Gebiet der Otavibahn: Omaruru, Otavi, Tsumeb, Grootfontein, Outjo, Waterberg; 3. im Gebiet der Zentralbahn: Karibib, Okahandja, Otjosonjati, Seeis, Gobabis, Epukiro; 4. im Gebiet der Südbahn: Aus, Kubub, Bethanien, Seeheim, Keetmanshoop, Kalkfontein, Warmbad; 5. zwischen Süd- und Zentralbahn: Gibeon, Maltahöhe, Mariental, Rehoboth.

Seit 1907 ist die allgemeine Schulpflicht für die Kinder der weißen Bevölkerung an Orten mit Regierungsschulen eingeführt. Seitdem sind 16 Elementarschulen mit 548 Schülern und in Windhuk, Swakopmund, Lüderitzbucht je eine Realschule entstanden. In Windhuk unterhält die katholische Mission noch eine höhere Mädchenschule.

Die Missionstätigkeit liegt hauptsächlich in den Händen der Rheinischen Missionsgesellschaft in Barmen. Im Ambolande wirkt die Finnische Missionsgesellschaft von Helsingfors segensreich. Seit 1896 haben auch zwei katholische Missionsgesellschaften Stationen in Deutsch-Südwestafrika gegründet.

b) Aus den Berichten der Reisenden und Forscher

Der Sturm auf die Naukluft. [1]

Die Stunde der Entscheidung naht. Um 1¼ Uhr nachts tritt die 3. Kompagnie im Hauptlager an. Waffenklirren — unterdrücktes Sprechen — die Glieder ordnen sich; da kommt der Major. Ein Händedruck noch, ein ernstes „Auf Wiedersehen!" und fort geht es in die Nacht hinaus. Ein schwerer Marsch in der Dunkelheit; lautlos eilt die Kolonne vorwärts, der Spitze nach, die L a m p e , der sich uns anschließen durfte, führt. Ab und zu hört man einen dumpfen Fall und leisen Fluch, wenn wieder einer der Leute über einen Stein oder Baumstamm gefallen ist. Die Nacht ist stockdunkel, der Boden mit Felstrümmern und spitzen Steinen bedeckt. Endlich, um 5 Uhr morgens, sind wir an der Felsschlucht, und der Aufstieg beginnt. Mit umgehängtem Gewehr wird geklettert. Oft sind die Abstürze so hoch und steil, daß einer auf des anderen Schulter steigen muß, um den nächsten Absatz zu erreichen; der letzte wird dann an Gewehrriemen heraufgezogen.

Die Feder vermag diesen Aufstieg nicht zu schildern, so unbeschreiblich und furchtbar waren die Anstrengungen, welche die Kolonne hier zu überwinden hatte. Oft, wenn die Spitze sich verstiegen hat und eine himmelhohe Felswand das weitere Vordringen hindert, muß umgekehrt und ein anderer Weg gesucht werden. Nach vierstündigem, atemlosen Steigen ist die Höhe erreicht. Todmüde, mit zerrissenen Kleidern und

---

[1] Im Kriege mit Witboi. — K. S c h w a b e : „Mit Schwert und Pflug in Deutsch-Südwestafrika", S. 206.

zerfetzten Händen sammelt sich die Kompagnie. Wütender Durst plagt alle, denn längst sind die Feldflaschen geleert. Perbandt befiehlt eine halbe Stunde Ruhe, die dringend nötig, aber auch ebenso peinvoll ist, denn schon seit einer Stunde, seit 8 Uhr, dringen Kanonendonner und der Schall des Kleingewehrfeuers von Norden her zu uns herauf. Dort sollten wir jetzt unseren stürmenden Kameraden helfen, doch die schreck= lichen Schwierigkeiten des Geländes hindern sehr. Aber vorwärts! Feldwebel Zachalowsky wird in der linken Flanke mit einer starken Patrouille vorgeschickt; wir treten wieder an, und in ununterbrochenem Marsche geht es vorwärts, über steile Höhen und durch dunkle Schluchten bergauf, bergab.

Glühend sind die Luft und der Erdboden, der die Strahlen der Sonne zurückwirft. Mechanisch setzten die Leute Fuß vor Fuß, der Atem geht keuchend, man ist wie in Schweiß gebadet. Aber — vorwärts — vorwärts — immer vorwärts — einer ermuntert den anderen, viele Leute tragen zwei Gewehre, um ihre schwächeren Kameraden zu entlasten, und alle beseelt nur der eine Gedanke, in das Gefecht zu kommen. Es ist 3 Uhr nachmittags, wahnsinnige, erdrückende Hitze. Eben haben wir den kaum meterbreiten, nach beiden Seiten schroff abstürzenden Grat eines Berges in der Kolonne überschritten und sind nun auf dem Kramarz=Berg. Das Grab des Reiters Kramarz und einige verlassene Schanzen bleiben rechts liegen — der Abstieg beginnt. Plötzlich hemmt eine riesige, steilabstürzende Felswand von mindestens 30 m Höhe das weitere Vordringen. Mit dem Mute der Verzweiflung versuchen wir dennoch hinabzuklettern, aber nur Perbandt, einem Trompeter und mir gelingt es, da wir schwindelfrei sind, die Wand zu überwinden; der mir folgende Mann muß schleunigst wieder hinaufgezogen werden, da er abzustürzen droht. Ein einziger Fehltritt bringt hier sicheren Tod, denn die Sohle der Schlucht starrt von ungeheuren, wild durcheinander liegenden Felsblöcken. Den Körper dicht an den Fels pressend, oft nur mit einem Fuße Halt findend, das Gewehr am Riemen um den Hals, so daß es vorn quer über dem Leibe hängt, erreichen wir endlich den festen Boden, während die Kompagnie Gott sei Dank inzwischen einen etwas bequemeren Weg gefunden hat. Nun geht es in der engen Schlucht an einem rauschenden Wasserfall vorbei weiter, und gegen 5 Uhr abends öffnet sich vor uns die Naukluft. Die Leute liegen wie tot am Wasser und trinken wieder und wieder. Eine halbe Stunde Rast ist befohlen, aber der unermüdliche Lampe bricht mit einigen Leuten schon früher auf und dringt in der Schlucht vor. Kaum ist er zehn Minuten fort, da kommt einer seiner Reiter zurückgeeilt und ruft uns schon von weitem zu: „Die Geschütze sind in Gefahr. Die Hottentotten greifen an!" Zugleich dringt deutlich Geschützdonner an unser Ohr. Sofort wird angetreten und im Eilschritt vorgerückt. Die Schlucht windet sich

in Schlangenlinien durch das Gebirge und wird immer enger. Bald
hier, bald dort wachsen aus den Bergen felsige Querriegel hervor, die
umgangen werden müssen, und eine Zeitlang marschieren wir in dem
klaren, schnellfließenden Wasser des Baches, der die ganze Talsohle aus=
füllt. An einer anderen Stelle wuchert weit übermannshohes Ried und
Rohr in so dichten Massen, daß man auf vier Schritt seinen Vorder=
mann nicht mehr sieht. Rauschend schließt sich das Dickicht über den vor=
dringenden Mannschaften. Jetzt wird das Gelände freier; weitverästete
wilde Feigenbäume stehen umher; durch das Wasser, das von Taschen=
krebsen wimmelt, sieht man die Räderspuren der Geschütze, und auch die
Zeichen des stattgehabten Kampfes mehren sich. Überall liegen Aus=
rüstungsstücke auf dem Boden und im Wasser verstreut umher, hier ge=
rollte Mäntel, Brotbeutel, Kochgeschirre, Sättel und Decken, dort zer=
brochene Gewehre, weißbezogene Witbooihüte und blutige Lappen. Im
Vorübereilen erkennen wir deutlich die Stellungen der Unseren an den
massenhaft umherliegenden Patronenhülsen. Und wieder verengt sich die
Schlucht; das Rohrdickicht ist hier niedergebrannt, und gurgelnd schießt
das Wasser um mehrere Pferdekadaver, die mit verglasten Augen und
bleckenden Zähnen daliegen. Es dämmert bereits, aber an einer kleinen
Anhöhe vermögen wir die Leichen von drei bis vier Witboois zu er=
kennen, die wohl ein Schrapnell niedergerissen hat. Immer näher tönt
jetzt auch Gewehrfeuer von vorn, und immer eiliger wird der Marsch.
Da blitzt etwas Weißes durch die Bäume: zwei gesattelte Schimmel, die
in der Schlucht weiden. Verbandt und ich schwingen uns sofort in die
Sättel. Nach wenigen Minuten taucht ein Soldat vor uns auf: „Leutnant
Lampe läßt melden, daß er seitwärts, nach Westen zu vorgegangen ist
und sich bereits im Gefecht befindet. Er bittet noch um sechs Mann.‟
— Diese werden im Marschieren abgeteilt, und kurz darauf hört die
Schlucht plötzlich auf, und ein kleiner, von hohen Bergen umgebener
Talkessel öffnet sich vor uns, durchtobt von dem sinnverwirrenden Lärm
eines heftigen Kampfes. Tausendfach hallt jeder Schuß von den mäch=
tigen, düsteren Wänden wieder, und wie brüllender Donner rollt das
Echo in den Bergen. Im ersten Augenblick vermögen wir uns kaum
zu orientieren — überall blitzt und kracht es, und die Dunkelheit sinkt
schon hernieder. Jetzt verlassen wir die Schlucht: „Aufschließen! — So
breit wie es geht, Schützenlinie formieren!‟ schallen die Kommandos.
„Marsch — marsch!‟ Waffenklirrend bricht die Kompagnie aus dem
Schlunde hervor — kaum haben wir aber die letzten schützenden Felsen
verlassen, da pfeift und singt es um uns. Scharf schlägt hier ein Ge=
schoß auf einen Stein auf, klatschend fährt dort ein anderes in einen
Baum, und das Wasser des Baches spritzt hoch auf. „Runter von dem
Schimmel!‟ schreit von hinten aus der Schützenlinie eine Stimme, und
ich glaube, so rasch sind wir, Verbandt und ich, niemals wieder von

den Pferden gekommen, deren weiße Leiber den Naman[1]) ein willkom=
menes Ziel boten.

Vor uns liegt eine schwarze, langgestreckte Klippe, von der uns zu=
gerufen wird: „Hierher — 3. Kompagnie — hierher", und in dem rasen=
den Feuer richtet sich unser Lauf dorthin. „Die Klippe besetzen — Schnell=
feuer!" Halb fallend, schwer aufschlagend, werfen sich unsere Schützen
nieder, und nun beginnt ein Höllenfeuer, wie ich es nicht wieder erlebt
habe. „Das war Hilfe zur rechten Zeit!" schreit mir Diestel aufatmend
ins Ohr, „die Hunde hätten uns sonst alle kalt gemacht." Das Feuer
verstärkt sich von den beiden Seiten, die nächsten Schützen des Feindes
sind nicht 100 m entfernt, aber nichts ist zu sehen außer dem Aufblitzen
der Schüsse. Und von allen Seiten wird auf uns gefeuert; aus dem
Talkessel hinter Bäumen und Felsen hervor, von den niedrigen Klippen,
von den Hängen der unsere Stellung gewaltig überhöhenden Berge und
aus dem Röhricht des Baches. Ungefähr 50 m vor der von uns be=
setzten schwarzen Klippe stehen die Geschütze und Protzen, um die der
Kampf tobt. Unter der einen Protze hervor fallen fortgesetzt Schüsse;
dort liegt der tapfere Gefreite Richter, der unverwundet blieb, trotzdem
die Eisen= und Holzteile der Geschütze zahllose Geschoßspuren aufwiesen.
Die Klippe schützt uns übrigens nicht gegen das feindliche Feuer, das
hoch von den Bergen kommt, und staubaufwirbelnd und Steinsplitter
umherwerfend sausen Geschosse von oben her mitten zwischen uns. All=
mählich aber breiten sich unsere Linien mehr und mehr aus, ein Fels=
komplex rechts seitwärts wird besetzt, Brustwehren werden so schnell es
möglich ist, aus Steinen gebaut, und das feindliche Feuer wird schwächer.
Nach ungefähr zwei Stunden zieht Verbandt die Schützenlinie dicht hinter
die Klippe zurück, die Leute schlafen auf der Erde ausgestreckt, das Ge=
wehr im Arm, Doppelposten bleiben in den Stellungen liegen und
wechseln einige Schüsse mit den nun in größere Entfernung zurück=
gedrängten Witbois; von den Bergen aber in Nordwesten her schallt
noch immer heftiges Gewehrfeuer herüber. Dort muß die 1. Kompagnie
im Kampfe liegen.

Plötzlich verstärkt sich das Feuer des Gegners wieder, und zugleich
hören wir von rechtsseitwärts (Osten) her das Pferdegetrappel einer
größeren Abteilung. Wir besetzen nun von neuem die Stellung und
suchen, angestrengt nach dem Schluchteingang spähend, zu erkennen, wer
sich naht. Jetzt werden Pferde sichtbar, und zugleich ertönt eine Stimme,
die Troosts: „Nicht schießen! — Leutnant Troost! — „Wir schießen ja
nicht!" „Es sind die Witbois!" „Absteigen!" „Runter von den Pfer=
den!" schallt es zurück, und gleichzeitig wird unser Feuer lebhafter
und unter seinem Schutze langt der Offizier mit seiner Patrouille glück=

---

[1]) So nennen die Hottentotten sich selbst. D. H.

lich bei uns an. Er war zur Verstärkung des Postens Zarradt abge=
schickt worden, der am 27. hart bedrängt wurde, und kehrt nun zurück.
Von Diestel und Sander, die mit nur acht Mann die Geschütze ver=
teidigt und in größter Gefahr geschwebt hatten, erfuhren wir die Vor=
gänge bei der 1. Kompagnie:

Diese war unter der heldenmütigen Führung des Hauptmanns
v. Estorff um 6¹/₂ Uhr morgens in den Haupteingang der Naukluft
eingedrungen, nachdem die Geschütze die auf den Höhen rechts und links
liegenden Schanzen unter Feuer genommen hatten. Heftiger Widerstand
empfing die sprungweise vorgehenden Schützenlinien, die aber in unauf=
haltsamem Vordringen blieben und den Feind, der sich ganz gedeckt in
vorzüglichen Stellungen befand, nach furchtbaren Anstrengungen zurück=
warfen. Hauptmann v. Estorff, der am linken Fuß verwundet wurde,
blieb gleichwohl zu Pferde und bei der Kompagnie, die unter Kreuz=
und Rückenfeuer von den Berghängen, nachdem das erste Gefecht am
Schluchteingang um 8 Uhr beendet war, um 11 Uhr die Hottentotten
aus einer zweiten Stellung im Schluchtinnern geworfen hatte. Schon
waren mehrere schwere Verwundungen zu verzeichnen, und Leutnant
Volkmann mußte mehrfach seitwärts gegen die Schanzen an den Berg=
abhängen vorgehen. Nur eine Stunde später entbrannte in der Haupt=
werft Witboois ein neuer Kampf, und der Feind zog sich trotz heftigen
Geschütz= und Gewehrfeuers erst zurück, als es Volkmann gelungen war,
eine die feindliche Stellung überhöhende Klippe zu erklimmen.

Der Entsatz von Omaruru. [1]

Am folgenden Tage wurde um 4 Uhr 30 morgens wieder an=
getreten und Osombimbambe erreicht, wo die Werften des Hererohäupt=
lings Manasse durchsucht und leer gefunden wurden. Hauptmann Franke
hoffte, daß das bloße Erscheinen seiner Kompagnie den Omaruru=Hereros
Furcht einjagen und sie wieder beruhigen würde. Um den Eingeborenen
das Erkennen seiner Person zu erleichtern, legte er eine weiße Kord=
uniform an und ritt seinen im ganzen Bezirk Omaruru bekannten
Schimmel.

Als die Kompagnie gegen 9 Uhr vormittags auf etwa 1500 m an
das Haus Manasses herangekommen war, erblickte man im Grunde östlich
des Weges eine große Viehherde, die von ihren Wächtern eiligst nach
Norden weggetrieben wurde. Zur Feststellung der Ursache hiervon wurde
der Zug des Oberleutnants v. Nathusius nach rechts hin entsandt; er war
aber nur wenig hundert Meter geritten, als er Feuer erhielt. Kurz nach

---

[1] Kriegsgesch. Abteilung I des Großen Generalstabes: Die Kämpfe der deut=
schen Truppen in Südwestafrika. S. 48. Mit gütiger Erlaubnis des Verlages
E. S. Mittler & Sohn, Berlin.

Aus dem Deutschen Kolonialblatt, Jahrg. 1912, Nr. 5. (Verlag E. S. Mittler u. Sohn, Berlin).

Landschaft am Kalkrande. Karasberge (Deutsch-Südwestafrika).

Missions-Station Scheppmannsdorf am Kuisib mit Dünen im Hintergrunde
(Deutsch-Südwestafrika).

dem Abbiegen des Zuges Nathusius hatte die Spitze unter Oberleutnant Griesbach das Haus Manasses erreicht und einige Hereros beobachtet, die mit ihrem Vieh nach Osten flohen. Sie bog, diesen folgend, vom Wege ab, während gleichzeitig auch von vorn aus der Richtung von Omaruru einige Schüsse fielen. Dies veranlaßte Hauptmann Franke, der bisher durch das beginnende Gefecht des Zuges Nathusius in Anspruch genommen war, nach vorne zu galoppieren. Er fand bei Manasses Haus seine Spitze nicht mehr vor, dafür eröffneten jetzt die Hereros auf das große weiße Ziel, das der Hauptmann und sein Schimmel boten, ein heftiges Feuer. Es war klar, daß die Kompagnie nicht ohne ernsten Kampf nach Omaruru gelangen konnte.

Die Hereros waren offenbar durch das Eintreffen der Kompagnie überrascht worden. Ihre unberittenen Späher hatten die Meldung von dem Anrücken der Kompagnie nicht schnell genug zurückbringen können, doch hatte eine größere Abteilung unter Titus Mutate noch recht-zeitig etwa 1000 m südöstlich der alten Station am Rande des kleinen Nebenriviers Stellung nehmen können. Auch die Häuser auf dem hohen rechten Ufer des Omaruru waren besetzt. Hauptmann Franke erkannte, daß er starke Hererobanden sich gegenüber hatte. Tatsächlich stand der Kompagnie, wie später festgestellt wurde, hier eine mehr als zehnfache Übermacht gegenüber. Das Gelände war der Verteidigung überhaupt und der Fechtweise der Eingeborenen im besonderen ganz außerordentlich günstig. Eine Menge einzelner Felsblöcke und größerer natürlicher Steinschanzen gaben den Hereroschützen Gelegenheit, aus fast völlig sicheren Feuerstellungen den Angreifer zu beschießen. Dessen Geschütze konnten den Schwarzen hingegen hinter solchen Deckungen nicht viel anhaben. Auch mußte der Angriff, wenngleich hier und dort einzelne Felsblöcke und Büsche einigen Schutz gewährten, immer wieder offene Stellen ungedeckt überwinden.

Hauptmann Franke war, nachdem er sich überzeugt hatte, daß Ma-nasses Haus leer war, zurückgeritten und hatte den entsandten Zug des Oberleutnants v. Nathusius bereits wieder bei der Kompagnie vor-gefunden. Die Viehwächter waren nach kurzem Kampf geflohen und hatten ihre Herde in den Händen der Deutschen gelassen. Hauptmann Franke ließ jetzt die beiden Geschütze unter dem Leutnant Leutenegger in Höhe des Manasseschen Hauses auffahren und entwickelte außer dem Rest des Spitzenzuges noch den 1. und 3. Zug zu beiden Seiten des An-marschweges, während der 4. Zug (Nathusius) als Bedeckung beim Troß zurückblieb. Zur Führung des Feuerkampfes konnte kaum die Hälfte der Mannschaften verfügbar gemacht werden, da außer der Wagenbedeckung zahlreiche Mannschaften auch als Pferdehalter, Sanitätspersonal und bei den Geschützen unentbehrlich waren.

Es entspann sich sofort ein lebhaftes Gefecht. Obwohl Schützen wie

Geschütze gutes Schußfeld hatten, war ein durchschlagender schneller Erfolg gegen die vorzüglich eingenisteten Hereros nicht zu erzielen. Auch hier schoß der Gegner vielfach mit erbeuteten Gewehren 88; nur da und dort zeigten Rauchwölkchen den Standpunkt der feindlichen Schützen an.

Während sich die Kompagnie am Manassehause entwickelte, war die dem 2. Zuge (Griesbach) entnommene Spitze immer weiter nach rechts vorgegangen und völlig außer Verbindung mit der Kompagnie gekommen. Der 2. Zug selbst bildete unter Führung des Vizewachtmeisters d. R. Frhrn. v. Erffa am rechten Flügel in sehr günstiger Stellung eine vor=gebogene Flanke. Hauptmann Franke, der auf das Drängen des Artille=risten Reichelt, der bei den hinter dem Manasseschen Hause gedeckt hal=tenden Protzen stand, seinen weißen Rock mit dem grauen des Mannes getauscht hatte, ging nun die ganze Front entlang, um sich von der Lage überall persönlich zu überzeugen. Er erkannte, daß, wenn man den hartnäckigen Widerstand des fast unsichtbaren Gegners brechen wollte, es notwendig sei, ihm vor allem näher auf den Leib zu rücken, und befahl daher sprungweises Vorgehen des 1. und 3. Zuges, während der 2. Zug liegen bleiben und feuern sollte. Gedeckt durch das Schnellfeuer dieses Zuges, machte der in der Mitte befindliche 3. Zug unter Leutnant Leut=wein einen Sprung von 300 m, dann folgte der linke Flügelzug unter Leutnant Frhrn. v. Wöllwarth. Während der Sprung des 3. Zuges ohne jeden Verlust gelang, verlor der 1. Zug seinen tapferen Führer und zwei Mann, da bei dessen Sprung die Feuerunterstützung ausgeblieben war, weil das Kommando hierzu nicht durchgedrungen war.

Als den Leutnant v. Wöllwarth das tödliche Geschoß traf, kniete gerade der Wachtmeister der Kompagnie, Wesch, neben ihm. Mit einem markerschütternden Wutschrei: „Die Schufte haben mir meinen Leutnant erschossen," sprang der heldenmütige Mann hinter der deckenden Klippe hervor, und vor Kampfwut brennend und mit blutunterlaufenen Augen stürzte er allein vor, um sich auf den Feind zu werfen. Doch der in un=mittelbarer Nähe liegende Hauptmann Franke sprang eiligst mit einigen Leuten herbei, um den Rasenden festzuhalten und niederzudrücken; sonst wäre es auch um diesen Braven geschehen gewesen, der „eine wahre Mutter" der Kompagnie war, und der stets und besonders in diesen letzten Tagen, die gerade von ihm fast übermenschliches forderten, seinen Hauptmann mit nie erlahmender Tatkraft unterstützt hatte. Bei aller Fürsorge für seine Untergebenen führte Wachtmeister Wesch ein eisernes Regiment in der Kompagnie, bei der er ebenso gefürchtet wie beliebt war. Für Wesch gab es keine Anstrengung, die zu groß war, und seine Tapferkeit grenzte an Tollkühnheit.

Inzwischen arbeiteten sich die drei Züge abwechselnd springend und feuernd immer näher an die feindliche Stellung heran. Als die Hereros die Kompagnie, die jetzt die Seitengewehre aufpflanzte, immer näher

auf ſich zukommen ſahen, zogen ſie beim Anblick der gefürchteten Seiten=
gewehre doch vor, beizeiten das Weite zu ſuchen. Erſt einzeln, dann
immer zahlreicher räumten ſie ihre Stellungen und gingen über den
kleinen Rivier zurück. Einzelne Hereros, die ausharrten, wurden in
den Schanzen ſelbſt überraſcht und niedergemacht. Die Kompagnie wollte
mit den drei entwickelten Zügen den fliehenden Feind über den kleinen
Rivier hinaus verfolgen; doch Hauptmann Franke erkannte noch gerade
zur rechten Zeit, daß die jenſeitigen Höhen von Hererobanden ſtark beſetzt
waren. Er hielt deshalb die Kompagnie in der genommenen Stellung
feſt und befahl mit lauter Stimme, daß zunächſt alles liegen bleiben
ſolle. Er ſelbſt begab ſich nach rückwärts, um die Artillerie und den
beim Troß befindlichen Zug Nathuſius heranzuholen, und, mit dieſen
Kräften vereint, den Angriff auf die zweite Stellung des Feindes durch=
zuführen. Der Zug Nathuſius war jedoch, mit der Front nach Süden,
in ein heftiges Gefecht gegen Hererobanden verwickelt worden, die an=
ſcheinend das ihnen zu Beginn des Kampfes abgenommene Vieh wieder=
erobern wollten. Hauptmann Franke führte daher nur die beiden Ge=
ſchütze nach vorwärts in die neue Stellung und ließ ſie die vom Feinde
ſtark befeſtigten und beſetzten Steinſchanzen, ſpäter Müllerſchanzen ge=
nannt, unter Feuer nehmen. Als er wieder nach vorne zur Kompagnie
galoppierte, bemerkte er im Vorbeireiten den armen, ſchwerverwundeten
Wöllwarth in der prallen, glühenden Sonne liegen; ſchnell ſprang er
vom Pferde, um ſeinen lieben Freund und Kampfgenoſſen, der die furcht=
barſten Schmerzen ausſtand, ein wenig zur Seite in den Schatten einer
deckenden Klippe zu tragen und den halb Verſchmachteten mit einigen
Schluck Waſſer zu erquicken. Auf ſeine Frage, wie es ihm nun ginge,
antwortete Wöllwarth mit ermattender Stimme und doch leuchtenden
Auges: „Ach, lieber Herr Hauptmann, um mich iſt's jetzt gleich; wenn
wir nur hineinkommen in die Feſte!"

Doch länger durfte der Hauptmann nicht bei ſeinem ſterbenden
Freunde weilen, ihn riefen neue Taten: der Angriff gegen die zweite,
noch ſtärkere Stellung des Feindes auf dem anderen Ufer des Riviers.

In dieſem Augenblick erhielt die Kompagnie völlig unerwartet eine
willkommene Unterſtützung. Der den Befehl in Omaruru führende Stabs=
arzt Kuhn hatte, ebenſo wie der Oberleutnant v. Zülow in Okahandja,
ſeine Mannſchaften in eine Beſatzungs= und eine Ausfalltruppe ein=
geteilt. Die Ausfalltruppe beſtand aus den 24 gewandteſten Mann=
ſchaften unter dem Feldwebel Müller. Als das Feuer der Kompagnie
Franke der eingeſchloſſenen Beſatzung die nahende Hilfe verkündete,
entſchloß ſich Stabsarzt Kuhn, unverzüglich einen Ausfall aus der Ka=
ſerne gegen den Rücken der Hereros zu unternehmen. Doch in dieſem
Augenblick traf die Meldung ein, daß ſtarke Hererobanden vom Nor=
den her im Vorrücken gegen die Kaſerne ſeien. Der Kanonendonner aus

der Richtung des Manassehauses nahm an Heftigkeit zu. Es galt, einen
schnellen Entschluß zu fassen. Stabsarzt Kuhn hielt wegen der von
Norden her drohenden Gefahr sein Verbleiben mit einem Teil der
Besatzung in der Kaserne für notwendig; alle übrigen irgend entbehr=
lichen Leute schickte er unter Feldwebel Müller sofort in den Rücken der
dem Kampfe gegen die Kompagnie Franke zueilenden Hereros. Seit=
wärts der Straße nach Karibib vorgehend, stieß Feldwebel Müller unweit
des Nebenriviers auf die Hereros, welche bereits im Kampfe gegen
die Kompagnie Franke standen. Eine stärkere Hereroabteilung, die sich
dem Ausfallkommando entgegenwarf, überschüttete dieses mit einem hef=
tigen Feuer. Allein dessen ungeachtet stürmte Feldwebel Müller mit
seiner kleinen Truppe mit aufgepflanzten Seitengewehren gegen den
Feind vor, warf ihn zurück und drang mit wahrem Heldenmut in un=
unterbrochenem schnellen Anlauf gegen die stark besetzte Stellung auf
dem rechten Ufer des Nebenriviers vor. Der Feind räumte diese in
wilder Flucht unter Zurücklassung von 17 Toten. Feldwebel Müller
fand an der Spitze der stürmenden Truppen den Heldentod. An seiner
Stelle übernahm Feldwebel Götte die Führung der Ausfallabteilung und
vereinigte sich mit der inzwischen über den Rivier vorgekommenen Spitze
unter Oberleutnant Griesbach.

Hauptmann Franke drängte unverzüglich den fliehenden Hereros
mit den drei ersten Zügen sowie den beiden Geschützen über den Neben=
rivier bis in die Nähe der alten Station nach. Hier zwang erneutes
heftiges Feuer zum Halten. Die Hereros hatten in den Klippen südlich
des Kindschen Gebäudes erneut Stellung genommen, und zum dritten
Male mußte die Kompagnie zum Angriff schreiten. Von neuem begann
der Feuerkampf. Die Züge waren jedoch in dem klippenreichen Gelände
so zersplittert, daß die Führer ihre Leute nicht mehr übersehen konnten
und an eine Leitung des Feuers nicht mehr zu denken war. Mehr und
mehr löste sich das Gefecht in Einzelkämpfe auf, in denen die persönliche
Gewandtheit und Schießfertigkeit des einzelnen den Ausschlag geben
mußten. Besonders taten sich hierbei der Sergeant Taute, sowie der
Schießunteroffizier, Sergeant Prüß, hervor, welch letzterer sein tapferes
Vorwärtsstürmen mit dem Leben bezahlte. Nicht minder zeichneten sich
durch Entschlossenheit und Mut die Reiter Mielke, Jegliewski und der
Kriegsfreiwillige, Oberlandmesser Joergens, aus.

Jetzt versuchten die Schwarzen einen Vorstoß gegen die rechte Flanke
der dünnen Schützenlinie. Es gelang ihnen, bis auf 30 m heran=
zukommen, als die mit der Spitze vereinigte Ausfalltruppe unter Ober=
leutnant Griesbach von rückwärts herankam und sie nach kurzem Gefecht
wieder verjagte. Daraufhin gewann die Abteilung Griesbach wieder den
Anschluß an den rechten Flügel der Kompagnie. Der Widerstand, den
die Schützen bei diesem dritten Angriff fanden, war außerordentlich

zäh. Unter dem Schutze des Artilleriefeuers begann die Kompagnie in=
deſſen von neuem vorzugehen. Die Wirkung der Geſchütze war jetzt
vorzüglich dank der ruhigen und ſicheren Leitung durch den ſchweizeriſchen
Leutnant Leutenegger, obwohl dieſer mit den deutſchen Verhältniſſen
nicht vertraut war und hier in ſeinem erſten Gefechte ſtand. Wirkſame
Unterſtützung fand die Artillerie durch das gegen den Rücken der Hereros
gerichtete Feuer des Stationsgeſchützes, das in das Gefecht eingriff, ſobald
erkannt war, daß der von Norden gemeldete Feind dem Gefecht gegen
die Kompagnie Franke zuſtrebte.

Auf deren linkem Flügel gelang es dem Wachtmeiſter Weſch mit
ſeinen Leuten, den Feind aus den Feldſchanzen am Omaruruflußbett
herauszuſchießen und dadurch den linken Flügel vor weiterer Gefahr
zu ſichern. Gegen den rechten Flügel verſuchten die Hereros einige Zeit
ſpäter von neuem einen umfaſſenden Vorſtoß, der dank dem kühnen
und entſchloſſenen Verhalten des Oberleutnants Griesbach glücklicher=
weiſe wiederum rechtzeitig von der Spitze und der Ausfallabteilung
zurückgewieſen wurde. Oberleutnant Griesbach wurde hierbei verwundet.

Allein trotz dieſer Erfolge begann die Lage der Kompagnie kritiſch
zu werden. Heiß brannte die Sonne vom wolkenloſen Himmel her=
nieder, die Leute hatten ſo gut wie nichts gegeſſen, das Waſſer und die
Munition wurden knapp. Die Kräfte der ſeit ſechs Stunden in ſchwerem
Kampfe ſtehenden Truppe begannen nachzulaſſen. Jetzt drohte eine
neue ernſte Gefahr.

Hinten am Manaſſehauſe ſtand der Zug Nathuſius im ſchweren
Gefechte gegen überlegene Hererobanden, die gegen den Rücken der Kom=
pagnie vorgehen wollten. Der Führer ſelbſt war verwundet worden
und hatte durch Leutnant z. D. Hauber erſetzt werden müſſen, der bisher
den Troß geführt hatte. Letzterer war der Kompagnie nachgerückt und
hielt wenige hundert Meter hinter dieſer in Deckung. Vom rechten
Flügel kam die Meldung, daß die mehrfachen Vorſtöße der Hereros zwar
zurückgewieſen ſeien, die Lage jedoch ſchwierig wäre, da der Führer,
Oberleutnant Griesbach, ſchwer verwundet ſei. Das feindliche Feuer
gegen die Schützen in der Front nahm an Heftigkeit zu. Den Geſchützen
war die Munition ausgegangen; ſie wirkten nur noch durch die Furcht,
die allein ihr Anblick dem Feind damals noch einflößte. Das Waſſer
war zu Ende, die Leute hatten nicht einen Tropfen mehr. Die Hitze
und der Durſt ſteigerten ſich faſt bis zur Unerträglichkeit. Die Verluſte
nahmen zu.

Hauptmann Franke erkannte, daß die Lage auf die Dauer unhalt=
bar ſei und nur eine raſche und kühne Tat Rettung bringen konnte. Das
beſte Mittel, dieſer gefährlichen Lage ein Ende zu bereiten, ſchien ihm ein
Sturmangriff gegen den Feind in der Front. Aber in dieſem Augen=
blick, es war gegen 12 Uhr mittags, ſchien ein neuer Anſchlag des Feindes

gegen die linke Flanke zu drohen. Das Vorstürzen zahlreicher Hereros
aus der Richtung des Kindschen Gebäudes ließ auf das nahe Bevorstehen
eines Angriffes von dieser Seite schließen. Sofort wurde das Feuer
gegen das Gebäude aufgenommen. Plötzlich ertönte aus jener Richtung
ein lautes dreifaches Hurra aus deutschen Kehlen, und man erkannte zur
allgemeinsten Überraschung, daß das Gebäude von einer deutschen Ab=
teilung besetzt war. Stabsarzt Kuhn hatte von der Kaserne aus gegen
11 Uhr vormittags das Vorgehen der Kompagnie gegen die alte Station
und ihre schwierige Lage erkannt. Sofort raffte er alles, was er an
wehrfähigen Leuten aufbringen konnte, zusammen, um gegen den Rücken
der Hereros vorzugehen. An der Spitze von nur 12 Mann, 6 Weißen
und 6 Eingeborenen, drang er unter Mitnahme des alten Stations=
geschützes in der Richtung auf die Klippen südlich des Kindschen Ge=
bäudes vor und suchte hier das Geschütz in Stellung zu bringen. Hierbei
brach jedoch die Deichsel der Protze entzwei, so daß das Auffahren un=
möglich wurde. Stabsarzt Kuhn entschloß sich nun, die das Kindsche
Gebäude und die anliegenden Klippen besetzt haltenden Hereros zu ver=
jagen, um von hier aus den mit der Kompagnie im Kampfe liegenden
Gegner zu beschießen. Nach kurzem Feuergefecht stürmte er mit seiner
kleinen Schar gegen den Feind vor, der unter Zurücklassung von
mehreren Toten eiligst das jenseitige Flußufer zu gewinnen suchte. Die
kleine Truppe besetzte nun die genommenen Klippen und eröffnete das
Feuer gegen Flanke und Rücken der Aufständischen. Doch plötzlich erhielt
sie lebhaftes Feuer von dem linken Flügel der Kompagnie, — glück=
licherweise ohne Verluste zu erleiden, da sofort alles hinter der Deckung ver=
schwand. Stabsarzt Kuhn hatte in der Meinung, sich durch sein Geschütz
am besten bemerkbar machen zu können, in der Eile keine Flagge mit=
genommen. Jetzt ließ er, um der Kompagnie ihren Irrtum begreiflich
zu machen, ein kräftiges dreifaches Hurra ausbringen. Das half; das
Feuer wurde sofort eingestellt.

Hauptmann Franke brachte nunmehr seinen Entschluß, zum Sturm
zu schreiten, unverzüglich zur Ausführung. Er rief der Schützenlinie
den Befehl zu, zum Sturm anzutreten. Sei es, daß die Mannschaften
zu erschöpft waren, sei es, daß der Befehl in der weit zerstreut liegenden
Schützenlinie nicht weitergegeben wurde, gleichviel, er wurde nicht sofort
allgemein befolgt. Da schwang sich Hauptmann Franke auf seinen
Schimmel, sprengte hoch zu Roß vor die Front und wollte allein auf den
Feind eindringen. Diese hinreißende Tat zündete; wie mit e i n e m
Schlage erhob sich die ganze Linie, begeistert und mit lautem Hurra
folgte die 2. Feldkompagnie ihrem geliebten Führer, allen voran die
Gefreiten Nuschke und Besso. Dem todesmutigen Ansturm der tapferen
Männer hielt der Feind nicht stand. Seine bis jetzt so zähe Wider=
standskraft brach zusammen; er floh in nordwestlicher Richtung über

den Omaruru=Fluß, noch wirksam beschossen von der Abteilung Kuhn. Es war wie ein Wunder, daß der Hauptmann, obwohl die Hereros ihn und seinen Schimmel mit einem letzten mörderischen Feuer überschüttet hatten, samt seinem Pferde unverletzt geblieben war. Das Gelingen des Sturmangriffs war nicht zum wenigsten dem rechtzeitigen Eingreifen der Abteilung Kuhn zu danken, wie überhaupt die Umsicht und Tatkraft, die Stabsarzt Dr. Kuhn und der tapfere Feldwebel Müller sowohl bei der Belagerung wie bei dem Gefecht an den Tag gelegt hatten, sehr wesentlich zu dem Gesamterfolg beigetragen haben.

Da der Feind in alle vier Winde auseinandergestoben war, wurde eine wirksame weitere Verfolgung unmöglich. Hauptmann Franke be= schloß daher, mit seinen äußerst erschöpften Leuten in Omaruru zu bleiben. Die Kompagnie und die Abteilung Kuhn erreichten ohne wei= teren Kampf gegen 2 Uhr nachmittags die Kaserne, wo eine halbe Stunde später auch Leutnant Hauber mit dem 4. Zuge und dem Troß einrückte. Er hatte den heftig vordrängenden, sehr überlegenen Hereros gegenüber einen harten Stand gehabt und schwere Verluste erlitten. Der Sieg der Kompagnie hatte indessen auch die ihm gegenüberstehenden Banden gezwungen, sich zur Flucht zu wenden. Damit endete dieser schwere Kampf: Omaruru war aus gefahrvoller Lage befreit!

Den Hereros hatte dieser Schlag einen solchen nachhaltigen Eindruck gemacht, daß sie die Umgebung von Omaruru vollständig und endgültig aufgaben. Ihr Verlust wird auf rund 100 Köpfe geschätzt. Auf deutscher Seite waren sechs Mann gefallen, drei Offiziere — die Oberleutnants v. Nathusius und Griesbach sowie Leutnant Frhr. v. Wöllwarth=Lauter= burg — und zwölf Mann verwundet; hiervon entfielen auf die beiden Ausfallabteilungen zwei Tote und zwei Verwundete.

Die Regenströme und das Abkommen des Swakob [1]) (Tsoachaub).

Unter Omuramba (Omiramba Plur., im Oshindonga Esuila Sing., Omasuila Plur.) versteht der Omuherero [2]) ein meist lehmiges Flußbett, das nur zur Regenperiode Wasser führt, die übrige Zeit des Jahres hindurch aber trocken ist; da dieser Ausdruck schon längst in die Reise= literatur übergegangen ist, so wende ich ihn der Einfachheit halber überhaupt auf die sämtlichen periodischen Flüsse der Interessensphäre, wo deren Zahl Legion ist, an.

Die Omiramba Groß=Namalandes zeichnen sich vor denen des Ost= Herero=, namentlich aber Ambolandes dadurch aus, daß die Betten jener gewöhnlich tiefer eingeschnitten sind, sich daher verhältnismäßig scharf von

---

[1]) Dr. H. Schinz: „Deutsch=Südwestafrika", S. 452.

[2]) omu= vor einem Völkernamen entspricht dem m= in Ostafrika, im Plural gebraucht man ova= (= wa=). Oshindonga ist die Sprache der Ovambo.

der Uferlandschaft abheben und meist — mit wenigen Ausnahmen — nur geringe Breiten haben, wogegen es in Amboland und überhaupt in der Kalaharidepression mitunter schon eines scharfen Auges bedarf, um einen Omuramba sicher als solchen erkennen zu können. Ferner ist das Bett der Omiramba, sowohl der Tafelberg= als der Gneisformation, im Winter tief sandig und vegetationslos, jenes des Ambolandes und der Kalahari dagegen dicht mit Gras bewachsen. Selbst zur Zeit der Regenstürme hat man sich einen solchen Omuramba keineswegs als einen von dessen Quellgebiet bis zur Mündung reichenden ununterbrochenen Wasserfaden vorzustellen; dieser Fall tritt im Gegenteil nur höchst selten ein. Ge= wöhnlich läuft der Fluß nur so lange an einer bestimmten Lokalität vorbei, als in dem Gebiete oberhalb derselben die Gewitter andauern; sowie sich dieselben verziehen, was oft schon nach ein oder zwei Tagen oder gar schon nach ein paar Stunden eintritt, fällt das Wasser rasch und verläuft im Sande. Dr. Pechuel=Loesche hatte Gelegenheit, in Otjimbingue Zeuge eines solchen „Abkommens“ des Tsoachaub zu sein, und da mir eine entsprechende Beobachtung fehlt, so lasse ich die Schil= derung dieses Ereignisses in dessen eigenen Worten folgen: „Am 21. und 22. Oktober 1884“, erzählt mein Gewährsmann, „entluden sich einige Wetter über der Wasserscheide des Tsoachaub und Nosob. Am 23., nach= mittags 4 Uhr sahen wir zu Otjimbingue das Wasser im Flußbette herannahen, im großen etwa so wie Flüssigkeiten in Rinnsteinen von Städten. Kotig und dickflüssig von Staubmassen, Rindermist, Grasspreu, Blattwerk usw. wälzte es sich zunächst über die tiefsten Stellen des Bettes, jedoch so schnell heran, daß übermütige Knaben sich nur in vollstem Laufe vor ihm halten konnten. Binnen einer Stunde strömte der Fluß an einer 220 m breiten Stelle 1,0—1,5 m tief mit großer Gewalt bis zum nächsten Vormittag, fiel dann ein wenig, stieg aber nachmittags nochmals zu größerer Höhe und ließ dann stetig nach, so daß am 26. Oktober der Kotstrom aufhörte und nächsten Tages das Bett trocken lag wie zuvor. Um festzustellen, wie weit die bedeutenden Wassermassen gelaufen waren, folgten wir dem Bette. Es fanden sich überall nur noch geborstene Schlammlagen. Am 31. Oktober erreichten wir zwischen Horobias und Diepdal, 80 km Wegs unterhalb Otjimbingue, das Ende der Spuren. Beim Eingraben an Stellen, über die das Wasser volle 60 Stunden hingelaufen war, ergab sich, daß die Sande nicht einmal 1 m tief durchfeuchtet waren.“ Das Wasser der größeren Omiramba Hererolandes erreicht durchschnittlich alle 10 Jahre einmal das Meer; so soll z. B. der Kuisib nur 1837, 1848, 1849, 1852, 1864, 1880 und 1885 bis nach Walfischbai gelangt, in den übrigen Jahren aber mit= unter nicht einmal bis nach Otjimbingue vorgedrungen sein.

Herero-Frauen (Deutsch-Südwestafrika).

Aus dem Deutschen Kolonialblatt, 20. Jahrg. Nr. 14. (Verlag E. S. Mittler u. Sohn, Berlin.)

Krater des Kamerunberges (Kamerun).

nördlicher, bald mehr südlicher Abweichung kennen gelernt. Dagegen
haben wir beide auf einer Fahrt von Viktoria nach Kribi einen Tornado
erlebt, welcher in ausgesprochenster Weise den Charakter eines die Rich=
tung außerordentlich schnell wechselnden Wirbelwindes darbot. Möglicher=
weise ist der Übertritt auf das Meer von Einfluß.[1]) Die Dauer des
Tornado ist eine kurze, selten über länger als zwei Stunden sich hin=
ziehende. Von Beschädigungen von Menschen durch Blitzschlag hört man
sehr selten.

Mit dem Einsetzen des Tornado klärt die trübe Atmosphäre sich
allmählich auf, und namentlich unmittelbar nach einem solchen wird,
zunächst nach der See hin in westlicher Richtung, die Luft so durchsichtig,
daß man die Umrisse der Insel Fernando Poo sowie das Kamerun=
gebirge völlig klar vor sich sieht. Nach Osten hin erfolgt die Aufklärung
im allgemeinen erst einige Stunden später und läßt dann deutlich und
in scharfen Konturen die Umrisse der Nkossi= und Bafaramiberge sowie
des zentralafrikanischen Randplateaus hervortreten. Gerade in dieser
Übergangszeit, in welcher heftige aber kurz dauernde Regengüsse mit
intensivem Sonnenschein abwechseln, zeigen sich die heißen Tagesstunden,
in welchen die höhertretende Sonne auf den durch die Regengüsse durch=
feuchteten Boden brennt, dem unterirdischer Abfluß fehlt, ganz besonders
unerträglich. Die die Trockenzeit charakterisierenden Darmkrankheiten be=
ginnen jetzt allmählich in den Hintergrund zu treten und machen dem
Fieber Platz, das von da ab mit geringem zeitweisen Wechsel in Intensität
und Häufigkeit die unumschränkte Herrschaft in der Pathologie Kameruns
bis zum Wiedereintritt der Trockenzeit behauptet. Je weiter die Über=
gangszeit vorrückt, um so spärlicher werden die sonnigen Tage, und einen
um so gleichmäßigeren Charakter nimmt der Regenfall an. Doch kommen
bis weit in den Mai hinein noch Tage vor, welche in ausgesprochener
Weise alle charakteristischen Erscheinungen der Trockenzeit, auch die höhen=
rauchähnliche, dunstige Trübung der Atmosphäre, welche für dieselbe
charakteristisch ist, erkennen lassen. Doch wechseln dieselben bereits mit
Tagen, welche vollkommen der Regenzeit entsprechen. Die Tornados
werden selten, die Gewitter, welche immer noch häufig sind, nehmen durch
Fehlen der stürmischen Erscheinungen einen völlig veränderten Charakter
an; sie ziehen weniger rapide auf, zeigen weniger mächtige Entladungen
und dauern längere Zeit. Die Dämmerungserscheinungen verändern sich.
Die Sonnenuntergänge sind meist klar, und scharfbegrenzte, weit am
Himmel heraufziehende, mannigfach durch vorüberziehendes Gewölk unter=
brochene Strahlenbildung tritt an Stelle der ohne scharfe Grenzen in
das Blaugrau des Himmels übergehenden rötlich=grauen Dämmerung

---

[1]) Dr. Th. Reye, Professor in Straßburg: „Die Wirbelstürme, Tornados
und Wettersäulen in der Erdatmosphäre".

der Trockenzeit. Die Nächte sind klar und sternhell oder durch Regen=
gewölk völlig dunkel. Die Landbrise nimmt an Intensität ab, die Regen
kommen, im Gegensatz zur eigentlichen Tornadozeit, größtenteils von der
See her aus westlicher Richtung. So vollzieht sich allmählich der Über=
gang in die eigentliche Regenzeit, die ihre Höhe wechselnd zwischen Juni
und August erreicht. Die heftigen Gewitterentladungen hören allmählich
völlig auf; nur selten begleiten einzelne ferne Donnerschläge das Grauen
des beginnenden Tages. Selten wird auch der Anblick der Sonne.
Dafür fällt unablässig aus dem trüben, gleichmäßig grauen Himmel der
Regen herunter, bald anschwellend, bald nachlassend, nachts mit größerer
Intensität als tagsüber. Ein gleichmäßig grauer Schleier verhüllt den
Fluß fast ganz und läßt von dem gegenüberliegenden Mangrovenufer
nicht selten tagelang nichts erkennen. Auch alle in der Nähe befindlichen
Gegenstände, Bäume und Büsche sind in mattes, wässeriges Grau gehüllt.
Auf dem Lateritplateau stehen, soweit das natürliche Gefälle nicht für
Abfluß sorgt, Seen und Pfützen; die kleineren, fast völlig ausgetrockneten
Wasserläufe schwellen zu reißenden Bächen an, und die zu dieser Zeit im
Urwald oder Busch befindlichen Expeditionen sind gezwungen, in Zwischen=
räumen von nicht selten wenigen Minuten Flußläufe bis zum Bauch oder
Hals zu durchwaten, so daß eine Trocknung des Körpers vor dem Er=
reichen des Nachtquartiers ausgeschlossen ist.

Die Windbewegung ist geschwächt; trotzdem und trotz der zunehmen=
den Feuchtigkeit, welche alle Gegenstände mit Schimmel überzieht, emp=
findet der Körper die namentlich nächtlich niedere Temperatur und das
Fehlen der intensiven Sonnenstrahlung sehr wohltätig, und das zeit=
weise Hervorkommen der Sonne, welche die oberflächlichen Bodenschichten
austrocknet, ist nichts weniger als gern gesehen und meist von sich meh=
renden Fieberkrankheiten gefolgt. Zwischen den dunklen geballten Wolken,
welche, dem Boden fast auflagernd, den Fuß des Kamerunberges ver=
hüllen, läßt nur selten ein für kurze Zeit matt aufleuchtender schwefelgelber
Schein am Abendhimmel den Stand der untergehenden Sonne erraten.

Das Malaria=Fieber. [1]

Das gewöhnliche Malariafieber spielt sich meistens in drei Stadien
ab und ist in wenigen Tagen überwunden, nur noch eine kurze Zeit lang
eine Schwäche in den Gliedern zurücklassend. Bei mir begann jedesmal
das Fieber mit einem ziehenden Schmerz in den Fingerspitzen, in den
Kniegelenken und im Kreuz. Als Nebenerscheinung stellte sich totale
Appetitlosigkeit ein. Zwei Stunden nach den ersten Anzeichen begann
das erste, das Froststadium. Mit klappernden Zähnen hüllte ich mich in
mehrere wollene Decken und erwartete in Ergebung das zweite Stadium,

---

[1] C. Morgen: „Durch Kamerun von Süd nach Nord", S. 338 ff.

die Hitze. Dieser folgte alsdann die Erlösung, der Schweiß; die Tem=
peratur ging herunter, und der Appetit stellte sich allmählich wieder ein.
Die Zeit der Erkrankung währte etwa fünf Stunden und fiel bei mir
meist in die Nachmittagsstunden. Am folgenden Tage zur selben Stunde
begann das Fieber von neuem, jedoch nicht, ohne daß ich der Schwere
dieses Anfalls durch eine Dosis Chinin von mindestens 1 g vorgebeugt
hätte. Der dritte Tag brachte mir in der Regel ein so leichtes Fieber,
daß ich mich nicht mehr niederzulegen brauchte. Öfter trat das im
Körper sitzende Malariagift nicht in Form eines Fiebers, sondern als
sogenannte verkappte oder larvierte Malaria in allen möglichen Formen
auf. Kopf= oder Zahnschmerzen sind häufig Malariaerscheinungen und
vergehen durch den Gebrauch von Chinin.

Wie schon oben erwähnt, sind diese Fälle fast nie töblich; lebens=
gefährlich ist erst das perniziöse Fieber, bei welchem bereits eine Blut=
zersetzung eintritt, und wo oft die größten Dosen Chinin, schließlich in
flüssigem Zustande als subkutane Injektion angewandt, nichts mehr
helfen. Die heilsame Wirkung des Chinins bei gewöhnlichem Fieber ist
dagegen eklatant. Leider wird aber auch mit diesem Mittel Mißbrauch
getrieben.

Der Urwald in Kamerun. [1])

Der Urwald ist so gleichförmig und ermüdend wie der Ozean, und
was der Wanderer gestern sah, wird er heute und morgen wieder zu
Gesicht bekommen. Unendlich mannigfaltig bleibt bloß die Fülle der das
Dickicht zusammensetzenden Pflanzen, von denen man hunderte ver=
schiedener Art aufzählen könnte, und dieser strotzende Reichtum allein ist
es, durch den der Urwald überwältigend wirkt. Zwischen immergrünen
Palmen gedeihen riesige Wollbäume, Brotfruchtbäume und Pandanus,
und durch das dunkle Blattgrün schimmern die goldgelben Früchte der
Mangos und Apfelsinen und die prachtvollen roten Blüten der Tulpen=
bäume. Mancherorten, freilich nicht so häufig wie in Togo, bildet die
Ölpalme ganze Waldungen, die größtenteils wild wachsen, aber auch
angebaut werden und noch in den Uferlandschaften des Mbam auftreten.
Wein= und Fächerpalmen vereinigen sich ebenfalls zu geschlossenen Be=
ständen, und zu ihnen gesellt sich im Küstengebiet die Kokospalme. Der
Wald birgt ferner stattliche Stämme von Rot= und Ebenholz; der Kaffee=
baum wächst wild und wird von den Eingeborenen wenig beachtet,
während die im Binnenhandel sehr begehrten Früchte des Kolanußbaums
eifrigst gesammelt werden. Das undurchdringliche Gewirr der Stämme
erstickt im Kampfe ums Dasein das Unterholz, und die Bäume werden
ihrerseits wieder von fadendünnen oder armdicken Gummilianen und

---

[1]) Dr. Kurt Hassert: „Deutschlands Kolonien", S. 130 ff.

8*

anderen Schlingpflanzen umklammert und getötet. Orchideen und andere Gewächse überwuchern die modernden Reste umgestürzter Waldriesen; auf den Ästen der lebenden machen sich Schmarotzerpflanzen breit, und so fest sind Zweige, Blätter, Kronen und Ranken verschlungen, daß man sich nur mit Axt und Messer einen Weg durch die lebende Mauer bahnen kann. Alles strebt nach oben, nach Luft, Licht und Himmelsblau; am Boden dagegen herrscht eine feuchte moderige Luft mit Tag und Nacht fast gleichmäßiger Temperatur, und kaum erhellt ein Sonnenstrahl das Halbdunkel, an das sich das Auge erst gewöhnen muß. Bei bedecktem Himmel erreicht die Dämmerung oft einen solchen Grad, daß man kaum noch die Ziffern der Uhr oder der Instrumente abzulesen vermag. Strahlt hoch oben die Sonne durch das dichte Blätterdach, so ergreift den Menschen, der tagelang da unten auf schlüpfrigen Pfaden durch Wasserlöcher, Sümpfe und Bäche wandern muß, Sehnsucht, hinauf zu gelangen, um wieder einmal die Sonne und den Himmel zu schauen.

Charakterpflanzen Kameruns. [1]

Das Plateau ist lediglich Savanne. Der Übergang aus dem Urwald in diese Savanne geschieht an den meisten Stellen nicht plötzlich, sondern durch ein Übergangsstadium, die Parklandschaft. Gras- und Buschstreifen wechseln hier miteinander ab; erstere auf den Höhen, letztere in den Tälern, an den Flußläufen entlang, an denen sie besonders bei tief eingeschnittenen Ufern sich zu schönen Galeriewäldern entwickeln. Die Savanne ist größtenteils durchsetzt mit der Anona senegalensis, jenem kleinen afrikanischen Krüppelbaum, der etwa mit unserm verkümmerten Pflaumenbaum Ähnlichkeit aufweist. In der Savanne zu beiden Seiten des Sannaga, besonders auf dem rechten Ufer, ist die Anona ersetzt durch die Fächerpalme (Hyphaene), welche, wenn auch nur vereinzelt aus der Ebene herausragend, doch durch ihren schönen, schlanken Wuchs und die großen, dachförmigen Kronen mit den daranhängenden gelben Früchten eine erwünschte Abwechslung in der Szenerie hervorruft. — Überhaupt ist Kamerun reich an Palmen, und sie sind wohl nicht allein die schönsten, sondern auch die ergiebigsten Pflanzen des Landes. Außer der Fächerpalme trifft man, allerdings nur so weit die Seebrise reicht, die Kokospalme (Cocos nucifera) an, deren Milch eine höchst angenehme Erquickung abgibt, und deren Kern auch zu einem Handelsartikel (Kopra) verwandt wird. Ich habe im weiteren Hinterlande kein einziges Exemplar dieser Spezies angetroffen. Nur etwa zehn Tagereisen von der Küste hält sich noch die Kokospalme. Es ist ein sicherer Beweis für den aus dem Innern zurückkehrenden Reisenden, daß er nicht mehr weit von der Küste entfernt ist, wenn er die erste Kokospalme antrifft. Noch wichtiger

---

[1] E. Morgen: „Durch Kamerun von Süd nach Nord", S. 327 ff.

als diese ist die sowohl an der Küste als auch im Innern, und zwar
hier oft in großen Hainen auftretende Ölpalme (Elaeis guineensis). Sie
liefert die Haupthandelsprodukte Kameruns, Palmkerne und Palmöl; aus
ihrem Saft verschafft sich der Neger sein berauschendes Lieblingsgetränk,
den „Mimbo". Außer diesen drei Arten gedeiht an vielen sumpfigen
Stellen noch die Weinpalme, auch Bambuspalme genannt (Raphia
vinifera). Ihre langen und elastischen Blattrippen werden von den Ein=
geborenen vorzugsweise als Dachsparren und Tragstöcke benutzt, auch ihr
Saft wird, wie der Name verrät, gern getrunken.

Von vielen nutzbaren Farbhölzern absehend, will ich an dieser Stelle
besonders ein Gewächs hervorheben, das nach meiner Ansicht nächst der
Ölpalme die größte Zukunft hat. Es ist die Gummiliane (Landolphia).
Ich habe an vielen Stellen des Urwaldes diese Schlingpflanze massen=
haft angetroffen; die Eingeborenen hatten jedoch meistens von dem Werte
ihres Saftes keine Ahnung. Man müßte mit der Ausnützung jedenfalls
vorsichtiger beginnen, als dies in der Küstenregion geschieht. Hier haben
die Eingeborenen, um möglichst viel zu produzieren, die Lianen nicht
angeschnitten, sondern, um im Augenblick viel Saft zu erlangen, die
Pflanzen durchschnitten und dadurch für die Zukunft getötet. Ich halte
es daher für angebracht, daß man da, wo die Gummigewinnung be=
trieben werden soll, dies unter der Aufsicht eines erfahrenen Europäers
geschehen läßt.

Eine Elefantenjagd. [1]

Schon wird hin und wieder das Krächzen jener Vögel aus der
Familie der Nashornvögel vernehmbar, die in hohen Baumkronen unsere
Anwesenheit bemerken und sich mit Vorliebe aufhalten, wo Elefanten
sind, welche sie durch ihr Geschrei vor dem nahenden Jäger zu warnen
scheinen.

Doch horch! Zur Linken, nicht gar weit entfernt, hören wir plötzlich
das Knacken eines Zweiges und ein leises Rauschen der Blätter! Das
ist ein Elefant, der einen Zweig abgebrochen hat und dessen Blätter ab=
streift. Wir ändern jetzt den Weg und schleichen langsam, jedes Geräusch
vermeidend, der Stelle zu. Immer deutlicher wird das Knacken und
Rauschen der Zweige, zahlreiche Fliegen umsummen uns, und ein scharfer
Geruch frischer Losung steigt uns in die Nase, der Elefant muß in un=
mittelbarer Nähe sein. Plötzlich stutzen wir alle und stehen wie fest=
gewurzelt, den zum Ausschreiten aufgehobenen Fuß leise wieder zu Boden
setzend; ein Trompetenstoß, dessen schmetternder Ton rings den Urwald
erdröhnen macht, schlägt an unser Ohr und macht zugleich das Herz lauter
klopfen. Zaghaft schaut unser Führer sich nach uns um, während in das

---

[1] E. Zintgraff: „Nordkamerun", S. 105 ff.

noch nicht ausgeklungene Echo des ersten Trompetenstoßes sich neue ge=
waltige Klänge mischen, die aus den ferneren Teilen des Waldes kommen
und uns belehren, daß wir vermutlich in eine Elefantenherde hinein=
geraten sind. Alsbald übernehme ich selbst die Führung, behutsam
Schritt vor Schritt setzend. Mit unheimlicher Deutlichkeit höre ich die
Töne des friedlich bei der Morgenmahlzeit beschäftigten Tieres, das, ohne
die ihm drohende Gefahr zu ahnen, mit hallenden Trompetenstößen den
jungen Morgen begrüßt und mit den abseits weidenden Genossen fröh=
lich Zwiesprache hält.

Jetzt trennt mich nur noch ein kleiner Zwischenraum von dem
ersehnten Ziele. Dichtes Unterholz sowie zahlreiche Lianen erschweren
das Vordringen und vor allen Dingen das genaue Sehen. Tief zur Erde
gebückt winde ich mich schlangenartig durch das Gewirr der Lianen und
Äste; da gewahre ich plötzlich, kaum 5 m vor mir, eine graubraune
gewaltige Masse. Er ist es; ein mächtiges Tier. Langsam gelingt es,
in dem unsicheren Lichte des Dickichts die Umrisse des Leibes und die
einzelnen Gliedmaßen zu erkennen; vor allem heißt es geduldig warten,
bis er uns die richtige Seite zum Schusse zudreht.

Mit dem Schweif sich die Fliegen abwedelnd, die großen Ohren auf=
und zuklappend, hin und wieder eines der säulenartigen Beine hebend,
während sich der tastende Rüssel bald nach links, bald nach rechts in die
Höhe reckt, so steht der Koloß vor mir, die richtige Verkörperung un=
bewußter afrikanischer Kraft und Sorglosigkeit. Ich kauere am Boden,
die Büchse im Anschlag. Hat er mich nun bemerkt oder hat sonst etwas
seine Aufmerksamkeit erregt? Er macht plötzlich eine Viertelwendung nach
mir und scheint, den Rüssel hoch in die Luft hebend, mit weit ab=
gesperrten Ohren zu lauschen. Das ist der Augenblick, und, die schwere
Büchse in die Schulter setzend, sende ich ihm meinen Schuß mitten aufs
Blatt. Alsbald bücke ich mich, um unter der im feuchten Urwalde nur
schwer verziehenden bläulichen Rauchwolke hervor die Wirkung des Schusses
zu beobachten. Noch ist der Donner meiner Büchse kaum verhallt, als
mich auch schon von allen Seiten nervenerregendes Geräusch umtönt.
Zwar die Stelle, wo der Elefant stand, ist leer; aber rings um mich kracht
es und rauscht es, erdröhnt der Boden vom Getrampel tobender Elefanten,
so daß ich ratlos und neugierig zugleich mir nicht anders zu helfen
weiß, als Gewehr bei Fuß abzuwarten, wie ich aus diesem wilden Durch=
einander mit heiler Haut davonkommen werde. Denn es ist schlechter=
dings nicht zu sehen, noch zu erraten, aus welcher Richtung irgend einer
der aufgeschreckten Riesen auf uns zustürzen wird. Doch auch diese
bange Minute geht vorüber; stiller und stiller wird es allmählich, und
nur das Geschrei der aufgescheuchten Vögel unterbricht noch ab und zu
den zurückgekehrten Frieden des Urwaldes. Nachdem der abgeschossene
Lauf wieder geladen ist, folgen wir rasch der Fährte des getroffenen

Tieres. Tunnelartig liegt vor uns der frische Weg, den es sich auf der
Flucht durch das Dickicht gebahnt hat. Abgeknickte schenkeldicke Bäume,
zerrissene Lianen, zertretene Blattpflanzen bezeichnen seine Spur. Hier
und da schimmert auf breiten Blättern ein Blutstropfen.

Jetzt beginnt die Verfolgung. Die Beschaffenheit des Gewehres
einesteils — Kaliber 12, 10 g Pulver bei 75 g Geschoßgewicht — die
Größe des Tieres und die Stelle, wo es getroffen ist, andernteils lassen
vermuten, daß uns die Beute zwar sicher sein, bis dahin aber noch manche
Stunde vergehen wird. Hier heißt es geschwind sein und gute Lungen
haben. So lange wir auf feuchtem Grunde sind, ist die Spur leicht zu
verfolgen. Aber im lichten Hochwalde und auf steinigem Boden, nament=
lich wenn die Blutstropfen allmählich seltener werden, gehört die größte
Aufmerksamkeit dazu, die Fährte nicht zu verlieren. Bei solcher Gelegen=
heit muß man mehr als einmal den Scharfblick des im beständigen Ver=
kehr mit der Natur lebenden Eingeborenen bewundern, der in den
kleinsten, für Weiße oft kaum wahrnehmbaren Anzeichen wie in einem
offenen Buche liest. Bald geradeaus, bald im Zickzack führt uns die
Spur, und hätte mich nicht unser Führer plötzlich zurückgehalten, so wäre
ich jetzt geradezu auf den Elefanten losgelaufen, der im Dunkel einiger
Baumstämme zwischen Lianen und dichtem Laube verborgen ruhig
dasteht. Es ist erstaunlich, wie unhörbar und behende sich die schweren
Tiere im Dickicht bewegen und verbergen können, so daß man oft von
ihrer allernächsten Gegenwart keine Ahnung hat. Die Büchse hebend,
trete ich so dicht vor das anscheinend schon mit dem Tode ringende Tier,
daß ich für seinen Rüssel beinahe erreichbar bin. Eine letzte Anstrengung
des Elefanten, sich auf mich loszustürzen, kommt über einen kurzen,
kraftlosen Ruck nicht hinaus, dann noch ein Blick aus den kleinen, selbst
jetzt noch treuherzigen Augen, und zum zweiten Male kracht mein Gewehr;
die erste Kugel dringt etwas zu hoch über den Augen ein, erst die zweite
bringt den bereits Schwankenden vollends zu Fall. Jedoch noch ist das
Leben nicht entflohen. In schwerem Todeskampfe wälzt er sich auf dem
Boden umher, alles niederdrückend und zermalmend, dabei vergeblich
bestrebt, mit seinem Rüssel aus der Rachenhöhle das geronnene Blut in
Gestalt von dicken Blutklumpen zu entfernen, um nicht zu ersticken. Doch
seine Bewegungen werden schwächer und schwächer, und nach einem
letzten krampfhaften Zucken liegt er endlich vollständig regungslos. Noch
hat er kaum die riesigen Glieder gestreckt, da stürzt sich auch schon
unser Führer, der zu diesem Zweck schon längst das haarscharf geschliffene
Messer bereit hält, mit einem Satz auf den Leichnam, und ein blitz=
schneller Hieb trennt das untere Ende des Schwanzes vom Körper,
denn dieser Teil ist für den Neger der Haupttriumph; erst der Anblick
dieser Trophäe beweist der ungeduldig auf die Rückkehr der Jäger
lauernden Bevölkerung den glücklichen Ausgang des Jagens.

Die Bali. [1]

Was die äußere Erscheinung und das Auftreten der Bali anlangt, so kann man auch hier wieder die Beobachtung machen, wie die Natur eines Landes sich in seinen Bewohnern widerspiegelt. Denn im Gegensatz zu der in den dumpfen Urwäldern der Küstengebiete wohnenden schlaffen Bevölkerung sind die Bali, die Söhne der freien Hochebene, körperlich entwickelter und geistig geweckter. Ihr Wuchs ist weit über Mittelgröße, und riesenhafte Gestalten sind durchaus keine Seltenheit, ihr Bau ist sehnig und muskelstark; jene fleischigen Körperformen, wie man solche an der Küste, bei den Duala z. B., zu beobachten Gelegenheit hat, sind kaum zu finden, obgleich Garega [2]) und seine Brüder sich ausnahmsweise durch Wohlbeleibtheit auszeichnen. Auffallend sind die langen Schenkel der Bali, die sie in den Stand setzen, große Strecken ohne Ermüdung zurückzulegen; überhaupt liebt es der Bali, seine Kraft zu zeigen und sich im elastischen Laufschritt oder Sprunge von höher stehenden Personen zu entfernen. Wie bei den meisten Naturvölkern, so ist auch die Haltung der Bali sehr gerade, ihr Gang aufgerichtet und stolz, eines gewissen würdevollen Anstandes nicht entbehrend.

Eigentümlich ist ihre Schädelform. Sie haben die Gewohnheit, bald nach der Geburt den kleinen Kindern durch wiederholtes sanftes Drücken mit der flachen Hand auf die obere Stirn dem Schädel nach hinten zu eine möglichst eiförmige Gestalt zu geben, was namentlich bei abgeschnittenen Köpfen in die Augen fällt. Dieser Brauch scheint den meisten Grenzstämmen Süd-Adamauas eigen zu sein, der übrigens keinen nachteiligen Einfluß auf die geistigen Fähigkeiten der Bali hat, die im Gegenteil recht gut entwickelt sind.

Die Schneidezähne pflegen die Männer vorn spitz zu schlagen, während beim weiblichen Geschlecht etwa mit dem siebenten Jahre die beiden oberen Schneidezähne ausgebrochen und nur die beiden unteren zugespitzt werden.

Das Haupthaar rasieren beide Geschlechter mit kleinen dreieckigen Messern entweder ganz ab, oder sie lassen den Kopf entlang von der Stirn nach dem Hinterhaupte einen elliptischen, an die Kopftracht der Hamburger Dienstmädchen erinnernden Haarkamm stehen. Diese, sowie noch einige andere, weniger häufige Haartrachten, z. B. das Scheren einer den halben Vorderkopf umfassenden, künstlichen Glatze sind beiden Geschlechtern eigen, desgleichen die Gewohnheit, die Augenbrauen abzurasieren, während die Männer sich hin und wieder auch noch die Augenwimpern ausreißen. Eine ausschließlich männliche Haartracht ist ein kleiner, buckelartiger Schopf auf dem Wirbel. Er wird durch Zusammen-

---

[1]) E. Zintgraff: „Nord-Kamerun", S. 209 ff.
[2]) Der damalige Oberhäuptling der Bali.

(Aus der amtlichen Denkschrift.)

Blick von Buea auf den Kamerunberg (Kamerun).

(Aus der amtlichen Denkschrift.)

Faktorei am Wuri in Jabassi (Kamerun).

flechten der Wirbelhaare hergestellt und dieser Haarkegel alsdann durch kleine, daran befestigte Metallplättchen, Kaurimuscheln, Antilopenhörnchen, kleine Klingen und dergleichen Zierat verschönt. Dieser Schopf soll den Feinden in der Schlacht eine bequeme Handhabe bieten, um den gefallenen Bali nach Siegerbrauch den Kopf abzuschneiden und ihn alsdann vermittels dieses Schopfes wie an einem Henkel im Triumph nach Hause zu tragen. Denn es gilt für eine Schande, wenn dem Erschlagenen behufs besserer Beförderung des Kopfes Lippen oder Ohren zum Durchstechen eines Speerschaftes aufgeschlitzt werden. Wie bei den Indianern die Skalplocke, so ist bei den Bali dieser Schopf das Zeichen eines kriegerischen Mannes.

Die Hautfarbe der Bali ist sehr dunkel und nähert sich bei vielen dem Schwarzblau. Es ist jedoch schwer, ihre richtige Hautfarbe auf den ersten Blick festzustellen, da sie den Körper mit einem Brei aus Rotholz einzureiben pflegen, der, sobald er auf die Haut eingetrocknet und ein wenig verrieben ist, dieser beständig eine nicht unschöne, bordeauxrote Färbung gibt. Das weibliche Geschlecht huldigt in ganz hervorragender Weise dieser Gewohnheit, den Körper zu schmücken; bildet doch die Einreibung mit Rotholz fast seine ausschließliche Bekleidung. Während nämlich die Männer stets in einem togaartigen Gewande oder im Kriegshemde — dem n'tchi m'bum — gehen, wandeln selbst junge Frauen völlig unbekleidet oder tragen höchstens das bereits oben erwähnte naturwüchsige Kleidungsstück, das Guassi. Es ist der volkstümliche Schmuck der Balifrauen und besteht lediglich in einem etwa handgroßen Schürzchen, das vorn und hinten getragen wird. Es wird gewöhnlich aus frischen, weißen Bananenfibern oder auch aus wohlriechenden Kräuterbüscheln gefertigt. Hinten liebt man es, einen bis fast in die Mitte des Rückens fächerartig sich ausbreitenden, ebenfalls aus zarten Grashalmen geflochtenen Schweif, dessen unterer Teil mit rot-weiß-schwarz gefärbten Gräsern umwickelt wird, anzubringen. Wenn dieses Pfauenrad beim Gehen sich so recht anmutig hin- und herbewegt, ist die eitel danach umschauende Balischöne glücklich und ihres Eindrucks auf die Herren der Schöpfung sicher.

Rast in einem Jaunde=Dorfe. [1]

Unvergeßlich wird mir bei all den neuen Eindrücken der erste Abend im Jaunde=Lande bleiben. Es war herrlicher Mondschein, wir lagerten in dem an fünfzig wohlgebauten Hütten zählenden Dorfe des Häuptlings Ukalla. Am äußersten Ende des Dorfes war mein Zelt aufgeschlagen.

[1] Hans Dominik: „Kamerun", S. 52. Mit gütiger Erlaubnis des Verlages E. S. Mittler & Sohn, Berlin.

Vor mir dehnte sich, fast taghell beleuchtet, der breite Dorfplatz aus, auf dem heute überall vor den Häusern die Feuer meiner Soldaten und Träger brannten. Zwei waldbedeckte Bergriesen bildeten den Hinter= grund, ein Wasser rauschte am Ende des Dorfes zu Tal. Es war eine herrliche Stille in der Natur und selten rein und würzig die schöne Berg= luft. Am Nachmittag waren wir eingerückt; der alte Ukalla mit seinen Riesenarmen, an denen die Elfenbein= und Metallringe laut klirrten, hatte mir wiederholt kräftig die Hand geschüttelt, mir wieder und wieder ver= sichert, daß er ein treuer Freund des Ntangan (weißen Mannes) sei, mir manches von Kund und Tappenbeck und namentlich von Morgen erzählt, den seinerzeit Tunga bis hierher verfolgt und beschossen hatte. Neugierig umstanden ihn seine Weiber und Töchter. Kinder, ganz nackt, die Hände auf dem Rücken, blickten mit großen Augen zu dem weißen Manne auf und staunten all die Dinge an, welche die Träger in langer Reihe aufstapelten. Als die Soldaten angetreten waren, ein lautes „Gewehr ab" ertönte, gleichmäßig die Kolben den Erdboden berührten, die Köpfe rechts flogen und Zimmermann den letzten Mann der Kara= wane meldete, da war es ganz still im Dorfe gewesen. Dann, als die Gewehre zusammengesetzt waren und alles wegtrat, ein lautes „Ake" der Verwunderung; besonders Ängstliche verschwanden im dichten Busch, um dann alsbald unter dem Gelächter ihrer mutigeren Stammesleute wieder aufzutauchen, sobald sie sahen, daß nichts Gefährliches sich er= eignete. Dann wurden von den Soldaten Zeltpfosten zusammengesetzt, die Planen ausgespannt, ein „Up" des schwarzen Unteroffiziers, und mit Leinen und Pflöcken wurde das grüne Haus festgestellt. Die Neugierigen drängten sich heran, so daß der Posten sie forttreiben mußte, weil sie alles anfassen wollten. Die Häuser wurden verteilt, Soldaten und Träger erbaten sich Töpfe von den Frauen, die Jungen des Dorfes trugen Feuerholz herbei, Wasser wurde geholt, und bald meldete Ukallas Trom= mel, weithin vom Berge in den Wald tönend, den Nachbarn die friedliche Ankunft des weißen Mannes. Da kamen denn die Siedler des Waldes von allen Seiten an, voran elastischen Schrittes der Herr des Hauses mit dem Speer oder Gewehr in der Hand, hinter ihm seine Frauen und Kinder mit Pisangs, Hühnern und Ziegen, die Frauen oft mit großen Kiepen auf dem Rücken voll Erdnüsse, Jams oder Kassada. Vorsichtig gingen sie an das Dorf heran, ließen erst den Gesamteindruck etwas auf sich wirken, um sofort von irgend einem Soldaten oder Träger heran= gewinkt zu werden, der ihnen ein Bund kleiner Perlen oder ein Stück Zeug zeigte, um in der Zeichensprache, die alle Neger meisterlich ver= stehen, den Markt zu eröffnen. Daß schon öfter weiße Männer durch= gekommen waren, sah man daran, daß Frauen und Kinder, die einen besonders schönen Hahn, ein Ei, eine Ananas oder Honig hatten, sich stets so stellten, daß sie vom Zelt aus gesehen werden konnten, und ihre Sachen,

die sie für europäische Leckerbissen ansehen mochten, nur an den Ntangan selbst verkaufen wollten. Auch große Häuptlinge aus den Nachbar=
dörfern waren eingetroffen mit starker Gefolgschaft. Alle in Waffen stolz
daher schreitend, kamen sie mit einer Ziege oder einem Schaf an der Leine
bis vor das Zelt. Der Posten rief mich heraus, ein Händeschütteln, ein
lautes „Awu maha", die Hausjungen schleppten die Tiere und Lebens=
mittel fort, und würdig setzte sich der Häuptling nieder, um mit den
Seinen geduldig auf das Gegengeschenk zu warten. Jetzt am Abend
hatten die Ukalla=Männer Tanztrommeln hervorgeholt, Weiber und
Männer sich Klappern an Armen und Füßen befestigt und unter melo=
dischem Gesange tanzten sie, lautjauchzend, überall umstanden von den
Soldaten, die zum ersten Male mit dem fröhlichen, harmlosen Jaunde=
Völkchen in Berührung kamen. Ich hatte viel gehört von Land und
Leuten, namentlich aus Morgens interessanten Schilderungen, der die
Jaundes nicht genug zu loben weiß; aber der Eindruck, den ich in der
herrlichen ersten Nacht im Jaunde=Lande empfing, übertraf weit meine
schönsten Erwartungen, und voll Zuversicht sah ich dem weiteren Teile
meiner Reise entgegen.

Es war so etwas ganz anderes, mit diesen unbefangenen, frei=
blickenden und sprechenden Naturmenschen zu reden, als mit den ver=
schlagenen, hochmütigen und doch so kriechend freundlichen Küstennegern
oder den stumpfsinnigen, finsterblickenden Ngumbas.

Die Landschaft Jaunde und ihre Bewohner. [1]

Am 3. August überschritten wir den Njong=Fluß und kamen nun,
wie ich wußte, in die eigentliche Jaunde=Parklandschaft. Der ganze
dunkle Riesenbusch lag hinter uns. Im hellen Sonnenlichte aber mar=
schiert es sich durch eine freundliche Landschaft, wo fröhliche Menschen
wohnen, selbst auf bergigen Wegen besser als auf ebenem Pfade im fin=
steren, nassen Walde. Unsere Wanderung von hier bis nach der Station
glich einem Triumphzuge. Die vielen Palmen geben der Gegend ein
ganz besonderes Gepräge. Die hohen Urwaldbäume standen nicht mehr
so dicht beieinander, das Unterholz war niedriger, fehlte wohl auch gänz=
lich oder machte großen, weiten, mannshohen Grassteppen Platz. An
rauschenden Wassern lagen schattige Bambushaine. Überall weitgebaute,
sauber gehaltene Dörfer. Die viereckigen Hütten in zwei Reihen am
Wege, das Ganze abschließend und, quer vor die Dorfstraße gestellt, jedes=
mal ein luftiges Männerhaus. Mit mehreren Eingängen und hohen
Palmenblattdächern machten diese schattigen Häuser, in denen stets eine
große Anzahl niedriger Holzbetten stand, einen recht einladenden Eindruck.

---

[1] Hans Dominik: „Kamerun", S. 54. (Verlag von E. S. Mittler &
Sohn, Berlin.)

In ihnen brannte stets ein Feuer, und rauchend saß dort der Häuptling mit seinen Leuten und Gästen. Die Betten oder besser Pritschen bestanden aus dicht aneinander gebundenen Bambus= und Palmenrippen. Niedrige Holzblöcke und kunstvoll geschnitzte Sessel standen herum. In der Nähe des Männerhauses oder auch auf der Dorfstraße befand sich stets ein Tabaksbeet, denn selten trifft man einen Jaunde=Mann ohne die geliebte Tabakspfeife. Der Wandersmann hat in Jaunde stets einen aus Fell hergestellten Rucksack auf der Schulter, der alle möglichen notwendigen Gegenstände enthält, und in dem vor allem der hölzerne Löffel untergebracht ist, der jeden Mann wie ein Reisestab und unentbehrlichstes Utensil begleitet.

Überall begegneten wir den reise= und vergnügungslustigen Jaunde= Leuten auf dem Wege. Sie marschierten, kaum rechts oder links schauend, in schnellem Tempo dahin. Mit lautem „Awu maha" grüßen sie Entgegenkommende, die mit „Aha" und „Wakehe" (Wo gehst du hin) antworten, meist aber bereits vorüber sind, ehe eine Antwort erfolgt, die sie auch gar nicht abwarten. Kommen die reisenden Jaundes dann in ein Dorf und sehen im Männerhaus die Dorfleute beim Essen sitzen, so haben sie sofort den Löffel zur Hand, langen mit ihm hinein in die Erdnußsuppe und den Bananenbrei und sagen erst guten Tag oder stehen Rede und Antwort, nachdem sie den Hunger gestillt haben. Wenn dann die Tagesneuigkeiten ausgetauscht sind und ein flüchtiger Dank gesagt ist, geht es weiter, und oft legen sie so, Tag und Nacht ohne sichtbare Ermüdung marschierend, 50 bis 60 km zurück.

Der Jaunde ist, seinem sehr lebhaften Temperament entsprechend, nämlich auch sehr beweglich und unternehmungslustig. Bald ist jemand im Nachbardorfe gestorben, bald ist anderswo eine „Aka batala" (ein Mannbarkeitsfest), ein „Abok" (ein großer Tanz); es gilt, auf Handels= geschäfte oder Brautschau auszugehen, beabsichtigte Kriegszüge müssen besprochen werden — kurz, an Grund zum Reisen fehlt es nicht, und reges pulsierendes Leben herrscht im ganzen Lande. So bekamen wir fortwährend Menschen zu sehen, die dann zuerst wohl scheu in den Busch traten, später aber sich unserem Zuge anschlossen, um uns in dem nächsten Dorfe gründlich besehen und bewundern zu können. Führte dann der Weg den Wanderer, der uns zugeschaut hatte, in ein abgelegenes Dorf, wo man die reisenden Europäer noch nicht gesehen hatte, so ward er dort ebenso umdrängt, wie bei festlichen Anlässen ein Extrablattverkäufer des Lokal=Anzeigers in Berlin, und ganz wie ein Zeitungsgewährsmann pflegte der Jaunde=Mann das Geschaute ohne Rücksicht auf die Wahrheit so zu erzählen, wie er es hübsch fand. . . . .

Die Bebauung des Landes ist, der starken Bevölkerung entsprechend, auch eine viel sorgfältigere als in dem Küsten= und Ngumba=Gebiet. Große Plantenhaine beschatten rundum die Dörfer, und früh morgens,

schon mit Sonnenaufgang, pflegen die Frauen im Arbeitsanzug, d. h.
mit ihrem Blätterschmuck achtern, zur Arbeit aufs Feld zu gehen. Die
Männer machen nämlich nur die schwere, grobe Landarbeit, d. h. sie
fällen in der Nähe ihres Dorfes, wo sie eine Farm anlegen wollen, die
Bäume, reinigen das Land nach Möglichkeit von dem Unterholz und
brennen die gefällten Stämme ab. Dann weisen sie die verschiedenen
Teile der Farm ihren Frauen zu, die nun mit der Hacke an die Arbeit
gehen, um kurz vor den Regenzeiten dem Boden die Maiskörner und
Erdnüsse, den Koko oder Jams anzuvertrauen. Beginnt es zu regnen
und keimt das Gepflanzte, so gilt es, die Farm fortwährend vom Gras
und Unkraut zu befreien, das in dem jungfräulichen Boden ebenso schnell
wuchert wie die junge, aus dem Samen getriebene Pflanze. Zum Schutz
gegen die zudringlichen Ziegen und das Wild muß außerdem ein Zaun
rund um das Feld gebaut werden. Die Jamswurzel, die in Jaunde
besonders beliebt ist, muß zur Zeit gehäufelt werden und bedarf, ebenso
wie die Kürbisse, einer Stütze für die rankenden Triebe, so daß die
Jamskulturen der Jaunde von weitem wie große Hopfenfelder aussehen.
Auch der Mais macht, namentlich in der Blütezeit, dadurch viel Arbeit,
daß fortwährend die zahllosen Reisvögel von den jungen Blüten und
Dolden verscheucht werden müssen. Die Jaunde-Frau hat deshalb tagsüber fleißig zu arbeiten, da sie außerdem noch das Essen kochen, Brennholz suchen und Wasser tragen muß, das in den Häusern in großen,
tönernen Töpfen aufbewahrt wird. Überall in Wald und Feld rieseln
muntere Bäche von den Bergen hernieder, und reichlich fallender Regen
verleiht dem Boden eine solche Fruchtbarkeit, daß allenthalben zweimal
im Jahre geerntet wird. Langsam zogen wir in den Morgenstunden auf
breiten, gut ausgetretenen Wegen dahin, und überall in den Dörfern
war unsere Ankunft ein Volksfest. Kaum waren wir von unserem Nacht-
quartier eine Stunde abmarschiert, so forderten uns die Dorfältesten
schon auf, unter allen Umständen bei ihnen zu rasten, so daß wir vom
Njang bis nach Jaunde nur ganz kleine Märsche haben machen können.
Erst am 9. August erreichten wir mittags die Station, herzlich bewill-
kommnet von Herrn Zenker, der hier schon seit fünf Jahren hauste und in
letzter Zeit von den Herren Staudt und Rabischung unterstützt wurde. So
hatten wir denn den eigentlichen Urwaldgürtel hinter uns und befanden
uns an der Grenze des Wald- und Graslandes auf der vorgeschobensten
Station in Inner-Kamerun.

Ein Gottesgericht. [1]

Es handelte sich dabei um eine Frau; der Ort der Handlung war
Sambu, ein Dorf nicht fern der Kongomündung. Ich begab mich aus

---

[1] E. Zintgraff: „Nord-Kamerun", S. 19 ff.

Neugierde schon in aller Frühe zur Gerichtsstelle. Schon von weitem hörte man den Klang der Trommeln, und bald befand ich mich auf einer Lichtung im Walde, wo man einen kreisrunden Platz vom Grase gereinigt hatte. Vorläufig — die Sonne war eben aufgegangen — befand sich nur der Zauberer mit seinen Gehilfen da. Inmitten des kreisrunden Platzes waren vier Palmblattrippen von etwa 1½ m Länge in die Erde gesteckt und bezeichneten ein Rechteck. Die kurzen Seiten des Rechtecks waren durch einen Palmblattstreifen verbunden, von welchen in kleinen Zwischenräumen dreimal drei schmale, etwa 1½ m lange Palmstreifen herabhingen. An der einen Ecke, wo sich einige Körbe, Geräte des Zauberers enthaltend, befanden, steckte ein alter Kavalleriesäbel in der Erde. Allmählich sammelten sich um den Platz Gruppen von Eingeborenen, Frauen, Männer und Kinder. Endlich erschien die Angeklagte und nahm ein wenig seitwärts von der Richtstätte Platz.

Es war ein vielleicht 28 bis 30 Jahre altes Weib, von ihrer jungen Tochter begleitet; beide hatten das Gesicht mit roter Farbe bestrichen. Der Zauberer begann nun unter dem dumpfen Rasseln der Trommeln den Richtplatz zu umtanzen, den Kavalleriesäbel schwingend und geheimnisvolle Worte murmelnd. Dann setzte er ein das Gift bergendes Körbchen vor dem Osteingang der Richtstätte auf die Erde, kniete davor nieder, bestrich sein Antlitz und küßte dreimal den Boden; dasselbe wiederholte er am anderen Eingange; dann tanzte er wieder umher quer durch die Richtstätte, dabei immer unverständliche Worte vor sich hinsummend. Auf ein Zeichen von ihm schwieg die Musik; die Angeklagte zog sich mit den Frauen weiter in den Hintergrund zurück, und nun begann der Zauberer mit den Gehilfen die Zubereitung des Giftes.

Ein handgroßes Stück Rinde wurde aus dem noch reichen Vorrat des Korbes genommen, sorgsam gereinigt und abgewaschen, in Stücke geschnitten und auf einer Steinplatte, die von vielem Gebrauche bereits ausgehöhlt war, mit einem runden Stein zu feinem Pulver zerrieben. Dieses braune Pulver wurde alsdann angefeuchtet und aus dem Brei drei Kugeln von der Größe eines kleinen Hühnereies geballt. Die Kugeln blieben auf der Steinplatte unter einem weißen Tuche liegen.

Während dieser Vorbereitungen machte sich im Hintergrunde eine große Bewegung bemerkbar. Der Ankläger wurde herbeigeführt, und der Zauberer schlug unter dem Schwur des Anklägers, daß er die reine Wahrheit sagen wolle, und daß er, wenn er lüge, nicht auf natürliche Weise sterben wolle, einen Nagel in eine Holzfigur ein zum besseren Angedenken an diesen Schwur. Der Ankläger behauptete alsdann — die Angeklagte selbst stand weiter zurück und nur ihr Bruder war anwesend — die Frau sei eine Zauberin und habe die Seele ihres vor kurzem gestorbenen Bruders gegessen. „Moio" heißt sowohl Herz wie das klopfende Leben, das im Innern seinen Sitz hat, die Seele. Vielleicht, daß der

Ankläger damit sagen wollte, die Frau sei schuld an der Krankheit und dem Tode ihres Bruders, den sie ja tatsächlich nicht getötet und dessen Herz sie noch weniger gegessen hatte.

Nachdem der Nagel ins Zauberholz getrieben worden war, scharte sich alles um die Richtstätte; der Zauberer führte unter dem Klange der Trommeln die sich kaum auf den Füßen haltende Frau, sie am kleinen Finger ergreifend, an jede Ecke des Rechteckes, um die Frau und die Palmblattrippe Kreise ziehend, gleichsam wie um sie an die Richtstätte zu bannen, und nachdem die Richtstätte noch einmal kreuzweise durch= schritten war, ließ er sie inmitten des Rechteckes sich niedersetzen. Es trat zunächst eine tiefe Stille ein.

Nun begann der Zauberer die Anklagen zu wiederholen, die das Weib unter Tränen bestritt, während der außerhalb der Gerichtsstätte sitzende Ankläger, ein untersetzter älterer Mann mit wahrem Gaunergesicht, nur zuweilen ein halblautes Wort dazwischenwarf.

Sodann hielt der Zauberer dem Weibe alle ihre bis dahin be= gangenen Sünden vor, daß sie nach der Totenbestattung sich nicht sofort gewaschen, daß sie einmal mit blutigen Händen gegessen, daß sie ein andermal einem Fremden zuerst zu trinken gegeben, ohne selbst erst vor= gekostet zu haben usw., und forderte sie endlich, ihr die erste Pille reichend, auf, nun das Gift zu essen, um die Wahrheit der Anklage zu erproben. Zitternd begann jetzt die Arme, die Pille hinunter zu würgen, während zuweilen die Trommel ertönte und der Zaubermann einen Tanz aufführte.

Man sollte denken, daß die Zuschauer der Sache einen gewissen Ernst entgegengebracht hätten; aber dem war nicht so; diese Prozesse sind zu häufig, nehmen doch oft mehrere Personen zugleich das Gift. Alles schwatzte und lachte durcheinander wie an einem Festtage. 20 Minuten dauerte es, da war der letzte Rest der drei Pillen verschluckt. Der Zau= berer hieß die Frau aufstehen. Sie mußte nun innerhalb des Rechteckes hin und her gehen und dabei jedesmal die drei mittleren der an der schmalen Stelle herabhängenden neun Palmblattstreifen berühren; dies mußte so lange geschehen, bis die Entscheidung erfolgte. Unterdessen nahm der Zauberer seine Bezahlung, die sehr reichlich war; einige Flaschen Rum kreisten; ich aber machte mich davon, da ich weder Zeit noch Lust hatte, den Tod der armen Frau mit anzusehen, von der ich somit auch nicht weiß, ob sie wirklich gestorben oder mit dem Leben davonge= kommen ist.

Der Boden am Kamerungebirge. [1]

Wer diesen nährstoffreichen, mürben, milden und tiefgründigen Boden und die Vegetation, welche er trägt, gesehen hat, wird gestehen

---

[1] Prof. Dr. Wohltmann: „Der Plantagenbau in Kamerun", S. 18 ff.

müssen, daß man in der ganzen Welt suchen muß, um eine ähnliche
Güte der Natur wiederzufinden. Und derartiger Boden ist am Kamerun=
gebirge nicht vereinzelt anzutreffen, sondern in weiter Ausdehnung.

Ja selbst die schlechtesten Böden der Bimbia=Plantage besitzen noch
einen derartigen Reichtum an Pflanzennährstoffen, daß sie, abgesehen
vom Kalkgehalt, unsere heimischen Böden und insbesondere auch die
meisten ostafrikanischen Böden bei weitem überflügeln. Wenn es noch
nötig wäre, die Güte des Bodens und Klimas am Kamerungebirge
näher zu belegen, so braucht man nur den Urwald und die Pflanzungen
der Eingeborenen daselbst zu betrachten — wie auch auf meinen photo=
graphischen Aufnahmen zu ersehen ist — um in Staunen über die
Fruchtbarkeit des Landes auszubrechen. Ich würde dies nicht so stark
betonen, wenn man nicht bei der allgemeinen Unkenntnis, welche in
Deutschland über unsere Kolonien selbst in den gebildeten Kreisen noch
herrscht, noch häufig auf die Ansicht stieße, daß Kamerun gleich Süd=
westafrika eine öde verlassene Sandwüste sei.

Man muß sich in der Tat wundern, wie es möglich ist, daß der
hohe Wert Kameruns als Plantagenland so lange verschleiert blieb, und
das um so mehr, als doch diese herrlichen Ländereien unmittelbar am
Meere gelegen sind, so daß die Verschiffung der Produkte auf das leichteste
und billigste bewerkstelligt werden kann. Das Dampfschiff ankert un=
mittelbar zu Füßen der Plantagen, kaum $1/2$—1 km von denselben
entfernt. Wir haben am Kamerungebirge genau dieselbe Gunst der
Verhältnisse, wie sie auf der nicht weit entfernten portugiesischen Insel
St. Thomé vorliegt, die als eine der blühendsten Plantagenkolonien der
Welt zu bezeichnen ist.

Die Bimbia=Pflanzung. [1])

In dieser ersten Pflanzung ist der Beweis geliefert, welche groß=
artige Zukunft der Plantagenbau am Kamerungebirge haben wird. Die
Bimbia=Pflanzung — nicht minder jedoch die zu M'Bamba und Bibundi
— können sich ebenbürtig den hervorragenden Kakaoplantagen auf der
paradiesischen Insel St. Thomé zur Seite stellen, welche ich bei einem
Besuch der 1000 ha haltenden Farm Monte Cafe, die unter der Leitung
des deutschen Konsuls, Herrn S p e n g l e r, steht, Gelegenheit hatte kennen
zu lernen. Ich will hierbei bemerken, daß jene Farm Monte Cafe wohl
die größte und schönste Kakaofarm der Welt ist, und daß unser deutscher
Landsmann, Herr Konsul S p e n g l e r, eben im Begriff steht, am
Kamerungebirge eine neue, ähnlich große Kakao= und Kaffeepflanzung
zu gründen. Wenn dieser erfahrene, gediegene Pflanzer in Kamerun
Pflanzungen anzulegen beabsichtigt, dann dürfte wohl auch kein Praktiker

---

[1]) Prof. Dr. W o h l t m a n n: „Der Plantagenbau in Kamerun", S. 20 ff.

Bucht von Victoria (Kamerun).

näheren Umgebung Lüderitzbuchts belegt. Schon Ende Juli 1909, beim Besuch des Herrn Staatssekretärs Dernburg, war kein Plätzchen mehr frei. In den folgenden Monaten wurden dann noch besonders nach Süden die Feldbelegungen weiter vorgeschoben, bis die seitens der Regierung für den 1. Oktober 1908 verfügte Sperrung des Diamant= gebiets dem Treiben ein vorläufiges Ziel setzte. Nun konnten nur noch die Besitzer von Schürfscheinen, welche vor dem 22. September gelöst waren, sich Areale sichern und machten davon in den nächsten sechs Monaten — bis zum 31. März 1909 liefen die weitaus meisten Schürfscheine ab bzw. hörte die Freizügigkeit der Schürffelder auf — ausgiebigen Gebrauch. Es hatte sich herausgestellt, daß die Vorkom= men nach Süden immer reicher wurden, besonders was die Größe der Steine anlangte; daher konzentrierte sich das Hauptinteresse der Dia= mantsucher in den folgenden Monaten auf dieses Gebiet. Eine ganze Anzahl von Schürfgesellschaften wurde gegründet und belegte hier ihre Felder. Im Juni 1909 bemächtigte sich die Schürftätigkeit des Ge= bietes nördlich des 26° südlicher Breite, das nicht gesperrt war. So wurden beim Sattelhügel, Spencerbucht, den Osterklippen und noch weiter nördlich eine Anzahl Diamantfelder gestreckt, doch ist über ihre Er= giebigkeit noch nichts Näheres bekannt geworden.

Es mag noch erwähnt werden, daß bereits im Jahre 1906 ein Bur in Lüderitzbucht auftauchte, welcher bei Kolmanskop Diamanten gefunden haben wollte, aber niemand schenkte ihm Glauben. Fach= gelehrte, welche den Fund hätten prüfen können, befanden sich aber damals nicht an Ort und Stelle. Gerüchtweise muß auch wohl der Xeniaexpedition, welche 1906 von England ausgerüstet wurde, um nach einem Diamantschatz zu fahnden, das Vorkommen der Diamanten be= kannt gewesen sein; doch hatte die Expedition keinen Erfolg, da die Engländer das Landen auf den Guanoinseln verboten, um die Guano produzierenden Vögel nicht zu stören, Deutschland aber auch kein Interesse daran hatte, den Besuch der Küste von Deutsch=Südwestafrika zu gestatten. Ferner wußten schon seit alter Zeit mit einer Hartnäckig= keit im Schutzgebiet umgehende Gerüchte von dem sog. „Hottentotten= paradies", das südlich des Kuiseb in der Küstenwüste liegen sollte, fabelhafte Diamantfunde zu vermelden. Wenn diese Gerüchte auf Wahr= heit beruhen, würden südlich des Kuiseb noch weitere Lagerstätten zu erwarten sein.

Die Entdeckung der Diamanten ist ausführlicher geschildert als es wohl dem Fachgelehrten nötig erscheinen mag, doch schien es mir für die Allgemeinheit von Interesse, die Entstehung des deutschen Dia= mantabbaus eingehender darzustellen.

III. Kamerun

a) Die allgemeinen Verhältnisse des Landes

Lage und Erwerbungsgeschichte.

Kamerun, die drittgrößte Kolonie (750 00 qkm), liegt im innersten Winkel des Meerbusens von Guinea, vom Atlantischen Ozean in einer Ausdehnung von etwa 350 km bespült. Seine Landgrenzen streichen von der Mündung des Rio del Rey in nordöstlicher Richtung bis an den Tschadsee. Im Süden umschließt es Spanisch-Guinea. Hier zieht die Grenze von der Mondabai in nahezu östlicher Richtung bis an die Einmündung des Dscha in den Sanga, geht dann südlich bis an den Kongo, der auf wenige Kilometer die Grenze gegen Belgisch-Kongo bildet, und erreicht dann in nordwestlicher Richtung streichend wieder den Tschadsee; nur unter dem 4 ° n. Br. springt sie noch einmal nach Osten bis an den Ubangi vor. Die Nachbarn Kameruns sind im NW. die britische Kolonie Nigeria, sonst überall Französisch Äquatorial-Afrika. Die wenigen Kilometer am Kongo und Ubangi grenzen an Belgisch-Kongo.

Die Erwerbung des Kamerungebietes ist, wie die Deutsch-Südwestafrikas, durch den Unternehmungsgeist deutscher Kaufleute vorbereitet worden. Schon in den sechziger Jahren hatte die Hamburger Firma Woermann Handelsniederlassungen an der Küste angelegt, denen sich bald auch andere Firmen anschlossen. Es gelang ihnen, mit mehreren Häuptlingen Verträge abzuschließen, nachdem das von den dort ansässigen Engländern bereits früher (1882) an die britische Regierung gerichtete Ersuchen um Übernahme des Protektorats 1½ Jahre lang ohne Antwort geblieben war. England glaubte offenbar des Gebietes auch ohne ausdrückliche Annexion sicher zu sein und wollte daher die Verwaltungskosten sparen.

Die deutschen Kaufleute übertrugen indessen ihre Rechte ohne Verzug auf das Reich. Kaum hatten die Engländer von dieser Wendung der Dinge erfahren, als sie den Versuch machten, die Eingeborenen durch Drohungen und falsche Ausstreuungen umzustimmen, und einen Beamten entsandten, der das Land unter britischen Schutz stellen sollte.

Als dieser aber eintraf, wehte bereits die deutsche Flagge über Kamerun. Zwei Tage vor ihm war der Generalkonsul Nachtigal auf der „Möwe" angelangt und hatte Kamerun für Deutschland in Besitz genommen. Die Engländer erhielten nur die Missionsstation Viktoria, die sie sich vorher gesichert hatten.

Ein bald darnach durch englische Umtriebe hervorgerufener Auf=stand der Eingeborenen wurde durch die Mannschaften eines von Admiral Knorr befehligten Geschwaders sofort unterdrückt. Weitere Verhandlungen mit England und Frankreich führten im Jahre 1885 zur Festlegung der Nordwest= und der Südgrenze. In der Folge waren die Bestrebungen der deutschen kolonialen Kreise vornehmlich darauf gerichtet, die Nord= und die Ostgrenze möglichst weit ins Hinterland vorzuschieben. Die unter Dr. S. Passarge in der Richtung auf den Tschadsee entsandte Expedition hatte auch den Erfolg, daß bei den folgenden Abgrenzungs=verhandlungen dem Deutschen Reiche der Zugang zu diesem Binnensee und zu den Ufern des Schari und damit eine unmittelbare Verbindung mit den reichen Sudanstaaten gewährt wurde. Seine jetzige Gestalt und damit Zugang zum Kongo und zu seinem großen rechten Neben=flusse, dem Ubangi, erhielt Kamerun durch das Abkommen mit Frank=reich vom 4. November 1911, wodurch es um die Hälfte vergrößert wurde, Deutschland aber auf politische Betätigung in Marokko ver=zichtete.

Bodengestalt. Bewässerung.

Die Küste ist flach, von sumpfigem Schwemmland eingefaßt und von Mangrovendickicht umsäumt, das auch noch in die Flüsse eindringt, soweit das Brackwasser reicht. Frei von Schwemmland ist die Batanga=küste im Süden, sowie die Joßplatte, eine 10 m hohe Lateritplatte im Kamerunästuar. Die Küste des südlichen Gebietes ist infolge der heftigen Dünung stark versandet. Strandwellen krönen das flache Gestade und gefährliche Barren versperren die Flußmündungen.

Abgesehen von den Mündungen der Flüsse ist die Küste wenig gegliedert. Der spanischen Insel Fernando Poo gegenüber öffnet sich die Ambasbai mit den vorgelagerten Inseln Ambas und Mondole; in geringer Entfernung östlich davon liegt die kleine Kriegsschiffbucht. Beides wahrscheinlich ursprünglich Kraterbecken, deren Südrand vom Meere zer=trümmert worden ist.

Um so stärker wird die Küstenlinie durch die ins Meer fallenden Flüsse zerrissen, besonders durch die Astuarien[1]) des Rio del Rey, des

---

[1]) Astuarien sind offene, langgestreckte, nach dem Meere zu sich immer mehr verbreiternde Flußmündungen ohne Deltabildung, in die das Meer zur Flut=zeit eindringt, die von den Flüssen mitgeschleppten Sinkstoffe beim Zurücktreten mit sich nimmt und so die Ausfüllung der Mündungen verhindert. D. H.

Kamerunflusses und des Muni. Das erstere besteht aus vier unter sich vielfach verbundenen Armen, nimmt aber nur unbedeutende Flüsse auf. Viel bedeutender ist das Kamerunästuar, das durch die Mündungen von fünf Flüssen gebildet wird. Die einzelnen Flußmündungen stehen unter sich wieder durch ein tausendfältig verzweigtes Netz kleiner Kanäle (Krieks) in Verbindung.

Das Küstengebiet, im Süden nicht über 20 km breit und nach Norden allmählich an Breite immer mehr zunehmend, ist eine flache Ebene, bestehend aus Granit und Gneis und überlagert von einer starken Lateritdecke. Sie wird nur von einzelnen starken Kuppen unterbrochen, so bei Kribi vom Elefantenberg (500 m). In den innersten Winkel des Guineabusens schiebt sich das gewaltige Massiv des Kamerunberges (ca. 4000 m), von den Eingeborenen Mongo ma Loba genannt. Der Kamerunberg ist ein tätiger Vulkan, bis zur Höhe von 2200 m mit Urwald bedeckt, in den tieferen Schichten gut bewässert und wegen seines vortrefflichen Bodens zum Plantagenbau hervorragend geeignet. Der kleine Kamerunberg (Mongo ma Etinde, 1700 m) fällt schroff zum Meere ab.

Unmittelbar hinter der Küste beginnt ein breiter Urwaldgürtel (150 bis 300 km), der auch noch die den Randgebirgen der inneren Hochebene vorgelagerten Hügelländereien bedeckt und sich bis ins Gebirge selbst hinaufzieht. Das ganze Innere des Schutzgebietes wird von einem ausgedehnten 700—800 m über dem Meeresspiegel gelegenen Hochlande erfüllt, das im Süden und Osten bis an die Kongoniederung, im Norden bis zum Benue sich erstreckt. Nach der Küste fällt dieses in zwei Stufen ab, die sich an den Flußläufen durch Wasserläufe bemerkbar machen. Der aufgewulstete Südrand des Hochlandes, das westafrikanische Schiefergebirge, erhebt sich in einzelnen abgerundeten Kuppen bis zu einer Höhe von 1400 m. Gebirge und Hochfläche bestehen in der Hauptsache aus Gneisen und Graniten, überlagert von einer Verwitterungsschicht fruchtbaren Laterits.

Zu beiden Seiten des oberen Benue, dessen mächtige Bruchspalte das Hochland jäh zerreißt, türmen sich gewaltige Gebirgszüge auf, auf deutscher Seite in der Landschaft Adamaua, z. B. das Tschebschi-, Alantika-, Mandara-Gebirge usw., die sich zum Teil bis zu 2000 und 3000 m erheben. Das Hochland von Ngaundere und das nach Osten sich anschließende Hochland von Jade bilden die Wasserscheide zwischen dem Niger (Benue), Kongo und Tschadsee, zugleich auch den Übergang vom zentralafrikanischen Urwalde zu den Steppen des Sudan und die Grenze zwischen den Sudan- und Bantuvölkern.

Der Benue und der Kongo, welche das innerafrikanische Hochland in tiefen Grabensenkungen durchschneiden und eine bequeme Zugangsstraße ins Innere bilden, reichen selbst nur zum geringsten Teil, aber mit vielen ihrer Nebenflüsse in unser Schutzgebiet hinein. Die vom Randgebirge oder der Hochebene nach der Biafrabai abfallenden Ströme erleiden aber durch die zweifache Abstufung des sich zur Küstenniederung absenkenden Hochlandes einen doppelten Gefällbruch, wodurch ihre Schiff= barkeit stark eingeschränkt wird. Im Mongo erstreckt sie sich nur 75 km ins Innere. Im Sannaga endet sie entsprechend dem Verlauf des Plateau= landes schon bei 46 km, und im Campo und Muni, den Grenzflüssen gegen Spanisch=Guinea, noch früher.

In das Ästuar des Rio del Rey mündet der aus den Baluebergen kommende Meme. Das Kamerunästuar nimmt den Mongo[1]) auf, der im Lande der Batom entspringt, den Abfluß des Barombisees empfängt, bei Mundame schiffbar wird und den Bimbia direkt ins Meer entsendet, während er durch einen östlichen Arm mit dem Wuri in Verbindung steht. Auch der Wuri ist nur auf eine Länge von 15 km schiffbar, nimmt rechts den Abo und den Dibombe auf und fällt ebenso wie der Lungasi in das Kamerunbecken. Durch den breiten Kanal des Kwakwaflusses steht das Kamerunästuar auch mit dem Sannaga, dem bedeutendsten Strom des Schutzgebietes in Verbindung. Trotz seiner erheblichen Breite und Tiefe ist der Sannaga indessen für die Schiffahrt von geringer Be= deutung, da sein Lauf durch die Edeafälle und weiter im Innern durch die Herbertfälle jäh unterbrochen wird. Sein bedeutendster Nebenfluß ist der Mbam. Auch mit dem südlicher mündenden Nyong, dessen Lauf gleichfalls zweimal durch Wasserfälle gebrochen wird, steht der Sannaga im Zusammenhange. Der Kribi, Lobe, Campo sind unbedeutende Küsten= flüsse. Wichtiger ist der Muni wegen seiner erweiterten Flußmündung.

Der Südosten der Kolonie gehört zum Stromgebiet des Kongo, dessen großer Nebenfluß, der Sanga, das Schutzgebiet in nordsüdlicher Rich= tung durchströmt. Dieser heißt in seinem Oberlauf Mambere und nimmt rechts den Kadei und Dscha auf. Der Sanga ist bis Nola, der Dscha bis Ngoila während des ganzen Jahres mit Dampfern bis 1 m Tief= gang, bei Hochwasser auch für solche mit größerem Tiefgang fahrbar. Dazu kommen noch weite fahrbare Strecken im Oberlauf dieser Flüsse und ihrer Zuflüsse in Betracht. Der Norden Kameruns entwässert durch seine schiffbaren Grenzflüsse Schari mit Logone zum Tschadsee, durch den Benue mit Mao Kabi zum Niger. Logone und Kabi stehen zur Regenzeit in Verbindung. Ob dadurch ein Schiffahrtsweg vom Logone nach dem Ozean geschaffen werden kann, muß die Zukunft lehren.

Die wenigen kleinen Binnenseen, wie der Elefanten= oder Barombi= see, der Cotta= und der Sodensee am Nordfuße des Kamerungebirges verdanken offenbar vulkanischen Kräften ihre Entstehung. Im äußersten

---

[1]) Meist fälschlich Mungo genannt.

Norden erreicht das Schutzgebiet das umfangreiche Becken des Tschad, an dessen Küste es mit einem kleinen Streifen teilnimmt.

Klima. Gesundheitsverhältnisse.

Die klimatischen Verhältnisse lassen einen deutlichen Gegensatz zwischen der Küste und dem inneren Hochlande einerseits und dem Süden und Norden des Schutzgebietes andererseits erkennen. An der Küste und im Sangagebiet ist das Klima gleichmäßig feuchtwarm. Der Temperaturunterschied zwischen dem wärmsten Monat (Februar: ca. 27° C) und dem kältesten (Juli: ca. 24° C) beträgt nur 3°. Das innere Hochland zeigt dagegen bedeutend niedrigere Temperaturen und starke Gegensätze zwischen warmer und kalter Jahreszeit sowohl, wie zwischen Tag= und Nachttemperatur. Baliburg (1340 m) hat z. B. nur ein Jahresmittel von 18° aufzuweisen. Ein Abfall von 32° am Tage auf 7° in der Nacht ist dort nichts Seltenes, während an der Küste die Tagesschwankungen 5 bis 6° nicht zu überschreiten pflegen. Auch die höheren Regionen des Kamerungebirges zeigen eine Mäßigung gegen= über den hohen Temperaturen der Küstenniederung.

Am Tage wird die Hitze durch eine von West oder Südwest wehende Seebrise etwas gemildert. Um Mitternacht tritt eine schwache östliche Landbrise an ihre Stelle, die bis in den Vormittag hinein anhält. Die heißere Zeit zeigt im allgemeinen auch eine stärkere Luftbewegung. „Im Nordosten weht zeitweise der auch in Togo bekannte Harmatan, ein heftiger Nordwind, der hier oft wochenlang andauert. Er kommt mit großer Kraft über die ausgetrocknete Steppe und führt den gefürchteten und alles durchdringenden Sand der Sahara mit sich. Wochenlang ist dann die Sonne verhüllt, so daß in der Zeit dieser Stürme die Tages= temperaturen nicht über 25° hinausgehen." (Ritter.)

Der Regenfall ist sehr beträchtlich, an der Küste und im Sanga= gebiet stärker als im Binnenlande. Am Kamerunästuar fallen jährlich 4000 mm Regen, an der Munimündung nur 2456,8 mm. In Bali= burg hat man eine durchschnittliche Regenhöhe von 2750 mm, in Jaunde nur noch eine solche von 1531 mm, in Kusseri südlich vom Tschadsee nur noch 468,6 mm gemessen, während Deutschland einen Jahresdurch= schnitt von 700 mm besitzt.

Der Gegensatz zwischen einer Regenzeit und einer Trockenzeit ist im ganzen wenig ausgeprägt, da selten ein Monat ganz ohne Niederschläge bleibt. Man kann höchstens von einer regenreichen und einer weniger regenreichen Jahreszeit sprechen. Im Sangavorsprung ist der Regen= fall gleichmäßig auf das ganze Jahr verteilt. Im Kamerunästuar zeigen die Monate November bis Februar die schwächsten, Juni bis September die stärksten Niederschläge. Die Zeit des stärksten Regens fällt mit der

Zeit der größten Kühle zusammen. In den Übergangsmonaten sind Gewitter und Gewitterböen (Tornados) außerordentlich häufig. An der Küste zählt man jährlich 120 bis 150 Gewittertage. Diese Zahl nimmt aber nach dem Innern noch erheblich zu und beläuft sich z. B. in Baliburg auf 218. In Südkamerun kann man an der Küste wie auf dem Berglande des Innern zwei Regenzeiten und zwei Trockenzeiten unterscheiden. Im Osten gibt es nur eine Regen- und eine Trockenzeit. Letztere nimmt vom vierten Grad nach dem Tschadsee hin an Länge zu und dauert hier 7—8, dort nur 4 Monate.

Das Küstenklima gilt für sehr ungesund. Besonders fordert das Malariafieber (in seiner schlimmsten Form Schwarzwasserfieber genannt) viele Opfer und selten hält es ein Europäer länger als drei Jahre im Lande aus. Die Hochländer im Innern sind der Gesundheit der Weißen dagegen zuträglicher. In Buea, am Südabhange des Kamerunberges (900 m über dem Meere), ist eine Erholungsstation für Beamte und auf der Landzunge Suellaba in frischer Seeluft ein Sanatorium für Rekonvaleszenten angelegt worden. Gesundheitlich am schlechtesten steht es mit dem Südosten, wo die Tropenkrankheiten in besonders schwerer Form auftreten, so daß im unteren Sangagebiet Europäer kaum sich dauernd aufhalten können; „sogar ein nur vorübergehender Aufenthalt von wenigen Monaten wird als geradezu mörderisch bezeichnet". Dazu kommt, daß hier und am Ubangi der Herd der Schlafkrankheit ist, die ihren verheerenden Zug von hier aus durch das ganze tropische Afrika angetreten hat. Eine Bekämpfung wie in Ostafrika ist hier sehr schwierig, da ihre Verbreiterin, die Glossina palpalis, am Sanga und Ubangi und ihren Zuflüssen die günstigsten Lebensbedingungen findet. Neben dieser Krankheit, die auch Europäer nicht verschont, herrschen unter den Eingeborenen Kameruns noch Lepra und Pocken.

Pflanzen- und Tierwelt.

Der Mangrovegürtel der Küste, besonders auch der beiden Ästuarien, ist bereits erwähnt worden. Für die Küstenniederung sind ferner die Kokospalme und die Bambuspalme (Raphia vinifera) charakteristisch. Die Ölpalme ist besonders an den Flußläufen häufig und bildet hier und da förmliche Waldungen. Weiter im Innern trifft man auch auf Fächer- und Phönixpalmen. Der Urwald zeigt eine verwirrende Fülle von Pflanzenarten, darunter die riesigen Wollbäume, Brotfruchtbäume, Pandanus, Rot- und Ebenholzbäume, wilde Kaffeebäume, viele Arten von Kautschuklianen und andere Schlingpflanzen.

Auf der Höhe des inneren Berglandes geht der Urwald allmählich in eine Parklandschaft über, an welche sich weite Grasfluren, das charakteristische Landschaftsbild der Kameruner Hochebene, anschließen. Die Einförmigkeit der von übermannshohem, hartem Grase bestandenen unabsehbaren Savanne wird nur hin und wieder durch einzelne Palmen und die verkrüppelten Stämme der Anona Senegalensis unterbrochen. Erst in Adamaua findet man stellenweise wieder kleinere Waldbestände der charakteristischen Steppenbäume, wie Akazien, Tamarinden, Affenbrotbäume, Butterbäume, Mimosen und verschiedene Dornsträucher, untermischt mit einzelnen Dum- und Delebpalmen.

Auch die Tierwelt Kameruns, die dem Faunengebiete Niederguineas angehört, gliedert sich in ihrem Vorkommen nach der Art des Geländes. Das Sumpfdickicht der Mangroven ist der Tummelplatz unzähliger Arten von Wat- und Schwimmvögeln, wie Pelikane, Reiher, Eisvögel, Schnepfen, Schattenvögel, Säbelschnäbler, Schlangenhalsvögel, Wasser- und Uferläufer, Seeschwalben usw. Überhaupt ist die Vogelfauna Kameruns ungemein reichhaltig. Von größeren Säugern findet sich in den sumpfigen Niederungen nur das Pinselohrschwein. In allen größeren Flüssen hausen neben vielen Fischarten gewaltige Flußpferde, Krokodile, Schildkröten und Krabben. In der Nähe der Wasserläufe finden sich das Moschustier und zahlreiche Natternarten. Der Urwald beherbergt Elefanten, Fledermäuse, Affen (darunter auch Gorilla und Schimpanse), zahlreiche Nagetiere (Stachelschwein, Quastenstachler, Rohrratten, Siebenschläfer, Eichhörnchen), Schuppentiere sowie eine reiche Vogelfauna. Unter den Schlangen des Urwaldes finden sich mehrere giftige Vipernarten und eine 4 bis 5 m lange Riesenschlange. Viel mannigfaltiger ist indessen das Tierleben auf der Hochsteppe entwickelt. Neben ungeheuren Elefantenherden tummeln sich hier starke Rudel von Antilopen und Büffeln, während im Küstengebiet nur vereinzelte Zwergantilopen vorkommen. Alle Arten der in Afrika vorkommenden Raubtiere sind hier zu finden. In der Vogelwelt ist besonders das Perlhuhn und das Frankolinhuhn bemerkenswert. Unter den Insekten fallen im ganzen Schutzgebiet besonders Moskitos, Sandfliegen, Sandflöhe und Wanderameisen lästig. Heuschreckenschwärme richten oft große Verheerungen an.

Bevölkerung.

In Kamerun waren im Jahre 1911 1455 Europäer ansässig, darunter 156 Frauen und 66 Kinder. Von den weißen Bewohnern waren 1311 deutsche Reichsangehörige. Die Zahl der Eingeborenen läßt sich nur schätzen. In Altkamerun wird sie sich auf etwa 3 Millionen belaufen; als Mindestzahl für die neuerworbenen Gebiete wird ½ Million angegeben.

Rings um die Küste sitzen in einem ziemlich breiten Gürtel bis an die Ränder des Hochlandes hinauf Volksstämme, welche den Bantuvölkern zugehören. Im Norden scheinen die Bali die letzten hierher gehörigen Völkerschaften zu sein; im Osten sind die Jaunde noch dazu zu rechnen. Die Wute im Nordosten sind anscheinend ein Mischvolk. Der meistgenannte Stamm dieser Bantuvölkerschaften sind die Duala, die rings um das Kamerun=Äftuar und am Unterlauf der dahin münden= den Flüsse ihren Wohnsitz haben und erst vor 200 Jahren von Norden her eingewandert sind.

Alle Angehörigen der Banturasse sind durch vorstehende Backen= knochen, aufgeworfene Lippen, Wollhaar und braune bis schwarze Haut= farbe gekennzeichnet. Sie bauen besonders Bananen, Planten, Yams und Kassada und wohnen in viereckigen Lehmhäusern mit Schilf= oder Palmdach. Größere staatliche Verbände fehlen im allgemeinen. Doch untersteht z. B. das gesamte Balivolk einem einzigen Oberhäuptling. Jeder Stamm hat seine eigene Sprache, die von den anderen bei aller Grundverwandtschaft bis zur völligen Unverständlichkeit verschieden ist. Ein eigentümliches Verständigungsmittel auf weite Entfernungen ist die auch in Togo verbreitete Trommelsprache.

Während die Bantustämme mit wenigen Ausnahmen (wie die Bali und Jaunde) auf Küste und Waldland beschränkt sind, haben sudanische Negervölker, das zweite Bevölkerungselement der Kolonie, die ganze nördliche Hochebene eingenommen. Schlank und sehnig gebaut, mit wohlgebildeten Gesichtszügen, sind sie seßhafte Ackerbauer. Sie bauen hauptsächlich Negerhirse, Knollengewächse, Erdnüsse, Baumwolle, Indigo, wohnen in Rundhütten, halten die den Bantu unbekannten Pferde und Buckelrinder, sind meist Mohammedaner und haben umfangreiche Staats= verbände. Die herrschende Klasse bilden überall die vor wenigen Jahren eingewanderten Fulbe, unter deren Führung mächtige Staatengebilde ins Leben getreten sind, wie z. B. Adamaua, dessen Sultan in Yola dem Großsultan der Haussastaaten in Sokoto tributär ist. Adamaua besteht seinerseits wieder aus einer Reihe kleiner Vasallenstaaten wie Ngaumdere, Tibati, Tikar, Banyo, Bubandjidda, Ngila usw. Als Ureinwohner sind die Pygmäenstämme zu betrachten, die auch in anderen Teilen des tropi= schen Afrika, so in Deutsch=Ostafrika am Kiwusee vorkommen, besonders zahlreich aber und rein erhalten im Sangworsprung.

Die Produktion des Landes.

Die wichtigsten Bodenerzeugnisse sind Palmöl und Palmkerne (von der Ölpalme), daneben Kopra (getrockneter Kokosnußkern), Kautschuk und mehrere Hölzer, neuerdings auch Baumwolle, Reis, Kolanüsse. Unter den tierischen Produkten ist nur das Elfenbein von Bedeutung. Sowohl die meisten Stämme der Bantu, wie auch besonders die Graslandvölker liegen eifrig dem Ackerbau ob. Rindviehzucht wird nur auf dem Hoch=

lande betrieben und kommt dank der Fürsorge des Gouvernements da=
selbst immer mehr in Aufnahme; auch werden Schafe, Ziegen, Schweine
und Hühner überall als Haustiere gehalten, stellenweise auch Enten;
Pferde und Buckelrinder sind auf das Gebiet der Sudanneger beschränkt.
Die an der Küste und den größeren Flußläufen sitzenden Stämme sind
eifrige Fischer, besonders die Subu= und die Bimbialeute. Auch Jagd
auf kleineres Wild wird hier und da in größerem Umfange geübt (z. B.
bei den Bakwiri).

Die Europäer haben bisher besonders die westlichen und südlichen
Hänge des Kamerungebirges und die westlich davon gelegenen Küsten=
ländereien in Kultur genommen und mit gutem Erfolge namentlich Kakao
gebaut. Es bestehen zahlreiche europäische Pflanzungsgesellschaften. In
Viktoria hat die Regierung einen botanischen Garten angelegt, in welchem
Versuche mit den Kulturen tropischer Nutzpflanzen angestellt werden.

Nutzbare Metalle sind in abbauwürdiger Menge bisher nicht ge=
funden worden; wohl aber lassen Solquellen im Nordwesten auf Stein=
salzlager schließen. Im Munigebiet vermutet man Kohlen.

Die heimische Industrie ist wenig entwickelt und wird infolge der
Einfuhr europäischer Erzeugnisse immer mehr zurückgedrängt. Sie
beschränkt sich auf kunstlose Holzschnitzereien, die Herstellung roher
Töpferwaren und Flechtarbeiten. Bei den Sudannegern steht dagegen
die Eisengewinnung und das Schmiedehandwerk in beträchtlicher Blüte.

Handel und Verkehr.

Eingeführt werden hauptsächlich Gewebe, Eisenwaren, Tabak, Salz,
Reis, Holz und Holzwaren, Glas, Seife und allerhand Gebrauchsartikel
für den täglichen Bedarf. Die Hauptausfuhrartikel sind Palmöl, Palm=
kerne, Kautschuk (von der Landolphia florida, einer Lianenart, und
mehreren Fikusarten), Elfenbein, Kakao und Ebenholz. Im Jahre 1911
stand einer Ausfuhr von nahezu 21,2 Mill. ℳ. eine Einfuhr von
28,5 Mill. ℳ. gegenüber. Im Inneren ist der Handel noch ausschließlich
Tauschhandel. Das Ein= und Ausfuhrgeschäft liegt in den Händen von
über 50 europäischen Firmen. Mit schwerer Mühe ist es gelungen, den
stark verteuernden Zwischenhandel der Küstenstämme wenigstens an
einigen Stellen zu durchbrechen und direkte Verbindungen mit den
Stämmen des Hinterlandes herzustellen. So treffen schon jetzt zahlreiche
Haussakarawanen an der Küste ein. Der Verkehr wird gefördert durch
zahlreiche Straßen, die auf Veranlassung der Regierung von den eingeborenen Stämmen gebaut werden; auch Eisenbahnen hat die Kolonie
bereits. Eine kleine Feldbahn geht von Viktoria nach Sopo; der Bahnbau von Duala nach den Manengubabergen ist 1911 vollendet. Diese
Bahn soll den Nordwesten des Landes erschließen und dereinst wohl bis

an den Tschadsee weitergeführt werden. Eine andere von Duala über Edea nach dem Njongfluß geht der Vollendung entgegen. Den Verkehr der Küstenorte untereinander vermitteln Regierungsdampfer.

Die Verbindung mit dem Mutterlande wird durch die Dampfer der Vereinigten Deutschen Westafrikalinien in vierzehntägigen Fristen vermittelt. Die Fahrzeit beträgt 19 Tage. Reichspostanstalten hat die Kolonie 35, darunter 17 mit Telegraphenbetrieb und 11 Ortsfernsprecheinrichtungen. Das Postamt in Duala ist durch ein Unterseekabel mit der englischen Telegraphenstation in Bonny verbunden.

Verwaltung, Schule und Mission.

An der Spitze der Verwaltung steht ein Gouverneur, dem ein Gouvernementsrat zur Seite steht. Altkamerun umfaßt 24 Verwaltungsbezirke. Regierungsschulen sind in Duala, Viktoria und Garua. Eine Handwerkerschule blüht in Buea. Die bedeutendsten Ortschaften im Küstengebiet sind Duala, Viktoria (am Kamerunberg), Buea, Sitz des Gouverneurs (ebendaselbst), Kribi (in Süd-Kamerun). Doch halten diese Ortschaften keinen Vergleich aus mit den volkreichen Städten der Sudanneger auf dem Hochlande wie Ngila (Hauptort der Wute, 10 000—12 000 Einwohner), Ngaumdere (Hauptstadt des Sultanats Ngaumdere, 30 000 Einwohner).

Die Gerichtsbarkeit erster Instanz liegt in den Händen deutscher Richter. Die Schutztruppe zählt 1300 farbige Soldaten. In Kamerun und Viktoria sind regierungsseitig Hospitäler für Europäer eingerichtet worden. Neben der evangelischen Baseler Missionsgesellschaft, den Baptisten und der amerikanischen Mission der Presbyterianer wirkt die katholische Genossenschaft der Pallotiner für die Verbreitung des Evangeliums unter den Eingeborenen.

b) Aus den Berichten der Reisenden und Forscher

Die Flaggenhissung durch Dr. Nachtigal. [1]

Unter dem 19. März 1884 erging an den Generalkonsul in Tunis, Dr. Nachtigal, seitens des Fürsten Bismarck eine ausführliche Instruktion, in welcher der Abschluß von Freundschafts-, Handels- und Protektoratsverträgen in Angra Pequena und dem Küstenstrich zwischen dem Nigerdelta und Gabun, insbesondere die Strecke gegenüber der Insel Fernando Poo in der Bai von Biafra, ins Auge gefaßt war. In der Einleitung dieser Instruktion war jedoch vorausgeschickt, daß das Reich nicht beabsichtigte, einen größeren Verwaltungsapparat einzurichten oder

---

[1] C. Morgen: „Durch Kamerun von Nord und Süd", S. 6 ff.

gar Garnisonen zum Schutze des Landes zu errichten. Dr. Nachtigal
wurde ermächtigt, nur eine ihm geeignet erscheinende Persönlichkeit als
interimistischen Vertreter Sr. Majestät des Kaisers einzusetzen. Am
Schluß der Instruktion wurde Nachtigal aufgefordert, Klein=Popo [1]) anzu=
laufen, um die wegen Gewalttätigkeiten gegen deutsche Firmen von S. M.
S. „Sophie" festgenommenen Geiseln der feindlichen Lawson=Partei [2])
wieder in Freiheit zu setzen. Dagegen war ausdrücklich hervorgehoben,
daß trotz der unter dem 5. März erfolgten Eingabe des Königs von
Klein=Popo und Gridji um Übernahme des deutschen Protektorats durch
Se. Majestät den Kaiser angesichts der französischen Ansprüche die Re=
gierung dieses Gesuch auf sich beruhen lassen, und falls Frankreich seinen
angeblich früher abgeschlossenen Vertrag publizierte, denselben auch re=
spektieren würde. Es war daher hierdurch eine Besitzung im Togo=
gebiet anscheinend ausgeschlossen. Aber die dortigen Verhältnisse ge=
stalteten sich schließlich für uns günstiger als die schriftlichen Abmachungen
und Instruktionen.

Als Dr. Nachtigal am 2. Juni an Bord S. M. S. „Möve" vor
Klein=Popo vor Anker ging, erfuhr er zwar, daß den Deutschen seit der
Abwesenheit der „Sophie" keine Unbill geschehen sei, aber die Intriguen
der im englischen Interesse wühlenden Lawson=Partei waren besonders
in Lome und Bagida derartige, daß selbst die deutschfreundlichen Ein=
geborenen aus Angst vor den Engländern — namentlich hatte es der
englische Kommandant von Quitta an diesbezüglichen Drohungen nicht
fehlen lassen — die deutschen Faktoreien von ihrem Grund und Boden
entfernen wollten. In Rücksicht auf diese Zustände, ferner, da im Togo=
gebiet der Handel hauptsächlich in deutschen Händen ruhte, und schließ=
lich, da das Gebiet in Anbetracht der weit ins Innere führenden
Handelswege ein vielversprechendes war, entschloß sich Dr. Nachtigal,
dieses Land unter deutsches Protektorat zu stellen. Am 5. Juli erfolgte
die Aufhissung der deutschen Flagge in Bagida und am 6. Juli in
Lome; von hier aus dampfte die „Möve" nach Weida und dann nach
Kamerun, wo sie am 11. Juli anlangte.

Hier hatten die beiden Agenten der Firmen C. Woermann und
Jantzen & Thormählen, E. Schmidt und Joh. Voß, bereits
seit langer Zeit im Einverständnis mit ihren Chefs Unterhandlungen
gepflogen, um die Hoheitsrechte in „Camaroons" zu erlangen. Diese An=
strengungen hatten nach langen Auseinandersetzungen den Erfolg gehabt,
daß sämtliche Häuptlinge die betreffenden Verträge, trotzdem von eng=
lischer Seite dagegen intrigiert wurde, zu unterzeichnen gewillt waren.
Man erwartete sehnsüchtig die „Möve", um alles perfekt zu machen, als

---

[1]) Jetzt Anecho genannt.
[2]) Vergl. die Erwerbungsgeschichte Togos.

am 10. Juli nachmittags das englische Kanonenboot „Goshawk", durch
die englischen Kaufleute herbeigerufen, in Kamerun einlief. Man glaubte
schon alles verloren, aber glücklicherweise befand sich der englische Konsul
nicht an Bord, und der Kommandant konnte nur die einflußreichsten
Häuptlinge Bell und Akwa ersuchen, mit dem Unterzeichnen der Ab=
tretungsurkunde an die Deutschen zu warten, bis der englische Konsul aus
Bonny einträfe, was in einigen Tagen erfolgen würde. Am 11. Juli
früh dampfte das englische Kanonenboot wieder aus dem Hafen, und am
Abend fuhr, wie schon erwähnt, die „Möwe" ein. An demselben Tage
unterzeichnete Deido und am nächsten Bell und Akwa die von den Kauf=
leuten aufgesetzten Verträge, mit denen sich der Generalkonsul einver=
standen erklärt hatte. Am 14. Juli 1884, achtzehn Jahre nachdem der
erste Deutsche, Herr Thormählen als Agent ·der Firma C. Woermann
sich hier niedergelassen hatte, wurde Kamerun durch Flaggenhissung in
den Orten der drei genannten Häuptlinge unter deutschen Schutz ge=
stellt. Die betreffende Abtretungsurkunde lautete:

„Wir, die unterzeichneten unabhängigen Könige und Häuptlinge
des Landes, genannt „Cameroons", am Kamerunfluß zwischen dem
Bimbiafluß nördlich, dem Kwakwafluß südlich und aufwärts zum
4.° 10' n. Br. gelegen, haben in einer am heutigen Tage abge=
haltenen Versammlung in der deutschen Faktorei an König Akwas
Strand (für König Deido auf der deutschen Hulk „Luise") frei=
willig folgendes beschlossen:

Wir treten heute unsere Rechte auf die Landeshoheit, Gesetz=
gebung und Verwaltung unseres Landes endgültig an Herrn
Eduard Schmidt, wirkend für die Firma C. Woermann, und Herrn
Johannes Voß, wirkend für die Herren Jantzen und Thormählen,
beide in Hamburg, welche bereits viele Jahre im Flusse Handel
treiben, ab.

Wir haben unsere Rechte auf die Landeshoheit, Gesetzgebung
und Verwaltung an die oben erwähnten Firmen unter folgendem
Vorbehalt übertragen:

1. unter dem Vorbehalt der Rechte dritter Personen;

2. mit dem Vorbehalt, daß alle Freundschafts= und Handelsver=
träge, welche vorher mit anderen fremden Staaten geschlossen
sind, volle Kraft behalten sollen;

3. daß das durch uns zur Zeit bebaute Land und die Plätze, auf
denen die Dörfer erbaut sind, das Eigentum der gegenwärtigen
Besitzer und deren Nachfolger bleiben sollen;

4. daß der „Kumi" wie bisher jährlich an die Könige und Häupt=
linge gezahlt ·werden soll;

5. daß während der ersten Zeit, in der eine Verwaltung hier eingesetzt wird, unsere Landessitte berücksichtigt wird.

Kamerun, 11./12. Juli 1884."

Nach dem Akt des Flaggenhissens erließ Dr. Nachtigal ein Zirkular an die Vertreter der fünf in Kamerun ansässigen englischen Firmen, um dieselben hinsichtlich ihrer Handelsinteressen zu beruhigen. Diesem Erlaß folgte ein zweiter bezüglich des bis dahin bestehenden Court of Equity [1]), welcher unter dem bisherigen Vorsitz des englischen Konsuls die Differenzen zwischen Fremden und Eingeborenen auszugleichen hatte. Nachtigal schlug nun ein gleiches Schiedsgericht vor, nur mit dem Unterschiede, daß dasselbe fortan unter deutschem Protektorate zu arbeiten hätte. Die englischen Kaufleute zeigten zwar ihre Bereitwilligkeit, bei diesem provisorischen Gerichtshofe mitzuwirken, doch wollten sie zuvor noch mit dem englischen Konsul bezüglich dieses Punktes konferieren.

Am 19. Juli lief das englische Kanonenboot „Flirt" mit dem englischen Konsul H e w e t t an Bord im Kamerunfluß ein. Der Konsul ließ sofort die Häuptlinge Bell und Akwa an Bord entbieten, welcher Aufforderung jedoch nur King Bell Folge leistete. Dieser mußte hier alle möglichen Vorwürfe hören, welche darin gipfelten, daß er mit der Unterzeichnung nicht bis zur Ankunft des Konsuls gewartet hätte.

Am folgenden Tage machte der „too late Consul", wie ihn seitdem die Engländer der dortigen Gegend nannten, Besuch an Bord der „Möwe", welcher sofort von Herrn Dr. Nachtigal erwidert wurde. Hierbei protestierte Mr. Hewett zunächst gegen die Unterstellung des Kamerungebiets unter die Oberhoheit Seiner Majestät des Deutschen Kaisers, da die Häuptlinge durch frühere Versprechen bereits an England gebunden gewesen seien, und ferner gegen den Versuch, den Court of Equity aufzuheben, da derselbe durch einen Staatsvertrag eingesetzt sei. Bezüglich des letzten Punktes zeigte sich Dr. Nachtigal entgegenkommend und ließ im allgemeinen Interesse den Court noch fortbestehen, den Protest gegen die Besitzergreifung nahm der Generalkonsul dagegen nur zur Berichterstattung an den Reichskanzler an.

Das Küstentiefland. [2])

Das Tiefland der Küste verdankt seine Entstehung fast ausschließlich der Zersetzung der Gesteine des Plateaus durch atmosphärische Einflüsse, sowie durch die der Vegetation und des Wassers. Durch sie wird das Urgestein zersetzt und verwittert, durch die Flußläufe dann nach der Niederung heruntergeführt, wo es sich schichtweise als Laterit absetzt und als solcher die typische Formation des westafrikanischen Tieflandes bildet.

---

[1]) Schiedsgericht.
[2]) Dr. F r. P l e h n: „Die Kamerunküste", S. 4 ff.

Wo durch die Flüsse oder die Arbeit der Wellen Aufschlüsse ge=
bildet worden sind, erkennt man deutlich die Schichtung mit dem wechseln=
den Eisengehalt, welcher an manchen Stellen der Formation das für
die Ostküste so charakteristische völlig rote Ansehen gibt.

Wo die Wässer zweier Flüsse aufeinandertreffen, oder wo die Flut
an der Mündung dieselbe aufstaut, setzten die Sinkstoffe sich ab und
bildeten den Grundstock für zahlreiche Barren, welche das Befahren der
Flüsse, namentlich in der trockenen Zeit, unbequem und selbst gefährlich
machen. Auf den Lateritablagerungen aber sorgt die schnell sich ein=
findende niedere Vegetation für die Bildung der erforderlichen Humus=
schicht und schafft damit die Bedingungen für immer weiter fortschreitende
Entwicklung höherer Pflanzen. Die Vegetation ist im Hochland und
Tiefland durchaus verschieden. So weit die ausgleichende Tätigkeit des
Menschen nicht in Betracht kommt, charakterisiert dichter Urwald mit
Baumriesen, welche bis 60 m Höhe erreichen, das Tiefland und die tiefer
gelegenen Teile des Gebirges und des Hochlandes, Grassteppe das Hoch=
land selbst und die höheren Teile des Gebirges. Im Gebirge vollzieht
der Übergang sich je nach der Bodenbeschaffenheit in wechselnder Höhe,
zwischen 2000 und 2500 m, schroff und ohne Übergang; im Hochplateau
vermittelt, aus geschlossenen Waldbeständen und dazwischen gestreuten
Grasflächen gemischt, die sogenannte Parklandschaft den Übergang zwi=
schen beiden Vegetationstypen. Im Tiefland ist die Mangrove (Rhizo=
phora mangle) mit den blanken, lederartig festen Blättern der Charakter=
baum für die unter dem Einfluß von Ebbe und Flut abwechselnd unter
Wasser gesetzten und wieder trocken gelegten Flußufer im Bereich der
Brackwasserzone. Pandanus und Raphia bezeichnen den Übergang zur
Ufervegetation des reinen Süßwassers. So weit die Seebrise reicht,
treten an die trockneren Stellen dazu Kokospalmen, die Morgen noch
10 Tagemärsche von der Küste entfernt vorfand; sonst gehören der Woll=
baum (Eriodendron anfractuosum), Akazienarten, Gelb= und Rotholz,
die Ölpalme (Elaeis), die namentlich im Nordwesten des Schutzgebietes,
nach dem Rio del Rey hin, in ungeheuren Massen vorkommt und bis
gegen 1200 m am Rand des afrikanischen Plateaus hinansteigt (Zint=
graff) und die Weinpalme (Raphia vinifera) zu den Charakterbäumen
der Kamerunküste. Auch Ebenholz ist im nordwestlichen Teil des Ge=
birges nicht selten. Am oberen Sannaga kommt auch die Fächerpalme
(Hyphaene) vor; Tamarinden und Drakänen sind im ganzen Küsten=
gebiet häufig.

Der Tornado und die Regenzeit. [1]

Die ersten Tornados pflegen vereinzelt schon früh aufzutreten. 1894
beobachtete ich den ersten am 2. Februar; häufiger und intensiver werden

[1] Dr. Fr. Plehn: „Kamerunküste", S. 24 ff.

sie im März und April. Von da an wird Gewitterbildung im Osten, von wo der Tornado so gut wie stets aufzieht, häufig beobachtet als Zusammenziehen von dunklem Gewölk; doch sieht man dasselbe oft durch die kräftige Westbrise wieder auseinandergejagt werden. Wetterleuchten und ferner Donner im Osten nimmt zu, und völlig trübe Regentage zwischen den heißen, sonnigen werden immer häufiger.

Das typische Bild des Tornado ist folgendes: Meist am Nach= mittag oder gegen Abend bemerkt man im Osten ein dunkles, graublaues Segment am Himmel, am freien westlichen Rand durch lichtweißes, nicht selten schleierförmig ausgezogenes Gewölk eingefaßt, das sich scharf ab= gegrenzt von dem lichtblauen, sonnigen Himmel abhebt. Aus der dunklen Wolke ertönt in Zwischenräumen von etwa einer Minute dumpfer, lang= gezogener Donner. Auch Zackenblitze leuchten in kurzen Intervallen aus ihr auf. So lange die Seebrise mit Intensität weht, kommt das Gewölk selten herauf und gewinnt nur langsam an Boden. Allmählich aber ge= winnt der Ostwind die Oberhand und nun verbreitet sich das dunkle Gewölk unter immer zunehmender Zahl und Intensität von Blitz und Donner reißend schnell über den Himmel, die Randwolke löst sich in dem Gewölk des übrigen Himmels auf. Bereits mehrere Minuten vor Ein= setzen des Regens kündigt sich das Herannahen desselben durch fernes Klingen und Brausen in der Luft an. Dann setzt der Ostwind kräftig ein, und fast gleichzeitig prasseln die Regenmassen hernieder. Die Zahl der Blitze nimmt zu, so daß man nicht selten zwei bis drei in einer Se= kunde und mehrere Minuten hindurch im Mittel einen in der Se= kunde zählt. Steht das Gewitter über dem Beobachtungsort, so glaubt man die Blitze von allen Seiten aufleuchten zu sehen; verhältnismäßig häufig sieht man sie in Zickzacklinien oder in Strahlenbüscheln annähernd hori= zontal verlaufen; in anderen Fällen fahren sie vertikal zur Erde nieder, und es ist ziemlich häufig, daß Masten, Flaggenstangen oder Bäume von ihnen getroffen werden, von letzteren auffallend häufig Kokospalmen im Gegen= satze zu den anscheinend weit weniger exponierten Ölpalmen. Die Tem= peratur geht während eines intensiven Tornados ziemlich beträchtlich herunter, während ich eine wesentliche Beeinflussung des Barometers durch denselben bei mehrfachen Beobachtungen nicht habe bemerken können. Seinen Namen hat der Tornado von der drehenden Bewegung, welche bereits vor mehreren Jahrhunderten von den Seefahrern an ihm be= obachtet wurde, und die ihn bei diesen äußerst gefürchtet machte. Ich selbst habe diese drehende Bewegung des Sturmes in Kamerun nie= mals beobachten können, ebensowenig wie Dr. Preuß[1]) in Viktoria und im Kamerungebirge. Ich habe denselben an Land immer nur als einen mit beträchtlicher (9—10) Stärke wehenden Ostwind mit bald etwas mehr

---

[1]) Der Leiter des botanischen Gartens der Regierung in Victoria.

Aus dem Deutschen Kolonialblatt, 20. Jahrg. Nr. 14. (Verlag E. S. Mittler u. Sohn, Berlin.)

Krater des Kamerunberges (Kamerun).

nördlicher, bald mehr südlicher Abweichung kennen gelernt. Dagegen haben wir beide auf einer Fahrt von Viktoria nach Kribi einen Tornado erlebt, welcher in ausgesprochenster Weise den Charakter eines die Richtung außerordentlich schnell wechselnden Wirbelwindes darbot. Möglicherweise ist der Übertritt auf das Meer von Einfluß.[1]) Die Dauer des Tornado ist eine kurze, selten über länger als zwei Stunden sich hinziehende. Von Beschädigungen von Menschen durch Blitzschlag hört man sehr selten.

Mit dem Einsetzen des Tornado klärt die trübe Atmosphäre sich allmählich auf, und namentlich unmittelbar nach einem solchen wird, zunächst nach der See hin in westlicher Richtung, die Luft so durchsichtig, daß man die Umrisse der Insel Fernando Poo sowie das Kamerungebirge völlig klar vor sich sieht. Nach Osten hin erfolgt die Aufklärung im allgemeinen erst einige Stunden später und läßt dann deutlich und in scharfen Konturen die Umrisse der Nkossi= und Basaramiberge sowie des zentralafrikanischen Randplateaus hervortreten. Gerade in dieser Übergangszeit, in welcher heftige aber kurz dauernde Regengüsse mit intensivem Sonnenschein abwechseln, zeigen sich die heißen Tagesstunden, in welchen die höhertretende Sonne auf den durch die Regengüsse durchfeuchteten Boden brennt, dem unterirdischer Abfluß fehlt, ganz besonders unerträglich. Die die Trockenzeit charakterisierenden Darmkrankheiten beginnen jetzt allmählich in den Hintergrund zu treten und machen dem Fieber Platz, das von da ab mit geringem zeitweisen Wechsel in Intensität und Häufigkeit die unumschränkte Herrschaft in der Pathologie Kameruns bis zum Wiedereintritt der Trockenzeit behauptet. Je weiter die Übergangszeit vorrückt, um so spärlicher werden die sonnigen Tage, und einen um so gleichmäßigeren Charakter nimmt der Regenfall an. Doch kommen bis weit in den Mai hinein noch Tage vor, welche in ausgesprochener Weise alle charakteristischen Erscheinungen der Trockenzeit, auch die höhenrauchähnliche, dunstige Trübung der Atmosphäre, welche für dieselbe charakteristisch ist, erkennen lassen. Doch wechseln dieselben bereits mit Tagen, welche vollkommen der Regenzeit entsprechen. Die Tornados werden selten, die Gewitter, welche immer noch häufig sind, nehmen durch Fehlen der stürmischen Erscheinungen einen völlig veränderten Charakter an; sie ziehen weniger rapide auf, zeigen weniger mächtige Entladungen und dauern längere Zeit. Die Dämmerungserscheinungen verändern sich. Die Sonnenuntergänge sind meist klar, und scharfbegrenzte, weit am Himmel heraufziehende, mannigfach durch vorüberziehendes Gewölk unterbrochene Strahlenbildung tritt an Stelle der ohne scharfe Grenzen in das Blaugrau des Himmels übergehenden rötlich=grauen Dämmerung

---

[1]) Dr. Th. Reye, Professor in Straßburg: „Die Wirbelstürme, Tornados und Wettersäulen in der Erdatmosphäre".

der Trockenzeit. Die Nächte sind klar und sternhell oder durch Regen=
gewölk völlig dunkel. Die Landbrise nimmt an Intensität ab, die Regen
kommen, im Gegensatz zur eigentlichen Tornadozeit, größtenteils von der
See her aus westlicher Richtung. So vollzieht sich allmählich der Über=
gang in die eigentliche Regenzeit, die ihre Höhe wechselnd zwischen Juni
und August erreicht. Die heftigen Gewitterentladungen hören allmählich
völlig auf; nur selten begleiten einzelne ferne Donnerschläge das Grauen
des beginnenden Tages. Selten wird auch der Anblick der Sonne.
Dafür fällt unablässig aus dem trüben, gleichmäßig grauen Himmel der
Regen herunter, bald anschwellend, bald nachlassend, nachts mit größerer
Intensität als tagsüber. Ein gleichmäßig grauer Schleier verhüllt den
Fluß fast ganz und läßt von dem gegenüberliegenden Mangrovenufer
nicht selten tagelang nichts erkennen. Auch alle in der Nähe befindlichen
Gegenstände, Bäume und Büsche sind in matches, wässeriges Grau gehüllt.
Auf dem Lateritplateau stehen, soweit das natürliche Gefälle nicht für
Abfluß sorgt, Seen und Pfützen; die kleineren, fast völlig ausgetrockneten
Wasserläufe schwellen zu reißenden Bächen an, und die zu dieser Zeit im
Urwald oder Busch befindlichen Expeditionen sind gezwungen, in Zwischen=
räumen von nicht selten wenigen Minuten Flußläufe bis zum Bauch oder
Hals zu durchwaten, so daß eine Trocknung des Körpers vor dem Er=
reichen des Nachtquartiers ausgeschlossen ist.

Die Windbewegung ist geschwächt; trotzdem und trotz der zunehmen=
den Feuchtigkeit, welche alle Gegenstände mit Schimmel überzieht, emp=
findet der Körper die namentlich nächtlich niedere Temperatur und das
Fehlen der intensiven Sonnenstrahlung sehr wohltätig, und das zeit=
weise Hervorkommen der Sonne, welche die oberflächlichen Bodenschichten
austrocknet, ist nichts weniger als gern gesehen und meist von sich meh=
renden Fieberkrankheiten gefolgt. Zwischen den dunklen geballten Wolken,
welche, dem Boden fast auflagernd, den Fuß des Kamerunberges ver=
hüllen, läßt nur selten ein für kurze Zeit matt aufleuchtender schwefelgelber
Schein am Abendhimmel den Stand der untergehenden Sonne erraten.

Das Malaria=Fieber. [1]

Das gewöhnliche Malariafieber spielt sich meistens in drei Stadien
ab und ist in wenigen Tagen überwunden, nur noch eine kurze Zeit lang
eine Schwäche in den Gliedern zurücklassend. Bei mir begann jedesmal
das Fieber mit einem ziehenden Schmerz in den Fingerspitzen, in den
Kniegelenken und im Kreuz. Als Nebenerscheinung stellte sich totale
Appetitlosigkeit ein. Zwei Stunden nach den ersten Anzeichen begann
das erste, das Froststadium. Mit klappernden Zähnen hüllte ich mich in
mehrere wollene Decken und erwartete in Ergebung das zweite Stadium,

---

[1] C. Morgen: „Durch Kamerun von Süd nach Nord", S. 338 ff.

die Hitze. Dieser folgte alsdann die Erlösung, der Schweiß; die Tem=
peratur ging herunter, und der Appetit stellte sich allmählich wieder ein.
Die Zeit der Erkrankung währte etwa fünf Stunden und fiel bei mir
meist in die Nachmittagsstunden. Am folgenden Tage zur selben Stunde
begann das Fieber von neuem, jedoch nicht, ohne daß ich der Schwere
dieses Anfalls durch eine Dosis Chinin von mindestens 1 g vorgebeugt
hätte. Der dritte Tag brachte mir in der Regel ein so leichtes Fieber,
daß ich mich nicht mehr niederzulegen brauchte. Öfter trat das im
Körper sitzende Malariagift nicht in Form eines Fiebers, sondern als
sogenannte verkappte oder larvierte Malaria in allen möglichen Formen
auf. Kopf= oder Zahnschmerzen sind häufig Malariaerscheinungen und
vergehen durch den Gebrauch von Chinin.

Wie schon oben erwähnt, sind diese Fälle fast nie töblich; lebens=
gefährlich ist erst das perniziöse Fieber, bei welchem bereits eine Blut=
zersetzung eintritt, und wo oft die größten Dosen Chinin, schließlich in
flüssigem Zustande als subkutane Injektion angewandt, nichts mehr
helfen. Die heilsame Wirkung des Chinins bei gewöhnlichem Fieber ist
dagegen eklatant. Leider wird aber auch mit diesem Mittel Mißbrauch
getrieben.

Der Urwald in Kamerun. [1]

Der Urwald ist so gleichförmig und ermüdend wie der Ozean, und
was der Wanderer gestern sah, wird er heute und morgen wieder zu
Gesicht bekommen. Unendlich mannigfaltig bleibt bloß die Fülle der das
Dickicht zusammensetzenden Pflanzen, von denen man hunderte ver=
schiedener Art aufzählen könnte, und dieser strotzende Reichtum allein ist
es, durch den der Urwald überwältigend wirkt. Zwischen immergrünen
Palmen gedeihen riesige Wollbäume, Brotfruchtbäume und Pandanus,
und durch das dunkle Blattgrün schimmern die goldgelben Früchte der
Mangos und Apfelsinen und die prachtvollen roten Blüten der Tulpen=
bäume. Mancherorten, freilich nicht so häufig wie in Togo, bildet die
Ölpalme ganze Waldungen, die größtenteils wild wachsen, aber auch
angebaut werden und noch in den Uferlandschaften des Mbam auftreten.
Wein= und Fächerpalmen vereinigen sich ebenfalls zu geschlossenen Be=
ständen, und zu ihnen gesellt sich im Küstengebiet die Kokospalme. Der
Wald birgt ferner stattliche Stämme von Rot= und Ebenholz; der Kaffee=
baum wächst wild und wird von den Eingeborenen wenig beachtet,
während die im Binnenhandel sehr begehrten Früchte des Kolanußbaums
eifrigst gesammelt werden. Das undurchdringliche Gewirr der Stämme
erstickt im Kampfe ums Dasein das Unterholz, und die Bäume werden
ihrerseits wieder von fadendünnen oder armdicken Gummilianen und

---

[1] Dr. Kurt Haffert: „Deutschlands Kolonien", S. 130 ff.

8*

anderen Schlingpflanzen umklammert und getötet. Orchideen und andere Gewächse überwuchern die modernen Reste umgestürzter Waldriesen; auf den Ästen der lebenden machen sich Schmarotzerpflanzen breit, und so fest sind Zweige, Blätter, Kronen und Ranken verschlungen, daß man sich nur mit Axt und Messer einen Weg durch die lebende Mauer bahnen kann. Alles strebt nach oben, nach Luft, Licht und Himmelsblau; am Boden dagegen herrscht eine feuchte moderige Luft mit Tag und Nacht fast gleichmäßiger Temperatur, und kaum erhellt ein Sonnenstrahl das Halbdunkel, an das sich das Auge erst gewöhnen muß. Bei bedecktem Himmel erreicht die Dämmerung oft einen solchen Grad, daß man kaum noch die Ziffern der Uhr oder der Instrumente abzulesen vermag. Strahlt hoch oben die Sonne durch das dichte Blätterdach, so ergreift den Menschen, der tagelang da unten auf schlüpfrigen Pfaden durch Wasserlöcher, Sümpfe und Bäche wandern muß, Sehnsucht, hinauf zu gelangen, um wieder einmal die Sonne und den Himmel zu schauen.

Charakterpflanzen Kameruns. [1]

Das Plateau ist lediglich Savanne. Der Übergang aus dem Urwald in diese Savanne geschieht an den meisten Stellen nicht plötzlich, sondern durch ein Übergangsstadium, die Parklandschaft. Gras- und Buschstreifen wechseln hier miteinander ab; erstere auf den Höhen, letztere in den Tälern, an den Flußläufen entlang, an denen sie besonders bei tief eingeschnittenen Ufern sich zu schönen Galeriewäldern entwickeln. Die Savanne ist größtenteils durchsetzt mit der Anona senegalensis, jenem kleinen afrikanischen Krüppelbaum, der etwa mit unserm verkümmerten Pflaumenbaum Ähnlichkeit aufweist. In der Savanne zu beiden Seiten des Sannaga, besonders auf dem rechten Ufer, ist die Anona ersetzt durch die Fächerpalme (Hyphaene), welche, wenn auch nur vereinzelt aus der Ebene herausragend, doch durch ihren schönen, schlanken Wuchs und die großen, dachförmigen Kronen mit den daranhängenden gelben Früchten eine erwünschte Abwechslung in der Szenerie hervorruft. — Überhaupt ist Kamerun reich an Palmen, und sie sind wohl nicht allein die schönsten, sondern auch die ergiebigsten Pflanzen des Landes. Außer der Fächerpalme trifft man, allerdings nur so weit die Seebrise reicht, die Kokospalme (Cocos nucifera) an, deren Milch eine höchst angenehme Erquickung abgibt, und deren Kern auch zu einem Handelsartikel (Kopra) verwandt wird. Ich habe im weiteren Hinterlande kein einziges Exemplar dieser Spezies angetroffen. Nur etwa zehn Tagereisen von der Küste hält sich noch die Kokospalme. Es ist ein sicherer Beweis für den aus dem Innern zurückkehrenden Reisenden, daß er nicht mehr weit von der Küste entfernt ist, wenn er die erste Kokospalme antrifft. Noch wichtiger

---

[1] E. Morgen: „Durch Kamerun von Süd nach Nord", S. 327 ff.

als diese ist die sowohl an der Küste als auch im Innern, und zwar
hier oft in großen Hainen auftretende Ölpalme (Elaeis guineensis). Sie
liefert die Haupthandelsprodukte Kameruns, Palmkerne und Palmöl; aus
ihrem Saft verschafft sich der Neger sein berauschendes Lieblingsgetränk,
den „Mimbo". Außer diesen drei Arten gedeiht an vielen sumpfigen
Stellen noch die Weinpalme, auch Bambuspalme genannt (Raphia
vinifera). Ihre langen und elastischen Blattrippen werden von den Ein=
geborenen vorzugsweise als Dachsparren und Tragstöcke benutzt, auch ihr
Saft wird, wie der Name verrät, gern getrunken.

Von vielen nutzbaren Farbhölzern absehend, will ich an dieser Stelle
besonders ein Gewächs hervorheben, das nach meiner Ansicht nächst der
Ölpalme die größte Zukunft hat. Es ist die Gummiliane (Landolphia).
Ich habe an vielen Stellen des Urwaldes diese Schlingpflanze massen=
haft angetroffen; die Eingeborenen hatten jedoch meistens von dem Werte
ihres Saftes keine Ahnung. Man müßte mit der Ausnützung jedenfalls
vorsichtiger beginnen, als dies in der Küstenregion geschieht. Hier haben
die Eingeborenen, um möglichst viel zu produzieren, die Lianen nicht
angeschnitten, sondern, um im Augenblick viel Saft zu erlangen, die
Pflanzen durchschnitten und dadurch für die Zukunft getötet. Ich halte
es daher für angebracht, daß man da, wo die Gummigewinnung be=
trieben werden soll, dies unter der Aufsicht eines erfahrenen Europäers
geschehen läßt.

Eine Elefantenjagd. [1]

Schon wird hin und wieder das Krächzen jener Vögel aus der
Familie der Nashornvögel vernehmbar, die in hohen Baumkronen unsere
Anwesenheit bemerken und sich mit Vorliebe aufhalten, wo Elefanten
sind, welche sie durch ihr Geschrei vor dem nahenden Jäger zu warnen
scheinen.

Doch horch! Zur Linken, nicht gar weit entfernt, hören wir plötzlich
das Knacken eines Zweiges und ein leises Rauschen der Blätter! Das
ist ein Elefant, der einen Zweig abgebrochen hat und dessen Blätter ab=
streift. Wir ändern jetzt den Weg und schleichen langsam, jedes Geräusch
vermeidend, der Stelle zu. Immer deutlicher wird das Knacken und
Rauschen der Zweige, zahlreiche Fliegen umsummen uns, und ein scharfer
Geruch frischer Losung steigt uns in die Nase, der Elefant muß in un=
mittelbarer Nähe sein. Plötzlich stutzen wir alle und stehen wie fest=
gewurzelt, den zum Ausschreiten aufgehobenen Fuß leise wieder zu Boden
setzend; ein Trompetenstoß, dessen schmetternder Ton rings den Urwald
erdröhnen macht, schlägt an unser Ohr und macht zugleich das Herz lauter
klopfen. Zaghaft schaut unser Führer sich nach uns um, während in das

---

[1] E. Zintgraff: „Nordkamerun", S. 105 ff.

noch nicht ausgeklungene Echo des ersten Trompetenstoßes sich neue ge=
waltige Klänge mischen, die aus den ferneren Teilen des Waldes kommen
und uns belehren, daß wir vermutlich in eine Elefantenherde hinein=
geraten sind. Alsbald übernehme ich selbst die Führung, behutsam
Schritt vor Schritt setzend. Mit unheimlicher Deutlichkeit höre ich die
Töne des friedlich bei der Morgenmahlzeit beschäftigten Tieres, das, ohne
die ihm drohende Gefahr zu ahnen, mit hallenden Trompetenstößen den
jungen Morgen begrüßt und mit den abseits weidenden Genossen fröh=
lich Zwiesprache hält.

Jetzt trennt mich nur noch ein kleiner Zwischenraum von dem
ersehnten Ziele. Dichtes Unterholz sowie zahlreiche Lianen erschweren
das Vordringen und vor allen Dingen das genaue Sehen. Tief zur Erde
gebückt winde ich mich schlangenartig durch das Gewirr der Lianen und
Äste; da gewahre ich plötzlich, kaum 5 m vor mir, eine graubraune
gewaltige Masse. Er ist es; ein mächtiges Tier. Langsam gelingt es,
in dem unsicheren Lichte des Dickichts die Umrisse des Leibes und die
einzelnen Gliedmaßen zu erkennen; vor allem heißt es geduldig warten,
bis er uns die richtige Seite zum Schusse zudreht.

Mit dem Schweif sich die Fliegen abwedelnd, die großen Ohren auf=
und zuklappend, hin und wieder eines der säulenartigen Beine hebend,
während sich der tastende Rüssel bald nach links, bald nach rechts in die
Höhe reckt, so steht der Koloß vor mir, die richtige Verkörperung un=
bewußter afrikanischer Kraft und Sorglosigkeit. Ich kauere am Boden,
die Büchse im Anschlag. Hat er mich nun bemerkt oder hat sonst etwas
seine Aufmerksamkeit erregt? Er macht plötzlich eine Viertelwendung nach
mir und scheint, den Rüssel hoch in die Luft hebend, mit weit ab=
gesperrten Ohren zu lauschen. Das ist der Augenblick, und, die schwere
Büchse in die Schulter setzend, sende ich ihm meinen Schuß mitten aufs
Blatt. Alsbald bücke ich mich, um unter der im feuchten Urwalde nur
schwer verziehenden bläulichen Rauchwolke hervor die Wirkung des Schusses
zu beobachten. Noch ist der Donner meiner Büchse kaum verhallt, als
mich auch schon von allen Seiten nervenerregendes Geräusch umtönt.
Zwar die Stelle, wo der Elefant stand, ist leer; aber rings um mich kracht
es und rauscht es, erdröhnt der Boden vom Getrampel tobender Elefanten,
so daß ich ratlos und neugierig zugleich mir nicht anders zu helfen
weiß, als Gewehr bei Fuß abzuwarten, wie ich aus diesem wilden Durch=
einander mit heiler Haut davonkommen werde. Denn es ist schlechter=
dings nicht zu sehen, noch zu erraten, aus welcher Richtung irgend einer
der aufgeschreckten Riesen auf uns zustürzen wird. Doch auch diese
bange Minute geht vorüber; stiller und stiller wird es allmählich, und
nur das Geschrei der aufgescheuchten Vögel unterbricht noch ab und zu
den zurückgekehrten Frieden des Urwaldes. Nachdem der abgeschossene
Lauf wieder geladen ist, folgen wir rasch der Fährte des getroffenen

Tieres. Tunnelartig liegt vor uns der frische Weg, den es sich auf der Flucht durch das Dickicht gebahnt hat. Abgeknickte schenkeldicke Bäume, zerrissene Lianen, zertretene Blattpflanzen bezeichnen seine Spur. Hier und da schimmert auf breiten Blättern ein Blutstropfen.

Jetzt beginnt die Verfolgung. Die Beschaffenheit des Gewehres einesteils — Kaliber 12, 10 g Pulver bei 75 g Geschoßgewicht — die Größe des Tieres und die Stelle, wo es getroffen ist, andernteils lassen vermuten, daß uns die Beute zwar sicher sein, bis dahin aber noch manche Stunde vergehen wird. Hier heißt es geschwind sein und gute Lungen haben. So lange wir auf feuchtem Grunde sind, ist die Spur leicht zu verfolgen. Aber im lichten Hochwalde und auf steinigem Boden, namentlich wenn die Blutstropfen allmählich seltener werden, gehört die größte Aufmerksamkeit dazu, die Fährte nicht zu verlieren. Bei solcher Gelegenheit muß man mehr als einmal den Scharfblick des im beständigen Verkehr mit der Natur lebenden Eingeborenen bewundern, der in den kleinsten, für Weiße oft kaum wahrnehmbaren Anzeichen wie in einem offenen Buche liest. Bald geradeaus, bald im Zickzack führt uns die Spur, und hätte mich nicht unser Führer plötzlich zurückgehalten, so wäre ich jetzt geradezu auf den Elefanten losgelaufen, der im Dunkel einiger Baumstämme zwischen Lianen und dichtem Laube verborgen ruhig dasteht. Es ist erstaunlich, wie unhörbar und behende sich die schweren Tiere im Dickicht bewegen und verbergen können, so daß man oft von ihrer allernächsten Gegenwart keine Ahnung hat. Die Büchse hebend, trete ich so dicht vor das anscheinend schon mit dem Tode ringende Tier, daß ich für seinen Rüssel beinahe erreichbar bin. Eine letzte Anstrengung des Elefanten, sich auf mich loszustürzen, kommt über einen kurzen, kraftlosen Ruck nicht hinaus, dann noch ein Blick aus den kleinen, selbst jetzt noch treuherzigen Augen, und zum zweiten Male kracht mein Gewehr; die erste Kugel bringt etwas zu hoch über den Augen ein, erst die zweite bringt den bereits Schwankenden vollends zu Fall. Jedoch noch ist das Leben nicht entflohen. In schwerem Todeskampfe wälzt er sich auf dem Boden umher, alles niederdrückend und zermalmend, dabei vergeblich bestrebt, mit seinem Rüssel aus der Rachenhöhle das geronnene Blut in Gestalt von dicken Blutklumpen zu entfernen, um nicht zu ersticken. Doch seine Bewegungen werden schwächer und schwächer, und nach einem letzten krampfhaften Zucken liegt er endlich vollständig regungslos. Noch hat er kaum die riesigen Glieder gestreckt, da stürzt sich auch schon unser Führer, der zu diesem Zweck schon längst das haarscharf geschliffene Messer bereit hält, mit einem Satz auf den Leichnam, und ein blitzschneller Hieb trennt das untere Ende des Schwanzes vom Körper, denn dieser Teil ist für den Neger der Haupttriumph; erst der Anblick dieser Trophäe beweist der ungeduldig auf die Rückkehr der Jäger lauernden Bevölkerung den glücklichen Ausgang des Jagens.

Die Bali. [1])

Was die äußere Erscheinung und das Auftreten der Bali anlangt, so kann man auch hier wieder die Beobachtung machen, wie die Natur eines Landes sich in seinen Bewohnern widerspiegelt. Denn im Gegensatz zu der in den dumpfen Urwäldern der Küstengebiete wohnenden schlaffen Bevölkerung sind die Bali, die Söhne der freien Hochebene, körperlich entwickelter und geistig geweckter. Ihr Wuchs ist weit über Mittelgröße, und riesenhafte Gestalten sind durchaus keine Seltenheit, ihr Bau ist sehnig und muskelstark; jene fleischigen Körperformen, wie man solche an der Küste, bei den Duala z. B., zu beobachten Gelegenheit hat, sind kaum zu finden, obgleich Garega [2]) und seine Brüder sich ausnahmsweise durch Wohlbeleibtheit auszeichnen. Auffallend sind die langen Schenkel der Bali, die sie in den Stand setzen, große Strecken ohne Ermüdung zurückzulegen; überhaupt liebt es der Bali, seine Kraft zu zeigen und sich im elastischen Laufschritt oder Sprunge von höher stehenden Personen zu entfernen. Wie bei den meisten Naturvölkern, so ist auch die Haltung der Bali sehr gerade, ihr Gang aufgerichtet und stolz, eines gewissen würdevollen Anstandes nicht entbehrend.

Eigentümlich ist ihre Schädelform. Sie haben die Gewohnheit, bald nach der Geburt den kleinen Kindern durch wiederholtes sanftes Drücken mit der flachen Hand auf die obere Stirn dem Schädel nach hinten zu eine möglichst eiförmige Gestalt zu geben, was namentlich bei abgeschnittenen Köpfen in die Augen fällt. Dieser Brauch scheint den meisten Grenzstämmen Süd-Adamauas eigen zu sein, der übrigens keinen nachteiligen Einfluß auf die geistigen Fähigkeiten der Bali hat, die im Gegenteil recht gut entwickelt sind.

Die Schneidezähne pflegen die Männer vorn spitz zu schlagen, während beim weiblichen Geschlecht etwa mit dem siebenten Jahre die beiden oberen Schneidezähne ausgebrochen und nur die beiden unteren zugespitzt werden.

Das Haupthaar rasieren beide Geschlechter mit kleinen dreieckigen Messern entweder ganz ab, oder sie lassen den Kopf entlang von der Stirn nach dem Hinterhaupte einen elliptischen, an die Kopftracht der Hamburger Dienstmädchen erinnernden Haarkamm stehen. Diese, sowie noch einige andere, weniger häufige Haartrachten, z. B. das Scheren einer den halben Vorderkopf umfassenden, künstlichen Glatze sind beiden Geschlechtern eigen, desgleichen die Gewohnheit, die Augenbrauen abzurasieren, während die Männer sich hin und wieder auch noch die Augenwimpern ausreißen. Eine ausschließlich männliche Haartracht ist ein kleiner, buckelartiger Schopf auf dem Wirbel. Er wird durch Zusammen-

---

[1]) E. Zintgraff: „Nord-Kamerun", S. 209 ff.
[2]) Der damalige Oberhäuptling der Bali.

(Aus der amtlichen Denkschrift.)

Blick von Buea auf den Kamerunberg (Kamerun).

(Aus der amtlichen Denkschrift.)

Faktorei am Wuri in Jabassi (Kamerun).

flechten der Wirbelhaare hergestellt und dieser Haarkegel alsdann durch
kleine, daran befestigte Metallplättchen, Kaurimuscheln, Antilopenhörnchen,
kleine Klingen und dergleichen Zierat verschönt. Dieser Schopf soll den
Feinden in der Schlacht eine bequeme Handhabe bieten, um den ge=
fallenen Bali nach Siegerbrauch den Kopf abzuschneiden und ihn als=
dann vermittels dieses Schopfes wie an einem Henkel im Triumph nach
Hause zu tragen. Denn es gilt für eine Schande, wenn dem Erschla=
genen behufs besserer Beförderung des Kopfes Lippen oder Ohren zum
Durchstechen eines Speerschaftes aufgeschlitzt werden. Wie bei den In=
bianern die Skalplocke, so ist bei den Bali dieser Schopf das Zeichen
eines kriegerischen Mannes.

Die Hautfarbe der Bali ist sehr dunkel und nähert sich bei vielen
dem Schwarzblau. Es ist jedoch schwer, ihre richtige Hautfarbe auf den
ersten Blick festzustellen, da sie den Körper mit einem Brei aus Rotholz
einzureiben pflegen, der, sobald er auf die Haut eingetrocknet und ein
wenig verrieben ist, dieser beständig eine nicht unschöne, bordeauxrote
Färbung gibt. Das weibliche Geschlecht huldigt in ganz hervorragender
Weise dieser Gewohnheit, den Körper zu schmücken; bildet doch die
Einreibung mit Rotholz fast seine ausschließliche Bekleidung. Wäh=
rend nämlich die Männer stets in einem togaartigen Gewande
oder im Kriegshemde — dem n'tchi m'bum — gehen, wandeln
selbst junge Frauen völlig unbekleidet oder tragen höchstens das bereits
oben erwähnte naturwüchsige Kleidungsstück, das Guassi. Es ist der
volkstümliche Schmuck der Balifrauen und besteht lediglich in einem etwa
handgroßen Schürzchen, das vorn und hinten getragen wird. Es wird
gewöhnlich aus frischen, weißen Bananenfibern oder auch aus wohl=
riechenden Kräuterbüscheln gefertigt. Hinten liebt man es, einen bis fast
in die Mitte des Rückens fächerartig sich ausbreitenden, ebenfalls aus
zarten Grashalmen geflochtenen Schweif, dessen unterer Teil mit rot=
weiß=schwarz gefärbten Gräsern umwickelt wird, anzubringen. Wenn
dieses Pfauenrad beim Gehen sich so recht anmutig hin= und herbewegt,
ist die eitel danach umschauende Balischöne glücklich und ihres Eindrucks
auf die Herren der Schöpfung sicher.

Rast in einem Jaunde=Dorfe. [1]

Unvergeßlich wird mir bei all den neuen Eindrücken der erste Abend
im Jaunde=Lande bleiben. Es war herrlicher Mondschein, wir lagerten
in dem an fünfzig wohlgebauten Hütten zählenden Dorfe des Häuptlings
Ukalla. Am äußersten Ende des Dorfes war mein Zelt aufgeschlagen.

---

[1] Hans Dominik: „Kamerun", S. 52. Mit gütiger Erlaubnis des
Verlages E. S. Mittler & Sohn, Berlin.

Vor mir dehnte sich, fast taghell beleuchtet, der breite Dorfplatz aus, auf dem heute überall vor den Häusern die Feuer meiner Soldaten und Träger brannten. Zwei waldbedeckte Bergriesen bildeten den Hinter= grund, ein Wasser rauschte am Ende des Dorfes zu Tal. Es war eine herrliche Stille in der Natur und selten rein und würzig die schöne Berg= luft. Am Nachmittag waren wir eingerückt; der alte Ukalla mit seinen Riesenarmen, an denen die Elfenbein= und Metallringe laut klirrten, hatte mir wiederholt kräftig die Hand geschüttelt, mir wieder und wieder ver= sichert, daß er ein treuer Freund des Ntangan (weißen Mannes) sei, mir manches von Kund und Tappenbeck und namentlich von Morgen erzählt, den seinerzeit Tunga bis hierher verfolgt und beschossen hatte. Neugierig umstanden ihn seine Weiber und Töchter. Kinder, ganz nackt, die Hände auf dem Rücken, blickten mit großen Augen zu dem weißen Manne auf und staunten all die Dinge an, welche die Träger in langer Reihe aufstapelten. Als die Soldaten angetreten waren, ein lautes „Gewehr ab" ertönte, gleichmäßig die Kolben den Erdboden berührten, die Köpfe rechts flogen und Zimmermann den letzten Mann der Kara= wane meldete, da war es ganz still im Dorfe gewesen. Dann, als die Gewehre zusammengesetzt waren und alles wegtrat, ein lautes „Ake" der Verwunderung; besonders Ängstliche verschwanden im dichten Busch, um dann alsbald unter dem Gelächter ihrer mutigeren Stammesleute wieder aufzutauchen, sobald sie sahen, daß nichts Gefährliches sich er= eignete. Dann wurden von den Soldaten Zeltpfosten zusammengesetzt, die Planen ausgespannt, ein „Up" des schwarzen Unteroffiziers, und mit Leinen und Pflöcken wurde das grüne Haus festgestellt. Die Neugierigen drängten sich heran, so daß der Posten sie forttreiben mußte, weil sie alles anfassen wollten. Die Häuser wurden verteilt, Soldaten und Träger erbaten sich Töpfe von den Frauen, die Jungen des Dorfes trugen Feuerholz herbei, Wasser wurde geholt, und bald meldete Ukallas Trom= mel, weithin vom Berge in den Wald tönend, den Nachbarn die friedliche Ankunft des weißen Mannes. Da kamen denn die Siedler des Waldes von allen Seiten an, voran elastischen Schrittes der Herr des Hauses mit dem Speer oder Gewehr in der Hand, hinter ihm seine Frauen und Kinder mit Pisangs, Hühnern und Ziegen, die Frauen oft mit großen Kiepen auf dem Rücken voll Erdnüsse, Jams oder Kassada. Vorsichtig gingen sie an das Dorf heran, ließen erst den Gesamteindruck etwas auf sich wirken, um sofort von irgend einem Soldaten oder Träger heran= gewinkt zu werden, der ihnen ein Bund kleiner Perlen oder ein Stück Zeug zeigte, um in der Zeichensprache, die alle Neger meisterlich ver= stehen, den Markt zu eröffnen. Daß schon öfter weiße Männer durch= gekommen waren, sah man daran, daß Frauen und Kinder, die einen besonders schönen Hahn, ein Ei, eine Ananas oder Honig hatten, sich stets so stellten, daß sie vom Zelt aus gesehen werden konnten, und ihre Sachen,

die sie für europäische Leckerbissen ansehen mochten, nur an den Ntangan
selbst verkaufen wollten. Auch große Häuptlinge aus den Nachbar=
dörfern waren eingetroffen mit starker Gefolgschaft. Alle in Waffen stolz
daher schreitend, kamen sie mit einer Ziege oder einem Schaf an der Leine
bis vor das Zelt. Der Posten rief mich heraus, ein Händeschütteln, ein
lautes „Awu maha", die Hausjungen schleppten die Tiere und Lebens=
mittel fort, und würdig setzte sich der Häuptling nieder, um mit den
Seinen geduldig auf das Gegengeschenk zu warten. Jetzt am Abend
hatten die Ukalla=Männer Tanztrommeln hervorgeholt, Weiber und
Männer sich Klappern an Armen und Füßen befestigt und unter melo=
dischem Gesange tanzten sie, lautjauchzend, überall umstanden von den
Soldaten, die zum ersten Male mit dem fröhlichen, harmlosen Jaunde=
Völkchen in Berührung kamen. Ich hatte viel gehört von Land und
Leuten, namentlich aus Morgens interessanten Schilderungen, der die
Jaundes nicht genug zu loben weiß; aber der Eindruck, den ich in der
herrlichen ersten Nacht im Jaunde=Lande empfing, übertraf weit meine
schönsten Erwartungen, und voll Zuversicht sah ich dem weiteren Teile
meiner Reise entgegen.

Es war so etwas ganz anderes, mit diesen unbefangenen, frei=
blickenden und sprechenden Naturmenschen zu reden, als mit den ver=
schlagenen, hochmütigen und doch so kriechend freundlichen Küstennegern
oder den stumpfsinnigen, finsterblickenden Ngumbas.

Die Landschaft Jaunde und ihre Bewohner. [1]

Am 3. August überschritten wir den Njong=Fluß und kamen nun,
wie ich wußte, in die eigentliche Jaunde=Parklandschaft. Der ganze
dunkle Riesenbusch lag hinter uns. Im hellen Sonnenlichte aber mar=
schiert es sich durch eine freundliche Landschaft, wo fröhliche Menschen
wohnen, selbst auf bergigen Wegen besser als auf ebenem Pfade im fin=
steren, nassen Walde. Unsere Wanderung von hier bis nach der Station
glich einem Triumphzuge. Die vielen Palmen geben der Gegend ein
ganz besonderes Gepräge. Die hohen Urwaldbäume standen nicht mehr
so dicht beieinander, das Unterholz war niedriger, fehlte wohl auch gänz=
lich oder machte großen, weiten, mannshohen Grassteppen Platz. An
rauschenden Wassern lagen schattige Bambushaine. Überall weitgebaute,
sauber gehaltene Dörfer. Die viereckigen Hütten in zwei Reihen am
Wege, das Ganze abschließend und, quer vor die Dorfstraße gestellt, jedes=
mal ein luftiges Männerhaus. Mit mehreren Eingängen und hohen
Palmenblattdächern machten diese schattigen Häuser, in denen stets eine
große Anzahl niedriger Holzbetten stand, einen recht einladenden Eindruck.

---

[1] Hans Dominik: „Kamerun", S. 54. (Verlag von E. S. Mittler &
Sohn, Berlin.)

In ihnen brannte stets ein Feuer, und rauchend saß dort der Häuptling mit seinen Leuten und Gästen. Die Betten oder besser Pritschen bestanden aus dicht aneinander gebundenen Bambus- und Palmenrippen. Niedrige Holzblöcke und kunstvoll geschnitzte Sessel standen herum. In der Nähe des Männerhauses oder auch auf der Dorfstraße befand sich stets ein Tabaksbeet, denn selten trifft man einen Jaunde-Mann ohne die geliebte Tabakspfeife. Der Wandersmann hat in Jaunde stets einen aus Fell hergestellten Rucksack auf der Schulter, der alle möglichen notwendigen Gegenstände enthält, und in dem vor allem der hölzerne Löffel untergebracht ist, der jeden Mann wie ein Reisestab und unentbehrlichstes Utensil begleitet.

Überall begegneten wir den reise- und vergnügungslustigen Jaunde-Leuten auf dem Wege. Sie marschierten, kaum rechts oder links schauend, in schnellem Tempo dahin. Mit lautem „Awu maha" grüßen sie Entgegenkommende, die mit „Aha" und „Wakehe" (Wo gehst du hin) antworten, meist aber bereits vorüber sind, ehe eine Antwort erfolgt, die sie auch gar nicht abwarten. Kommen die reisenden Jaundes dann in ein Dorf und sehen im Männerhaus die Dorfleute beim Essen sitzen, so haben sie sofort den Löffel zur Hand, langen mit ihm hinein in die Erdnußsuppe und den Bananenbrei und sagen erst guten Tag oder stehen Rede und Antwort, nachdem sie den Hunger gestillt haben. Wenn dann die Tagesneuigkeiten ausgetauscht sind und ein flüchtiger Dank gesagt ist, geht es weiter, und oft legen sie so, Tag und Nacht ohne sichtbare Ermüdung marschierend, 50 bis 60 km zurück.

Der Jaunde ist, seinem sehr lebhaften Temperament entsprechend, nämlich auch sehr beweglich und unternehmungslustig. Bald ist jemand im Nachbardorfe gestorben, bald ist anderswo eine „Aka batala" (ein Mannbarkeitsfest), ein „Abok" (ein großer Tanz); es gilt, auf Handelsgeschäfte oder Brautschau auszugehen, beabsichtigte Kriegszüge müssen besprochen werden — kurz, an Grund zum Reisen fehlt es nicht, und reges pulsierendes Leben herrscht im ganzen Lande. So bekamen wir fortwährend Menschen zu sehen, die dann zuerst wohl scheu in den Busch traten, später aber sich unserem Zuge anschlossen, um uns in dem nächsten Dorfe gründlich besehen und bewundern zu können. Führte dann der Weg den Wanderer, der uns zugeschaut hatte, in ein abgelegenes Dorf, wo man die reisenden Europäer noch nicht gesehen hatte, so ward er dort ebenso umdrängt, wie bei festlichen Anlässen ein Extrablattverkäufer des Lokal-Anzeigers in Berlin, und ganz wie ein Zeitungsgewährsmann pflegte der Jaunde-Mann das Geschaute ohne Rücksicht auf die Wahrheit so zu erzählen, wie er es hübsch fand. . . . .

Die Bebauung des Landes ist, der starken Bevölkerung entsprechend, auch eine viel sorgfältigere als in dem Küsten- und Ngumba-Gebiet. Große Plantenhaine beschatten rundum die Dörfer, und früh morgens, schon mit Sonnenaufgang, pflegen die Frauen im Arbeitsanzug, d. h. mit ihrem Blätterschmuck achtern, zur Arbeit aufs Feld zu gehen. Die Männer machen nämlich nur die schwere, grobe Landarbeit, d. h. sie fällen in der Nähe ihres Dorfes, wo sie eine Farm anlegen wollen, die Bäume, reinigen das Land nach Möglichkeit von dem Unterholz und brennen die gefällten Stämme ab. Dann weisen sie die verschiedenen Teile der Farm ihren Frauen zu, die nun mit der Hacke an die Arbeit gehen, um kurz vor den Regenzeiten dem Boden die Maiskörner und Erdnüsse, den Koko oder Jams anzuvertrauen. Beginnt es zu regnen und keimt das Gepflanzte, so gilt es, die Farm fortwährend vom Gras und Unkraut zu befreien, das in dem jungfräulichen Boden ebenso schnell wuchert wie die junge, aus dem Samen getriebene Pflanze. Zum Schutz gegen die zudringlichen Ziegen und das Wild muß außerdem ein Zaun rund um das Feld gebaut werden. Die Jamswurzel, die in Jaunde besonders beliebt ist, muß zur Zeit gehäufelt werden und bedarf, ebenso wie die Kürbisse, einer Stütze für die rankenden Triebe, so daß die Jamskulturen der Jaunde von weitem wie große Hopfenfelder aussehen. Auch der Mais macht, namentlich in der Blütezeit, dadurch viel Arbeit, daß fortwährend die zahllosen Reisvögel von den jungen Blüten und Dolden verscheucht werden müssen. Die Jaunde=Frau hat deshalb tags= über fleißig zu arbeiten, da sie außerdem noch das Essen kochen, Brenn= holz suchen und Wasser tragen muß, das in den Häusern in großen, tönernen Töpfen aufbewahrt wird. Überall in Wald und Feld rieseln muntere Bäche von den Bergen hernieder, und reichlich fallender Regen verleiht dem Boden eine solche Fruchtbarkeit, daß allenthalben zweimal im Jahre geerntet wird. Langsam zogen wir in den Morgenstunden auf breiten, gut ausgetretenen Wegen dahin, und überall in den Dörfern war unsere Ankunft ein Volksfest. Kaum waren wir von unserem Nacht= quartier eine Stunde abmarschiert, so forderten uns die Dorfältesten schon auf, unter allen Umständen bei ihnen zu rasten, so daß wir vom Njang bis nach Jaunde nur ganz kleine Märsche haben machen können. Erst am 9. August erreichten wir mittags die Station, herzlich bewill= kommnet von Herrn Zenker, der hier schon seit fünf Jahren hauste und in letzter Zeit von den Herren Staudt und Rabischung unterstützt wurde. So hatten wir denn den eigentlichen Urwaldgürtel hinter uns und befanden uns an der Grenze des Wald= und Graslandes auf der vorgeschobensten Station in Inner=Kamerun.

Ein Gottesgericht. [1]

Es handelte sich dabei um eine Frau; der Ort der Handlung war Sambu, ein Dorf nicht fern der Kongomündung. Ich begab mich aus

---

[1] E. Zintgraff: „Nord=Kamerun", S. 19 ff.

Neugierde schon in aller Frühe zur Gerichtsstelle. Schon von weitem hörte man den Klang der Trommeln, und bald befand ich mich auf einer Lichtung im Walde, wo man einen kreisrunden Platz vom Grase gereinigt hatte. Vorläufig — die Sonne war eben aufgegangen — befand sich nur der Zauberer mit seinen Gehilfen da. Inmitten des kreisrunden Platzes waren vier Palmblattrippen von etwa 1½ m Länge in die Erde gesteckt und bezeichneten ein Rechteck. Die kurzen Seiten des Rechtecks waren durch einen Palmblattstreifen verbunden, von welchen in kleinen Zwischenräumen dreimal drei schmale, etwa 1½ m lange Palmstreifen herabhingen. An der einen Ecke, wo sich einige Körbe, Geräte des Zauberers enthaltend, befanden, steckte ein alter Kavalleriesäbel in der Erde. Allmählich sammelten sich um den Platz Gruppen von Eingeborenen, Frauen, Männer und Kinder. Endlich erschien die Angeklagte und nahm ein wenig seitwärts von der Richtstätte Platz.

Es war ein vielleicht 28 bis 30 Jahre altes Weib, von ihrer jungen Tochter begleitet; beide hatten das Gesicht mit roter Farbe bestrichen. Der Zauberer begann nun unter dem dumpfen Rasseln der Trommeln den Richtplatz zu umtanzen, den Kavalleriesäbel schwingend und geheimnisvolle Worte murmelnd. Dann setzte er ein das Gift bergendes Körbchen vor dem Osteingang der Richtstätte auf die Erde, kniete davor nieder, bestrich sein Antlitz und küßte dreimal den Boden; dasselbe wiederholte er am anderen Eingange; dann tanzte er wieder umher quer durch die Richtstätte, dabei immer unverständliche Worte vor sich hinsummend. Auf ein Zeichen von ihm schwieg die Musik; die Angeklagte zog sich mit den Frauen weiter in den Hintergrund zurück, und nun begann der Zauberer mit den Gehilfen die Zubereitung des Giftes.

Ein handgroßes Stück Rinde wurde aus dem noch reichen Vorrat des Korbes genommen, sorgsam gereinigt und abgewaschen, in Stücke geschnitten und auf einer Steinplatte, die von vielem Gebrauche bereits ausgehöhlt war, mit einem runden Stein zu feinem Pulver zerrieben. Dieses braune Pulver wurde alsdann angefeuchtet und aus dem Brei drei Kugeln von der Größe eines kleinen Hühnereies geballt. Die Kugeln blieben auf der Steinplatte unter einem weißen Tuche liegen.

Während dieser Vorbereitungen machte sich im Hintergrunde eine große Bewegung bemerkbar. Der Ankläger wurde herbeigeführt, und der Zauberer schlug unter dem Schwur des Anklägers, daß er die reine Wahrheit sagen wolle, und daß er, wenn er lüge, nicht auf natürliche Weise sterben wolle, einen Nagel in eine Holzfigur ein zum besseren Angedenken an diesen Schwur. Der Ankläger behauptete alsdann — die Angeklagte selbst stand weiter zurück und nur ihr Bruder war anwesend — die Frau sei eine Zauberin und habe die Seele ihres vor kurzem gestorbenen Bruders gegessen. „Moio" heißt sowohl Herz wie das klopfende Leben, das im Innern seinen Sitz hat, die Seele. Vielleicht, daß der

Ankläger damit sagen wollte, die Frau sei schuld an der Krankheit und dem Tode ihres Bruders, den sie ja tatsächlich nicht getötet und dessen Herz sie noch weniger gegessen hatte.

Nachdem der Nagel ins Zauberholz getrieben worden war, scharte sich alles um die Richtstätte; der Zauberer führte unter dem Klange der Trommeln die sich kaum auf den Füßen haltende Frau, sie am kleinen Finger ergreifend, an jede Ecke des Rechteckes, um die Frau und die Palmblattrippe Kreise ziehend, gleichsam wie um sie an die Richtstätte zu bannen, und nachdem die Richtstätte noch einmal kreuzweise durch= schritten war, ließ er sie inmitten des Rechteckes sich niedersetzen. Es trat zunächst eine tiefe Stille ein.

Nun begann der Zauberer die Anklagen zu wiederholen, die das Weib unter Tränen bestritt, während der außerhalb der Gerichtsstätte sitzende Ankläger, ein untersetzter älterer Mann mit wahrem Gaunergesicht, nur zuweilen ein halblautes Wort dazwischenwarf.

Sodann hielt der Zauberer dem Weibe alle ihre bis dahin be= gangenen Sünden vor, daß sie nach der Totenbestattung sich nicht sofort gewaschen, daß sie einmal mit blutigen Händen gegessen, daß sie ein andermal einem Fremden zuerst zu trinken gegeben, ohne selbst erst vor= gekostet zu haben usw., und forderte sie endlich, ihr die erste Pille reichend, auf, nun das Gift zu essen, um die Wahrheit der Anklage zu erproben. Zitternd begann jetzt die Arme, die Pille hinunter zu würgen, während zuweilen die Trommel ertönte und der Zaubermann einen Tanz aufführte.

Man sollte denken, daß die Zuschauer der Sache einen gewissen Ernst entgegengebracht hätten; aber dem war nicht so; diese Prozesse sind zu häufig, nehmen doch oft mehrere Personen zugleich das Gift. Alles schwatzte und lachte durcheinander wie an einem Festtage. 20 Minuten dauerte es, da war der letzte Rest der drei Pillen verschluckt. Der Zau= berer hieß die Frau aufstehen. Sie mußte nun innerhalb des Rechteckes hin und her gehen und dabei jedesmal die drei mittleren der an der schmalen Stelle herabhängenden neun Palmblattstreifen berühren; dies mußte so lange geschehen, bis die Entscheidung erfolgte. Unterdessen nahm der Zauberer seine Bezahlung, die sehr reichlich war; einige Flaschen Rum kreisten; ich aber machte mich davon, da ich weder Zeit noch Lust hatte, den Tod der armen Frau mit anzusehen, von der ich somit auch nicht weiß, ob sie wirklich gestorben oder mit dem Leben davonge= kommen ist.

Der Boden am Kamerungebirge. [1]

Wer diesen nährstoffreichen, mürben, milden und tiefgründigen Boden und die Vegetation, welche er trägt, gesehen hat, wird gestehen

---

[1] Prof. Dr. Wohltmann: „Der Plantagenbau in Kamerun", S. 18 ff.

müssen, daß man in der ganzen Welt suchen muß, um eine ähnliche
Güte der Natur wiederzufinden. Und derartiger Boden ist am Kamerun=
gebirge nicht vereinzelt anzutreffen, sondern in weiter Ausdehnung.

Ja selbst die schlechtesten Böden der Bimbia=Plantage besitzen noch
einen derartigen Reichtum an Pflanzennährstoffen, daß sie, abgesehen
vom Kalkgehalt, unsere heimischen Böden und insbesondere auch die
meisten ostafrikanischen Böden bei weitem überflügeln. Wenn es noch
nötig wäre, die Güte des Bodens und Klimas am Kamerungebirge
näher zu belegen, so braucht man nur den Urwald und die Pflanzungen
der Eingeborenen daselbst zu betrachten — wie auch auf meinen photo=
graphischen Aufnahmen zu ersehen ist — um in Staunen über die
Fruchtbarkeit des Landes auszubrechen. Ich würde dies nicht so stark
betonen, wenn man nicht bei der allgemeinen Unkenntnis, welche in
Deutschland über unsere Kolonien selbst in den gebildeten Kreisen noch
herrscht, noch häufig auf die Ansicht stieße, daß Kamerun gleich Süd=
westafrika eine öde verlassene Sandwüste sei.

Man muß sich in der Tat wundern, wie es möglich ist, daß der
hohe Wert Kameruns als Plantagenland so lange verschleiert blieb, und
das um so mehr, als doch diese herrlichen Ländereien unmittelbar am
Meere gelegen sind, so daß die Verschiffung der Produkte auf das leichteste
und billigste bewerkstelligt werden kann. Das Dampfschiff ankert un=
mittelbar zu Füßen der Plantagen, kaum $1/2$—1 km von denselben
entfernt. Wir haben am Kamerungebirge genau dieselbe Gunst der
Verhältnisse, wie sie auf der nicht weit entfernten portugiesischen Insel
St. Thomé vorliegt, die als eine der blühendsten Plantagenkolonien der
Welt zu bezeichnen ist.

Die Bimbia=Pflanzung. [1]

In dieser ersten Pflanzung ist der Beweis geliefert, welche groß=
artige Zukunft der Plantagenbau am Kamerungebirge haben wird. Die
Bimbia=Pflanzung — nicht minder jedoch die zu M'Bamba und Bibundi
— können sich ebenbürtig den hervorragenden Kakaoplantagen auf der
paradiesischen Insel St. Thomé zur Seite stellen, welche ich bei einem
Besuch der 1000 ha haltenden Farm Monte Cafe, die unter der Leitung
des deutschen Konsuls, Herrn Spengler, steht, Gelegenheit hatte kennen
zu lernen. Ich will hierbei bemerken, daß jene Farm Monte Cafe wohl
die größte und schönste Kakaofarm der Welt ist, und daß unser deutscher
Landsmann, Herr Konsul Spengler, eben im Begriff steht, am
Kamerungebirge eine neue, ähnlich große Kakao= und Kaffeepflanzung
zu gründen. Wenn dieser erfahrene, gediegene Pflanzer in Kamerun
Pflanzungen anzulegen beabsichtigt, dann dürfte wohl auch kein Praktiker

---

[1] Prof. Dr. Wohltmann: „Der Plantagenbau in Kamerun", S. 20 ff.

C. Schütt

Bucht von Victoria (Kamerun).

und Geschäftsmann an der Güte des dortigen Bodens und Klimas noch
irgendwie zweifeln und das Gedeihen von Unternehmungen am Kamerun=
gebirge für unsicher halten.

Die Bimbia=Farm umfaßt ohne die Zweigpflanzung M'Bamba
bereits 216 ha, wovon 162,5 ha mit Kakao und 8,5 ha mit Kaffee be=
standen sind. Sie liegt sehr günstig unmittelbar am Meere und am
besten Hafen Kameruns, in welchem noch so tiefe Schiffe zu jeder Zeit
nicht weit vom Ufer ankern können. Der Kriegsschiffhafen ist ein altes
Kraterbecken, und der Rand der Küste zeigt noch deutlich eine Reihe von
kleinen Kraterkesseln, welche dem Hauptkrater angelagert waren oder auch
nach seinem Erlöschen entstanden. Die Zyklop=Grotte, welche durch ein
offenes, mit einem Boote passierbares Tor mit dem Meere in Ver=
bindung steht, stellt einen solchen, noch wunderbar schön erhaltenen,
sehr tiefen Nebenkrater dar und läßt deutlich erkennen, daß sich solche
sechs bis acht an der Zahl an der heutigen Küste früher nebeneinander
reihten. Das brandende Meer hat heute überall die an der Meeresseite
gelegenen Kraterränder eingerissen.

Die Pflanzung ist mit Gebäuden, Trockenräumen, Wasch= und Gär=
einrichtungen (in Auemühle), sowie einem sehr guten Wegenetz wohl und
sehr praktisch ausgerüstet, besitzt eine vorzügliche Feldeisenbahn, so daß
sie mit allen Hilfsmitteln der Neuzeit bewirtschaftet wird. Es ist bei
der Einrichtung derselben keine Verschwendung getrieben, jedoch auch
nirgend an dem, was nötig, in falscher Weise gespart. Man hat hier
einen musterhaften, tadellosen, tropischen Betrieb vor sich, welchen näher
kennen zu lernen aufrichtiges Vergnügen bereitet. Das ist das all=
gemeine Urteil nicht nur der flüchtigen Besucher von unseren deutschen
Handels= und Kriegsschiffen, sondern auch des kritischen Fachmannes.

Bei der Pflanzung überläßt man jetzt das hängige und flachgründige
Terrain dem Kaffee; dem Kakao räumt man den üppigen, tiefgründigen
aufgeschwemmten Boden der ebenen Lagen und den tiefen Verwitterungs=
boden ein. Diese letzteren Bodenarten sind meist tiefbraun gefärbt und
von ausgezeichneter chemischer und physikalischer Beschaffenheit. Die An=
pflanzung erfolgt beim Kaffee sowohl wie beim Kakao durch Auslegen
der Bohnen, nachdem der Urwald während der Regenzeit gefällt und
zu Schluß der Trockenzeit niedergebrannt ist.

Die Kultur des Kakao. [1])

Die Aussaat der Kakaobohnen erfolgt entweder im Ausgang der
Regenzeit (Oktober, November) oder zu Beginn derselben (im April).
Es werden gewöhnlich drei Bohnen ca. 2 cm tief in ein Loch gelegt, und
später entfernt man die schwachen Pflanzen und läßt die stärksten stehen.

[1]) Prof. Dr. Wohltmann: „Der Plantagenbau in Kamerun," S. 23 ff.

Um die junge Kakaopflanze in den ersten Jahren durch Beschattung vor
den sengenden Sonnenstrahlen zu schützen, gibt man den Kulturen eine
Deckfrucht, am liebsten die Platane, auch große Banane, Pferdebanane
oder Plante genannt. Außerdem sorgt man für Schutz gegen glühende
Sonne und gegen Stürme, indem beim Waldschlag und Waldbrand
große, kräftige Urwaldstämme von Axt und Feuer verschont bleiben.
Durch eine richtige Schattenspende kann man sehr zu einer gedeihlichen
Entwicklung der jungen Kulturen beitragen. Eine junge einjährige Kakao=
pflanzung bietet sich zunächst dar als ein buntes Durcheinander von
meterhohen, angebrannten Baumstümpfen, modernden Baumstämmen und
Ästen, Planten und überragenden stattlichen Palmen nebst kräftigen,
stämmigen Urwaldriesen mit breiten belaubten Kronen. Dazwischen
sprießen dann im Geviert die jungen Stämmchen des Kakao, welche zu
wiederholten Malen im Jahre mit dem Buschmesser, dem sogenannten
Cutlaß, von dem überwuchernden Unkraut und Busch befreit werden
müssen. Erst nach mehreren Jahren — weiche Hölzer zerfallen bereits
nach ein bis zwei, harte Stämme oft erst nach acht bis zehn Jahren —
ändert sich das anfänglich wirre Bild, und dann gewinnen die Kakao=
bäumchen die Oberhand; sie unterdrücken alsdann Unkraut und Busch,
wenngleich auch noch immer der Reinigung bedürftig.

Steht die Kultur zu dicht, so wächst sie 3—4 m hoch, steht sie
lichter und normal, dann wachsen die Bäume mehr in die Breite und
erleichtern dadurch die Erntearbeiten. Der Stamm des Kakaobäumchens
ist weißgrau und ähnelt in der Farbe dem unserer Birke. Unmittelbar
an dem Stamm und den vorjährigen Zweigen sproßt die zarte, weiß=
liche Zwitterblüte an einem schwachen Blütenstengel, aus welcher sich eine
birnenartige Frucht entwickelt, die jedoch an beiden Enden etwas gurken=
artig ausläuft. Innerhalb der Birne liegen im Fruchtmark die wert=
vollen Bohnen. Von den vielen Blüten, welche der Kakaobaum treibt,
gelangt kaum der vierte Teil zur Frucht. Die Hauptblütezeit fällt in
den März und April; die Fruchternte erfolgt von August bis Dezember;
im Januar und Februar findet dann noch eine Nachlese statt.

Man rechnet, daß die Kakaopflanzung bereits im vierten Jahre Er=
trag liefert, und daß im sechsten Jahre die Vollentwicklung beginnt.
Der Kaffee liefert schon im dritten Jahre eine Ernte und hat sich im
fünften Jahre bereits vollkräftig entwickelt. Auf dem üppigen Boden
der Bimbiafarm setzt er jedoch trotz verschwenderischer Blüte in der Ebene
nur taube Frucht an und kann dort nur auf dem bergigen, flachen
Verwitterungsboden inmitten der Basaltgesteine und Lavabrocken mit
Erfolg kultiviert werden.

Kräftige Kakaostämme tragen in Bimbia bis zu 50 und 60 Früchte
im Jahre; im Mittel kann man jedoch nicht mehr als 15 bis höchstens
20 Birnen pro Stamm rechnen, von denen eine jede 39—42 Bohnen

zu enthalten pflegt, so daß ein Bäumchen rund 600 bis höchstens 800 Bohnen im Mittel liefert. Die Bohnen sind in der Birne ähnlich angeordnet wie die Maiskörner im Maiskolben, aber eine jede Bohne ist an der Achse flach gestielt und umgeben von einem süßsäuerlichen Fruchtmark, um welches sich eine feste Schale schließt.

Das Pflücken der Frucht geschieht unter möglichster Schonung des Stengels der Birne, weil an diesen gern die neuen Blüten ansetzen. Sodann wird die Frucht aufgebrochen; die Bohnen werden mit zwei Fingern vom Mark befreit und in eine saubere Holzkiste (ohne Eisenbeschlag) gesammelt. Darauf gelangen sie in das Gärungshaus und werden in Haufen, lose bedeckt mit Segeltuch, einer 60stündigen Gärung unterworfen, bei welcher am ersten Tage eine Temperatur von 33⁰ C., am zweiten eine solche von 37—38⁰ und am dritten von höchstens 42⁰ innezuhalten ist — was durch Lüften des Tuches kontrolliert werden kann —, damit der Kakao nicht zu dunkel brennt. Während der Gärung geht die violette Naturfarbe des Innern der Bohne in die schokoladenbraune Färbung über. Nach vollendeter Gärung werden die Bohnen auf der Bimbiapflanzung mit Händen gewaschen und schließlich durch einen kalten Wasserstrahl von dem anhaftenden schleimigen Fruchtmark gereinigt. Auf der Bibundipflanzung werden die Bohnen auf der Tenne durch Austreten gesäubert. Darauf beginnt die Trocknung, bei sonnigem Wetter auf großen Tischen in der freien Luft, bei nassem durch künstliche Wärme in den Trockenräumen, die so eingerichtet sind, daß sie auch die großen Tische, welche auf Schienen laufend gebaut sind, aufnehmen können. Außerdem sind M a y f a r t h sche Darröfen vorhanden, in denen man bei 50—55⁰ C. den Rest der Feuchtigkeit entfernen kann. Über 70⁰ C. in denselben zu gehen, empfiehlt sich nicht, da alsdann der Kakao leicht einen brennerigen Geruch und Geschmack annimmt. Die beste und billigste Trockenmethode bleibt jedoch immer die Sonne, wenngleich auch die M a y f a r t h schen Darren gute und schnelle Arbeit liefern. Wenn die Bohne getrocknet ist, ist sie versandfähig für Europa.

Anbauversuche mit Kautschuk. [1]

Kickxia elastica. Etwa 20 Bäume im Alter von 7—8 Jahren wurden nach verschiedenen Methoden und mit ungleich großen Unterbrechungen angezapft. Nach den bisherigen Ergebnissen ist es unwahrscheinlich, daß in der Gegend von Viktoria 100 g trockenen Kautschuks als Durchschnittsernte eines Jahres bei 7- bis 8jährigen Bäumen erreicht werden können. Doch muß betont werden, daß Kickxia in verschiedenen Gegenden ungleich ergiebig ist. Was die Anzapfungsmethode anbelangt,

---

[1] Aus der amtlichen „Denkschrift über die Entwicklung der Schutzgebiete in Afrika und der Südsee 1906/7."

so haben sich wenigstens bei Bäumen bis zum Alter von 10 Jahren die von Dr. Strunck vorgeschlagenen Längsschnitte besser bewährt, als Spiral= und Grätenschnitte.

Bei der Kultur der Kickxia sollte man sich bemühen, anfangs durch Beschattung, z. B. mit Mehlbananen („Planten"), einen einfachen Stamm zu erziehen, dann aber darauf auszugehen, daß der Stamm nicht zu sehr in die Höhe und dafür desto mehr in die Dicke wächst. Dementsprechend hat später eine Beschattung zu unterbleiben. An Kickxiastämmen, welche, wie dies häufig vorkommt, vom Boden an verzweigt sind, ist die An= zapfung sehr unbequem.

Die Bohrkäfer, welche in manchen Gegenden viele Kickxien schädigen, traten bisher im botanischen Garten nur sehr vereinzelt auf.

Hevea brasiliensis. Die im Berichtsjahre vorgenommenen Unter= suchungen hatten das erfreuliche Ergebnis, daß frühere Angaben, wonach Hevea im botanischen Garten nur unbedeutende Kautschukmengen liefern soll, auf einem Irrtum beruhen. Höchst wahrscheinlich waren bisher die Schnitte nicht tief und breit genug angelegt worden. Die den Milchsaft enthaltende Rindenschicht ist nämlich bei Hevea viel weiter von der Oberfläche des Stammes entfernt als bei Kickxia, an deren Rinde schon leichtes Anritzen einen Austritt des Milchsaftes bewirkt.

Im September bis November 1906 wurden zwei etwa 10jährige Bäume angezapft durch schiefe, je 10—20 cm lange Schnitte, die bei dem einen Baum in getrennten Rindenfeldern angebracht waren und innerhalb derselben dicht aneinanderlagen, bei dem andern sich ziemlich gleichmäßig über das untere Stück des Stammes verteilten. Der erst= genannte Baum lieferte in 40 Anzapfungstagen 520 g, der andere in 28 Anzapfungstagen 350 g trockenen Kautschuks. Die Bäume haben nicht im mindesten gelitten, sondern sehen ebenso gesund aus wie früher. Diesen Anzapfungen im Beginn der Trockenzeit reihte sich eine dritte an, welche an das Ende der Trockenzeit, in den Monat März fiel. Bei einem 10jährigen Baume wurde der Spiralschnitt in Anwendung gebracht. Die Ernte von 20 Anzapfungstagen betrug 250 g trockenen Kautschuks. Allerdings steht dieser Baum am Ufer des Limbeflusses, so daß er sich auch während der Trockenzeit im feuchten Erdreich befindet. Die günstigen Resultate dieser Anzapfungsversuche riefen bei vielen Pflanzern ein lebhaftes Interesse für die Kultur der Hevea brasiliensis hervor. Alle Hevea=Bäume des Gartens bilden schöne, gerade Stämme. Das Wachs= tum ist ein viel rascheres als bei Kickxia. Die Stümpfe von mehreren durch Tornados umgebrochenen Bäumen beginnen wieder kräftig aus= zutreiben. In dem jungen Hevea=Bestand, welcher sich auf über= schwemmungsland am Bonjongo=Wege befindet, ist früher der Boden mit Bataten bepflanzt worden; eine Bildung von kräftigen Batatenknollen ist auf diesem feuchten Boden natürlich ausgeschlossen. Dagegen erweist

sich die Batate insofern als nützlich, als ihr Laubwerk den Boden völlig
bedeckt und so das Aufkommen hochwüchsiger Kräuter verhindert.

Ficus elastica. Auch von diesem Baume ließen sich durchaus be=
friedigende Kautschukernten gewinnen, und zwar sowohl am Ende der
Regenzeit wie auch am Ende der Trockenzeit. Ein einziger Ast eines
reichverzweigten Baumes, der im November angezapft wurde, lieferte in
3 Tagen 114 g trockenen Kautschuks. Wie bei Hevea sind tiefe und
breite Schnitte erforderlich, die gegen die Längsachse des Stammes etwa
um 54 Grad geneigt sein sollen. Ficus elastica läßt sich sehr leicht
durch Stecklinge vermehren. Der Baum ist nicht auf tiefgründigen
Boden angewiesen und findet, da seine Wurzeln sich flach ausbreiten,
auch auf steinigem Gelände und an steilen Hängen zusagende Lebens=
bedingungen.

In verhältnismäßig kurzer Zeit erlangen seine Stämme und Äste
einen großen Umfang. Als günstiger Umstand ist es auch zu bezeichnen,
daß in geringer Höhe über dem Boden kräftige, nahezu horizontale Äste
zur Ausbildung gelangen und so einer Anzapfung bequem zugänglich
sind, und daß aus den Ästen Luftwurzeln bis zum Boden herabwachsen,
welche allmählich zu Stammesdicke erstarken und gleichfalls einer Aus=
beutung unterzogen werden können. Zwar nisten sich in den Wunden
häufig schädliche Insekten ein. Aber ihre Tätigkeit pflegt sich auf enge
Herde zu beschränken, und wird einmal ein Ast zerstört, so bildet sich
bald an anderer Stelle ein neuer. Nur selten scheint es zu einer tief=
greifenden, allgemeinen Schädigung des Baumes zu kommen. Überdies
dürfte es leicht sein, durch Verschließen der Wunde das Eindringen der
Schädlinge zu verhindern. Diesbezügliche Versuche sollen demnächst vor=
genommen werden. Vielleicht ist das Wachstum von Ficus elastica in
dem hiesigen feuchten Klima ein etwas zu üppiges und bedarf recht=
zeitiger Einschränkung zu dem Zwecke, einem nachträglichen Absterben
einzelner Teile des Baumes vorzubeugen. Entsprechend dieser Ver=
mutung wurden bei einzelnen jungen Bäumen die ersten Seitenzweige
entfernt, was die Bildung eines kräftigen Hauptstammes erwarten läßt.
Daß Ficus elastica Sonne braucht und durch Beschattung leidet, kann
man hier häufig beobachten.

Die von Dr. Schlechter aus Sumatra beziehungsweise aus Neu=
Kaledonien mitgebrachten beiden Ficus=Arten liefern ein klebriges, an=
scheinend minderwertiges Produkt. Es erschien deshalb ratsam, an diesen
Pflanzen keine Zeit mit Anzapfungsversuchen zu verschwenden.

Landolphia. Die ersten Exemplare dieser in mehreren wertvollen
Arten vertretenen Gattung haben sich zu niedrigen reich verzweigten
Büschen entwickelt, wobei die erwünschte Ausbildung starker Stämme
unterblieben ist. Zweifellos hängt dies damit zusammen, daß diese Wald=
pflanzen im Garten viel mehr Sonne erhalten haben als an ihren natür=

lichen Standorten. Von den jüngeren Landolphien stehen einige an einer
stark beschatteten Stelle des Gartens. Hier hatte man aber nicht ge=
nügend für Entfernung der Unkräuter gesorgt, so daß die Landolphien
teils erstickt wurden, teils in der Entwicklung zurückblieben. Somit läßt
sich die Frage, innerhalb welcher Zeit die Landolphia=Stämme eine für
die Anzapfung geeignete Dicke erreichen, noch nicht beantworten. Von
der im Kamerungebirge, z. B. über Buea, wildwachsenden Landolphia
Dawei wurden zahlreiche Pflanzen aus Samen gezogen. Bekanntlich
heißt diese Liane in der Sprache der Bakwiris' „maniongo" und wird
von diesem Volksstamme zur Kautschukgewinnung benutzt. In den Wäl=
dern des nördlichen Küstengebiets wurden drei im Garten noch nicht
kultivierte, gute Kautschuk liefernde Landolphia=Arten angetroffen, welche
an den Blättern deutlich zu unterscheiden sind und auch bei den Ein=
geborenen verschiedene Namen führen. Die in den Garten gebrachten
Stecklinge von jenen Pflanzen gingen leider ein.

Eine Hängebrücke über den Mongo. [1]

Den Mongo überschreitet man bei Kombone vermittels einer sehr
geschickt angelegten Hängebrücke. Ob diese Hängebrücken eigene Erfindung
der Waldlandstämme oder aber bloße Nachbildungen der im nördlichen
Hinterlande im Graslande vorkommenden Brücken sind, ist schwer zu
entscheiden; jedenfalls ist ihr Bau das Sinnreichste, was afrikanische
Intelligenz und Technik hervorgebracht hat.

Brücken müssen nämlich dortzulande sehr hoch über dem Wasser=
spiegel angelegt sein, weil die Flüsse in der Regenzeit nicht nur oft viele
Meter über ihren niedrigsten Wasserstand steigen und, wenn auch nur
stundenlang, zu gewaltigen Strömen anschwellen, sondern auch riesige
Baumstämme mit sich führen, deren in die Luft starrende Wurzeln jeg=
liches Hindernis, das sich ihnen in den Weg stellt, unwiderstehlich hinweg=
fegen. Da die Eingeborenen die Grundlegung von starken granitenen
Pfeilern, die allein solchen gewaltigen Anprall aushalten könnten, nicht
verstehen, so haben sie die Aufgabe eines auch in der schlimmsten Regen=
zeit auf beiden Ufern ungehindert offen zu erhaltenden Verkehrs auf
eine ebenso erfinderische wie einfache Weise durch Anfertigung von Lianen=
hängebrücken gelöst. Zur Befestigung dieser Brücken dienen je zwei auf
den beiden Ufern sich gegenüberstehende Bäume. In der Höhe, in der
man die Brücke über das Wasser führen will, sind die beiden Bäume
des einen Ufers durch schenkelstarke, an hierzu geeigneten Ästen befestigte
Querbalken miteinander verbunden. Diese Querbalken tragen ein von
Ufer zu Ufer aus etwa 10 Lianen gedrehtes Seil von 10 Zentimeter
Durchmesser, die eigentliche Brücke, die in dieser Gestalt wie das ge=

---

[1] E. Zintgraff: „Nord=Kamerun", S. 6 ff.

spannte Tau eines Seiltänzers aussieht; zu den oft 3 bis 4 Meter hoch
über dem Erdboden befindlichen Querbalken führt eine Art breiter
Hühnerleiter. Um aber auch den Händen einen Halt zu geben, sind gleich=
zeitig auf jeder Seite des Seiles in Schulterhöhe wieder zwei gleich=
laufende dünnere Lianentaue etwa in Meterabstand gespannt und mit
dem Hauptstrang durch senkrechte Stäbe und Lianen, die in spitzem
Winkel sich unter dem Hauptstrang treffen und untereinander wieder
verknüpft sind, verbunden, so daß eine Art Netz entsteht, worin die
eigentliche Laufbrücke zu liegen scheint. Um beim Hinübergehen das Zu=
sammenklappen der beiden Geländer zu verhüten, sind in Abständen von
einigen Fuß jedesmal außen an den oberen Seitenlianen starke Baum=
gabeln befestigt, die sich herzförmig um das Flechtwerk und die Lauf=
brücke legen.

So lange die Brücken gut imstande sind, ist der Übergang leicht,
wennschon bei Ungeübteren das starke Hin= und Herschwanken Schwindel
erzeugen kann. Mehr wie zwei Mann dürfen zu gleicher Zeit die Brücke
nicht betreten, und das Überschreiten erfordert stets etwa 2—3 Minuten.

In diesen Gegenden zahlt man den Eingeborenen nichts für die
Benutzung der Brücke, vielmehr besteht eine Verpflichtung für die Dorf=
gemeinde, im Interesse des öffentlichen Verkehrs die Brücken in gutem
Zustande zu erhalten. Verunglückt ein Mann infolge einer mangelhaften
oder gänzlich abgerissenen Brücke, wie ich den Fall erlebt habe, so haftet
die Dorfgemeinde, auf deren Gebiet das Unglück vorgefallen, und hat für
den Umgekommenen Schadenersatz an dessen Stamm zu leisten.

Die Anfänge der Basler Mission in Kamerun. [1]

Am 23. Dezember 1886 landeten die ersten Basler Brüder in Bethel.
Es waren drei Württemberger Gottlieb Munz mit seiner jungen
Frau, Christian Dilger und Johannes Bizer und der Badenser
Friedrich Becher. Munz, der schon drei Jahre auf der Goldküste
gearbeitet hatte, sollte das Unternehmen leiten. Schon unterwegs war
Becher in Altkalabar vom Klimafieber ergriffen worden; die erste
Nachricht, die man in Basel aus Kamerun erhielt, war die Kunde, daß
er am vierten Tage nach der Landung entschlafen sei. „Gott wollte
unsere Mission," schrieb Dilger, „unauflöslich mit diesem Lande ver=
binden, indem er uns einen aus unserer kleinen Schar in Afrikas Erde
betten ließ." Seitdem sind vieler solcher Bande geworden. Dilger
selber liegt dort begraben, und von all den vier Pionieren steht heute
keiner mehr dort in Arbeit. Munz trat 1890 in eine andere Arbeit in
der Heimat ein, nachdem er Frau und Kind in Kamerun begraben,
die drei andern haben ihr Leben für die Mission gelassen. Von den

---

[1] Paul Eppler: „Geschichte der Basler Mission 1815—1899", S. 355.

60 Missionaren, die bis zum Sommer 1899 ausgesandt wurden, haben 16 in Kamerun den Tod gefunden, dazu 5 Frauen. Aber manche von ihnen haben es sterbend bezeugt, daß ihr Weg nicht verfehlt sei, und daß sie Großes für Kamerun erhofften. So als einer der letzten D a v i d H e r m a n n, einer der Pioniere von Edie: „Armes Edie! Brüder, gebt Edie nicht auf: denn es wird dort herrlich werden." Die Leitung der Kamerunmission lag seit 1890 in den Händen von H e i n r i c h B o h n e r, der sich seit 1863 auf der Goldküste reiche Erfahrungen im westafrikanischen Missionsleben gesammelt hatte.

Von den bestehenden baptistischen Gemeinden wurden die Basler Brüder sehr freundlich aufgenommen; es herrschte große Begeisterung. Als dem eingeborenen Prediger der Gemeinde zu Bethel Zwillingssöhne geboren wurden, wandte er sich an Missionar M u n z, er solle sie taufen und ihnen die Namen Munz und Dilger geben. Die Missionare meinten freilich, Gottlieb und Christian würden besser passen, und gingen nicht darauf ein. Bald aber zeigte es sich, daß das Verhältnis zu diesen Gemeinden nicht ungetrübt bleiben könne. Besonders die in Bethel war seit S a k e r s Weggang an große Selbständigkeit gewöhnt, und doch hatten ihre Glieder die christliche und sittliche Reife zur Selbstregierung noch gar nicht erreicht, mit christlicher Zucht und Sitte war es bei ihnen übel bestellt. Es handelte sich darum, die Basler Gemeindeordnung auch hier zur Geltung zu bringen, und damit stieß man auf großen Wider=stand. So kam es schließlich zu einem Bruch zwischen diesen Gemeinden und der Basler Mission im Jahre 1888 in Bethel, das Jahr darauf auch in Viktoria. Die Missionare handelten dabei genau nach den In=struktionen des Komitees; denn in Basel sagte man sich, es sei viel besser auf diese kleinen Gemeindlein zu verzichten, als auf eine gute Grundlage christlicher Zucht und Ordnung. Hätte man nachgegeben, so hätte man sich auf alle Zeiten die Möglichkeit benommen, eine solide Arbeit zu leisten.

So wurden denn aus den anfänglichen Freunden Gegner, die eine energische Konkurrenz begannen und überall den eigenen Einfluß aus=zudehnen, den der Basler zu hemmen suchten, woraus den Missionaren viel Herzeleid erwuchs. Dabei wurden sie von ihren Gesinnungsgenossen in England und namentlich von den deutschen Baptisten unterstützt, die denn auch deutsche Missionare aussandten. Doch ward es auch zu einem mächtigen Antrieb, vorwärts zu gehen und überall, wo Empfäng=lichkeit für das Evangelium vorhanden war, einzutreten und die Orte womöglich mit eingeborenen Gehilfen zu besetzen. Im Gebiet des Kamerunflusses hatte sich nämlich nur die in Bethel selbst wohnende Ge=meinde von Basel losgesagt; auf den Außenstationen waren die Leute treu geblieben. Auch waren für diese einige brauchbare Mitarbeiter aus den Baptisten vorhanden, die bei Basel blieben. Als sich Bethel von

Basel trennte, gehörten nominell neun Außenstationen dazu, die zum Teil
ein bis drei Tagereisen von der Hauptstation entfernt lagen; schon da=
mals dehnte sich also die Basler Missionsarbeit über ein verhältnismäßig
großes Gebiet aus. Dazu gab es viel äußere Arbeit an den Missions=
häusern und Kapellen. Zudem mußte man sich in die Sprache hinein=
arbeiten und sich überhaupt mit Land und Leuten vertraut machen.
Das Heidentum, das die Missionare im Lande antrafen, trug einen recht
düsteren Charakter. Bezeichnende Erscheinungen waren die sogenannten
Losango, Geheimbünde, im Namen irgend eines heidnischen Gottes oder
Teufels geschlossen, die ihren Teilnehmern eine furchtbare Schreckensherr=
schaft über ihre Stammesgenossen verschaffen, mit mancherlei Gewalt=
taten verbunden. Nicht selten kamen Mordtaten vor, die mit dem
Aberglauben zusammenhingen. Im Gebirge waren besonders Gottes=
gerichte mit Gifttrank üblich. Fast jeder Todesfall wurde auf Zauberei
und Hexenwerk zurückgeführt. Auf dieser Stufe stand und steht auch das
weibliche Geschlecht. Die Weiber gelten als ein Stück des Besitztums,
das man verkaufen, verschenken oder ausleihen kann; sie sind auch erblich.
Die Sklaverei ist die Grundlage der sozialen Zustände. Die meisten
Stämme des Innern waren von europäischer Zivilisation noch ganz un=
berührt. Die Duala an der Mündung des Kamerunflusses hatten sich
des ganzen Zwischenhandels bemächtigt und spielten sich gern als die
Herren des Landes auf, auch innerhalb der Gemeinden.

Einen bedeutenden Schritt vorwärts machte die Basler Mission im
Jahre 1888 durch die Gründung der Außenstation Mangamba im Abo=
ländchen, die bald zur Hauptstation erhoben wurde. Den Anfang in
Mangamba, zehn Stunden landeinwärts von Bethel, machte ein ange=
sehener Mann, der Häuptling Koto. Noch unter den Baptisten war er
mit dem Evangelium bekannt geworden und hatte sich taufen lassen.
Seine christliche Erkenntnis war freilich ärmlich genug; doch war er von
rechtem Ernst und redlichem Eifer beseelt. Um des Evangeliums willen
hatte er sieben oder acht Weiber, den größten Teil seines Besitztums, ent=
lassen. Er war durchdrungen von einem starken Trieb, das Evangelium
auch andern zu verkünden. So hielt er denn in der Wildnis des Abo=
ländchens selber Gottesdienste. Als dann Missionare nach Mangamba
hinaufkamen, fanden sie dort zu ihrer nicht geringen Überraschung ein
von frischem Geist belebtes Christenhäuflein. Koto stellte sich bald in
den Dienst der Basler Mission. 1888 beschloß man, ein Lehrerhaus zu
bauen; als aber der Bau angefangen war, zeigte es sich, daß eine Kapelle
nötiger sei. So wurde das angefangene Lehrerhaus zur Kapelle er=
weitert. Seither wurde man immer wieder überrascht durch die schönen
Bewegungen, die sich im Abogebiet zugunsten des Christentums zeigten.
Die Missionare hatten von Anfang an den Eindruck, ein Zug zum
Worte Gottes gehe durch das ganze Aboländchen hindurch. Was dort

vorging, war eine Erquickung für das ganze Missionspersonal, das eben damals unter der Separation und Agitation der Baptisten und unter dem Eindruck mehrerer Todesfälle und vieler Krankheiten litt. Ja, es waren hauptsächlich die Berichte über die „Gottesmänner" aus dem Abolande, die das Interesse für die Kamerunmission in weite Kreise trugen und die Ausdehnung des Werkes ermöglichten. Hätte man nur von Separation und Todesfällen zu berichten gehabt, so wäre es wohl um die Lust an der Kamerunmission für lange geschehen gewesen.

Obgleich man die wenigen verfügbaren Kräfte an der Küste wohl hätte brauchen können, entschloß man sich doch, in Mangamba ein kleines Häuschen zu zeitweiligem Aufenthalt der Missionare zu bauen. Daraus wurde in der Folge ein stattliches Bretterhaus, und schon im Sommer 1889 war die erste Station im Innern von Kamerun gegründet. Besonders erfreut war man über den großen Eifer der Leute, die alle am Bau mitgeholfen, wenn man auch diesen Eifer durch kleine Belohnungen in Gestalt von Tabaksdosen u. dgl. hatte rege halten müssen. Kaum hatten sich zwei Brüder dort niedergelassen, so kamen schon Heiden aus einem entfernten Gebiet mit der Bitte, man möchte ihnen eine Kapelle bauen. Ein Christ, der etwas zu lesen verstand und einige Kapitel der Bibel auswendig wußte, die er, das offene Buch in den Händen, hersagte, hielt Gottesdienst. Wenn er das Wenige, was er zu sagen wußte, den Leutlein verkündete, strömte so viel Volks herbei, daß er fürchten mußte, sein Häuslein möchte bersten. Da und dort im Lande bildeten sich Vereine von „Männern Gottes" oder „Gottesknaben"; denn es waren meist junge Leute, die den lebendigen Gott anbeteten, den Sonntag beobachteten und sich besser zu kleiden pflegten. Als durch die Missionare neue Testamente ins Land kamen, galt es bald als Erfordernis, daß ein Gottesmann ein Testament besitze, auch wenn er es verkehrt in der Hand hielt. An einem Orte mochte die erste Anregung auch von einem Weibe ausgegangen sein, das an der Küste etwas vom Christentum erfahren hatte; sofort bauten die Leute eine kleine Kapelle und verlangten von dem Weibe, es solle ihnen predigen. Sie wies das Verlangen ab, und die Leute schickten nach Mangamba, der Missionar sollte zu ihnen kommen. Von überall ergingen jetzt Einladungen und Bitten um Lehrer. Hatten die Missionare keine zur Verfügung, so baten die Leute wenigstens, ihnen Hausknaben, ihre Diener, abzutreten, daß diese ihnen mehr vom Evangelium erzählen könnten.

Natürlich erregten solche Bewegungen auch die Aufmerksamkeit und den Widerstand der Heiden. Zuerst widersetzten sich nur etwa die Verwandten der Gottesknaben. Wollten sie zur Schule gehen, so bekamen sie Schläge. Aber die Feindschaft der Eltern ermattete an dem Eifer der Jungen. Doch kam es auch vor, daß ein heidnischer Vater seinen „ungeratenen Sprößling" als Sklaven verkaufte. 1893 aber schlossen sich die

Heiden förmlich zusammen, der Sache Gottes gemeinsam zu widerstehen und sie zu unterdrücken. An einzelnen Orten wurde es verboten, den Gottesdienst zu besuchen. Die Straßenpredigt wurde da und dort unter= sagt. Junge Männer und Knaben wurden sogar genötigt, einen Zauber= trank zu trinken, der sie zu Mitgliedern des Geheimbundes machen sollte. Sie setzten aber den Mißhandlungen ruhige Gelassenheit entgegen, obwohl starke, junge Leute darunter waren. Sie trugen denn auch den Sieg über die Heiden davon, und das Ergebnis war, daß das Christentum immer mehr Anklang und Achtung fand.

Duala und die Nordbahn. [1]

Von den europäischen Niederlassungen, die der Woermann=Dampfer bei seiner Fahrt entlang der Westküste Afrikas nacheinander berührt, nehmen sich die beiden deutschen Orte Lome und Duala von dem auf der Reede liegenden Dampfer wohl am freundlichsten aus. Nicht ihrer Lage wegen, die an und für sich wenig Reize hat: flache Sandküste dort, niedrige Mangrovenwaldungen hier. Mögen andere westafrikanische Städte, die sich, wie Freetown, Accra oder Monrovia, an waldigen Bergen empor= ziehen, mehr landschaftliche Reize in ihrer Umgebung haben, sie selbst sind doch nur Steinhaufen in grünem Rahmen, nur wenig Bäume sind in ihrem Weichbild stehen geblieben. Die deutschen Orte aber machen den Eindruck von Gartenstädten im wahren Sinne des Wortes. All die freundlichen hellen Häuser mit hellgrauen oder roten Dächern liegen verstreut zwischen Palmen, Rasenflächen, hübschen Gruppen von Laubbäumen oder Kasua= rinenhainen. In Lome haben erst die deutschen Ansiedler dies anziehende Bild geschaffen, in Duala sind es Reste des dichten Urwalds, die man hat stehen lassen.

Hier in Duala stehen die Häuser frei und einzeln zwischen Gärten und offenen Plätzen, Kokos=Palmen= und Mango=Alleen führen in die Vorstädte hinaus. Es ist zu hoffen, daß auch in Zukunft diese offene Bauweise gewahrt bleibt; bei der gewaltigen Ausdehnung des Weich= bildes der Stadt ist Platz dazu reichlich vorhanden. Mit den sehr weit= läufig gebauten Eingeborenendörfern der nächsten Umgebung — in der Europäerstadt schwinden die Eingeborenenhütten immer mehr —, die alle zum Stadtbezirk Duala gehören, beträgt das Areal dieser größten deutschen Niederlassung im tropischen Westafrika über 30 qkm; auf die Uferlänge entfallen allein 7 km, die noch weiten Raum der künftigen Verkehrsentwicklung bieten.

Da, wo sich aus dem Mangrovenwald der Flachküste die wohl 30 m hohe Joßplatte erhebt, auf der früher das Dorf der Bell=Leute

[1] Dr. F. Thorbecke, Deutsche Kolonialzeitung 1912, Nr. 2. Mit gütiger Erlaubnis der Deutschen Kolonialgesellschaft, Berlin.

lag, haben sich die ersten Ansiedler niedergelassen, von hier aus hat sich allmählich die Stadt am Ufer des sogenannten Kamerun=Flusses ausgedehnt und auch vom gegenüberliegenden Gestade schon länger Be= sitz ergriffen.

Die letzten drei Jahre haben Duala einen gewaltigen Aufschwung gebracht. Gegen 1908, wo ich die Stadt zuerst besuchte, war sie kaum wiederzuerkennen. Steigen wir von einer der am Fuße der Joßplatte liegenden Landungsbrücken hinauf, etwa von der der Woermann=Linie, so fallen vor allem die vielen massiven Steinhäuser ins Auge, das neue Postgebäude, das Haus der Westafrikanischen Bank und mehrere große Geschäftshäuser, deren Bauart einen wesentlichen Fortschritt gegenüber der früheren reinen Holzarchitektur bedeutet. Auch die Neubauten der Regierung, das große neue Bezirksamt, das schon 1908 bestehende Hospital und neue Wohnhäuser der Schutztruppe haben viel zur Ver= schönerung des Stadtbildes beigetragen. Die Zahl der weißen Bewohner hat sich gegen 1908 etwa verdoppelt und mag jetzt an 400 betragen. Heute kann man in Duala schon mit einem für afrikanische Verhältnisse recht erheblichen Luxus leben; die vielen großen, zum Teil neuen Ge= schäftshäuser Woermann & Co., die Baseler Missionshandlung, Steher & Pingels, Wilber & Freese, die Afrikanische Compagnie, das Handels= haus Duala, und wie sie sonst alle heißen mögen, sorgen für allerlei Annehmlichkeiten. Es gibt, dank der Bahnverbindung mit dem Hoch= land, eine regelmäßige Versorgung mit frischem Fleisch, eine Apotheke, zwei Eismaschinen, für die allerdings manchmal der Dampfer mit seinen Eisvorräten einspringen muß, eine Restauration und ein Hotel, in dem man sehr gut verpflegt wird, dessen Wohn= und besonders Nebenräume aber sehr zu wünschen übrig lassen. Ein großes, modernes Hotelprojekt kam leider nicht zur Ausführung, ein neues soll wieder geplant sein.

Endlich scheint man auch bei uns zu der Einsicht gekommen zu sein, daß auch für die Tropen regelmäßige körperliche Bewegung not= wendig ist, wenn wir auch noch weit hinter dem Sportleben der Engländer in Lagos z. B. zurückstehen. Heute wird in Duala viel geritten, es finden sogar Pferderennen statt auf der großen Rennbahn, zu der eine herr= liche Kokospalmen=Allee hinausführt. Dabei reiten in einer der Pro= grammnummern, wie in Lagos, auch die aus dem Sudan stammen= den Haussa=Neger mit.

Der landschaftlich schönste Teil Dualas ist ohne Zweifel der Garten des früheren Gouverneurpalastes, in dem heute der Bezirksamtmann wohnt. Dieser öffentliche Garten ist ein wahres Wunder von Schön= heit und Pflanzenpracht. Auf weiten, wohlgepflegten Rasenflächen er= heben sich die sanft geschwungenen Stämme der Kokospalmen, steil aufragende, schlanke Ölpalmen und ein besonderes Prachtexemplar, eine riesige Borassuspalme mit breiten Blattfächern; dazwischen die dichten,

dunkeln Laubkronen der Mangobäume, helle Bambusgebüsche und eine
Menge blühender Bäume und Sträucher, unter denen die großen Tulpen=
bäume mit ihren brennend roten Blüten besonders auffallen. Hier in
diesem Garten stehen auch die Denkmäler für Gustav Nachtigall, Graven=
reuth, den langjährigen Bezirksamtmann v. Brauchitsch, und die im
Kampfe mit den Duala gefallenen Matrosen der deutschen Marine.
Bei klarem Wetter hat man hier, von dem steilen Ufer der Joßplatte
aus, den schönsten Blick auf den gewaltigen Kamerun=Berg, dessen flache
Kegelform seinen vulkanischen Charakter von hier aus besonders gut
erkennen läßt.

Auch für Duala hat der Bahnbau neues Leben gebracht; auch hier
hat, wie in Ostafrika und Südwest, die Bahn dem Verkehr neue Bahnen
gewiesen, ganz neue Gebiete ihm erschlossen. — Hinter dem großen
Wohnhaus von Woermann erheben sich Verwaltungs= und Wohngebäude
der Mittellandbahn, unmittelbar am Rand einer breiten, tief in die Joß=
platte eingerissenen Schlucht, die mit ihrem Sumpf bis vor kurzem
für die Europäer=Niederlassung eine ständige Fiebergefahr bildete. Jetzt
ist dieser Sumpf durch eine staunenswerte Leistung der Baufirmen der
Bahn vollkommen trockengelegt und aufgefüllt; auf dem weiten, ebenen
Platz führen die Gleisanlagen bis zum Ufer, wo ein neuer großer Kai
eben gebaut wird, wo dann — wenn erst mal endlich das Hindernis der
Barre im Kamerun=Fluß fortgeräumt sein wird — große Seedampfer
ihre Ladung unmittelbar in die Güterwagen löschen und umgekehrt Fracht
aufnehmen können.

Gegenüber, am anderen Ufer, in Bonaberi beginnt die Nordbahn,
die seit April vorigen Jahres in vollem Betrieb ist. Weite Güterhallen,
Rangiergleise, ein Bahnhofsgebäude für den Personenverkehr, Wohn=
häuser der Beamten, daneben ein eigenes Dampfsägewerk der Bahn, das
nur Kamerunholz verarbeitet, sind aus der ehemaligen Mangroven=
wildnis emporgewachsen.

Täglich geht ein Zug ins Innere, täglich trifft einer an der Küste
ein, doch nur jeden zweiten Tag wird die ganze Strecke bis Nkong=
samba befahren. Der Lokalzug geht nur bis Nyomba, etwa 90 km land=
einwärts. Die Bahn führt drei Wagenklassen: die erste nur für Euro=
päer, die zweite für jedermann, die dritte nur für Farbige. Diese sehr
vernünftige Scheidung wird streng eingehalten und hat sich sehr bewährt.
Die Lokomotive wird von einem Europäer geführt, das ganze übrige
Zugpersonal ist schwarz; der höfliche Zugführer, ein Togomann, fordert
einen auf jeder Station am Ende der noch nicht zu vermeidenden län=
geren Aufenthalte mit „Bitte einsteigen" zum Weiterfahren auf. Auch
die Postbeamten und die Stationsvorsteher der kleineren Stationen sind
Neger, meist Togoleute; es werden aber nur solche angestellt, die deutsch
sprechen und schreiben.

Die Bahn durchfährt zuerst den Mangrovengürtel der Küste, der mit den oft stark versumpften Kreeks an die technische Bauleitung große Anforderungen gestellt hat; dann durchquert sie in mehrstündiger Fahrt den gewaltigen Tieflandsurwald, dessen Riesenstämme häufig mit Dynamit gesprengt werden mußten; nur ganz allmählich steigt sie im Wald empor. Auf den Waldstationen entwickelt sich buntes Leben, der Zug wird von Haltepunkt zu Haltepunkt und auch schon auf längere Strecken von den Eingeborenen gern benutzt, mehrere Wagen dritter Klasse sind stets voll besetzt, und jedesmal wiederholt sich dasselbe Geschrei und Handeln um alle möglichen Landesprodukte, die meist von Weibern zum Verkauf an die schwarzen Reisenden zum Zug gebracht werden.

Erst nach dem hundertsten Kilometer beginnt der Steilaufstieg auf das Manenguba=Hochland, das in mehreren, glänzend angelegten Serpentinen in langsamer Fahrt allmählich erklommen wird. Der Urwald lichtet sich, die Baumriesen treten mehr und mehr zurück. Etwa von der Höhe von 700 m an fährt der Zug durch eine Parklandschaft, in der Ölpalmen, Bananen und andere Bäume einzeln oder in Gruppen hohen Grases stehen. Ab und an überqueren die Bahn kleine, vom Wasser eingerissene Schluchten, die wieder dichterer Wald erfüllt.

In 880 m Höhe wird der Endpunkt erreicht, in Nkongsamba, nicht, wie beabsichtigt, in dem noch etwa 11 km entfernten Bare; der steile Aufstieg hat zu weiterem Ausholen der Serpentinen gezwungen und die bewilligten 160 km schon hier erreichen lassen. Aber die Bahn muß unbedingt weitergeführt werden, wenn sie nicht ein Torso bleiben soll. Sie hat eine riesige Steigerung des Trägerverkehrs herbeigerufen, von der sich nur der eine Vorstellung machen kann, der die Straße von Nkongsamba ins innere Hochland früher schon gezogen ist. Während der wenigen Tage, die wir zur Vorbereitung unseres Abmarsches in Nkongsamba zubrachten, beförderten annähernd 1000 Träger Bahngüter weiter ins Innere. Die Träger kommen von weither, oft ohne Last, zur Bahn, und sind im Vergleich zu ihrer Leistung für den Frachtverkehr sehr teuer. Tausende von Menschen werden dauernd in Bewegung gesetzt und so dem Ackerbau entzogen. Erst die Weiterführung der Bahn ins innere Hochland kann diese Kräfte für die Hebung der Landeskultur frei machen. Eine Weiterführung der Bahn über den Rand der inneren Grashochländer, die erst hinter dem Manenguba=Gebiet ansteigen, hinaus muß, allen ihr heute noch entgegenstehenden Terrainschwierigkeiten hier draußen und den leider wohl sicher zu erwartenden finanziellen in der Heimat zum Trotz, schon deshalb mit aller Energie erstrebt werden, um den Ölpalmenreichtum der Randlandschaften des Dschangbezirks ebenso wirklich wirtschaftlich ausnutzen zu können, wie das heute schon in den küstennahen Gegenden Kameruns der Fall ist. Auch heute liegen hier am Hochlandsrand noch ebenso wie 1908 ungeheure wirtschaftliche Werte

faſt ganz brach, der teure Trägertransport einer Maſſenware, wie ſie
Palmöl und Palmkerne nun einmal ſind, lohnt ſich einfach nicht, ſchon
nicht mehr auf eine Entfernung von mehr als einen Tag. Die Bahn
wird ·—. das lehren uns die Ergebniſſe des erſten Betriebs-Halbjahres
— wenn ſie erſt einmal bis Bamun oder über Bamun hinaus führt,
eine wirtſchaftliche Entwicklung der von ihr durchquerten Grasland-
gebiete zur Folge haben, die die des Urwaldgürtels zum mindeſten
erreichen dürfte. Haben wir es doch mit der ganzen Strecke im Dſchang-
und Bamenda-Bezirk mit einer Bevölkerung zu tun, die den Waldland-
neger in jeder Richtung übertrifft, an körperlicher Leiſtungsfähigkeit,
an Aufnahme- und Anpaſſungsfähigkeit, an ſtraffer politiſcher Organi-
ſation. Ich möchte, nach Einblick in die Verhältniſſe, wie ſie ſich hier
draußen tatſächlich entwickelt haben, doch hoffen, daß die große Verkehrs-
ſtraße ins Innere Kameruns in der Richtung weitergeführt werde, in
der ſie heute ſchon ins Hochland hineinweiſt.

Die Pygmäenſtämme Kameruns. [1]

Ganz verſchieden von der übrigen Bevölkerung des Sangagebietes
ſind die hier noch ſtärker vorhandenen Pygmäenſtämme,[2] die ſich als
Unterſchicht über das ganze Gebiet ausbreiten. Sie kommen, wie ſchon
erwähnt, auch anderwärts im afrikaniſchen Urwalde noch vor; aber
nirgends ſo zahlreich und rein erhalten wie hier. Sie leben mit den
genannten höherſtehenden Völkerſchaften in einer eigentümlichen Berührung; nicht als Sklaven, ſondern als eine Art freiwillige Hörige.
Sie treiben nicht den geringſten Ackerbau, ſondern leben nur von der
Jagd auf Hochwild, beſonders auf Elefanten, die hier noch zahlreich
vorkommen. Gegen die Erträgniſſe ihrer Jagd tauſchen ſie bei den
übrigen Völkerſchaften die notwendigen, pflanzlichen Lebensmittel ein.
Ihre durchſchnittliche Körpergröße iſt 1,52 m. Das Charakteriſtiſche
an ihnen iſt aber nicht ſo ſehr die Kleinheit ihres Körperbaues, als
die helle glanzloſe Farbe ihrer Haut inmitten einer ganz ſchwarzen
Bevölkerung. Es kommen zwar auch Miſchfarben vor, wo eine Blut-
miſchung ſtattgefunden hat. Dieſe iſt aber ſelten, da die Neger die
Pygmäen angeblich wegen ihres ſchlechten Geruches verabſcheuen. Die
Pygmäen ſind in ihrer Kultur noch nicht bis zur gemeinſamen Sied-
lung gekommen. Sie leben nur in ganz kleinen Familien zuſammen,
ohne feſte Niederlaſſungen, immer auf der Spur des Wildes. Sie
halten ſich aber in der Nähe von größeren Negerſiedlungen auf. Sie
ſcheuen die Berührung mit dem Weißen und ziehen ſich vor ihm in

---

[1] Aus Ritter: „Neu-Kamerun." S. 29 und 30. Jena 1912. Mit gütiger
Erlaubnis des Verlages Guſtav Fiſcher, Jena.
[2] Zwergſtämme.

den Busch zurück, so daß es nur selten gelingt, sie zu Gesicht zu be=
kommen. Sie werden von den Völkerschaften mit den verschiedensten
Namen benannt, der gebräuchlichste scheint Babinga zu sein. Andere
Namen sind Bajaga, Bagiri, Baguiele, Bagga, Bekue, Bakoa; in
Teilen Alt=Kameruns sind sie unter dem Namen Bumandschoko bekannt.
Diese verschiedenen Namen mögen jedoch auch verschiedene Stämme unter
ihnen bezeichnen. Bisher ist von einer Stammeseinteilung jedoch nichts
Näheres bekannt. Nach dem Dialekte ihrer Sprache zerfallen sie in
zwei Gruppen, die eine am Ngoko und in Alt=Kamerun, die andere
zwischen Sanga und Nboki und weiter südlich. Von einigen Reisenden
wird behauptet, daß sie Menschenfresser seien; von anderen dagegen,
daß sie den Kannibalismus so sehr verabscheuen, daß sie nicht einmal
das Fleisch der Affen wegen ihre Menschenähnlichkeit essen.

Markt in Klein-Popo (Togo).

IV. Togo

a) Allgemeine Beschreibung des Landes.

Lage und Erwerbungsgeschichte.

Togo, unsere kleinste afrikanische Kolonie (87 200 qkm), ist mehr als doppelt so groß als Schlesien, liegt an der Sklavenküste, im Osten durch den Mono von der französischen Dahomekolonie, im Westen durch den Volta von der englischen Goldküste geschieden. An der Küste 52 km breit, erstreckt es sich in fächerartiger Entfaltung bis zum 11. Grade nördlicher Breite.

Auf das Ersuchen von Bremer Kaufleuten, welche infolge englischer Umtriebe von den Eingeborenen in ihrem Handelsbetriebe gestört wurden, schloß Dr. N a c h t i g a l im Auftrage der deutschen Regierung am 5. Juli 1884 mit dem Oberhäuptling von Togo ein Schutz= und Trutzbündnis ab. Allmählich wurde die deutsche Herrschaft in das Innere des Landes vorgeschoben und zunächst in Verhandlungen mit England (1. Juli 1890 und 1904) und Frankreich (14. Dezember 1885 und 9. Juli 1897) die Ost= und Westgrenze festgelegt. Der Wunsch, im Norden den Niger zu erreichen, führte zur Entsendung der Togo=Expedition unter Dr. G r u n e r (1895), der es auch gelang, mehrere wichtige Verträge mit Häuptlingen des Hinterlandes abzuschließen, so daß bei den darauf folgenden Verhandlungen mit England und Frankreich die deutsche Nordgrenze wenigstens bis an das Gebiet von Pama und Gurunsi vorgeschoben werden konnte (9. Juli 1897).

Bodengestalt. Bewässerung.

Der Strand der flachen Küstenregion ist durch die hier besonders starke und gefährliche Brandung (Calema genannt) aus angetriebenem hellfarbigem Sande aufgebaut worden. Eigentliche Häfen fehlen, auch der Hauptort Lome besitzt nur eine ungeschützte Reede; zur Erleichterung der Landung ist hier 1905 eine 300 m lange Landungsbrücke über die Brandung hinweg erbaut worden. An den 50—200 Schritt breiten Sandstreifen der Küste schließt sich ein etwas höherer, mit unentwirr=

barem Dornbuschdickicht und einzelnen Kokospalmen bestandener $^1/_2$ bis 1$^1/_2$ km breiter Damm an, der aus salzdurchtränktem Sandboden be= steht und von schmalen Negerpfaden durchschnitten ist.

Ein langgestreckter, schmaler (200—1000 m) Küstensee (oder besser ein Haff, als dessen Nehrung der Küstenstreifen anzusehen ist), der sich an zwei Stellen zum Togo= und zum Wo=See verbreitet, von salzhaltigem Grundwasser und den spärlichen Wassermengen des Sio und Haho gespeist und durch massenhafte Zufuhr von feinen Trümmermassen gelbgrau gefärbt wird, trennt den Küstenstreifen vom eigentlichen Festland. Hinter der Lagune dehnt sich nach dem Landesinnern allmählich sanft wellen= förmig ansteigend eine endlose Savanne aus, deren Südrand sich gegen die Lagune in einer Höhe von 5—15 m steil absetzt, und deren roter Laterit= oder grauer Tongrund von einer starken Schicht schwarzer fruchtbarer Humuserde bedeckt ist. Die Gleichförmigkeit dieser Savanne wird durch ein reichlich bewaldetes Mittelgebirge, das an Höhe dem Rheinischen Schiefergebirge gleichkommt und aus Urgestein besteht, unter= brochen.

Nach Norden fällt es in steiler Böschung zum niedrigen (etwa 400 m), nach dem Innern zu allmählich sich senkenden Plateau des Westsudans ab.

Das Gebirge ist gleichzeitig das Quelland der meisten Wasser= läufe. Es sind Regenflüsse oder für die Schiffbarkeit unbenutz= bare reißende Bergströme. Der Mono ist indessen 100 km aufwärts schiffbar; der Volta trägt in der Regenzeit kleine Dampfer bis Kete= Kratschi und ist auch sonst über Yeggi hinaus schiffbar. Ein Wasserfall oberhalb Kete=Kratschis muß zu Lande umgangen werden.

Klima. Gesundheitsverhältnisse.

Das Klima ist tropisch. Die Wärme beträgt im Jahresmittel an der Küste über 26 Grad Celsius. Die höchste Temperatur fällt in die Zeit des nordhemisphärischen Winters, die geringste in die Monate Juli bis September. Die Hitze wird durch eine tagsüber an der Küste wehende Seebrise gemildert und nimmt nach dem Innern zu allmählich ab. Mit dem Zenitdurchgang der Sonne treten die Regenzeiten ein, die durch Gewitter und Tornadoperioden eingeleitet werden und mit zwei Trocken= zeiten abwechseln. Die erste Regenzeit dauert vom März bis Juni, die zweite (nicht selten ausbleibende) fällt in die Monate September bis No= vember. Auf dem lufttrockenen, des Nachttaus entbehrenden und auch sonst wenig bewässerten Binnenplateau wechselt eine Regenzeit (Juli bis Oktober) mit einer Trockenzeit (November bis Februar) und einer Über= gangszeit von veränderlichem Charakter. Im Gebirge, das die See= winde auffängt, pflegen in jedem Monat Niederschläge zu fallen.

, In den Sommermonaten herrschen infolge der starken Erhitzung des Bodens der Sahara an der ganzen Guineaküste kühle und feuchte Süd= und Südwestwinde, im Winter trockene Nord= und Nordostwinde, letztere mitunter in Form des große Staubmassen mit sich führenden außer= ordentlich trockenen Harmatans.

Zwar sind die Seewinde des Sommers und das Fehlen des in Ost= afrika und in Kamerun auftretenden Mangrovedickichts der Küste von günstigem Einfluß auf die Gesundheitsverhältnisse. Aber die nach der Regenzeit an der Küste und auch an vielen Stellen des Innern auf= tretenden Fieberkrankheiten (in der schwersten Form als Schwarzwasser= fieber) machen das Land dennoch ungesund. Sonst sind Leber= und Milz= krankheiten, Aussatz, Genickstarre, Ruhr, Augenübel und eine als „Roter Hund" bekannte Hautkrankheit häufig. Im Norden scheint auch die Schlafkrankheit und an der Küste seit 1903 das Gelbe Fieber einziehen zu wollen. Die Pockenepidemien der Eingeborenen werden in neuerer Zeit durch regelmäßige Impfungen erfolgreich bekämpft. In Anecho ist im Jahre 1894 das Nachtigal=Krankenhaus errichtet worden.

Pflanzen= und Tierwelt.

Die hin= und herwogende Gewalt des brandenden Meeres läßt auf dem Sandstreifen der Küste keine Vegetation aufkommen. Das Dorn= buschdickicht des dahinter liegenden Walles ist bereits erwähnt worden. Die sumpfigen und sandigen Ufer der Lagune sind mit Gestrüpp aller Art umkränzt. Die Savanne ist mit 3 m hohem Gras bestanden und wird hin und wieder von Waldinseln oder einzelstehenden Stämmen der charak= teristischen Steppenbäume (Affenbrotbaum, Fächerpalme, Weinpalme, Seidenwollbaum) unterbrochen.

Die Flußläufe in der Steppe werden von schmalen Galeriewäldern eingefaßt. An der Küste sind in zerstreuten Beständen wohl 200 000 Kokosbäume nach und nach angepflanzt worden; sie ziehen sich auch noch weit ins Binnenland hinein. Wildwachsend und angebaut findet sich ferner — zum großen Teil in dichten Wäldern — von der Küste bis zum Fuße des Gebirges die wirtschaftlich unschätzbare Ölpalme. Die Gebirgshänge sind mit dichtem Urwald bedeckt, die Kuppen und Kämme mit Gras bestanden. Die wellige Grasebene des Binnenplateaus zeigt niedrigeren Graswuchs und verkrüppelten Baumbestand. Waldinseln und Galeriewälder bestehen aus Akazien, Tamarinden, Seidenwollbäumen, Schibutterbäumen, Delebpalmen u. a. Auch hier fehlt der charakte= ristische Affenbrotbaum nicht.

Die Lagune ist reich an Fischen, auch Krokodile sind hier wie in den Flüssen häufig. Ungezählte Scharen von Wasservögeln tummeln sich im Rohre, dagegen sind größere Säugetiere hier wie in der dicht bevöl=

kerten Ebene selten. Die Zwergantilope ist in der Steppe häufiger an=
zutreffen. In den Pflanzungen beobachtet man große Schwärme rot=
brüstiger Tauben, in den Galeriewäldern den Riesenturako. Überhaupt
ist die Vogelwelt in Togo reich vertreten (gegen 300 Arten). An der
ganzen Guineaküste findet man auch mehrere Arten unserer heimischen
Vogelwelt als Wintergäste.

Erst auf dem Gebirge und auf dem Binnenplateau wird die Tier=
welt mannigfaltiger. Von größeren Säugetieren finden sich Löwen,
Leoparden, gefleckte Hyänen, Schakals, Tigerkatzen, Ginsterkatzen, Zibeth=
katzen, Servals, Büffel und Antilopen. Elefanten sind besonders in Adeli
und Buem häufig. In den Wäldern tummeln sich Meerkatzen, Seiden=
affen, Paviane und der riesige Nashornvogel. 35 Schlangenarten, dar=
unter acht Giftschlangen, sind bereits aufgefunden worden. Die Flüsse,
reich an Fischen und Krokodilen, beherbergen nicht selten auch die plumpen
Flußpferde. Mehrere Raubvögel (Kappengeier, brauner Adler, Schopf=
adler) treiben im Gebirge ihr räuberisches Wesen. Einige Vogelarten,
die der nordwestafrikanischen Vogelwelt angehören, sind bis zum Süd=
rand des Gebirges vorgedrungen.

Unter den Insekten machen sich hier wie in Kamerun die Wander=
ameisen, Moskitos, Sandflöhe und Heuschrecken besonders lästig.

Bevölkerung.

Die Bevölkerung (etwa 1 Million, außer 363 Weißen) gehört zu
den Sudannegern. Die Stämme der Küstenebene bilden im Verein mit
denen des benachbarten Dahome den Ewhe [1]) Sprachstamm. Es sind
wohlgebildete, schlanke Leute von kaffee= bis schwarzbrauner Hautfarbe.
Die im Gebirge hausenden Stämme (wie Akposso, Atakpama, Kebu, Bo=
raba usw.) sind gedrungener und kräftiger gebaut, aber auch weniger
friedfertig als die Bewohner der Küstenebene. Obwohl mit diesen sicher=
lich stammverwandt, sprechen sie mehrere abweichende, wenn auch vielleicht
grundverwandte Sprachen. Sie sind Fetischanbeter.

Auf dem Binnenplateau macht sich bereits der Einfluß der Fulbe
und Haussa und damit des Islams geltend. Die Haussasprache wird
dort überall neben der Landessprache verstanden. Die mageren und
sehnigen Plateaubewohner haben es denn auch, im Gegensatz zu den
Stammeszersplitterungen im Süden, unter diesem Einfluß zu größeren
Staatenbildungen gebracht.

Die Ewhe sind gutmütig und friedfertig, dabei fleißig und leistungs=
fähig. Sie treiben Ackerbau und genießen in Eisen= und Lederbereitung,

---

[1]) Das wh, wofür man auch vh oder ph schreibt, ist ein mit beiden Lippen,
nicht wie bei uns, mit Oberzähnen und Unterlippen gesprochenes f. Wir bilden
diesen Laut, wenn wir etwas Leichtes mit gespitztem Munde fortblasen wollen.

in der Töpferei, Weberei und Flechterei einen wohlverdienten Ruf. Auch vermitteln sie den Handelsverkehr zwischen der Küste und den Stämmen des Binnenlandes. Die Gebirgsstämme haben die Schmiedekunst nicht unerheblich entwickelt. Unter den Binnenstämmen wird Handel, Ackerbau, Viehzucht und Gewerbetätigkeit in hohem Grade gepflegt. Die Mossi sind als Eselzüchter und Weber besonders bekannt, die Tschautyo treiben Pferdezucht, die Salagaleute widmen sich dem Handel. Zahlreiche Haussakarawanen durchziehen das Land.

Produktion des Landes, Gewerbefleiß.

Die Haupterzeugnisse sind hier wie in Kamerun Palmöl und Palmkerne; dazu kommen Kokosnüsse, Kopra (der getrocknete Kern der Kokosnuß), Kautschuk, Erdnüsse, Mais, Nutzfasern (besonders von Weinpalmen), Kolanüsse und einige Nutzhölzer.

Der Anbau von Baumwolle, mit dem seit 1901 Versuche gemacht worden sind, hat sich durchaus bewährt und nimmt einen geradezu erstaunlichen Aufschwung. Einer besonderen Förderung erfreut sich derselbe durch die vom Kolonialwirtschaftlichen Komitee errichteten und jetzt von der Regierung übernommenen Baumwollschule zu Nuatjä, die jetzt zu einer landwirtschaftlichen Schule erweitert ist. Nach dreijährigem erfolgreichen Besuch erhalten die Schüler 8 Hektar Land zur eigenen Bewirtschaftung und Ackergeräte.

Ackerbau ist im ganzen Schutzgebiet verbreitet; hauptsächlich werden Mais, in der Nähe des Gebirges Reis und außerdem Bananen, Planten, Jams, Süßkartoffeln, Taro, Kassada, Kohl, Spinat, Hirse, Bohnen, Zuckerrohr und viele Obstarten angebaut, auf der Hochebene des Innern auch Tabak und Baumwolle gezogen.

Die Plantagen der Europäer liefern Kautschuk, Kakao und die Produkte der Kokospalme. Von der Blüte des Ackerbaues gab die aus Anlaß der Eröffnung der Eisenbahn Lome-Palime vom 27.—31. Januar 1907 veranstaltete erste landwirtschaftliche Ausstellung zu Palime ein beredtes Zeugnis.

Auch Viehzucht wird überall getrieben, aber selten in größerem Umfange oder nach rationellen Grundsätzen. Das Rind findet sich in drei Arten; sonst werden Schafe, Schweine, Ziegen, Hühner, Truthühner, Perlhühner, Tauben gehalten, auf dem Binnenplateau auch Pferde und Esel gezüchtet. Der Fischfang wird eifrig betrieben, und der Fischhandel spielt daher eine ziemlich bedeutende Rolle. Der Jagd widmet sich berufsmäßig besonders die Bevölkerung der Hochebene.

An nutzbaren Mineralien finden sich in Togo Gold, dessen Abbau sich vorläufig allerdings nicht lohnt, und Eisen. Die Eisenerzlager von Banjeli sollen etwa 50 Prozent reines Metall enthalten. „Die Gewinnungskosten der Erze dürften, da nur Tagebau in Anwendung kommt, recht gering sein; denn Abraum ist kaum vorhanden, die Arbeitslöhne würden auch sehr niedrig sein." (Dr. Koert.) In der Nähe von Anecho wird Kalk gebrochen.

Die heimische Industrie ist hochentwickelt; sie beschäftigt sich besonders mit Weberei (mit einheimischer Baumwolle), Töpferei (z. B. in Bolu an der Küste und in Tove im Innern), Ziegelbrennerei (in Gridji), dem Schmiedehandwerk (besonders in Nyambo am Agugebirge und in Atakpame), Flechterei (Matten, Körbe, Taschen, Hüte) und Holzschnitzerei.

Handel und Verkehr.

An der Küste sitzt eine Anzahl europäischer (meist Bremer und Hamburger) Firmen, die den Ein= und Ausfuhrverkehr in der Hand haben. Die Haupthandelsplätze sind Lome und Anecho. Der Verkehr mit den Gebirgsstämmen wird durch die Ewhe, mit dem Sudan durch die Karawanen der Haussahändler vermittelt. An Eisenbahnen besitzt die Kolonie die Küstenbahn Lome=Anecho (45 km), die am 27. Januar 1907 eröffnete Inland=Bahn Lome=Agome=Palime (123 km), zu der sich 1911 als dritte die Linie Lome=Atakpame (180 km) gesellte. Eingeführt werden hauptsächlich baumwollene Zeuge und Garn, Rum, Tabak, Salz, Eisenwaren, Feuersteingewehre, grobes Pulver usw. Die Ausfuhr beschränkt sich in der Hauptsache auf Palmöl, Palmkerne, Kakao, Mais, Kautschuk, Elfenbein, Baumwolle, Nutzhölzer. Sie hatte 1910 einen Wert von fast 7,2 Mill. Mark, die Einfuhr von 11,5 Mill. Mark. Ein vielbesuchter Handelsmittelpunkt im Innern ist Kete=Kratschi.

Mit dem Mutterland ist das Schutzgebiet durch die Dampfer der Vereinigten Deutschen Westafrikalinien verbunden (5 Dampfer in jedem Monat). Außerdem verkehren auch englische und französische Schiffslinien. 18 Post= und Telegraphenanstalten befinden sich in Togo. Sie sind mit Telegraphen unter sich und mit Accra im Westen, sowie mit Dahome im Osten verbunden und hierdurch sowie durch das deutsche Kabel Emden=Teneriffa=Monrovia=Lome an das internationale Telegraphennetz angeschlossen.

Verwaltung, Schule und Mission.

An der Spitze der Verwaltung steht ein Gouverneur, dem ein Gouvernementsrat mit beratender Stimme zur Seite steht. Der Sitz der Regierung ist Lome. Die Entwicklung des Schutzgebietes ist soweit vorgeschritten, daß Togo schon seit einigen Jahren keines Zuschusses mehr vom Mutterlande bedurfte und im Rechnungsjahre 1911/12 bereits einen Überschuß von 647 000 Mark aufwies. Eine eigentliche Schutztruppe hat das Gebiet nicht, dagegen eine Polizeitruppe von 150 Eingeborenen.

Die Kolonie wird in acht Bezirksämter eingeteilt. Lome zählt jetzt be=
reits über 6000 Einwohner; auch Anecho auf der Nehrung gelegen, hat
sich erfreulich entwickelt. Dagegen gehen die übrigen Küstenplätze immer
mehr zurück.

In Sebe, der früheren Hauptstadt, besteht eine fünfklassige Regie=
rungsschule, ebenso in Lome, wo auch eine Handwerker= und eine Re=
gierungsfortbildungsschule als Oberstufe für die Volksschulen Togos sich
befindet. In Nuatjä hat die Regierung eine landwirtschaftliche Schule
errichtet. Neben der norddeutschen (Bremer) Missionsgesellschaft wirken
die Wesleyaner und die (katholische) Gesellschaft des Göttlichen Wortes
(sogenannte Stehler Mission) mit gutem Erfolge für die Ausbreitung
des Evangeliums, auch unterhalten sie zahlreiche Schulen.

b) Aus den Berichten der Reisenden und Forscher.

Durch das Agome=Gebirge. [1]

Die Straße nach Kpando führt nordwestlich über das Agome=Gebirge
in das Tal des Volta. Der Weg, der von der Station angelegt ist,
führt in Windungen in der großen Schlucht des Ahä bis auf den
François=Paß. Zu beiden Seiten des Weges ziehen sich die 700 bis
800 m hohen Bergzüge entlang, und ziemlich steil fällt die tiefe Schlucht
ab, die hier der Ahä bildet. Ein dichter Laubwald bedeckt die Höhen
und in großen Kehren führt der ziemlich breit angelegte Weg trotz der
Steigung verhältnismäßig bequem auf den Paß. Eine lange Holzrinne
leitet das Quellwasser bergab. Vor dem Wanderer türmen sich die
steilen Höhen auf, hinter ihm entfaltet sich ein herrliches Landschaftsbild.
Von den einzelnen Absätzen, die den Weg unterbrechen, hat er Gelegenheit,
einen Rückblick ins Tal zu werfen und von den Bergen von Agome
Abschied zu nehmen. In einer Höhe von fast 600 m liegt die große
Schlucht des Ahä vor ihm, die nach Süden hin den Gebirgsstock teilt;
zu seinen Füßen blinken ab und zu die winzigen Häuser der Station,
und weithin ziehen sich die Bergketten, bis sie allmählich in das weite
Tal übergehen. In zauberhafter Ferne erglänzt der Agu und belebt
mit seinen hohen Gipfeln die weite Ebene, welche den Horizont abschließt.
Plötzlich öffnen sich die Berge nach Norden, und wir befinden uns auf
dem kleinen Plateau des Passes. An den nördlichen Abhängen liegen
noch kleine Hütten, in denen die Handwerker der Station wohnen. Wir
berühren hier die nördliche und südliche Wasserscheide und verlassen somit
die Täler des Ahä; vor uns nehmen die Quellen des Tii oder Kolli
ihren Lauf zur Ebene und durchschneiden in tiefen Schluchten die Ge=
birgsketten in fast nördlicher Richtung.

---

[1] H. Kloje: „Togo unter deutscher Flagge." S. 192

Von Tongbe nach Kame. [1])

Wir nahmen von Tongbe aus noch den alten Weg, der quer über
das Gebirge nach Kame und Leglebi und dann in der Ebene nach
Kpando führt. Von Tongbe geht es auf einem schmalen ausgetretenen
Pfade durch viele Mais= und Reisfarmen, die häufig von großen, schönen
Bananen beschattet werden, bis man den Kolli erreicht, der hier in tiefer
Schlucht die sanft ansteigende Hochebene durchschneidet und jenseits der=
selben in schroffen steilen Abhängen das felsige Gebirge zerklüftet. Erst
jetzt beginnt der beschwerlichste Pfad, der bald in das tiefe Tal des
Kolli, bald auf die steilen Höhen zu dem etwa 400 m hohen Kamegebirge
führt, welches dem Wanderer einen wildromantischen Anblick gewährt.
Ein schöner Urwald beschattet unsern Weg; überall findet man eine Art
wildwachsender Mangopflaumenbäume, deren abgefallene gelbe Früchte
auf dem Boden liegen und den Wanderer zum Essen einladen. Dieselben
besitzen einen terpentinartigen Geschmack und werden gern von den Ein=
geborenen zum Löschen des Durstes genossen. Unten im Grunde murmelt
der Tiibach, den man fünfmal zu überschreiten hat. Steil führt der Weg
über Felsblöcke und Geröll den Bach hinunter, welcher den Reisenden
öfter zu einem unfreiwilligen kalten Bade zwingt. So geht es eine Weile
über große Felsblöcke an dem Bach entlang, der sich durch die Felsen hin=
durchzwängt, oft kleine Wasserfälle bildend; dann plötzlich muß man
wieder 300—400 m steil aufwärts, um nach wenigen Minuten nochmals
in das Tal des Baches hinabzusteigen. Große Felsblöcke und Wurzeln
erschweren den Marsch, und mühsam gleitet der Träger mit seiner schweren
Last, welche jeden Augenblick hinunter zu fallen droht, den steilen Pfad
hinab. Oftmals sind meterhohe Felsen zu übersteigen und mit An=
strengung kämpft man sich an den Wurzeln und Ästen der Bäume vor=
·bei in dem ausgetretenen Pfade vorwärts. In der Trockenzeit fließen
die Bäche spärlich; in der Regenzeit dagegen ist ihre Überschreitung
nicht gefahrlos. Die reißende Strömung, welche große erratische Blöcke
und Baumstämme mit sich führt, reicht häufig dem Wanderer bis an die
Brust, und nur mühsam können dann die Lasten durch das Wasser be=
fördert werden. Nach zweistündigem Marsche auf diesem Pfade erreichen
wir das Bergdorf Kame, das ganz auf der Höhe liegt; wir begrüßen
es als eine Erlösung von den überstandenen Mühen. Urwüchsige, schöne
und kräftig gebaute Leute empfangen den Reisenden freundlich grüßend
und bieten ihm herrliches, kristallhelles Quellwasser zum Trunke an.
Das Dorf liegt einsam und verlassen auf einem kleinen Plateau zwischen
hohen Bergen und Felsen, umgeben von dichtem Urwald. Kleine, vier=
eckige Hütten ziehen sich an der Straße entlang, an der unter schattigen
Bäumen der Marktplatz mit seinen primitiven, aus alten Baumstämmen

---

[1]) H. Klose: „Togo unter deutscher Flagge", S. 194.

Markt in Lome (Togo).

(Aus der amtlichen Denkschrift.)

Maismiete eines Eingeborenen nördlich Lome (Togo).

hergestellten Bänken liegt. Auch wir machen hier Rast, um nach den Strapazen und Anstrengungen des Marsches einige Zeit der Ruhe zu pflegen.

Hüttenbau der Ewheneger. [1]

Zu der wichtigsten Beschäftigung der Ewheneger gehört unstreitig der Bau ihrer Hütten. Jeder Ewheneger baut sich seine Hütte und sein Gehöft selbst auf. Er lernt dies schon in der Jugend, da er wie die übrigen Familienmitglieder bei dem Bau des Vaters fleißig mitarbeiten muß. Der Bau der Hütten ist im allgemeinen ein zwar sehr einfacher, indessen erfüllen sie vollkommen ihren Zweck und halten gut Stand gegen die Unbilden der Witterung. Die Form der Hütten ist bei den Ewheleuten ausschließlich viereckig; sie sind gewöhnlich 3 m breit, 5—6 m lang und werden von einem großen Giebeldach eingedeckt. Jede Hütte hat einen Eingang, der zugleich das Licht einläßt, da bei den wirklich typischen Eingeborenen-Hütten weder Läden noch Fensteröffnungen vorhanden sind. Meistens enthält die Hütte nur einen, selten mehrere Räume. Die Hütten werden in der Art gebaut, daß zuerst ein Gerüst von rohen Pfeilern und doppelten Querleisten aufgeführt wird, dessen ungefähr 2 m hohe Seiten-wände aus rohen Stangen bestehen. Die Giebelseiten sind etwas höher, bis 3 und 3½ m aufgeführt. Die Dachsparren sind, wenn Bambus vorhanden ist, aus diesem Material angefertigt, während die Querleisten des Daches aus Blattrippen der Wein- und Ölpalme bestehen. Die Wände werden zwischen den doppelten Leisten mit Lehm ausgefüllt, wozu öfters wegen ihrer Festigkeit Termitenhaufen verwendet werden. Um den Luft-zug in der Hütte zu ermöglichen, bleibt zwischen dem Dach und den Giebelseiten ein freier Raum. Das Dach wird mit Gras eingedeckt, das ziegelartig übereinander liegt und auch dem stärksten Tornado Wider-stand leistet. Der Fußboden wird aus Lehm zu einer Tenne festgestampft. Bei luxuriösen Bauten werden die Wände des Hauses mit hellgelber Erd-farbe, sowie die Kanten und die Einfassung der Tür mit einer roten Tonfarbe gestrichen. In den besseren Hütten findet man eine sogenannte Schlafbank, d. h. ein Bett, welches auf vier Pfählen ruht und auf dem eine 3—4 Zoll starke, aus Gras geflochtene Schlafmatte liegt. Inter-essant ist es, wie der Neger sich ohne Moskitonetz in der Hütte gegen überfälle der Moskito zu schützen weiß. Er hüllt sich vollkommen, selbst den Kopf, die Arme und Beine in ein großes Tuch ein und ist auf diese Weise vollständig geschützt. Ein Weißer würde in dieser Lage bei der großen Hitze fast ersticken und mehr leiden, als durch Stiche der Moskito, gegen welche man mit der Zeit fast unempfindlich wird. Bei den reichen Händlern findet man roh gezimmerte Holzbettstellen mit

---

[1] H. Klose: „Togo unter deutscher Flagge", S. 192.

Mostitovorhängen aus europäischem Kattun; ihre Häuser haben auch schon Fensterluken, die mit Holzläden verschlossen werden. Die Eingänge zu den Hütten werden des Nachts mit Vorsetzern verschlossen. Die Vorsetzer bestehen gewöhnlich aus zusammengefügten Palmblattrippen. Das Dach wird zuweilen über die Seitenwände herabhängend durch Stützen gehalten und auf diese Weise ein Vorraum geschaffen, welcher gegen Sonne und Regen schützt. Wie wir schon früher erwähnt haben, befinden sich die Feuerstätten entweder vor der Hütte oder unter einem kleinen Grasdach, seltener in der Hütte selbst. Ferner findet man in jedem Gehöft den bekannten hölzernen Trog zum Fußstampfen, sowie Ställe für das Kleinvieh. Die Ställe sind in der Regel nichts weiter als ein kleiner Raum, der durch Knüppelhölzer abgesperrt ist, und in welchem die Tiere des Nachts gehalten werden. In einer Ecke des Gehöfts ist auch häufig noch ein kleiner Raum zum Waschen abgeteilt. In ölreichen Gegenden findet man in den Gehöften kleine runde, gepflasterte Gruben, welche zur Aufnahme und Gärung der Ölpalmenfrüchte dienen. Die Dörfer besitzen gemeinsam sogenannte Reiben, auf denen die Frauen Korn, Maiskörner, Pfeffer, sowie andere Früchte zerreiben. Diese Reiben bestehen aus einem viereckigen Lehmblock von ungefähr 1 m Höhe, der oben mit einem großen Stein versehen ist, auf welchem die Früchte mittels kleiner Steine zerrieben werden.

Gottesurteile. [1]

Einer der gefürchtetsten Fetische ist in Anecho an der Küste der schon vorher erwähnte Fetisch Nanyo, der treulose Frauen durch den Priester mit dem Giftbecher bestraft. Derselbe wird, namentlich bei Mördern, wenn die Gerichte die Schuld oder Unschuld des Betreffenden nicht zu entscheiden vermögen, angerufen, um gewissermaßen ein Gottesurteil zu fällen. Der Priester des Nanyo fragt den Angeschuldigten, ob er den Mord begangen habe oder nicht; gesteht dieser die Tat nicht ein, oder verweigert er die Aussage, so wird er dazu durch den Trank des Fetisch gezwungen. Bei dieser feierlichen Zeremonie werden dem Angeschuldigten die Haare sowie die Nägel an den Fingern und Füßen beschnitten. Der Fetischpriester holt alsdann einen Fetisch aus seiner Hütte und vergräbt ihn, sowie die Haare und Nägel vor der Fetischhütte. Er beschwört darauf nochmals den Angeschuldigten, die Wahrheit zu gestehen, widrigenfalls er von dem großen Fetisch getötet werden würde. Der Priester ruft den Fetisch herbei und bittet um seine Unterstützung. Darauf wird dem Angeklagten eine Kalabasse mit dem Fetischtrunk gereicht, welche dieser leeren muß. Stirbt er von dem Gift, welches der Priester bereitet hat, innerhalb acht Tagen, so hat Nanyo durch den Tod die Schuld des

---

[1] H. Klose: „Togo unter deutscher Flagge", S. 269 ff.

Angeklagten gesühnt. Ein Totenfest wird nicht gefeiert, weil der Geist des Toten zur Sühne noch umherirrt. Die Leiche wird auf einem Gestell von vier Pfählen in den Busch oder an einen abgelegenen Ort getragen und den wilden Tieren und Geiern preisgegeben. So sieht man in den sumpfigen Gegenden bei Degbenu öfter die gebleichten Totengerippe solcher Opfer. Ferner wird häufig freiwillig von zwei Leuten oder Parteien, die sich streiten und den Beweis der Wahrheit antreten wollen, der Giftbecher getrunken. Auch auf andere Weise kann die Schuld von Dieben oder kleineren Missetätern durch den Fetisch bewiesen werden. Der Priester stellt eine Schüssel mit siedendem Öl auf; in diese wird ein Ring geworfen und der Verdächtige gezwungen, den Ring aus der Schüssel herauszunehmen. Bevor er jedoch dieses Experiment ausführt, taucht er die Hände in eine andere Schüssel, die eine Abkochung von verschiedenen Pflanzengiften enthalten soll. Wahrscheinlich schützen diese vor der Verbrühung; doch glauben die Leute fest daran, daß der Schuldige sich trotz dieses Präservativs verbrüht. Der Beschädigte wird als schuldig befunden und verurteilt. Wird jemand einer Lüge beschuldigt, so wird er ebenfalls vor den Fetischpriester geführt, und dieser beweist zuweilen durch ein Wunder die Schuld oder Unschuld des Betreffenden und gleichzeitig die Macht des Fetischgottes. Im öffentlichen Palaver wird der Angeklagte von dem Fetischpriester beschworen, die Wahrheit zu gestehen; sagt er nach Ansicht der Leute nicht die Wahrheit, so werden ihm von dem Priester die Augen mit einem ätzenden Gift eingerieben. Das Gift beginnt alsbald zu wirken; in diesem Zustande wird dann der Gepeinigte nochmals verhört und ihm von dem Priester angekündigt, daß ihn, falls er die gewünschte Aussage macht, der große Fetisch von den Schmerzen erlösen würde. In dieser Hoffnung sagt der Betreffende alles aus, was von ihm verlangt wird, und so fällt er schuldig oder unschuldig seinem Ankläger und dem Fetisch zum Opfer. Der Priester befreit ihn nun von den Schmerzen, indem er ihm die Augen mit einer Flüssigkeit auswäscht, welche die Wirkung des Giftes wieder aufhebt. Ist der Unglückliche jedoch nicht willig, gegen seine Überzeugung zu sprechen, so wird er seinem Schicksal überlassen und verliert oftmals für immer sein Augenlicht. Wenn andererseits der Fetischpriester durch Geschenke und Opfer bestochen ist, so führt er durch ein Wunder des Fetisch die Freisprechung des Angeklagten herbei. Unter Vornahme der uns bereits bekannten Zeremonien und Anrufung des Fetisch wird der Angeklagte zur Aussage der Wahrheit ermahnt. Der Priester bestreicht nun auch seine Augen, aber nicht mit Gift, sondern mit einem unschädlichen Wasser, und zieht schließlich zur großen Verwunderung der umstehenden Menge Kaurimuscheln aus den Augen des Angeschuldigten, wodurch seine Nichtschuld erwiesen wird. Dieses Taschenspielerstückchen wird auf folgende Weise ausgeführt: Der Fetischpriester, welcher, nachdem er den Angeklagten ermahnt hat, nichts mehr spricht, bläst ihm mit einer Fertigkeit, welche die Umstehenden verblüfft, aus seinem Munde eine Kaurimuschel ins Gesicht und zeigt diese dann dem betrogenen Volke.

Die Sklaverei bei den Básari. [1])

Die Sklaverei war, wenigstens früher, noch allgemein üblich; die meisten Sklaven stammten aus dem außerordentlich dicht bevölkerten Kaburelande, und zwar verkauften die Kabureleute, wie mir verschiedene Básarileute mit Abscheu versicherten, ihre eigenen Angehörigen, angeb= lich, weil das Land seine Bevölkerung nicht mehr ernähren kann, was für große Teile des Kaburelandes wohl zutreffen könnte. Ein reeller Markt für Sklaven bestand nie; der Umschlagsplatz war aber in erster Linie für den Verkehr nach Südwesten Kabu und Sara. Für ein junges Mädchen oder einen kräftigen jungen Mann wurden dort bis 100 000 Kauris bezahlt; alte Leute kosteten nur mehr 10 000 Kauris, Kinder dagegen 40 000 Kauris. Das Los der Sklaven ist durchweg sehr milde: sie wohnen in dem Gehöfte ihres Herrn oder „Vaters" — die beiden Wörter sind gleich — und teilen, solange sie unverheiratet sind, dessen Tisch. Sobald als möglich aber gibt man ihnen Frauen beziehungsweise Männer, worauf sie ihre eigene Hütte, eigenes Feld und, wenn sie sich einigermaßen gut führen, ziemlich große Selbständigkeit bekommen und nur die Verpflichtung haben, jeden zweiten Tag für ihren Herrn zu arbeiten. Sie können auch selbst wieder Sklaven halten.

Eine eigentliche Freierklärung kennt man nicht, wohl aber wird ver= dienten Sklaven keine Arbeit mehr aufgetragen; vor allem aber gilt: beim Tode des Herrn wird der Sklave frei, sofern er erwachsen ist; Kinder, für die ja sonst niemand sorgen würde, bleiben zwar Sklaven, aber nur bis auch sie erwachsen sind. Der frei gewordene Sklave hat nunmehr die moralische Pflicht, den Kindern seines einstigen Herrn in der Not zu helfen; im übrigen ist er vollständig gleichberechtigtes Familienmitglied. Dies wenigstens scheint mir das allerdings seit dem letzten Dagombakriege nicht mehr ganz rein erhaltene, ursprüngliche Recht der Básarileute ge= wesen zu sein, und der dadurch so ungemein erleichterten Aufsaugung fremder Elemente ist wohl in erster Linie die erstaunliche Volkskraft zu= zuschreiben, die Básari, soweit sich seine Geschichte zurückverfolgen läßt, stets entwickelt hat.

Seit der wirklichen Besetzung Básaris nach Abschluß des deutsch= französischen Grenzvertrages und seit der Erschließung des bis Anfang 1898 noch ganz unbekannten Kaburelandes hat natürlich der bisherige Sklavenhandel im wesentlichen aufgehört, und wenn man auch noch die

---

[1]) Fr. Hupfeld: „Land und Leute der Básari. Beiträge zur Kolonial= politik, 1899/1900", S. 164.

Schuldsklaverei gänzlich beseitigt, wird bei den Básari die Sklaverei, die diesen Namen dort eigentlich garnicht ganz verdient, in einer kurzen Spanne Zeit ganz von selbst aufhören.

Gerade in der Schuldsklaverei besteht nun in ganz Nordtogo eine höchst frappierende Rechtsauffassung: Wenn A. in Fasau dem B. in Básari etwas schuldet und nicht bezahlen will, so fängt letzterer einem ganz un= beteiligten, beliebigen Dritten, sagen wir dem C. in Dako, ein Familien= mitglied oder einen Sklaven weg. C. mag dann sehen, wie er sich schadlos hält; er kann dem A. jemanden wegfangen und diesen bei B. eintauschen, sich gerade so gut aber auch an einen Vierten, D., halten, und so fort. Das ist so eingewurzelt, daß es in Básari geradezu als ungehörig gilt, wenn B. sich direkt an A. halten wollte. Diese auf den ersten Blick un= glaublich erscheinende Einrichtung wird unseren Begriffen etwas verständ= licher, wenn wir von unserem jetzt gültigen Recht den Weg zurücknehmen zur römischen Auffassung des „ubi rem meam invenio, ibi vindico"[1] und dann noch einen Schritt weitergehen zu der in Nordtogo herrschen= den Auffassung: „Wenn mir etwas wegkommt, so nehme ich mir irgendwo irgend etwas Gleichwertiges."

Selbstverständlich schädigt ein solches Vorgehen Handel und Wandel aufs Schwerste und bietet ewigen Anlaß zu kleinen Fehden. Das sehen die Leute auch eigentlich wohl ein und haben sich gar nicht gewehrt, als die Regierung dagegen einschritt; nur ist diese nunmehr verpflichtet, dafür zu sorgen, daß ein Gläubiger auf einem anderen, speziell dem bei uns üblichen Wege zu seinem Gelde kommen kann.

Etwas anders liegt die Frage, wenn zwischen zwei Básarileuten ein Schuldverhältnis besteht, aber vom Schuldner abgeleugnet wird. In diesem Falle lädt ihn der Gläubiger zunächst vor zwei bis drei Älteste und, falls dann noch keine Einigung erzielt wird, auf den Fetischplatz zum Gottesgericht. Hier muß der Gläubiger und eventuell nach ihm der Schuldner aus einem mit kochendem Palmöl gefüllten Topfe einen Ring herausholen, — wer denkt da nicht an das abendländische Mittelalter?!

Ackerbau in Togo.[2]

Der Grund und Boden ist im Besitz der ersten Familien, welche sich hier angesiedelt und dadurch gewissermaßen das Land in Besitz ge= nommen haben. Es ist somit das Eigentum der alteingesessenen Gemeinde. Dieser große Grundbesitz vererbt sich immer wieder vom Vater auf den ältesten Sohn, während die unbebauten Territorien zum Nießbrauch und zur Urbarmachung an andere Familienangehörige abgegeben werden. Bei der großen Ausdehnung der Ländereien der einzelnen Ortschaften

---

[1] Wo ich das Meine finde, eigene ich es mir zu.
[2] H. Klose: „Togo unter deutscher Flagge." S. 133.

und dem verhältnismäßig kleinen bebauten Terrain bleiben noch weite bebauungsfähige Strecken übrig. Aus diesem Grunde ist es auch später zugezogenen Familien ermöglicht, leicht Land zum Anbau zu erhalten. Die Erlaubnis wird ohne Schwierigkeiten erteilt, und so haben häufig reiche Leute, welche sonst keinen eigenen Grundbesitz haben, vermöge ihrer Sklaven und vielen Frauen größere und ergiebigere Farmen, als die Besitzer des Landes. Die einzelnen Ländereien sind allerdings in manchen Gegenden nicht genau abgegrenzt; häufig bilden Flußläufe, kleine Bäche oder auch große Bäume die Merkmale der Grenzen. Stellenweise, namentlich im Gebirge, werden die Grenzen durch gewisse Gräser, welche an denselben ausgesät werden, gekennzeichnet und festgelegt. Die perennierenden Pflanzen sind den Bewohnern sowie den Nachbarn genau bekannt und werden bei Grenzstreitigkeiten von den Parteien gewissermaßen als Grenzpfähle des Gebiets oder der einzelnen Besitztümer anerkannt. Falls die Grenzen nicht genau feststehen, so ist unser schwarzer Ackerbauer behufs Feststellung derselben auf eine einfache Methode verfallen. Er fällt auf dem zweifelhaften Gebiete einfach eine Palme; falls nun in längerer Zeit von den Nachbarn kein Einspruch erhoben und das Terrain, auf welchem die Palme gefällt ist, nicht als ihr Eigentum beansprucht wird, so sieht der betreffende Farmer dasselbe als seinen Besitz an. Es werden auf dem Gebiete Farmen angelegt, und damit sind alle Ansprüche eines andern auf dieses Terrain ausgeschlossen. Wir haben gesehen, in welch einfacher Weise der schwarze Ackerbauer das Land rodet. Während der Trockenzeit wird der Busch in Brand gesteckt; die stehengebliebenen Bäume und der Busch werden mit der Hacke ausgegraben und ausgerodet, während die nutzbringenden Bäume fürsorglich verschont werden. Ebenso werden Schattenbäume für gewisse Pflanzen unberührt gelassen. Große, alte, ehrwürdige Riesen, die dem Bauer im Wege stehen, werden zu Fall gebracht, indem an die Wurzeln oder den unteren Stamm Feuer gelegt wird. Der Baum verkohlt langsam, und der übrig gebliebene Teil des Stammes wird noch als Feuerungsmaterial verwendet. Die einzelnen Zweige und Dornen werden als Schutz vor dem Wilde um die Farm gelegt. An den einzelnen offenen Stellen dieser Dornenhecke werden von dem schlauen Bauer und Jäger Fallen für das Wild aufgestellt. Die Asche der verkohlten Pflanzen bildet eine wertvolle mineralische Düngung. Die Pflanzen werden meistens nur ein Jahr auf derselben Fläche angebaut. Allerdings bleiben gewisse Pflanzen wie Kassava mehrere Jahre stehen und liefern so ebenfalls ihren Ertrag. Gewöhnlich wird jedoch jedes Jahr eine Farm angelegt. Der Boden bleibt dann sehr häufig noch einige Zeit zur Oxydation brach liegen und wird bei Beginn der Regenzeit gelockert und bebaut. Es sind somit zwei Saatzeiten, und zwar beginnt die Frühjahrssaatzeit im Februar und endigt im Mai. Die Frauen besorgen mit den Sklaven die Einsaat für das Frühjahrsgemüse.

Es gehören hierher vorzugsweise Erdnüsse, Bohnen, Erderbsen, süße Kartoffeln, Zwiebeln, Pfeffer, ferner Spinat und die sogenannten Garden= eggs. Diese Gemüsearten bilden mit eine große Einnahmequelle der Frauen, da ihnen allein der Erlös aus denselben zukommt. Mit diesem Taschengeld bestreiten sie zumeist allein ihre Ausgaben für Tücher, Schmuck= oder Toilettengegenstände. Auf einem der nächsten Märkte wird die Ernte verhandelt und von dem Erlös die neue Equipierung angeschafft. Außer diesen Gemüsepflanzen werden noch im März und April, namentlich in der Ebene, große Mengen Mais, Yams dagegen im Mai oder Juni, häufig auch noch in der Sommersaatzeit angebaut. Der Yams wird in kleinen Stücken in Löchern, mitunter auch in kleinen Häufchen verpflanzt, die zum Schutze vor dem Wilde mit Reisig oder Gras eingedeckt werden. Die Sommersaatzeit beginnt vor der Regenzeit und dauert von Juni bis August. In dieser Zeit werden meistens die Reisfarmen angelegt und an der Küste die alten Kassavafarmen durch neue Felder ersetzt. Die Kassavafelder, welche fast drei Jahre Erträge liefern, werden, falls es die Zeit erlaubt, in der Frühjahrssaatzeit angelegt. Ist auch die Einsaat vollendet, so dauert doch die Mühe und Arbeit bis zur Ernte der Pflanzen. Das Reinhalten der Felder ist keine Kleinigkeit bei dieser tropischen Vegetation, wo das Unkraut zum Verdrusse der schwarzen Bauern noch weit mehr als bei uns in Europa wuchert. So sind die Frauen und Kinder, meistens auch die Sklaven, in den Farmen das ganze Jahr über eifrig mit dem Ausjäten des schädlichen Unkrauts beschäftigt. Yams und Reis erfordern im allgemeinen eine höhere Kultur; man sieht daher diese Farmen fast immer wohl bestellt und von Unkraut frei. In den sandigen Küstengegenden, wo überall die dürftige Kassava angepflanzt wird, nimmt man es mit der Reinhaltung der Felder nicht so genau. Eine solche Kassavafarm sieht dann häufig wild aus, während ab und zu dazwischen einzelne Bananen oder auch Ölpalmen das romantische Bild beleben.

Während der Zeit der Feldbestellung verlassen zum großen Teil die jungen Familien das Dorf und lassen sich in der Farm nieder, wo sie während der ganzen Zeit in einigen kleinen Grashütten hausen. Mit= unter kann man auf den Farmen auch kleine Wächterhütten sehen, welche den während der Ernte die Felder bewachenden Leuten als Unterkommen dienen. Jeder Dieb, der es wagt, auch nur ein paar Yamsknollen oder Reisstauden auszureißen, wird rücksichtslos von dem Eigentümer der Farm niedergeknallt; denn nach den überlieferten Rechtsanschauungen der Eingeborenen ist jeder Eigentümer berechtigt, einen auf der Tat ertappten Felddieb ohne weiteres niederzuschießen. Auch schützen die Leute ihre Felder gegen Vögel oder Wild durch Vogelscheuchen, die in kleinen Klappern oder Eisenglocken bestehen.

Lome, die Hauptstadt der Togokolonie. [1])

Wer Lome vom Meere aus betritt, kommt zuerst in die Strand=
straße, vor der unter einer Reihe von Grasschuppen die gesamte Boots=
flottille der Stadt — sofern sie nicht zur See ist — Schutz vor dem
Sonnenbrande findet. Ganz am Ostende erheben sich die Gebäude der
katholischen Mission aus Stehl, voran das zweistöckige Haupthaus von
24 m Länge und 6 m Breite, dessen Außenwände weiß gestrichen sind
und ringsum von einer Veranda umgeben werden. Das gleichfalls
weiße Dach besitzt einen 10 m hohen Spitzturm, der zur Sicherheit gegen
Gewitterschaden mit einem Blitzableiter versehen ist. Das Erdgeschoß
dient als Kapelle und erste Schulklasse und enthält auch ein Sammel=
becken für das Regenwasser. Im oberen Stocke wohnen die Missionare.
Die Kapelle ist der „schmerzhaften Mutter Gottes" geweiht und dem=
entsprechend bildlich geschmückt. Da der Raum nicht mehr genügte, wurde
er letzthin durch einen Vorbau vergrößert, so daß jetzt gegen 300 Per=
sonen stehend in dem Kirchlein Platz finden, denn Sitzbänke gibt es
nicht. Die Mittel= und Kleinschule für 80 bis 100 Knaben ist in einem
Nebengebäude untergebracht, wo außerdem die Vorratskammer, die Koch=
und Waschküche, das Bad und die Tischlerei ihre Stätte haben. Im
Frühjahr 1897 ist in Lome noch ein Frauenkloster eröffnet und mit fünf
Schwestern besetzt worden, die sich dem Unterrichte der Negermädchen
widmen sollen.

Ungefähr 300 m westlich der katholischen Mission liegt das deutsche
Regierungsgebäude, ein großes, zweistöckiges Haus mit weit vorspringen=
der Veranda im oberen Geschoß. Die Giebelseite schaut zum Meere hin.
Der Unterbau hat dunkelgrauen Anstrich; das Dach ist weiß und trägt
in der Mitte den hohen Flaggenmast. Außerdem besitzt Lome noch ein
neues Beamtenhaus und mehrere ansehnliche Privatbauten jüngeren
Datums, in denen es sich, wie in dem schmucken Zoll= und Postamte,
selbst unter der heißen Sonne Afrikas recht bequem leben und ar=
beiten läßt.

Rechts und links um den Regierungssitz gruppieren sich die euro=
päischen Faktoreien, zusammen zwölf an der Zahl, darunter sieben deutsche,
drei englische und zwei französische. Die meisten haben in letzter Zeit
bei dem erfreulichen Aufblühen des Handels ihre Warenlager bedeutend
vergrößert und die Anzahl ihrer Verkaufsläden in der Stadt vermehrt.
Um die Faktoreien dehnen sich Schmuckanlagen und Gemüsegärten aus,
überschattet von hohen, wehenden Palmen oder dichten Laubbäumen.

Parallel mit der Strandstraße ziehen sich die Hamburger=, Bremer=
und Marktstraße hin, die, gleich den übrigen, durch Beschüttung mit rotem
Lehm einen festen, jederzeit gangbaren Mitteldamm erhalten haben. Am

---

[1]) Aus H. Seidel: „Lome, die Hauptstadt der Togokolonie", S. 11 ff.

Die Lagune (Togo).

Schnittpunkte der Amutive-, Be- und Marktstraße liegt der geräumige, zum Teil schon gepflasterte Marktplatz, der — wie die Straßen — reichlich mit Palmen und Feigen bepflanzt ist und voraussichtlich in wenigen Jahren eine Zierde unserer Togohauptstadt sein wird.

In der verkehrsreichen Marktstraße haben sich die eingeborenen Kaufleute und die Haussahändler zahlreich niedergelassen und ihre Geschäfte eröffnet. Vor den Läden waren für die Käufer einfache Schutzdächer angebracht, die jedoch vor einigen Jahren in der ausnahmsweise starken Hauptregenzeit zum größten Teil einfielen. Als Ersatz dafür sind jetzt statt der leichten und dabei gar nicht so billigen Grasdächer weit solidere Vorbauten aus Wellblech aufgestellt worden, eine Neuerung, die von dem Marktpublikum mit aufrichtiger Freude begrüßt wurde. Inmitten des Marktplatzes erhebt sich ein Pfahl, an dem die auf frischer Tat ertappten Langfinger nach Landesrecht angebunden und durchgeprügelt werden. Für die vielen auswärtigen Gäste ist solche Prozedur jedenfalls ein recht nützlicher „Anschauungsunterricht", um in ihnen etwaige unredliche Gelüste schleunigst zu unterdrücken. Leider sind diese bei unseren Schwarzen hervorragend entwickelt und machen weitgehende Schutzmaßregeln nötig. Jede Faktorei hält einen oder mehrere Wächter, die während der Nacht regelmäßig Haus und Hof umwandeln und dabei von Zeit zu Zeit pfeifen, um anschleichende Diebe zu vertreiben. Bei einem Brande, der im Sommer 1892 Lome heimsuchte, eilten natürlich auch die Faktoristen zu Hilfe. In ihrer Abwesenheit kamen jedoch Diebe, und zwar solche, deren Häuser selbst in Flammen standen, und bestahlen die Faktoreien. Daher kann Lome auch nicht eines Gefängnisses entraten, in dem die Missetäter je nach der Schwere ihres Vergehens in Haft gehalten werden.

Schon vor zwei Jahren konnte man in Lome die Bemerkung machen, daß der alte Marktplatz trotz seiner räumlichen Ausdehnung kaum noch für den täglich zunehmenden Verkehr genügte. Die Stadt ist deshalb dem Häuptling Adjalle von Amutive zu vielem Dank verpflichtet, daß er bei einem Besuche des stellvertretenden Landeshauptmanns in Lome der Kaiserlichen Regierung ein nahe gelegenes Grundstück von 180 Morgen Größe als Geschenk überwies. Da das Grundstück nördlich der Stadt in der Gabel zwischen Misahöh- und Amutivestraße liegt, so soll ein Teil desselben zu einem neuen Marktplatze eingerichtet werden.

Auch sonst geschieht alles Mögliche, um die Verhältnisse in der Stadt — und vorab die hygienischen — nach Kräften zu verbessern. Seit dem 7. März 1894 ist eine Bauordnung erlassen, die nicht nur der Feuersgefahr, sondern auch dem Umsichgreifen ansteckender Krankheiten wirksam zu begegnen sucht. Schwer empfunden wird noch immer der Mangel einer Feuerspritze. Bei einem nächtlichen Brande am 15. bis 16. Dezember 1894 mußte man das Löschen statt mit Wasser mit Sand besorgen, der bei den niedrigen Negerhütten leicht die Glut zu ersticken vermochte.

Strenge Vorschriften bestehen sodann über Art und Ort der Begräb=
nisse. Die alte Unsitte der Schwarzen, ihre Toten im Sterbehause, also
mitten in Hof und Dorf zu beerdigen, wird nicht mehr gestattet. Es ist
daher im Osten und auf freiem Felde ein großer Kirchhof angelegt und
mit der Stadt durch einen guten Weg verbunden. Mindestens ebenso
wichtig war die Regelung der öffentlichen Aborte, die zwar in Togo nicht
fehlen, in ihrer ursprünglichen Gestalt aber mehr zum Schaden als zum
Nutzen gereichten. Jetzt besteht aber ferner eine strenge Polizeiaufsicht
zum Zwecke der Ordnung und Sauberkeit auf Straßen und Plätzen, die
namentlich an den Markttagen leicht verunreinigt werden. Am 6. Mai
1894 erhielt Lome eine Neubestimmung über die Aufbewahrung der
Vorräte von Pulver und sonstigen Sprengstoffen. Daraufhin wurde ein
Kilometer außerhalb, etwa 12 Minuten von der katholischen Mission, an
dem Wege nach Bagida, ein Pulvermagazin erbaut.

Nahe der Bergstraße, auf einem Grundstück zwischen Markt= und
Bremerstraße, hat sich seit dem Frühjahr 1895 die Norddeutsche Missions=
gesellschaft angesiedelt. Einer ihrer eingeborenen Lehrer, namens Andreas
Aku, leitete Schule und Bekehrungswerk und benutzte für sein mühevolles
Geschäft ein kleines, selbst erbautes Haus, das anfänglich äußerst
primitiv eingerichtet war. Die Wände bestanden zur Hälfte aus Well=
blech, zur Hälfte aus Grasmatten; auch das Dach war aus Wellblech
hergerichtet. Die beiden Eingänge mußten vorläufig ohne Türen blei=
ben; den Boden deckte festgestampfter und geglätteter Lehm. Es mangelte
sogar an Schulbänken und Schultischen, nur ein Glockentürmchen für die
Kirchenglocke war vorhanden. Aber mit Liebe, Eifer und Genügsamkeit
hat Aku die erste dornenvolle Zeit überwunden und in Lome eine kleine
Gemeinde gegründet und Schulkinder um sich versammelt. Mit Rücksicht
auf diese gedeihlichen Anfänge erwarb die Norddeutsche Mission bald ein
zweites Grundstück und ging an den Bau einer größeren Station, deren
Kosten auf 20 000 ℳ. veranschlagt wurden. Diese ist inzwischen fertig=
gestellt und am 28. Februar 1897 feierlich eingeweiht worden. Außer
Schule und Kirche ist ein Europäerhaus und eine Wohnung für den
einheimischen Lehrer mit den erforderlichen Nebengelassen hergestellt, so
daß zwei deutsche Missionarfamilien und der Gehilfe Aku bequem darin
Unterkunft finden.

Schmiedehandwerk in Togo.[1]

Das Schmiedehandwerk ist im allgemeinen verbreitet. Die kleine,
offene Hütte, in der es getrieben wird, besitzt eigentlich nur ein Schatten=
dach. Nach dem Markt zu ist das Innere durch Wände von Palmblatt=
rippen geschützt. Die Seiten nach dem Gehöft sind vollkommen offen

---

[1] H. Klose: „Togo unter Deutscher Flagge", S. 174.

und lassen bei der hohen Temperatur, die in einer solchen afrikanischen Schmiede herrscht, den nötigen Luftzug ein. Hier schwingt nun der schwarze Meister regelrecht seinen Hammer, und der Geselle zieht emsig den Blasebalg. Fast alle Werkzeuge, die man in dieser afrikanischen Schmiede bemerkt, sind europäischen Fabrikats. Jedoch liegt gerade hierin insofern Interesse, als man daraus ersieht, wie weit schon die europäische Kultur vorgedrungen ist, und in welcher Weise diese Werkzeuge von den schwarzen Meistern gehandhabt werden. Wir bemerken in der Hütte einen Amboß, einen Schraubstock und einen Blasebalg. Auch finden wir hier schon Blecheimer, in denen das nötige Wasser zur Ab= kühlung des erhitzten Eisens bereit gehalten wird. Überall liegen Stein= schloßflinten und Hacken zur Reparatur umher. Unter den Schlägen des Hammers werden meist Messer oder Hacken zur Bearbeitung des Bodens angefertigt oder geschärft. Mit dem Zunehmen der Einfuhr von Flinten aus Europa liegt natürlich auch dem Schmiedehandwerk die Instand= haltung dieser großen Steinschloßflinten ob. Der Schmied in Yo schien zwar nur ein einfacher Arbeiter zu sein, machte aber doch auf mich einen höchst intelligenten Eindruck. Das kluge Gesicht war von einem Knebel= bart geschmückt; seine sehnigen Arme und die Muskeln, die aus dem leichten Zeugschurz bei jeder Bewegung hervortraten, zeugten von der nervigen Kraft, die dieses Handwerk erfordert. Unvorteilhaft nahm sich dagegen das stupide Gesicht seines Gehilfen aus, der mechanisch den Blasebalg bewegte. Der Meister gab mir sofort über sein Handwerk in freundlicher Weise Auskunft und ließ sich gern bei seiner Arbeit von mir photographieren.

Fast alle Schmieden bestehen, wie wir schon gesehen haben, nur aus einem kleinen Schattendach, unter welchem die primitiven Geräte aufgestellt sind. Die meisten sind jedoch nicht so reich ausgestattet, wie die beschriebene Schmiede in Yo. Der Amboß besteht häufig nur aus einem großen Stein; der Blasebalg ist aus einigen Ziegen= oder Schaffellen mühsam zusammengeflickt, während allerdings europäische Hämmer und Zangen fast in allen Schmieden des ganzen Ewhe=Gebietes und darüber hinaus Eingang gefunden. Aber auch mit dem primitiven Handwerks= zeug verstehen es die Leute, Messer, Schwerter, Ackergerätschaften, häufig auch Schmucksachen aus eingeführten Metallen, Messing oder Silber, zu verfertigen. Auch zeugen die großen, durchbrochenen Fetischschwerter von der hohen Geschicklichkeit dieser schwarzen Schmiede.

Eine Otifahrt. [1]

Freitag, den 24. November 1899, 6 Uhr 15 Minuten vormittags, setzt sich die Fähre in Bewegung. Der Oti [2] ist 200 m breit und ohne

---

[1] Vergl. Preil, Deutsche Kolonialzeitung 1900, S. 550.
[2] Ein Nebenfluß des Volta.

Inseln, so daß wir auf schöner, glatter Wasserfläche fahren. Kurz nach 8 Uhr kommen die Ufer enger zusammen, schroff steigen sie aus dem Wasser empor, und der Oti wird auf 80 m zusammengedrängt. Eine kleine Biegung, und wir fahren von unseren Sitzen auf; vor uns tummeln sich über 20 mächtige Flußpferde im Wasser, außerdem viele Alligatoren. Ein Halten war nicht mehr möglich. Also durch! Schnell noch einige Befehle. Wir fahren dicht am rechten Ufer entlang. Im linken Kanu sitzen die beiden Soldaten mit ihren Karabinern; die Träger bedienen die Ruder. Die Hauptsache ist, daß kein Flußpferd unter die Fähre kommt und diese emporschleudert; dann sind wir verloren! Immer näher kommen wir. Ein mächtiges Tier ist gerade in der Fahrrinne. Langsam lege ich mein Gewehr an die Backe, von dem Schusse hängt alles ab. In solchen Momenten zittert die Hand nie, das Gewehr liegt wie in einem Schraubstock, der Schuß knallt, kerzengerade steigt das mächtige Tier, noch 14 m entfernt, in die Höhe, gerade recht, um einen zweiten Schuß in die Brust zu geben. Darauf versinkt es. Jetzt gilt es, so schnell wie möglich weiter, die Ruder krachen förmlich. Es war höchste Zeit; 3 m hinter uns taucht der blutüberströmte Kopf wieder auf. Die Soldaten tun ihre Pflicht, und die erste Gefahr ist überwunden. Aber in demselben Moment muß ich meine Revolverkugeln, vier Stück hinter= einander einem anderen Tiere ins Gesicht schießen in einer Entfernung von 5 m. Es taucht unter, um genau an der Stelle wieder empor= zukommen, wo vor einer halben Minute unser Kahn gewesen war. Wieder ertönen Schüsse, die sich in ungezählten Echos in dem Canon fortpflanzen, und auch das zweite Flußpferd wälzt sich tödlich getroffen im blutgefärb= ten Wasser. Hinter uns ertönt ein mächtiges Schnalzen und Knacken. Die Krokodile machen sich über die willkommene Beute.

Die anderen Flußpferde waren entflohen oder hielten sich ruhig unter Wasser. Wir fuhren weiter; nach zwei Stunden stießen wir noch einmal auf neun Flußpferde, die aber zu ihrem eigenen Glück in die Tiefe ver= schwanden. Eine Unmenge Inseln, durch zahlreiche Vertreter der Vogelwelt belebt, machen die Fahrt schwierig. Auf einmal erklingt in der Nähe ein Rauschen, das immer näher zu kommen scheint. Lauter und lauter wird es, meine Ahnung geht in Erfüllung, es kommen Katarakte. Was nun? Ich springe auf eine Insel, gehe durch das Wasser auf eine mächtige Sandbank und erklimme das 6 m hohe schroffe Ufer. Vor mir macht der Oti einen mächtigen Bogen; in der Ferne, ca. $2^1/_2$ km, kommen die Ufer auf 60 m zusammen. Ich zähle drei Katarakte, zwar nicht hoch, der mittlere eher Stromschnelle, aber trotzdem bedeutende Hindernisse. Ein Ausweichen über Land war nicht denkbar. Ich ließ die Lasten bis zu einer Insel vor dem dritten Katarakt tragen. Die Fähre kam dort nach $1^1/_2$ stündiger angestrengter Arbeit unbeschädigt an. Freilich waren wir in der glücklichen Lage gewesen, die beiden ersten Hindernisse an

günstigen Stellen zu passieren. Aber das dritte! Meine Messungen er=
gaben einen Höhenunterschied von 1,50 m, dabei große Granitblöcke im
Wasser. An der Insel vor dem Katarakt wird noch einmal gehalten,
die Lasten werden aufgebunden, dann ging es fort, pfeilschnell den tosen=
den Fluten entgegen. Ich selbst führte das Steuer mit einem Soldaten.
Nun waren wir mitten in dem Gischt. Einen bangen Augenblick
hing der vordere Teil der Fähre in der Luft, dieselbe knarrte und stöhnte,
die Stricke rissen zum Teil. Mit äußerster Kraft stemmten wir gegen
das Steuer, ein Ruck, ein Gekrache, und wir tanzten unterhalb des
Wasserfalles mit zerbrochenem Ruder, Sonnendach, ein Loch im Kanu=
boden und beinahe alle Querriegel zerbrochen. Noch fünf Minuten und
wir landeten 5 Uhr abends an einer Sandbank. Dort schlugen wir, sehr
erschöpft, unser Nachtlager auf. $^1/_2$7 Uhr schlief alles unter dem Brausen
der Katarakte.

Die Ölpalme. [1]

Die Ölpalme ist beheimatet in Westafrika etwa zwischen 14 ° nördl.
und 10 ° südlicher Breite, in Ostafrika am Tanganyka nachgewiesen.
Sie ist eine einhäusige Fiederpalme mit 2$^1/_2$—6 m langen Fiederblättern.
Ihr Stamm wird bis 20 m hoch. Im 3. Jahre fängt sie an zu
blühen; im 5. Jahre beginnen die Erträge, die sich bis etwa zum
10. Jahre steigern. Nachgewiesenermaßen trägt sie länger als 20 Jahre.
Die Früchte sitzen zu 200—1200 an einer dicken holzigen Achse.
Die Fruchtstände sind zwischen Stamm und Blattstielen fest eingeklemmt.
Ein großes ausgereiftes Fruchtbündel wiegt bis 40 kg. Eine Palme
trägt durchschnittlich jährlich 6—8 Fruchtbündel, aber auch bis 25.
Die einzelnen Früchte sind etwa so groß wie eine Walnuß, ca. 3—5 cm
lang und 2—3 cm breit, doch ist die Größe und das Gewicht ver=
schieden je nach Sorte, Klima, Boden und Behandlung. Die Früchte
brauchen 5 Monate bis zur Reife, sind erst dunkelschwarz, werden dann
rot. Die Frucht besteht aus einem innern Kerne, der in einer mehr
oder minder harten Schale sitzt und von einem faserigen Fruchtfleische
umgeben wird. Sowohl das Fruchtfleisch als auch der Kern enthalten
ein feines wohlschmeckendes Öl, das schon bei kühlerer Temperatur er=
starrt. Es findet Verwendung als Speiseöl, als Zusatz zum Provence=
öl, in der Kunstbutter=, Seifen=, Lichtefabrikation. Es gibt viele ver=
schiedene Sorten, die aber nicht immer ihre guten Eigenschaften ver=
erben. Dickes, recht ölhaltiges Fruchtfleisch mit feinen Fasern, dünner,
mit den Zähnen aufzubeißender Kernschale und großer, zarter, rost=
farbener bis weißer Kern sind die Merkmale einer guten Varietät.
Die Ölpalme gedeiht gut bis zu einer Meereshöhe von 1000 m;

[1] Aus: Geo A. Schmidt, Flugblatt Nr. 3 des „Pflanzer". Mit gütiger
Erlaubnis des Kaiserl. Gouverneurs v. Deutsch=Ostafrika.

bis 1600 m kommt sie auch noch fort, gibt aber nicht mehr hohe Er=
träge. In bodentrockenen Gebieten gebraucht sie einen Mindestjahres=
niederschlag von 1000 mm, in bodenfeuchten und luftfeuchten Gebieten
genügen 800 mm pro Jahr; aber auch große Niederschlagsmengen bis
zu 6000 mm schaden ihr keineswegs. Feuchte Flußtäler und Boden=
senkungen ohne stagnierendes Wasser sind sehr geeignet. Die Ölpalme
ist in bezug auf den Boden anspruchslos, verträgt aber weder reinen
Sand, noch sehr steiniges Land, noch Sumpf. In tiefgründigem Laterit,
Glimmerschiefer=, Gneis=, Granitverwitterung gedeiht sie gut, ist na=
türlich für fruchtbaren, vulkanischen Boden auch dankbar.

Sobald die Früchte reif sind, was an der roten Färbung zu er=
kennen ist, werden die Fruchtbündel mit dem Haumesser abgeschlagen,
ohne den Stamm zu verletzen. Sind die Früchte sehr reif, fallen
sie leicht aus, andernfalls müssen sie mit einem Messer ausgebrochen
werden. Um dies zu erleichtern, kann man die Fruchtbündel einige
Tage zur Nachreife in die Sonne legen.

Die Aufbereitung durch die Eingeborenen geschieht in der Weise,
daß die Früchte in Holzmörsern mit Keulen gestampft werden. Das
Fruchtfleisch wird dann mit Wasser wiederholt ausgekocht, gestampft,
ausgepreßt, oder aber, es werden die Früchte gekocht und dann in
hölzernen oder steinernen Trögen im Wasser gestampft, das Frucht=
fleisch zerrieben und das Öl abgeschöpft bzw. ausgepreßt oder aus=
gekocht.

Die Kerne werden herausgenommen, getrocknet, aufgeschlagen, ge=
stampft und ausgekocht, oder aber getrocknet und von der Schale be=
freit, verkauft.

Bei diesen primitiven Aufbereitungsarten bleibt viel Öl in den
Rückständen und geht verloren. Es sind deshalb Maschinen konstruiert
worden, die eine bedeutend bessere Ausnutzung ermöglichen. Haake
(Berlin) und Krupp (Magdeburg) bauen sehr brauchbare Maschinen.
Mit diesen wird das Öl aus dem Fruchtfleische durch Zerkleinern,
Wärmen und Pressen gewonnen, die Schalen der Kerne durch Zentrifugal=
kraft gebrochen und mit Sieben von den Kernen getrennt.

Die ölreichen Kerne werden nach Europa verschifft zur Gewinnung
von Öl und von Futterkuchen als Nebenprodukt, ließen sich aber ebensogut
hier im Lande verarbeiten.

Die Ölpalme leidet fast gar nicht unter Schädlingen. Tierische
Schädlinge sind außer dem Palmenbohrer, der aber bisher noch keinen
großen Schaden verursacht hat, noch nicht nachgewiesen. Als pflanz=
liche Schädlinge kämen nur eine Anzahl verschiedener Schmarotzer=
pflanzen, die auf dem ganzen Stamme sich ansiedeln können, in Frage,
doch nur in ganz verwahrlosten Beständen.

B.

Das Schutzgebiet Kiautschou in Ostasien

Das Schutzgebiet Kiautschou in Ostasien

a) Allgemeine Beschreibung des Landes

Lage und Erwerbungsgeschichte.

Der deutsch-chinesische Handel hat sich in den letzten vierzig Jahren gewaltig gesteigert. Dennoch ist ihm Englands Handel noch bei weitem überlegen, und Frankreich wie Rußland machen große Anstrengungen, auch ihrerseits ihre Handelsbeziehungen auszubreiten. Um gegenüber diesem Wettbewerb bestehen und sich weiter entwickeln zu können, bedurften die deutschen Interessen eines festen Stützpunktes. Die chinesische Küste wurde daher von der deutschen Kriegsmarine nach einem passenden Hafen untersucht, und die Aufmerksamkeit richtete sich schließlich auf die an der Südküste der Halbinsel Schantung gelegene Kiautschoubucht.

Die Ermordung zweier deutschen Missionare seitens einer fanatischen Volksmenge gab den äußeren Anlaß zur Besetzung der Bucht, nachdem die mit dem Tsungli Yamen, dem chinesischen Auswärtigen Amt, eingeleiteten Verhandlungen wegen Überlassung derselben erfolglos gewesen waren. Jetzt zeigte sich die chinesische Regierung willfähriger. Am 6. März 1898 kam es zum Abschluß eines Vertrages, durch welchen das gesamte innere Wasserbecken der Kiautschoubucht bis zur Hochwassergrenze (einschließlich der Inseln Tschiposchan oder Huangtau und Yintau oder Potato Island) sowie die beiden seitlich des Eingangs vorspringenden Halbinseln Lauschan und Huangtau bis zu deren Begrenzung durch geeignete Höhenzüge und außerdem die der Bucht vorgelagerten Inseln (Toloschan und Thsalientau) auf zunächst 99 Jahre an Deutschland verpachtet wurden.

In diesem Gebiete, das etwa 920 qkm einschließlich des Wasserspiegels der Bucht umfaßt, hat China alle Hoheitsrechte an das Deutsche Reich übertragen. Aber noch mehr: das eigentliche Pachtgebiet wird halbkreisförmig von einer neutralen Zone eingeschlossen, die 50 km in das

Landesinnere sich erstreckt und insgesamt einen Flächenraum von etwa 7100 qkm umspannt. Auch hier ist die chinesische Regierung, ohne im übrigen auf die Oberhoheitsrechte zu verzichten, doch hinsichtlich aller ihrer Anordnungen an die Zustimmung der deutschen Regierung gebunden. Das wertvolle Recht, in der Provinz Schantung Kohlenminen eröffnen und Eisenbahnen anlegen zu dürfen, krönt die Errungenschaften dieses denkwürdigen Vertrages. Viele Gründe hatten dafür gesprochen, gerade diesem Hafen im Norden des chinesischen Reiches den Vorzug zu geben. Die großen Wasserstraßen des Riesengebietes und ihre Ausfallspforten waren bereits unter fremdem Einfluß. Der Sikiang wird durch die Handelsplätze Kanton, Makao und die Insel Hongkong, also in der Hauptsache durch englischen, und daneben portugiesischen Handel völlig beherrscht. Die Engländer waren es auch, die den Yangtsefluß durch ihre Niederlassungen in Schanghai ihrem Einfluß tributär gemacht hatten. Die ganzen südlichen und mittleren Teile des chinesischen Reiches boten also wenig günstige Aussichten für den Wettbewerb. Dazu kam, daß die Kiautschoubucht einen geschützten eisfreien Hafen mit guter Einfahrt und sicherem Ankergrund darbot, für die Kriegsmarine eine hervorragende Flotten= und Kohlenstation abgab, sich eines für Europäer zuträglichen Klimas erfreute, in seinem Ufergelände genügend Raum für die Anlage einer ausgedehnten Niederlassung gewährte und ein hinreichend wertvolles Hinterland besaß, um eine gedeihliche Entwicklung zu versprechen.

Bodengestaltung. Bewässerung.

Südlich von der Mündung des Hoangho streckt sich eine im Mittel 125 km breite Halbinsel in das Meer und scheidet die Tschilibucht vom Gelben Meer. An der Südseite dieser Halbinsel, da wo sie zum Fest= lande übergeht, öffnet sich die Kiautschoubucht, deren Einfahrt unter dem 36. Grad nördl. Breite liegt. Sie ähnelt in ihrer Form dem Jadebusen.

Längs der Südküste der Schantung=Halbinsel erstreckt sich ein Gneis= gebirge, das durch tiefe Quertäler mannigfach zerrissen und zerklüftet wird. Da, wo das Meer in diese Einschnitte eingedrungen ist, sind tiefe Buchten mit meist enger Einfahrt entstanden; die geräumigste derselben ist die Kiautschoubucht. Nördlich von der schmalen Einfahrt erhebt sich die zerrissene Bergkette im Lauschangebirge als weithin sichtbare Land= marke, bis zu einer Höhe von 1400 m, während der Tamoschan und Huangtau im Süden nur eine Höhe von etwa 600 m erreichen. Da= hinter wird die Bucht nochmals durch einen Landvorsprung eingeengt, der sich der Insel Tschiposchan gegenüber ostwärts ins Meer erstreckt. Die eigentliche Bucht hat eine Länge von 33, eine Breite von 26 km; im Bereiche des Küstengebirges fallen die Ufer meist steil ab, sonst sind sie flach oder leicht abgedacht und werden nur selten von einzelnen

Hügeln unterbrochen. Die günstigen Tiefenverhältnisse der Bucht werden an der Nordost= und Westseite, je mehr man landeinwärts kommt, durch große Sandablagerungen beeinträchtigt. Doch umfaßt die für Kriegs= schiffe zugängliche Wasserfläche immer noch einen Raum von 56 qkm, vermag also der größten Flotte Unterkunft zu gewähren. Bei Ebbe fällt das Meer um 3—4 m und legt einen breiten seichten Wattenstreifen trocken. Auch bei strenger Kälte bleiben die Ankerplätze für die großen Seeschiffe eisfrei. Gegen die heftigen Nordost= und Südwestwinde ist die Bai gut geschützt, zeigt aber doch einen ziemlich starken Seegang, wodurch zeitweise der Verkehr mit kleineren Fahrzeugen verhindert wird.

Die Provinz Schantung, zu der die Kiautschoubucht die wirtschaft= liche Eingangspforte darstellt, ist zum großen Teil ein rauhes Gebirgs= land, das von dem übrigen China durch umfangreiche Niederungen ge= schieden wird. Das vielfach gebrochene und zerklüftete, in seiner Haupt= masse aus Gneisen, Graniten und kristallinischen Schiefern bestehende Ge= birge wird durch eine über 150 km lange und stellenweise bis zu 100 km breite Furche zerschnitten, die sich nord= und südwärts zu aus= gedehnten Ebenen verbreitert. Der aus dem Innern kommende Hoangho, unfähig, das unvermittelt im Westen zur Ebene abfallende Gebirge zu durchbrechen, umgeht das Hindernis, weicht bald nach Norden, bald nach Süden aus und verursacht durch seine Überschwemmungen oft genug die schwersten Verheerungen.

Die Wasseradern der Provinz Schantung sind durchweg bedeutungs= los. Ihr allgemeiner Charakter besteht in einer verhältnismäßig großen Breite des mit Sand gefüllten Bettes bei geringer Tiefe und Wasser= führung. In die Kiautschoubucht mündet der von Norden kommende Kiauho, der zur Versandung der Bai am meisten beigetragen hat und den Verkehr mit kleinen Booten gestattet. Mit dem Laiho, der dem Pimosee (Pi=mo=hu) entströmt und gleichfalls für Kähne schiffbar ist, steht er durch einen zurzeit freilich verfallenen Kanal in Verbindung.

Klima, Gesundheitsverhältnisse.

Der Sommer ist warm; indessen wird die Hitze infolge der ständig wehenden kühlen Seebrise und der großen Lufttrockenheit leicht ertragen. Im Winter tritt häufig leichter Frost und Schneefall ein, doch werden die Kältegrade Mitteleuropas nicht erreicht. Während im Sommer feuchte Südwestwinde vorherrschen, ist die Winterzeit durch trockene Nordwest= winde gekennzeichnet, die zudem die Sommerwinde an Stärke übertreffen. Regen und Nebel sind häufige Erscheinungen. Unter den deutlich unter= schiedenen vier Jahreszeiten hat der Sommer bei weitem den stärksten Regenfall. Alles in allem gilt das Klima für das günstigste der ganzen Küste und ist dem Europäer durchaus zuträglich, besonders nachdem die unter der chinesischen Regierung verwahrlosten hygienischen Verhältnisse der Niederlassungen durch das Eingreifen der deutschen Verwaltung eine erhebliche Verbesserung erfahren haben. Daraus erklärt sich auch die erfreuliche Tatsache, daß Tsingtau bei den Europäern Ostasiens mehr und mehr als Badeort in Aufnahme kommt.

Pflanzen und Tierwelt.

Die natürliche Vegetation in der ganzen Provinz Schantung ist durch die sorglose Ausnutzung derselben so ziemlich vernichtet. Waldbestand ist fast nirgends mehr vorhanden; aber auch die Strauchvegetation und selbst die Gräser und Kräuter werden zur Beschaffung von Feuerungsmaterial nach kurzem Auftrieb immer wieder bis auf die Wurzeln zerstört. Nur den außerordentlich günstigen klimatischen und Bodenverhältnissen ist es zu danken, daß nicht auch die letzte Spur davon längst verschwunden ist, sondern sich eine gewisse spärliche Bedeckung von Gräsern und Gestrüpp immer wieder erneuert. In den Tälern und Ebenen ist die Vernichtung der natürlichen Pflanzendecke durch den üppigen Anbau von allerhand Nutzgewächsen wieder ausgeglichen; ihr blühendes Aussehen steht in einem überraschenden Gegensatz zu dem gänzlich kahlen Charakter der Berge. Eine umfangreiche und planmäßige Aufforstung, die auch der Verbesserung der Wasserverhältnisse zugute kommen wird, hat bereits angefangen, Wandel zu schaffen.

Die Tierwelt ist wenig mannigfaltig, daher denn auch die Jagd keine besondere Rolle spielt. Auf den Bergen dürfte zur Zeit der Bewaldung manches größere jagdbare Tier gelebt haben, wovon jetzt nicht viel mehr übrig geblieben ist. Nur Wölfe und Füchse sollen hier und da im Gebirge vorkommen. Sonst gibt es Fasanen, Wachteln und Hasen von einer kleinen Art. Zahlreich sind, wie in allen wasserreichen Niederungen Chinas, Wildenten und Gänse. Jagdfalken werden teils zur Hasenjagd, teils zum Einfangen kleiner Vögel und Kormorane zum Fischfang abgerichtet.

Bevölkerung.

Die Provinz Schantung ist dicht bevölkert; doch ist das Bergland auf den Höhen dünn besetzt, während in den Tälern die Siedelungen oft dicht gedrängt liegen. Dagegen ist das Flachland im allgemeinen dicht bewohnt. Die offizielle Zählung von 1894 ergab 37½ Millionen Einwohner. Diese Zahl scheint indes übertrieben. Die Bewohner von Schantung unterscheiden sich merklich von den übrigen Chinesen. Sie haben durchweg eine dunkle, gelbgraue bis braungraue Hautfarbe, sind hoch gewachsen, schlank und körperlich gut gebildet. Der Gesichtsschnitt ist männlicher als im Süden. Die obere Augenlidfalte hängt weniger herab und daher geben die Augen in geringerem Grade den Eindruck

einer schiefen Stellung. Richthofen, dem wir diese Beobachtungen
verdanken, rühmt ferner ihr wohlgesittetes Betragen, ihre Intelligenz,
Ordnungsliebe, Arbeitsamkeit und ihren geschäftlichen Sinn. Die Siedelungen tragen im allgemeinen den Charakter von Dörfern, welche durchschnittlich in architektonischer Hinsicht ansehnlicher sind, als in manchen
Teilen Deutschlands. Da die Ziegelsteine zum Bauen wie zur Bedeckung
blaugrau gebrannt werden und auch die weiße Tünche meist fehlt, so
haben die Dörfer ein etwas düsteres Aussehen. Dazu sind Straßen und
Häuser meist schmutzig. Die Fenster bestehen aus hölzernen, mit Papier
überklebten Gittern. Viele Dörfer sind mit einfacher oder doppelter
Umwallung umschlossen. 1910 wohnten in Tsingtau und Tapautau
1621 Europäer, zahlreiche Japaner, einige Inder und 34180 Chinesen.
Dazu kam noch die Garnison in einer Stärke von 1879 Mann. Die
Zahl der Chinesen im Landgebiete des Schutzgebiets wurde im gleichen
Jahre auf 161000 geschätzt.

Produktion des Landes.

Die Hauptbeschäftigung der Eingeborenen ist der Ackerbau, für
welchen die breiten, wohlbewässerten Täler, die Abhänge der Gebirge
und besonders die Randgebiete der großen Ebene gute Vorbedingungen
bieten. Abgesehen von der unfruchtbaren Schantunghalbinsel leben die
Bewohner daher auch in verhältnismäßigem Wohlstande. Alles irgend
geeignete Land wird sorgsam in Kultur genommen und die Ergiebigkeit
des Bodens durch ausgedehnte Brunnen- und Bewässerungsanlagen
erhöht. Der Teestrauch gedeiht im allgemeinen nicht mehr, wohl aber
der Reis, der vornehmlich in den wasserreichen Tiefebenen gewonnen
wird. Ferner werden im Überfluß Weizen, Gerste, Hirse, Kauliang
(Sorghum) und Bohnen, daneben Baumwolle, Mohn (für die Opium-
gewinnung), Tabak, Hanf und Ölpflanzen angebaut. Das reife Getreide
wird nicht abgemäht, sondern büschelweise aus der Erde gezogen, worauf
man die Wurzeln und Ähren abhackt und die Drescharbeit meist gleich
auf dem Felde mit dem Dreschflegel oder einer von einem Esel bewegten
Steinwalze vornimmt. Die Gemüsekultur steht, wie überall in China,
in hoher Blüte, und die europäischen Gemüsearten gedeihen vortrefflich.
Der Obstbau (Aprikosen, Pfirsiche, Kirschen, Äpfel, Birnen, Walnüsse
usw.) dürfte noch einer erheblichen Entwicklung fähig sein. Maulbeer-
bäume, Götterbäume (Ailanthus) und zwei großblättrige Eichenarten
werden zur Seidenraupenzucht angepflanzt. Eine Zizyphusart liefert die
unter dem Namen chinesische Dattel geschätzte Frucht, und ebenso bilden
die apfelgroßen Beerenfrüchte des hochstämmigen Kakibaumes frisch oder
getrocknet ein beliebtes Nahrungsmittel.[1] An Haustieren werden vor-

---

[1] Nach Hassert, S. 228, nach Richthofen, S. 106 ff.

nehmlich Esel, Maultiere und kleine schwarze Schweine gehalten; Rinder, Pferde und Kleinvieh sind seltener, Tauben, Enten und Hühner trifft man überall.

Der größte Reichtum Schantungs und die Grundlage für seine Entwicklung liegt aber in seinen Bodenschätzen. Die deutsche Gesellschaft für Bergbau und Industrie im Auslande bricht in Tschu=tschöng 100 km von Tsingtau Glimmer; in Ning=hai=tschou ssö. von Tschifu betreibt sie Bergbau auf Gold. Bei Poschan, 290 km von Tsingtau, findet sich 65=prozentiger Magneteisenstein. Weit wichtiger als alle diese Mineralien sind die ausgedehnten Kohlenlager Schantungs. Zu ihrer Ausbeutung hat sich gleich nach der Besitzergreifung Kiautschous die Schantung=Berg= bau=Gesellschaft gebildet, die sich das Recht sicherte, das Land 15 km rechts und links der von der gleichfalls deutschen Schantung=Eisenbahn= Gesellschaft zu erbauenden Eisenbahn bergbaulich zu erschließen. Zuerst wurden die 184 km von Tsingtau entfernten Kohlenlager von Weihsien in Angriff genommen. Der wichtigste Schacht ist der Fangtseschacht. Am 30. Oktober 1902 traf der erste Kohlenzug in Tsingtau ein. In der Nähe des Fangtseschachtes sind seit kurzem der Minna= und der Annieschacht in Betrieb. Noch bedeutender als dies Revier ist das Kohlengebiet von Po=schan, das mit der Bahnlinie Tsingtau=Tsinanfu durch eine 30 km lange Seitenbahn verbunden ist. Als drittes wird dasjenige von Itschoufu in Südschantung bald in Betracht kommen. Die Fangtsekohle hat sich bereits in Schanghai und anderen Küstenplätzen Absatzmärkte erschlossen, da sie der Japankohle mindestens gleichwertig ist.

Die gewerbliche Tätigkeit der Schantungleute ist gering entwickelt. Die ältesten Industrien entstanden in der Nähe der Kohlenlager. So ist Poschan ein bekannter Fabrikort, in dem Töpferei, Farbstoffbereitung, Glaswarenindustrie und Schmelzfabrikation in hoher Blüte stehen. Der wichtigste und gangbarste Stapelartikel aber sind die Strohborten, die hauptsächlich zur Hutfabrikation verwendet werden, aber zur Zeit unter dem Wettbewerb der japanischen und italienischen Fabrikate noch zu leiden haben. Trotzdem wurde 1906 für 14 Millionen Mark Strohborte ausgeführt. Zur Förderung dieser Industrie wird vom Gouvernement viel getan. In allen Dörfern des Schutzgebietes werden die Kinder von eigens dazu angestellten Lehrern in der Strohbortenflechterei unter= wiesen. Daneben wird dem Seidenbau die regste Aufmerksamkeit ge= schenkt. Die Erfolge, die man mit der Seidenraupenzucht durch An= lage von Maulbeerbaumpflanzungen erzielt hat, berechtigen zu den schön= sten Hoffnungen. Von größerer Bedeutung ist aber gegenwärtig noch das Gespinst des Eichenseidenspinners, für dessen Zucht zahlreiche Eichen= bestände angelegt sind und immer weiter vergrößert werden. Die Deutsch=Chinesische Seidenindustrie=Gesellschaft hat in Tsangkau nahe bei Tsingtau eine Seidenspinnerei ins Leben gerufen, die mehr als

1000 Arbeiter beschäftigt. Sie stellt Seidengarn her, das in Krefeld
weiter verarbeitet wird. Tsingtau führte 1906 bereits für 2,5 Mill.
Mark Seide aus. Im Innern ist Weihsien der Hauptsitz der Seiden=
industrie. Die Schiffswerft Tsingtaus erfreut sich an der ganzen Ost=
küste Asiens eines guten Rufes. Sie beschäftigt fast 1500 chinesische
Arbeiter. Gleichzeitig werden dort Farbige aus den deutschen Schutz=
gebieten der Südsee in einzelnen Handwerken ausgebildet.

Handel und Verkehr.

Handel und Verkehr haben seit Fertigstellung der 435 km langen
Eisenbahn Tsingtau=Tsinanfu (1904) und des mit Molen, Schwimm=
dock, das Schiffe bis 16 000 Tonnen faßt, und Werftanlagen ausge=
statteten Hafens einen gewaltigen Aufschwung genommen. Der Gesamt=
handel Kiautschous ist von 12,6 Mill. *M.* (1900) auf 138,8 Mill. *M.*
(1911) gestiegen, hat sich also mehr als verzehnfacht. Tsingtau steht
unter den nordchinesischen Häfen an vierter, unter den chinesischen Häfen
überhaupt an sechster Stelle und wird nur von Schanghai, Tientsin,
Hankau, Kanton, Swatau übertroffen.

Aus dem Innern Schantungs kamen neben Kohle noch Bohnen
und Bohnenkuchen, Öl, Baumwolle, Getreide, Obst, Strohmatten= und
=borten, Seide, Topf= und Glaswaren mit der Bahn nach Tsingtau,
die bereits im ersten Betriebsjahre (1905) einen Reingewinn von
3,8 Mill. *M.* abwarf. Ins Innere führt die Bahn Bau= und Gruben=
holz, Baumwollengarn, Tuche, Eisen und Maschinen usw. Abseits der Bahn
vermitteln den Verkehr auf schlecht gepflegten Straßen Schiebkarren und
einrädrige Wagen, sowie Maultiere und Maultierkarren. Die Wasser=
straßen Schantungs sind ohne Bedeutung. Ein weiterer Ausbau des
Bahnnetzes ist nur noch eine Frage der Zeit. Der Endpunkt der Schan=
tungbahn trifft in Tsinanfu die mit deutschem Kapital erbaute Tientsin=
Pukowbahn, und durch sie ist unser Schutzgebiet an das internationale
Eisenbahnnetz Peking = Moskau = Berlin angeschlossen. (Bahn Tsingtau=
Berlin 10 600 km.) Von Tsingtau gehen Kabel über Tschifu und Schang=
hai nach Europa. Postanstalten sind 10 vorhanden, 7 davon haben Tele=
graphenbetrieb, 2 Orte besitzen Fernsprechnetze. Den Verkehr mit dem
Mutterlande vermitteln der Bremer Lloyd und die Hamburger Paket=
fahrt. 1911 liefen 590 Dampfer in Tsingtau ein. Seit 1. Januar
1906 ist Tsingtau dem chinesischen Zollgebiet einverleibt; das Hafen=
gelände ist Freihafengebiet. 20% des Einfuhrzolles sollen für die näch=
sten 5 Jahre dem Gouvernement überwiesen werden.

Verwaltung, Schule, Mission.

Kiautschou ist vorwiegend als Stützpunkt der Marine in Ostasien
gedacht. Es untersteht darum auch nicht wie die übrigen Kolonien dem

Reichskolonial-, sondern dem Reichsmarineamt. Der Gouverneur ist darum auch immer ein höherer Seeoffizier, wie auch die übrigen höheren Verwaltungsstellen, soweit angängig, durch Marineoffiziere besetzt sind. Dem Gouverneur beratend zur Seite steht der aus 7 Beamten und 4 Bürgerschaftsvertretern sich zusammensetzende Gouvernementsrat. Die Rechtspflege erster Instanz liegt in den Händen eines Kaiserlichen Gerichts, dem ein Oberrichter und zwei Richter angehören. 18 Laienrichter — 6 Beamte, die übrigen Kaufleute und Industrielle — helfen das Recht finden. Seit 1908 entscheidet auch ein Obergericht in zweiter Instanz. Zwecks Regelung der Angelegenheiten der eingeborenen Bevölkerung gliedert sich das Gebiet in den Stadtkreis Tsingtau und den Landkreis Litsun mit je einem Bezirksamtmann an der Spitze. In dessen Hand liegt auch die Rechtsprechung über die Chinesen, wobei er in schwierigen Rechtsfällen durch ein Komitee aus 12 eingeborenen Mitgliedern unterstützt wird. Die umfangreichen Aufforstungsarbeiten überwacht ein Gouvernementsoberförster mit zwei Förstern. Dem Gesundheitswesen steht ein Generaloberarzt der Marine vor.

Die Regierungsschule in Tsingtau ist ein Reformrealgymnasium mit Vorschulklassen. 1908 hielt es zum ersten Mal die Reifeprüfung für den einjährig-freiwilligen Militärdienst ab. Eine deutsch-chinesische Mädchenschule wurde 1911 eingeweiht. Versuchsweise hat das Gouvernement im Schutzgebiet auch chinesische Elementarschulen mit besonders vorgebildeten chinesischen Lehrern errichtet. Mit der Gouvernementswerft ist eine Lehrlingsschule verbunden. Um aber der deutschen Kultur noch mehr Eingang in China zu verschaffen, besteht eine deutsch-chinesische Hochschule. Diese setzt sich zusammen aus einer fünfklassigen Unterstufe und einer Oberstufe mit vier Abteilungen, der juristisch-staatswissenschaftlichen, der technisch-naturwissenschaftlichen, der land- und forstwirtschaftlichen und der medizinischen. Diese Hochschule wurde von den Chinesen so zahlreich besucht, daß für die ersten drei Abteilungen bereits Parallelkurse eingerichtet werden mußten. Von Missionen wirken in Kiautschou die Berliner Mission, der Allgem. ev. protestantische Missionsverein, die amerikanische evang. Presbyterian Mission und die katholische Gesellschaft des göttlichen Wortes zu Steyl. Auch diese haben sich des Volksunterrichtes angenommen.

Seinem Zwecke entsprechend ist Tsingtau sowohl nach der See- als auch nach der Landseite hin befestigt und hat eine starke Garnison. Mit dieser zählt es etwa 36 000 Einwohner. Es ist ein europäischer Ort mit prächtigen Straßen und Gebäuden, elektrischer Straßenbeleuchtung, Kanalisation. Selbst seine Chinesenstadt, Tapautau, ist völlig modern und allen sanitären Anforderungen entsprechend gebaut. Andere Orte des Gebietes sind Litsun, Tsangkou, Syfang. In der neutralen Zone liegen Kiautschou, das wohl noch volkreicher als Tsingtau ist, längst aber seine

(Aus der amtlichen Denkschrift.)

Hängebrücke über den Haho an der Straße Lome-Atakpame (Togo).

Spannweite 30 m.   Tragkraft 3½ t.

Bei Hochwasser liegt die Fahrbahn 1,5 m über dem Wasserspiegel.

Bedeutung an diesen Ort abgetreten hat, ferner Tsimo und an der Bahn Kaumi. Das Mecklenburghaus im Lauschau ist eine Erholungsstätte für die Bewohner Tsingtaus, für seine Besatzung und die Mannschaft des dort stationierten Kreuzergeschwaders.

b) Aus den Berichten der Reisenden und Forscher

Das Lauschau-Gebirge. [1]

Vor uns erhoben sich die Granit- und Gneismassen des Lauschau-Gebirges in unbeschreiblicher Wildheit und in solcher Kühnheit der Formen, in solcher Öde und Abwesenheit jedweder Vegetation, daß jeder sie gewiß für viel höher halten würde, als sie wirklich sind. Aber darüber fehlen alle genaueren Angaben; denn eine Besteigung der einzelnen Spitzen oder gar eine Aufnahme dieses Gebirgsstockes ist niemals ausgeführt worden. Die einzigen halbwegs zuverlässigen Karten sind die englischen Seekarten, wenigstens was die Küstenentwicklung betrifft, und auf diesen Karten ist die höchste Spitze mit etwa 3500 engl. Fuß angegeben. Die höchste Erhebung bildet einen massigen, von der Küste etwa 10 km entfernten Stock, welchem die Chinesen den Namen Lau-Ting gegeben haben. Ting heißt im Chinesischen der Rangknopf auf den Hüten der Mandarine und würde im Deutschen in bezug auf Berge etwa mit Kulm übersetzbar sein, während das Wort „Schan" Berg oder Gebirge bezeichnet. Aber war der Lau-Ting, den wir von dieser westlichen Seite des Gebirges aus sahen, wirklich der höchste des ganzen Lauschan oder nur der höchste auf dieser Seite? Wolken umzogen die majestätische, dunkelbraune Spitze; Wolken hingen auch wie Baumwolle an den Seiten der zahllosen anderen Spitzen, die wie gotische Türme über den Hauptgrat des vom Meere aus in nordwestlicher Richtung laufenden Gebirgszuges sich erheben. Gegen das Meer fällt der Grat steil ab, und die Brandung umspült die ungeheuren Trümmer, welche ihm vorgelagert sind. Nirgends ist die geringste Spur von Baumwuchs oder auch nur Gras oder Sträuchern zu entdecken, nirgends eine Spur von Erde, nirgends ein Fluß, ein Gebirgsbach oder auch nur eine Quelle.

Die steilen Hügel bis hinauf an die höchsten, so kühn aufstrebenden Felsnadeln sind mit gewaltigen Steintrümmern bedeckt; jede einzelne Höhe ist vielfach gespalten und geht der Zerbröcklung entgegen. Die Regenfluten haben tiefe Schluchten in diese dunkelbraunen, kahlen Massen gerissen, und zur Regenzeit, wenn die Wassermassen in großen Sätzen über die Trümmer und Felsstufen herabströmen, muß der Lauschan von der Seeseite aus einen noch großartigeren Anblick darbieten, als wie er sich

---

[1] von Hesse-Wartegg: „Schantung und Deutsch-China", S. 38.

uns Ende März zeigte. Ich kann mich nur erinnern, im nördlichen Algerien, dann in Arizona in der nördlichen Sierra Madre und auf Hawai ähnliche Wildheit gesehen zu haben. Die Dolomiten sind groß= artiger. Das Berglabyrinth des Sinai ist trotz seiner größeren Höhe und Masse doch freundlicher, weil es eine hellere Färbung besitzt und keine derartigen Trümmerfelder zeigt, die etwa geborstenen Lavaströmen ähneln. Und dabei ist der Lauschan rings umgeben von den fruchtbarsten Ebenen und Tälern. Vielleicht war es die Erinnerung an diese unmittelbar vorher gesehenen Täler, welche den Gegensatz verschärften, diese Wild= heit kräftiger hervortreten ließen.

Die Bucht Kiautschou. [1]

Die Kiau=Bucht liegt 390 Seemeilen nördlich von der Mündung des Yangtse, so daß man sie von Schanghai aus mit gewöhnlichen Dampfern in etwa 30 Stunden erreicht. Die Ansteuerung ist eine bequeme und wenn man sich der gegen die herrschenden Winde, den Nordost= und den Südwest=Monsun, gleich gut bedeckten Einfahrt nähert, sieht man zur Rechten der Bucht die mehr als 1000 m hohen Granitfelsen des Lauschan emporragen, während die Höhen zur Linken sich nicht über 200 bis 300 m erheben. Rechts erblickt man alsdann eine kleine Einbuchtung mit einer Landungsbrücke und zwei Forts und einigen größeren Baulichkeiten. Hier liegt das Dorf Tsintau mit Zollhaus, Telegraphenstation und dem Amtsgebäude des chinesischen Generals. In dem letzteren hat sich jetzt die deutsche Verwaltung vorläufig ein Unterkommen geschaffen. In dieser kleinen Bucht haben die deutschen Schiffe während des Winters 1897/98 gegen die Nordwinde vollständig geschützt gelegen, und die von den Chinesen auf einem Riff hergestellte, etwa 180 m lange Steinmole durch einen Landungssteg aus eisernen Schraubenpfählen, mit dessen Herstellung ebenfalls schon von den Chinesen begonnen war, so weit verlängert, daß die Dampfboote auch bei Niedrigwasser dort anlegen können. Der Platz ist, wie gesagt, gegen die rauhen Nordwinde geschützt und in dieser Hin= sicht vermutlich im Winter den meisten Plätzen im Innern der großen Bucht vorzuziehen. Es ist deshalb zu erwarten, daß sich hier alsbald die erste deutsche Niederlassung ansiedeln wird. [2]

Von den 2 Seemeilen breiten Einfahrten haben 1,5 Meilen eine für die größten Schiffe ausreichende Tiefe. Die Bucht mißt in jeder Richtung etwa 12 Seemeilen; doch fallen weite Flächen bei Nidrigwasser trocken, so daß der für tiefgehende Schiffe in Frage kommende Raum etwa einer Kreisfläche mit 4 Seemeilen Durchmesser oder einer deutschen Quadrat=

---

[1] G. Franzius: „Kiautschou", S. 98.
[2] Inzwischen geschehen. D. H.

meile entspricht. An dieses Becken schließt sich nach Nordost noch eine Rinne von 4 Seemeilen Länge mit 1000 m Breite und mindestens 6 m Tiefe bei Niedrigwasser.

Da der durch Flut und Ebbe erzeugte Wasserwechsel etwa 3 bis 4 m beträgt, also etwa so viel wie bei uns an der Nordseeküste, so liegt ein Vergleich der Bucht mit dem Jadebusen nahe, und man kann sich also eine den Jadebusen an Ausdehnung noch übertreffende Wasserfläche denken, an welche sich nach Nordost noch eine Rinne von der Größe des Kieler Hafens anschließt. Das Klima der Provinz Schantung wird allseitig als das gesundeste in ganz China bezeichnet. Die Wärme in Kiautschou, das etwa auf dem Breitengrade von Sizilien liegt, ist während des Sommers zwar noch groß, aber die Trockenheit der Luft läßt sich leichter ertragen. Im Winter gibt es namentlich nachts ganz kräftigen Frost; doch soll die Bucht nach den Angaben der Bewohner nur auf den nordwestlichen Watt= flächen zeitweise Eis zeigen. Wie allgemein versichert wurde, erwächst daraus der Schiffahrt durchaus kein Hindernis. Nebel und Schnee sind selten.

Die herrschenden Winde, der Nordost= und Südwest=Monsun, sind gleichzeitig auch die stärksten. Taifune sollen selten sein; doch muß mit ihnen gerechnet werden, wie es leider der Taifun des Juli 1896 bewiesen hat, in welchem der „Iltis" auf der Fahrt nach Kiautschou an der Süd= küste von Schantung strandete. Wenn auch die Bucht gegen alle Winde derart gedeckt ist, daß sie einen sehr geschützten Ankerplatz bildet, so wird sich doch infolge ihrer großen Ausdehnung aus jeder Richtung soviel See= gang erzeugen, daß z. B. ein Löschen und Laden der Schiffe mit Hilfe von Leichterfahrzeugen zeitweise ebensowenig möglich sein wird, wie der Verkehr mit leichten Booten. Die Bucht bildet zwar eine ausgebildete Reede, doch müssen die eigentlichen Hafenanlagen, wie in allen solchen Fällen, so auch hier noch geschaffen werden.

Das Klima von Schantung. [1])

Der Gang der Temperatur nach den Jahreszeiten hat einen kon= tinentalen Charakter, d. h. er bietet Extreme von Wärme und Kälte. Da die Mitteltemperatur des wärmsten Monats, wie zuerst F r i t s c h e er= kannte, in allen Küstenprovinzen von China im Meeresniveau nahezu gleich ist, die Wintertemperatur dagegen von Süd nach Nord in sehr starkem Verhältnis abnimmt, so machen sich für den Norden die Extreme ebenso in einer abnormen Kälte im Winter, wie in einer abnormen Wärme im Sommer geltend. Dies ist besonders für Peking bezeichnend. Weit gemäßigter schon ist Schantung. Januar und Februar sind kalt

---

[1]) v o n R i c h t h o f e n : „Schantung", S. 76.

und rauh; im Mai soll der Übergang zur Sommerwärme schnell er=
folgen und diese im April und August ihren höchsten Grad erreichen,
um im Oktober wiederum mit raschem Wechsel einem kühlen Herbst zu
weichen. Auf den Karten von F r i t s c h e liegt die Provinz im Januar
zwischen den Isothermen von — 4° und 0°, im Juli zwischen denen
von 26° und 27°; diese Zahlen entsprechen einer mittleren Mittelwinter=
kälte wie in Deutschland, dagegen einer Hochsommerwärme wie in Algier
und Athen, Batavia und Singapur; doch werden im Winter die Kälte=
extreme von Deutschland selten erreicht. Das Jahresmittel liegt zwischen
12° und 13°, d. i. wie Mailand und Bordeaux. Die Eisbildung im
Winter ist nicht beträchtlich. Tschifu gilt für eisfrei, und bei Kiautschou
bildet sich Eis an den nördlichen Rändern der Bai, aber es soll nie
großen Umfang erhalten und nicht lange andauern. Das Gefühl der
Kälte wird allerdings gesteigert durch die heftigen Winde und den un=
vollkommenen Schutz der chinesischen Wohnungen. Im Frühjahr emp=
fand ich den Wechsel kalter Morgen und Abende und großer Wärme
in den Mittagsstunden. Es war eine Folge des heiteren Wetters und
der trockenen Luft. Die Hitze des Sommers ist wahrscheinlich im
Inneren sehr fühlbar, besonders wenn im Spätsommer heftige Regen
eintreten und die Luft feucht ist. An der See wird sie gemildert; so
wird Tschifu als Sommerfrische und Seebadeort von den Fremden aus
Schanghai aufgesucht.

Vegetation von Schantung. [1]

Kahle Berge und üppiger Anbau in Tälern und Ebenen, das ist
jetzt der Charakter von Schantung. Es gibt keine Wälder, außer wo
ihnen der geheiligte Grund in den Umgebungen von Tempeln Schutz
gewährt hat. An einigen Stellen fand ich Pflanzungen von Kiefern mit
zehn= bis zwölfjährigem Umtrieb. Gruppen hoher Bäume, insbesondere
in der Umgebung der Dörfer, und zusammenhängende Pflanzungen von
Obstbäumen oder Maulbeerbäumen entschädigen etwas für den Mangel
an Wäldern; aber der Gesamteindruck kahler Berge heftet sich an die
Erinnerung der Landschaft. Es kann nicht immer so gewesen sein. In
einer Gegend, wo die Winterkälte den vollkommenen Winterschlaf der
Vegetation gestattet und bereits im Vorfrühling Niederschläge beginnen,
die dann zunehmen, bis im Hochsommer eine übermäßig starke Befeuch=
tung erfolgt, da sind die Bedingungen für das Bestehen eines Pflanzen=
kleides bis zu den Kämmen der Gebirge gegeben; die heiligen Haine der
jetzigen Tempel könnten und sollten sich in einem Waldteppich über
Hügel und Berge erstrecken. Dies ist früher der Fall gewesen. Aber,
wie in anderen alten Kulturländern, hat auch hier seit früher Zeit der

---

[1] v o n R i c h t h o f e n : „Schantung", S. 80.

Mensch die Bäume sorglos verbraucht. Wo es keine mehr gab, wurden die Sträucher vernichtet und, wenn sie wieder sproßten, auch deren Wurzeln ausgegraben. Als dieses Zerstörungswerk vollendet und die Zahl der Bewohner weiter gewachsen war, ging man dazu über, Gräser und Kräuter zur Feuerung zu benutzen. Schon im Herbst verdorren sie und brennen gut. Da aber die trockenen Blätter und Halme wenig Masse geben, ging man daran, die Wurzeln zu verwenden. Im März und April sah ich die Leute in Scharen mit deren Auskratzen beschäftigt; an den Berggehängen und Feldrainen war das Zerstörungswerk in vollem Gang. Man hat dazu ein raffiniertes Instrument ersonnen, welches in Kanton angefertigt und in Massen eingeführt wird. Am Ende eines langen Stiels befindet sich eine Harke mit zehn bis zwölf Sprossen aus Bambusstäbchen, die am Ende scharf zugespitzt und krallenförmig abwärts gebogen sind. Zieht man dieses Instrument mit einigem Druck über eine Grasfläche, so greifen die Krallen in den Boden und raufen die Vegetation mit einem Teil der Wurzeln aus. Zuweilen gelingt es einem, die holzigen Wurzeln eines ehemaligen Strauches zu entdecken; mit Neid betrachten die anderen den glücklichen Besitzer eines so wertvollen Brennstoffes. Dies ereignet sich in Schantung jetzt freilich nur selten.

Klima und Boden sind hinreichend gut, daß sich die abgegrasten Stellen aus dem Rest der Wurzeln und neu zugeführten Samen wieder mit einem grünen, blütenreichen Teppich bedecken. Man gestattet ihm auch, wie mir gesagt wurde, eine Entwicklung, indem an jeder Stelle die Vernichtung in zweijährigem Umtrieb geschieht. Immerhin muß es auf den ersten Blick auffallen, daß im mittleren und südlichen China, wo die Bevölkerung ebenfalls sehr dicht ist und die Berge ebenso in früheren Zeiten entwaldet worden sind, eine außerordentlich schöne Strauchvegetation, besonders von Azaleen, Rhododendren und vielen anderen Sträuchern mit Blätter- und Blütenpracht alle Hügel bedeckt, und auch eine Baumvegetation sich stets wieder spontan einstellt. Man gelangt dort zu dem Schluß, daß in den Monsunländern alle Zerstörung die Baumvegetation nicht zu vernichten vermag, wie in den Mittelmeerländern, wo es im Sommer nicht regnet und der vernichtete Wald sich nie wieder von selbst einstellen konnte. Denn hier in China erneuern die sommerlichen Regen stets die Bedingungen für die Entwicklung der Samen und das Festwurzeln der Pflanzen im Boden. Sind auch im Norden die Winter- und Frühlingsniederschläge geringer, so sollte man doch den Sieg der Schaffenskraft der Natur, hier das Zerstörungswerk des Menschen ebenfalls, wenn auch in etwas geringerem Maß, zu sehen erwarten. Die Ursache des Kontrastes, welcher, wie für Schantung, so für alle Nordprovinzen gilt, liegt in den kalten Wintern.

Schilderung der Bewohner von Schantung. [1])

Auffallend ist bei den Bewohnern von Schantung, wenn man von
Süden kommt, die dunkle, gelbgraue bis braungraue Hautfarbe, die sich
zwar in den nördlichen Provinzen häufig findet, aber mir hier ein all=
gemeineres Attribut zu sein schien. Die Leute sind hoch gewachsen, schlank
und körperlich gut gebildet. Der Gesichtsschnitt ist männlicher als im
Süden; die obere Augenlidfalte hängt weniger herab, und daher geben
die Augen in geringerem Grad den Eindruck einer schiefen Stellung.
Es findet sich nicht selten Bartwuchs an Kinn und Oberlippe, und im
Westen begegnete ich mehrfach einem Typus, welcher durch diesen, wie
durch die Gesichtsbildung überhaupt, an die bekannten Darstellungen des
Konfuzius erinnert, so daß dieser auch äußerlich ein echter Abkömmling
seiner Heimatprovinz gewesen zu sein scheint. Im Süden würde man
einen solchen Typus vergeblich suchen.

Auch durch ihr wohlgesittetes Betragen erweisen sich die Bewohner
von Schantung als des großen Sohnes ihres Landes würdig. Selbst
wenn die Neugier sie in Scharen herandrängte, benahmen sie sich stets
fast ausnahmslos mit gutem Anstand, so daß ich sie manchmal ungern
aus dem Zimmer wies, in das es sie mächtig zog. Die alten Männer,
deren ich besonders im nördlichen Teil der Provinz eine überraschend
große Zahl bemerkte, haben ein ehrwürdiges Ansehen. Zuweilen ließ
sich ein Greis in den höchsten Lebensjahren zu uns führen, um doch ein=
mal die fremden Eindringlinge zu sehen, von denen er so viel gehört
hatte. Die Knaben sind intelligent und geweckt und erscheinen geeignet,
zu einer fortgeschritteneren Generation herangezogen zu werden. Mehr
als einmal geschah es, daß ein Mann der gebildeten Klasse herankam,
um mir mit Stolz seine heranwachsenden Söhne vorzustellen. Neben
Ordnungsliebe zeichnen sich die Leute durch Arbeitsamkeit aus, und sie
waren zur Zeit meiner Anwesenheit durch Opiumgenuß nicht geschwächt,
der der hohen Kosten wegen wenig Eingang finden konnte. Dies kann
sich jetzt, da in der Provinz selbst viel Opium gewonnen wird, geändert
haben. Übrigens herrscht, wie allenthalben in China, ein Gegensatz
zwischen Stadt und Land. Blickt man auf die Felder, so erhält man
den Eindruck emsigen Fleißes. Mit dem frühesten Morgengrauen sind
die Leute draußen, und in später Abendstunde sieht man sie noch immer
dort beschäftigt. Die Mutter hackt die Löcher für den Samen, der Sohn
wirft die Körner hinein, der Hausvater verteilt aus einem Korb den
Dünger sorgfältig auf jedes Korn, die kleinen Kinder sitzen daneben auf
dem Feld. Dort geht ein Vater hinter dem mit Kühen oder einer Kuh
und einem Esel bespannten Pflug; er wird von seinen Söhnen bei der
Arbeit unterstützt. Am Wohnhaus wird der Kompostdünger von einem

---

[1]) von Richthofen: „Schantung", S. 93.

Esel, der an einer Stange um eine Achse geht, mittels eines Mühlsteines gemahlen; dann wirft man den Dünger auf Haufen, so daß auch nicht ein Körnchen des kostbaren Stoffes verloren geht. Überall auf dem Land das Bild der Arbeit. Auch in den Marktflecken herrscht reges Leben an den Markttagen, wenn auch die Beschäftigung nur im Kaufen und Verkaufen besteht. Sieht man sich aber in den Städten um, so glaubt man, daß die meisten Leute nichts zu tun haben. Sie bewegen sich langsam und stehen müßig umher.

Ein Dorf in Schantung. [1])

Betritt man ein Dorf, so schwindet allerdings der Reiz, den es aus der Ferne bietet; denn auch hier fehlt nicht der Schmutz in den Straßen und Häusern, der ein allgemeines Attribut von China ist. Man gewahrt an den Häusern den Mangel an rechten Winkeln und geraden Linien, welcher einen der vielen Gegensätze von ganz China überhaupt zu Japan bildet. Die Fenster bestehen, wie überall, aus hölzernen, mit Papier überklebten Gittern und erreichen hier eine mäßige Größe, welche ein Bedürfnis nach Licht bekundet. Kommt der Fremde in die schmale, meist mit Steinplatten unvollkommen belegte Dorfstraße, so bellen ihn Hunde einer gemeinen, allgemein verbreiteten Rasse an und belästigen ihn, sind aber, wie allerwärts in China, zu feige, um ihm jemals ein Leid anzutun. Schweine kleinen Schlages mit auf den Boden herabhängendem Bauch sind privilegierte Inhaber der Dorfstraße und erhalten Zulaß in die Häuser. Dazu kommen die üblen Gerüche, die nie fehlen, wo Chinesen eng zusammen leben. Abfälle aller Art, die nie hinweggeräumt werden, Ausdünstungen der offenen Kochherde, Salzfische in den Kramhandlungen, dazu der spezifische Geruch, der der Rasse eigen ist, und den nur der Fremde bemerkt, das wirkt alles zusammen, um die Nerven unangenehm zu berühren. Und doch gedeiht der Chinese zu kräftigem, hohem Alter in einer Atmosphäre, die der Europäer als verpestet empfindet. Gibt es somit auch genug Unästhetisches zu überwinden, so stehen doch die Dörfer von Schantung verhältnismäßig hoch. Manche Einrichtung, abgesehen von der Bauart, weckt heimische Erinnerungen, so z. B., wenn die Dorfbewohner sich des Abends auf dem Dorfplatz unter einer Gruppe hoher Bäume, die unseren Dorflinden entsprechen, zusammenfinden. Hier sitzen sie stundenlang auf Steinen, die im Umkreis angeordnet und vom Alter geglättet sind, rauchen ihre Pfeife und unterhalten sich über die Tagesereignisse. Sehr weit reicht dabei ihr Blick natürlich nicht. Was im Dorf und in der Kreisstadt vorgeht, mag wohl am meisten ihr Interesse in Anspruch nehmen. Dann kommen die Nachrichten, welche die durchreisenden Fuhrleute von weit her bringen,

---

[1]) von Richthofen: „Schantung", S. 99.

darunter Klänge von sonderbaren Barbaren in Tschifu, welche jene gesehen, aber nicht gesprochen haben. Anordnungen der Provinzialbehörden,
größere Ereignisse in der Reichshauptstadt, wie sie sich nach und nach,
meist in sehr veränderter Gestalt, durch das Land verbreiten, werden
auch ihre Rolle spielen. Nirgends verliert der Bauer den ihm eigenen
Charakter des Mißtrauens und des konservativen Beharrens.

Die Dörfer im Norden haben im allgemeinen einen städtischen Anstrich durch das Zusammendrängen der Häuser, die vielen offenen Kauf-
läden und durch die Enge der Gassen. Bei der Rebellion der Nienféi,
welche Schantung im Jahre 1867 heimgesucht hatte, wurden sie teils mit
einfacher, teils mit doppelter Umwallung umgeben. Es sind dicke Mauern,
die meist aus ungebrannten Lehmziegeln gebaut und mit Schießscharten
versehen sind. Sie gewähren den Zugang zum Dorf nur durch enge
Tore. Im Süden der Provinz ist die Anordnung lockerer, die Häuser
reihen sich zu beiden Seiten einer breiten Dorfstraße. Einen unfreund-
lichen Charakter bedingt die Abgeschlossenheit der Privathäuser; ihre
Straßenfront ist oft eine Mauer mit enger Pforte; durch sie gelangt man
in den Hof, zu dessen Seiten sich die Wohnräume befinden.

Der Schiebkarren. [1]

Auch für das gebräuchlichste aller Werkzeuge des kleinen Fracht-
verkehrs, den Schiebkarren, reichen auf ebenem Boden die Fußpfade aus;
doch werden für sie auch breitere Wege angelegt, die in besonderen Fällen
mit Steinplatten belegt sind. Der chinesische Schiebkarren hat ein Problem
vollkommen gelöst, das andere Völker kaum überlegt zu haben scheinen,
nämlich mit dem geringsten Verbrauch an Kraft auf einem schmalen, aber
glatten und ebenen Pfad eine große Last fortzubewegen. Auf der Achse
eines hohen Rades ruht ein horizontales, festes Lattengestell, welches das
Rad umfaßt und sich nach hinten in zwei Handhaben verlängert. Das
Rad läuft in einem senkrechten Gestell von ähnlicher Art, welches sich von
der Plattform erhebt. Diese einfache Konstruktion gestattet nun, die
Fracht aufzulegen und mit ihr das ganze Gestell zu überbauen, so daß
der Schwerpunkt der Last auf der Achse ruht. Der Karrenschieber hat
kein Gewicht zu heben, wie es bei europäischen Karren der Fall ist,
sondern nur die in labilem Gleichgewicht befindliche Last zu balancieren
und in ihrem Fortstoßen die Reibung zu überwinden. Ein Mann vermag den Umzug einer ganzen Familie auf Strecken von mehreren Tagereisen zu besorgen. Mann und Frau lagern auf Betten und ihrem
wenigen Gerät zu beiden Seiten des Rades, und für einige Kinder findet
sich auch noch Raum. Soll Steinkohle oder andere geschüttete Fracht geladen werden, so wird die Plattform an den Rädern korbartig umkleidet.

---

[1] von Richthofen: „Schantung", S. 101.

Reisen in der Hängematte (Togo).

Aus: Weicker, Kiautschou, das deutsche Schutzgebiet in Ostasien (Berlin, Alfred Schall, 1908).

(Kiautschou) **Blick auf Tsingtau** (Südwesten).

In der Theorie leistet dieses uralte Fahrzeug vorzügliche Dienste, und es würde auf den asphaltierten Straßen unserer Städte sehr brauchbar sein; aber in China wird nichts getan, um die Reibung auf ein geringes Maß herabzusetzen. Zunächst wird die Achse nicht geschmiert: Holz reibt sich an Holz oder rostigem Eisen, und von weitem hört man schon das rhythmische Quieken des Radumlaufes. In Schanghai, wo dieses Vehikel früher sehr gebräuchlich war, wurde das unangenehme Geräusch so stark, daß die Polizei das Schmieren der Achsen anordnete und die Unterlassung bestrafte.

In allen ebenen oder flach welligen Teilen der Provinz geschieht der Haupt=Frachtverkehr mittels dieser Schiebkarren. Besonders groß wird ihre Zahl in den Gegenden der Kohlengruben. Sie laden hier meist 300—400, aber auch bis 600 kg; doch sind die Wege eine Kette von Hindernissen. Selten erregt während einer langen Reise ein Anblick so fortdauerndes Mitleid als der dieser Kärrner. Sie keuchen und schwitzen, um Widerstände zu überwinden, die mit der größten Leichtigkeit aus dem Wege geschafft werden könnten; aber sie sind so daran gewöhnt, daß sie selbst am wenigsten daran denken würden, die Hälfte der Kraft, welche sie zum Schieben des Karrens über einen Stein brauchen, auf dessen Fortschaffung zu verwenden.

Die Seidenraupenzucht. [1]

Die Zucht der Seidenraupe und die S e i d e n w e b e r e i blüht heute besonders im Norden und Südwesten der Provinz. Vornehmlich ist es ein braungelbes Seidengewebe, als Rohseide oder als Bastseide auch in Deutschland wohlbekannt, von der die meiste in Schantung hergestellt wird. Die leichteren Sorten werden zu Damenkleidern, Staub=mänteln, Kissenüberzügen, Vorhängen, die schwereren zu Herrenanzügen benutzt. Die meiste Rohseide nimmt den Weg noch immer über Tschifu, doch ist auch in diesem Artikel die Ausfuhr über Tsingtau von Jahr zu Jahr gestiegen.

An diese in Schantung altheimische Industrie hat nun die D e u t s c h = C h i n e s i s c h e S e i d e n = I n d u s t r i e = G e s e l l s c h a f t angeknüpft. Anderthalb Stunden von Tsingtau entfernt, in Tsangkou, steht die Seiden=spinnerei. 1904 ist der Betrieb aufgenommen worden. Eine große Schwierigkeit bestand darin, für den, vom chinesischen natürlich verschiedenen Betrieb die nötige große Anzahl Arbeiter zu bekommen. Die Gesellschaft löste die Aufgabe sehr geschickt. Sie wählte unter den auf ihre Aufforderung hin sich meldenden chinesischen Knaben etwa hundert körperlich und geistig besonders gut entwickelte aus. Diese wurden zu=

---

[1] Aus W e i c k e r: „Kiautschou, das deutsche Schutzgebiet in Ostasien". Mit gütiger Erlaubnis der Verlagshandlung Alfred Schall, Berlin.

nächst in einer besonders für sie errichteten Schule in deutscher Sprache, Lesen, Schreiben, Rechnen, etwas Geographie und in chinesischer Literatur unterrichtet. Diese Schüler waren dann monatelang die einzigen Arbeiter, bis sie so weit geschult waren, daß sie nun selbst wieder andere Arbeiter anlernen konnten. Dabei wurde aufs neue die Erfahrung gemacht, daß es nötig ist, den chinesischen Arbeiter fest zu disziplinieren und zu organisieren, wenn man in einem modernen Betriebe, wie dem einer Seidenspinnerei, eine wirklich gute Leistung von ihm erreichen will. Darum ist die Verwaltung des Unternehmens auch daran gegangen, ihre Arbeiterschaft auf Grund fester Arbeitsverträge in der Nähe der Fabrik fest anzusiedeln. So wohnen jetzt in geräumigen Arbeiterwohnungen, nach Geschlechtern getrennt, 900—1000 unverheiratete männliche und weibliche Arbeiter. In jeder Kaserne leben etwa 100 Arbeiter unter der Aufsicht chinesischer Hausväter und Hausmütter. Für die verheirateten Arbeiter ist ein Dorf mit Straßen und Plätzen erbaut; jedes Familienhaus hat einen Garten und etwas Ackerland. Jetzt wohnen hier an 300 Personen. Natürlich entsprechen sämtliche Anlagen allen hygienischen Anforderungen. Ein eigenes Hospital wird von chinesischen, europäisch geschulten Ärzten geleitet. Die Fabrik in Tsangkou. stellt nur das Seidengarn her. Verwebt wird dieses zum größten Teil in Krefeld. Die Kiautschou-Seidenstoffe sind anerkannt vorzüglich, sind waschbar und sehr dauerhaft. Sie sind weit besser als die durch viele Knötchen und Unregelmäßigkeiten gekennzeichneten chinesischen Bastseidengewebe. Seltsamerweise schätzt das Publikum zum Teil noch gerade diese Fehler des Gewebes als Zeichen der „Echtheit". Insgesamt sind von Tsingtau 1906 für über 2½ Mill. ℳ. Seide ausgeführt worden.

Forstpflege und Forstschutz im Kiautschougebiet. [1])

Daß die Verwaltung in Tsingtau sich die Pflege des Waldes von Anfang an so ganz besonders hat angelegen sein lassen, gehört zu ihren größten Verdiensten. Ein leichtes Stück Arbeit war das nicht. Vor 1000 Jahren noch, so berichten die chinesischen Chroniken, war auch der Lauschan noch bewaldet. Je weiter die ausschließlich ackerbautreibende Bevölkerung Schantungs sich ausbreitete, desto mehr vernichtete kleinbäuerliche Wirtschaft auch hier den Wald. In bergigem Land ist das noch verhängnisvoller als in der Ebene. Das Wasser, zumal die wolkenbruchartigen Güsse in der Regenzeit schwemmen alles Erdreich von den Hängen ab, und es bleiben die nackten kahlen Felsenhügel. So mußte auch im Schutzgebiet erst wieder eine Erdschicht gebildet und das Wasser festgehalten werden. Beides geht ja Hand in Hand. Darum wurden die

---

[1]) Aus Weicker: „Kiautschou, das deutsche Schutzgebiet in Ostasien." Mit gütiger Erlaubnis der Verlagshandlung Alfred Schall, Berlin.

Ränder der natürlichen Wasserrinnen, der Ravinen, bepflanzt, damit diese nicht immer mehr vom Wasser verbreitert würden. In den Ravinen wurde das Wasser durch Steindämme aufgehalten. Es setzte das, was es von verwittertem Gestein herunter gewaschen hatte, dort ab. Bald war die Ravine zugeschlämmt. Wurde so das Wasser in seinem verderblichen Lauf aufgehalten, so trug es dann gleichzeitig dazu bei, den durch seinen reichen Gehalt an Feldspat leicht verwitternden Fels in Erde umzuwandeln. Wegen dieser Wasserdämme usw. mußte das Forstgelände ganz besonders gehütet werden. Wohl wollte es auch vielen Europäern gar nicht in den Sinn, daß die deutsche Polizei ihre „verbotenen Wege" nun auch ins „freie" Ostasien verpflanzen wollte. Aber wer es gesehen hat, wie durch Zertreten auch nur eines kleinen Steindammes die mühsame Arbeit vieler Monate vernichtet wird, dem erscheinen die strengen Vorschriften, die jedes Betreten des Waldes außerhalb der Wege verbieten, durchaus gerechtfertigt. Steht erst ein ordentlicher Wald da, werden die Warnungstafeln schon von selbst mit zuwachsen und verschwinden. Alle diese Maßnahmen, Wasser und Boden festzuhalten, haben sich selbst in dem bisher regenreichsten Jahr 1903 bewährt. Früher war das Wasser nach langdauernden Niederschlägen in 10—12 Stunden abgestürzt, jetzt verläuft es sich langsam erst in fünf und mehr Tagen.

So lustig nun die jungen Pflanzen auch in diesem neuen Boden gediehen, die trockenen, regenwarmen Monate von Oktober bis Juni hätten ihrem Leben bald wieder ein Ende gemacht. Trocknet doch der Boden an vielen Stellen in dieser Zeit bis zu 40 cm tief aus. Sie mußten jahrelang regelrecht begossen werden. Und wie schwierig war's, den Chinesen beizubringen, daß der Unterschied von Mein und Dein sich auch auf scheinbar so allgemeine Güter wie Kiefernzweige und Graswurzeln bezieht. Der Chinese ist nicht diebisch, aber Wald in der Nähe einer Chinesenstadt ist ungefähr ebenso gefährdet, wie bei uns ein vereinzelter Obstgarten in einer großen Vorstadt. Der Kummer unserer Forstleute draußen waren auch die häufigen Waldbrände. Es gibt keinen leidenschaftlicheren Raucher als den Chinesen. Mit wenig Ausnahmen heißt es hier: „Ich und mein Pfeifchen sind immer beisammen." Völlig achtlos werden da täglich eine Unzahl brennender Streichhölzchen weggeworfen. Was Wunder, daß in der trockenen Zeit oft täglich Waldbrände waren, 1903 sogar einmal elf an einem Tage. Seit der Chinese aber einsieht, daß ein weggeworfenes Streichholz und ein Arm voll Kiefernzweige mit ein paar Dollar doch zu hoch bezahlt sind, ist es auch mit Waldbrand und Walddiebstahl besser geworden. Und ist dann wirklich etwas gewachsen, kommt aus den armen chinesischen Beständen jenseits der Grenze der Kiefernspinner (Gastropacha pini) auf die fette Weide des Schutzgebietes. Da gilt es fleißig Raupen lesen lassen. Im Juni und Juli 1906 wurden 17 Millionen Raupen gelesen. An den

Rändern der Nadelholzbestände wurden Schutzstreifen von Laubholz ge=
pflanzt und Laubbäume in die Kiefern eingesprengt. Um die Bäume
davor zu schützen, von Hasen benagt zu werden, wurden die Stämme
erfolgreich mit einer Mischung von Karbolineum (1 Teil) und Kalkmilch
(2 Teile) bestrichen. So hat Forstpflege und Forstschutz ganz besondere
Mühe erfordert. Aber dafür bedecken sich auch die Höhen um Tsingtau
und von Jahr zu Jahr immer weiter hinaus auch die Höhen in den
Prinz=Heinrich=Bergen und im Lauschan mit fröhlich aufstrebendem Wald.

Der Hauptbaum ist die Kiefer. Sie gedeiht vorzüglich und weist
Jahrestriebe bis zu 95 cm Höhe auf. Die Kiefer gibt schon zeitig
Nutzen. Selbst minderwertiges Material, wie Reisighaufen, ist den
chinesischen Garköchen ein so schätzbarer Artikel, daß sie bis 7 ℳ für
einen Haufen bezahlen, der in Deutschland für 60 ₰ weggeht. Große
Nachfrage ist auch nach Weihnachtsbäumen. Es wird das Schutzgebiet
auch der Christbaummarkt für die chinesische Küste sein. Unter den
Laubbäumen steht an erster Stelle die Akazie (Robinia pseudoacacia).
In zwei Jahren wächst sie aus dem Samen gezogen 5—6 m hoch.
Manchem, der froh war, in seinem Garten gleich so schnell etwas
ordentlich Grünes zu haben, wird die Akazie jetzt zu üppig. „Die ich rief,
die Geister, werd' ich nun nicht los," und auf den Wegen, auf den
Beeten, immer wieder schlägt da aus und will den ganzen Garten für
sich mit Beschlag belegen: die Akazie. Vor allem werden die Bergwerke
Akazie als Grubenholz brauchen. So erblüht hier unserem Forst einmal
ein konkurrenzloses, sicheres Geschäft. Auch Platanen werden als Park=
und Alleebäume gezogen, daneben Eichen, Erlen, Lärchen, Ulmen, Ka=
stanien, Walnüsse.

Natürlich rauscht noch kein hoher Wald da auf den Bergen um
Tsingtau. Das wird noch manches Jahr dauern. Noch ist alles bloß
ein= bis zweimannshohe Dickung oder niedrige Schonung. Aber es
w i r d dort einmal hoher Wald wieder stehen, und diese Gewißheit
rechtfertigt jede auf den Forst im Schutzgebiet verwandte Mühe.

Schon jetzt fängt der Wald an, sich segensreich geltend zu machen
mit seinem belebenden Grün auf allen Bergen und dadurch, daß er das
Wasser festhält und die Luft mit seinem frischen harzigen Duft erfüllt.

Eine weitere wichtige Aufgabe erfüllen unsere Forstleute in Tsingtau,
indem sie den Chinesen eine rationelle Forstwirtschaft v o r m a c h e n und,
soviel sie können, sie zur pfleglichen Behandlung auch ihres eigenen
Waldes erziehen. Unentgeltlich werden Kiefern= und Akazienpflanzen
abgegeben. Regelmäßig wird nachgesehen, ob die Eigentümer sie auch
sachgemäß verpflanzt und behandelt haben. Leute aus den Lauschan=
dörfern und von jenseits der Grenze werden in den Tsingtauer Forst=
anlagen beschäftigt und systematisch angelernt. Dieses, den so segens=
reichen Gedanken der Aufforstung zu verbreiten, bringt auch schon

materiellen Gewinn: allein 1906 flossen der Forstkasse 16 000 ℳ. für Pflanzen zu, die sie der chinesischen Regierung in Tsinanfu und der Schantung-Eisenbahn- und Bergbaugesellschaft geliefert hatte. Diese bepflanzt ihre Eisenbahndämme und die Umgebung ihrer Schächte mit Akazien.

Sehr erfreulich ist es, wie mit dem Wald auch die Schar der gefiederten Sänger von Jahr zu Jahr zugenommen hat. 1903 hat die Wachtel, 1905 die Bachstelze zum erstenmal dort überwintert und gebrütet. Den Schlag des Finken und das Lied der Drossel, den heimatlich vertrauten Ruf des Kuckucks hört man von Jahr zu Jahr immer häufiger. Immer mehr finden diese Zugvögel Tsingtau und seinen Wald so anziehend, daß eine Art nach der anderen sich dauernd das Schutzgebiet zum Aufenthalt wählt. Die Watten sind belebt von einer Unzahl verschiedener wilder Enten und von wilden Gänsen und Reihern. In den Zugzeiten, im Frühjahr und Herbst, fallen Schnepfen, Wachteln und Bekassinen zu Tausenden in den Bergen und in den Feldern um Tsingtau ein, und dann und wann auch „sieht man in schwärzlichtem Gewimmel ein Kranichheer vorüberziehn." Die in ganz China sehr häufige Elster mit ihrem schmuckhaften Gefieder ist auch in Deutsch-Schantung „gemein", und der Allerweltsfreund, der Sperling, ist hier gegen die Insektenplage ein willkommener Bundesgenosse. Natürlich fehlt es auch nicht an Raubvögeln aller Art, wie Adler, Sperber, Falken u. a. An jagdbarem Wild kommt bis jetzt nur der Hase zahlreich vor. Der Hase im Schutzgebiet ist kleiner als der unsere, meist grau gefärbt und hat auch sonst viel vom Kaninchen an sich. Auch seine Vermehrung ist „kaninchenhaft". Zwar macht er durch sein Benagen der Bäume, das sog. „Verbeißen", den Forstleuten viel zu schaffen, aber Jagd gehört nun einmal zum Walde, und so denkt niemand daran, dem Hasen anders nachzustellen als mit Pulver und Blei der zahlreichen Nimrode Tsingtaus. In den vielzerklüfteten Felsen finden Füchse und Dachse sicheren Unterschlupf. Seit 1904 sind auch Fasanen mit Erfolg ausgesetzt worden, und wenn die mit Reh- und Damwild bis jetzt gemachten Versuche halten, was sie versprechen, wird die Strecke bei den Tsingtauer Jagden bald auch ein paar brave Böcke oder einen kapitalen Schaufler aufweisen.

Tsingtau und seine Umgebung. [1])

Wir sind vor der Kiautschoubucht angelangt. Wir fahren genau nach Westen. Von Norden und von Süden springt das Land vor und läßt eine 3 km breite Einfahrt frei. Hinter dieser holt dann die Bucht in weitem Bogen nach Norden hin aus. Kaum zu erkennen ist das Ufer im

---

[1]) Aus Weicker: „Kiautschou, das deutsche Schutzgebiet in Ostasien." Mit gütiger Erlaubnis der Verlagshandlung Alfred Schall, Berlin.

Norden und Nordwesten: ein wenig größer noch als der Bodensee ist die Kiautschoubucht. Auf dem Landzipfel, der von Norden her die Bucht von der See abgrenzt, liegt Tsingtau. Nach Nordwesten hin schaut es auf die Bucht, nach Süden hinaus in die freie See. Von See aus sehen wir, wie das Land von der Küste aus hügelig ansteigt und, wenigstens nach Osten und Nordosten, schon wenige Kilometer landeinwärts durch rasch aufstrebendes Gebirge wie von einem Kesselrand umschlossen wird. In flachem Bogen erkennen wir auf der Seeseite einen Badestrand mit einer großen Anzahl fahnengeschmückter, bunter Badebuden am Ufer. Weiße Prellsteine und eine Reihe Bogenlampen an hohen schlanken Masten kennzeichnen eine Straße, die hoch und dicht am felsigen Ufer hinläuft. Zahlreiche Villen heben sich malerisch von dem terrassenartig nach der See zu abfallenden grünen Gelände ab. Mehrere Häuserblocks sind sofort als Kasernen kenntlich. Es werden zusammenhängende Häuserreihen sichtbar, mitten darin, alles andere überragend, mit breiter Front das Gouvernementsgebäude. Zwei feste Landungsbrücken führen vom ebbetrockenen, aufgemauerten Ufer hinaus ins tiefe Wasser. Hier legen die Boote der Dampfer und Kriegsschiffe an, die da auf der Außenreede ankern, unfern der kleinen Arkonainsel, deren rotes Leucht= feuer nachts die Boote vor den gefährlichen Untiefen in ihrer Nähe warnt. Wir bleiben aber nicht auf der Außenreede, wir wollen in den eigentlichen Hafen von Tsingtau hinein. Dazu müssen wir noch um eine weit vorgeschobene, schmale Landzunge herum. „Yu nui san" wird sie allgemein genannt. Eigentlich ist ihr Name „Tuan tau". Es ist eine der häufiger sich findenden falschen Ortsbezeichnungen. Durch ein Miß= verständnis der der Sprache unkundigen ersten Verfasser der Karten — schon der englischen — sind sie entstanden. Die's besser wissen, sagen wohl mal ein Wort, aber: „sei im Besitze, und du wohnst im Recht" usw. Schließlich kommt ja nicht viel darauf an. Hier auf Tuan tau oder Yu nui san streckt ein großer Leuchtturm als nächtlicher Wegweiser 17 Seemeilen weit in zwei breiten Lichtstrahlen seine leuchtenden Arme aus, einen nach See zu und einen in die Bucht hinein. Von hier aus drehen wir hart nach rechts, nach Norden. Noch eine halbe Stunde langsame Fahrt, und unser Dampfer macht an der Mole im Hafen von Tsingtau fest.

Auch Laienaugen sehen, daß mit diesem Hafenbau ein schönes Stück Arbeit geleistet worden ist und jetzt seiner Vollendung entgegengeht. Zwei über 100 m breite und 6—700 m lange Molen, Mole I und Mole II genannt, parallel zueinander und 150 m voneinander entfernt, ragen in das Hafenbecken hinein. Was ist da geschafft worden: viele hundert Pfähle in den Grund zu rammen, dann den Pfahlrost einzubetonieren, die gewaltigen Ufermauern aufzuführen, den Innenraum der Mole mit Tausenden von Wagenladungen Sand aufzufüllen! In weitem Bogen umschließt eine 5 km lange Umfassungsmole das ganze, 293 ha große Hafenbecken. Diese Umfassungsmole wird an ihrem, der Mole II gegenüberliegenden Ende zu einem 200 m breiten Werftgebiet. Dort rauchen die Essen der Tsingtauer Werft. Dort liegt auch das gewaltige Schwimmdock verankert und hebt der gigantisch in die Luft ragende große Kran seine Riesenlasten bis zu 150 t= 150 000 kg. Selbstverständlich haben alle Molen Eisenbahnanschluß. Dieser Hafen, der durch den Molenringwall ebenso vor dem bei ablandigem Wind in der Kiautschoubucht gefürchteten Seegang, wie vor der Gefahr der Versandung geschützt ist, ist samt seiner Fahrrinne 9,5 m tief ausgebaggert, so daß auch die größten Schiffe ihn benutzen können.

Da vom Handel selbst in einem besonderen Kapitel berichtet werden muß, begnügen wir uns hier damit, nur einen Blick auf das Bild um uns zu werfen. Auf den Molen dasselbe Hafenbild wie überall in der Welt, wo Schiffe laden und löschen und Kohlen nehmen, natürlich chinesisch gefärbt. Hier bringen chinesische Kulis, von der Sonne kupferbraun gebrannt, in langer Reihe einer hinter dem anderen, Bohnenkuchen heran. Jeder trägt 2 oder 3 der wie flache Mühlsteine geformten runden Platten. Dort haben immer zwei an einer Tragstange zwischen sich einen großen, schweren Packen strohgeflochtener Bänder, in einer Strohmatte eingeschnürt. Mit kurzen, schnellen Schritten laufen sie und balancieren schier über die schmale Laufbrücke, die an Bord des Dampfers führt. Hier schleppen andere schwere Holzbalken beiseite, die der amerikanische Viermastschuner aus Amerika oder Japan gebracht hat. Daß die 20 und mehr Träger gleichen Takt halten, begleiten sie ihre Arbeit mit rhythmischem, wie stoßweises Seufzen klingendem „ho, ho, ho, ho", und daß sie bei gutem Mut bleiben und keiner es sich leicht macht auf Kosten der anderen, fährt ein Chinese, der das Manöver leitet, gelegentlich mal mit laut klatschendem Bambus zwischen die taktmäßig nickenden Köpfe. Bei all diesen Arbeiten tragen die Chinesen ihren Zopf, um unbehinderter zu sein, um den Kopf geschlungen — à la Defregger —, und in der Zopfschlinge da oben oder im Leinengürtel, der die blauleinene, weite Hose festhält, steckt regelmäßig das kleine Tabakspfeifchen, ohne das man selten jemand, Mann oder Frau, sieht. Jede kleine Pause wird benutzt, sich hinzuhocken und schnell ein Pfeifchen zu rauchen. Aber nicht etwa das berüchtigte Opium. Aus gradstieliger Pfeife mit fingerhutgroßem Kopf wird der denkbar harmloseste Tabak geraucht. — Ehe die Waren verladen werden, liegen sie meist noch in den aus Wellblech erbauten Lagerhäusern — Godaun genannt —, deren der Lloyd und die Hapag[1]) und jede größere Firma eines oder mehrere auf der Mole oder in ihrer nächsten Nähe stehen hat.

---

[1]) Name für Hamburg-Amerikanische-Paketfahrt-Aktien-Gesellschaft, aus den Anfangsbuchstaben der fünf Wörter gebildet.

Haben wir Glück, so finden wir, um in die Stadt zu kommen, als Droschke einen mit zwei Ponys bespannten Wagen mit chinesischem Kutscher. Mit größerer Wahrscheinlichkeit werden wir uns mit einer Rickscha begnügen müssen. In ganz Ostasien, schon von Kolombo an, ist dieser kleine zweirädrige, meist nur einsitzige Wagen, in dessen Gabel= deichsel sich ein Kuli spannt, in Gebrauch. Gegen Regen und Sonne hat der Wagen ein leichtes, niederzuklappendes Verdeck. Setzt man sich zum erstenmal in ein solches Gefährt, so berührt es zunächst etwas peinlich, daß ein Mensch als Zugtier vor einem trabt und der Schweiß, wie auf einem Pferderücken, auf den braunen, nackten Schultern da vor einem perlt. Aber bald gewöhnt man sich daran, bewundert die Aus= dauer der Lungen und Muskeln — in schnellem Trabe eine halbe Stunde und mehr zu laufen, ohne auszuruhen, ist dort nichts Besonderes —, lernt durch Vergleich die Leistungsfähigkeit der Rickschakulis beurteilen und feuert dann später selber oft recht energisch mit „quai, quai!" „schnell!" die säumigen braunen Waden an. Da die Straßen breit genug sind, und der Verkehr meist noch nicht allzu beengend ist, können zwei Rickschas bequem nebeneinander fahren. Mit „man mandi", „langsam", mäßigen wir das Tempo unseres eifrigen Rickschakulis und können uns unterwegs alles Einschlägige erzählen.

Aus: Weicker, Kiautschou, das deutsche Schutzgebiet in Ostasien (Berlin, Alfred Schall, 1908).

Blick in den Pflanzengarten (Kiautschou).

C.

Die deutschen Schutzgebiete in der Südsee

———

I. Kaiser Wilhelmsland

---

a) Allgemeine Beschreibung des Landes

Lage und Erwerbungsgeschichte.

Kaiser Wilhelmsland, der Bismarckarchipel, die nördliche Gruppe der Salomons=Inseln sowie die Inselgruppen der Karolinen, Palau und Marianen und der Marshallinseln bilden zusammen e in Verwaltungs= gebiet; aus praktischen Gründen sind diese vier Gebiete indessen im folgenden getrennt behandelt worden. Mit dem Namen Kaiser Wilhelms= land bezeichnet man den nordöstlichen Teil der das Verbindungsglied zwischen Asien und Australien bildenden Insel Neuguinea. Das westliche Drittel der Insel ist in holländischem, das südliche in englischem Besitz. Ursprünglich stand das Schutzgebiet, ebenso wie der Bismarckarchipel und die Salomonen unter der Oberhoheit einer Privatgesellschaft, der Neu= guinea=Kompagnie, durch deren Beauftragte am 16. November 1884 in Friedrich Wilhelmshafen die deutsche Flagge gehißt wurde. Am 17. Mai 1885 und am 13. Dezember 1886 wurde die Kompagnie durch Kaiserliche Schutzbriefe in ihrem Besitz seitens des Deutschen Reiches anerkannt. Seitdem hat sie die Verwaltung durch einen von ihr zu ernennenden Landeshauptmann selbständig geführt, bis sie im Jahre 1899 ihre Ho= heitsrechte an das Deutsche Reich abtrat und von da ab den Charakter einer Kolonialgesellschaft im engeren Sinne angenommen hat.

Bodengestaltung. Bewässerung.

Die 800 km lange Küste ist reich gegliedert. Die stärkste Ein= buchtung ist der Huongolf; nordwestlich davon liegt die fast ebenso tief eingeschnittene Astrolabebai,[1] deren Küstengelände das Kulturzentrum der

---

[1] Nach einem französischen Schiff, das zuerst darin Vermessungen vornahm, so genannt.

Kolonie darstellt. Ein Teil dieser Bai ist der geräumige Friedrich Wil=
helmshafen. Finschhafen, zwischen Huongolf und Astrolabebai gelegen,
war der Sitz der ersten Ansiedlung. Die Küste wird in ihrem gesamten
Verlaufe von Korallenriffen begleitet, die indessen die Schiffahrt nicht
erschweren. Auch eine lange Reihe von Inseln ist der Küste vorgelagert;
die größten sind: die Karkarinsel, die Longinsel und die Rookinsel. Eine
gewaltige Gebirgskette, aus Gneis, Granit und kristallinischem Schiefer
bestehend, durchzieht das Schutzgebiet in der Richtung von Nordwest nach
Südost; einzelne Gipfel ragen bis zu einer geschätzten Höhe von 4 bis
5000 m hinauf. Im einzelnen ist das Gebirge noch nicht erforscht. Von
diesem Rückgrat aus laufen niedrigere Bergketten der Küste zu; andere
ind ihm vorgelagert. Hierher gehören, in der Richtung von Nordwest
nach Südost, das Viktor Emanuelgebirge im Quellgebiet des Kaiserin
Augustaflusses (3600 m), das Bismarckgebirge (4300 m), das Krätke=
gebirge (3500 m, eine vulkanische Erhebung) und das Rawlinsongebirge
(1200 m). Der Ottoberg im Bismarckgebirge ist vermutlich die höchste
Erhebung des Schutzgebietes. Zwischen den Ausstrahlungen des Zentral=
gebirges und zwischen der Küste und den Vorbergen breiten sich mehr
oder minder ausgedehnte Ebenen aus. Die bedeutendsten Niederungen
sind die fruchtbare, waldbedeckte Astrolabeebene am unteren Laufe des
Gogolflusses, das vom Kaiserin Augustafluß durchströmte Flachland im
Norden und die Ramuniederung zwischen beiden. Das Vorland fällt an
vielen Stellen in deutlich ausgeprägten Terrassen zu der aus Korallenkalk
bestehenden Küste ab.

Wie die Küste durch gut geschützte, geräumige Häfen mit vortreff=
lichen Einfahrten und eine ganze Reihe guter Reeden ausgezeichnet ist
und daher leichten Zugang gewährt, so ist auch das Innere des Landes
durch mehrere tiefe binnenwärts führende Flußläufe an vielen Stellen
leicht zu erreichen. Der bedeutendste Strom des gut bewässerten Schutz=
gebietes ist der Kaiserin Augustafluß, der dem Viktor Emanuelgebirge
entströmt, noch 700 km von der Küste entfernt eine Breite von 300 m
und eine Tiefe von 4 m aufweist und allem Anscheine nach bis zum Fuße
des Gebirges schiffbar ist. Auch der Ramu, der nicht weit vom Kaiserin
Augustafluß mündet und aus dem südöstlichen Teil des Schutzgebietes
kommt, ist bereits 450 km weit, teils mit einem Dampfer, teils mit
einem Boote befahren worden. Beide Flüsse erschließen dicht bevölkerte
Niederungen mit vortrefflichem Kulturlande. Kleinere Wasserläufe sind
der Gogol und der Kabenau, die sich in die Astrolabebai ergießen, sowie
der Markham= und der Franziskafluß, die dem Huongolf zueilen.

Klima, Gesundheitsverhältnisse.

Kaiser Wilhelmsland liegt unmittelbar südlich vom Äquator und
zeigt daher ein ausgesprochen tropisches Klima, das indessen durch die

Einwirkung des Meeres und die bedeutenden Bodenerhebungen vorteilhaft beeinflußt wird. Der wärmſte Monat iſt der Februar mit einer mittleren Temperatur von etwa 27°, der kälteſte der Juni mit 25°. Mit ſteigender Höhenlage erleiden indeſſen dieſe Temperaturen einen ſchnellen Abfall. Der Regenfall iſt reichlich, beſonders in dem Küſtenſtrich zwiſchen Kap König Wilhelm bis Kap Croiſilles. Eine eigentliche Trockenzeit fehlt; es regnet in allen Monaten. Die Zahl der Regentage und die Menge des Regenfalles wechſeln indeſſen in den verſchiedenen Gegenden. Gewitter ſind weder zahlreich noch ſtark. Orkane ſcheinen nicht vorzukommen. Auch Stürme ſind ſelten und wenig heftig. Vom Mai bis zum Novem= ber weht der Südoſtpaſſat, während die andere Hälfte des Jahres Nord= weſtwinde aufweiſt. Beide bringen Regen und bedingen daher das er= wähnte Fehlen einer Trockenzeit.

Das gleichmäßig feuchtwarme Klima iſt der Geſundheit des Euro= päers in vieler Beziehung nachteilig. Fieber und Dysenterie ſind be= ſonders in der Zeit des Nordweſtmonſuns häufig und treten mit großer Heftigkeit auf. Auch Influenza kommt mitunter vor. An allen dieſen Übeln haben auch die Eingeborenen in gleicher Weiſe zu leiden. Dazu kommen die Nachteile, die durch das Aufwühlen des Urwaldbodens bei der Anlage von Niederlaſſungen und Pflanzungen für die Geſundheit ent= ſtehen, und die ſich naturgemäß gerade in der erſten Zeit der Erſchließung beſonders ſtark bemerkbar machen mußten.

Pflanzen= und Tierwelt.

Die Vegetationsdecke iſt infolge der reichlichen Bewäſſerung, des fruchtbaren Bodens und der gleichmäßigen Wärme üppig und kraftvoll. Sie zeigt eine große Zahl einheimiſcher Arten. Die Küſte wird teilweiſe von einem Mangrovegürtel eingefaßt. In den Niederungen, beſonders an den Flüſſen, finden ſich ſtellenweiſe weite Grasfluren von Alang=Alang (imperata arundinacea), die der Entwicklung anderer Pflanzenarten hinderlich und daher wirtſchaftlich von geringem Wert ſind. Der weitaus größte Teil des Schutzgebietes aber, und zwar Gebirge wie Tief= land, ſind von tropiſchem Urwald bedeckt, der aus den verſchiedenſten Laubholzarten zuſammengeſetzt iſt. Unter ihnen die Arekapalme, die Kokospalme, die Sagopalme, der Brotfruchtbaum, Banianen, Pandangs und allerlei wertvolle Bau=, Nutz= und Farbhölzer, daneben Bambus= gewächſe, wildes Zuckerrohr, Gummilianen und Baumfarne bemerkenswert.

Im Gegenſatz dazu iſt das Tierleben ſchwach entwickelt. Raubtiere und Affen fehlen gänzlich. Auch ſonſt ſind die Säugetiere nur durch wenige kleinere Arten, wie Beuteltiere, Känguruhs, Beutelbären, Ameiſen= igel, fliegende Hunde, vertreten. Schweine und Hunde ſind eingeführt und zum Teil verwildert. Die Vogelfauna läßt viele Gattungen, wie

Flamingos, Spechte, Finken, Fasanen, Hühner, gänzlich vermissen, während Papageien, Kakadus, Loris und Tauben in großer Mannigfaltigkeit
und Farbenpracht vorhanden sind. Der bekannteste Vertreter der Vogelfauna ist der Paradiesvogel, der größte der Kasuar. Ferner verdienen
Hervorhebung der Nashornvogel, die Großfußhühner, Eisvögel, Glanz-
stare, Honigsauger usw. Meer und Flüsse sind außerordentlich fischreich,
der Fischfang daher hoch entwickelt. Unter den Reptilien sind besonders
das Krokodil und eine Seeschildkröte bemerkenswert. Giftschlangen scheinen nicht vorzukommen. Perlmuscheln sind häufig, und eine Holothurien-
art, der Trepang, wird als Leckerbissen nach China und Japan ausgeführt.

Bevölkerung.

Die Bevölkerung des Stillen Ozeans wird gemeiniglich in drei
Gruppen geschieden, die Melanesier, die Polynesier und die Mikronesier.
Die Eingeborenen von Kaiser Wilhelmsland, über deren Anzahl bisher
zuverlässige Schätzungen nicht vorliegen, rechnet man zu der ersten
Gruppe, die man auch mit dem Namen Papua bezeichnet. Ihr gemein-
sames Kennzeichen ist der krauswellige, korkzieherartige Haarwuchs. Im
übrigen zeigen sie nach Hautfarbe, Gesichtsbildung und Sprache weitgehende Verschiedenheiten. Die Sprachenzersplitterung ist ungewöhnlich
groß; selten reicht das Herrschaftsgebiet einer Sprache über zwei oder drei
Dörfer hinaus. Die Sprachen zerfallen in zwei Gruppen, deren eine als
die melanesische (im engeren Sinn), die andere als die papuanische bezeichnet wird. Die Kleidung beschränkt sich auf die Bedeckung der Hüft-
gegend. Schmuck, Bemalung und Tätowierung sind sehr beliebt, bei den
Männern mehr als bei den Frauen. Als Waffen sind Wurfspeere, Bogen,
Schilde, Steinkeulen, Steinschleudern und Knochendolche in Gebrauch.
Daneben sind an der Küste auch Feuerwaffen schon verbreitet. Staatliche
Bildungen gehen nur selten über den Umfang eines Dorfes hinaus. Jede
Familie pflegt eine Hütte für sich zu bewohnen; die Junggesellen bewohnen gemeinsam eine größere Behausung, die gleichzeitig als Gemeinde-
haus benutzt wird. Als Nahrungsmittel dienen in erster Linie die Er-
zeugnisse des Pflanzenreiches, besonders das Mark der Sagopalme,
Kokosnüsse und Brotfrüchte, Bananen, Taro, Bataten und Jams. Die
Fleischnahrung beschränkt sich auf Hunde- und Schweinefleisch. Daneben
werden reichlich Fische gegessen. Auch die Menschenfresserei kommt an
vielen Stellen vor. Im allgemeinen stehen die Papuas auf tiefer Kultur-
stufe.

Produktion des Landes, Gewerbefleiß.

Der Ackerbau der Eingeborenen ist wenig umfangreich und beschränkt
sich auf den Lebensmittelbedarf. Die von Europäern gemachten Anbau-
versuche erstrecken sich auf Kakospalmen, Kautschukpflanzen, Kakao, sind

aber, abgesehen von den Kokospalmen, noch nicht abgeschlossen. In erster Linie ist der Boden der großen Ebenen von vortrefflicher Beschaffenheit und gewährleistet im Verein mit den günstigen klimatischen Bedingungen ein gutes Gedeihen der meisten Tropenkulturen. Unter den wildwachsenden Pflanzen ist vornehmlich die Kokospalme hervorzuheben. Wichtig sind auch die Sago- und die Nipapalme, der Brotfruchtbaum, wildes Zuckerrohr und verschiedene eßbare Knollengewächse. Dazu kommen mehrere Kautschukgewächse, Faserpflanzen und Nutzhölzer. Die Viehzucht der Eingeborenen beschränkt sich auf Schweine und Hunde. Die gewerbliche Betätigung steht auf der untersten Stufe. Viele Stämme leben noch jetzt in völliger Steinzeit. Größere Ausdehnung hat beispielsweise das Töpfereigewerbe. Waffen, Geräte, Boote und Schnitzarbeiten zeugen nicht selten von einem gewissen künstlerischen Geschmack.

Im Sande der Flüsse ist Gold nachgewiesen. Goldwäschereien entstanden, boten aber so geringen Ertrag, daß die meisten wieder eingegangen sind.

Handel und Verkehr.

Der Handel ist gering entwickelt und beruht durchgängig auf dem Tauschverkehr. Zwar ist eine eigene Münze von der Neuguinea-Kompagnie eingeführt worden; ihre Verwendung ist jedoch noch sehr beschränkt. Haupthandelsgegenstände der Eingeborenen sind Kopra (der getrocknete Kern der Kokosnuß), Perlmutterschalen, der oben erwähnte Trepang. Die Europäer kultivieren Kautschuk, Sisalhanf, Kakao. Unter den Ausfuhrartikeln befanden sich 1910 leider auch 5706 Paradiesvogelbälge. Mit dem Mutterlande ist die Kolonie durch eine Zweiglinie des Norddeutschen Lloyd verbunden, die von Hongkong über Manila nach Friedrich Wilhelmshafen, Simpsonhafen und Sidney geht. Der Verkehr an der Küste und mit den Inseln des Bismarckarchipels vermitteln eine Anzahl Privatdampfer und Segler. Eine direkte telegraphische Verbindung mit dem Schutzgebiet fehlt. Dagegen bestehen bereits fünf Postagenturen.

Verwaltung. Schule. Mission.

Am 1. April 1899 ist die Verwaltung des Schutzgebietes Deutsch-Neuguinea laut Vertrag zwischen dem Deutschen Reiche und der Neuguinea-Kompagnie vom 7. Oktober 1898 auf das Deutsche Reich übergegangen. Der Gouverneur hatte seinen Amtssitz in Herbertshöhe auf Neupommern. Vor kurzem ist der Amtssitz nach dem gesünderen Rabaul am Simpsonhafen verlegt, wo auch der Norddeutsche Lloyd seit 1905 eine Werft hat. Eine Polizeitruppe zur Aufrechterhaltung der Ordnung beläuft sich etatsmäßig auf 282 Mann.

Friedrich Wilhelmshafen, seit dem 1. April 1899 Sitz eines kaiserlichen Richters, ist gleichzeitig Zentralpunkt des wirtschaftlichen Haupt-

betriebes der Neuguinea-Kompagnie. Daselbst findet sich auch eine
große Kokospflanzung. Zu dem Bezirk Friedrich Wilhelmshafen gehören
außerdem die Pflanzung Jomba und die Station Potsdamhafen. Dazu
kommen noch eine Anzahl von Handelsstationen. Andere Niederlassungen
mit Europäern sind Stephansort, Finschhafen, Berlinhafen, Eitape. Das
Missionswerk wird von zwei evangelischen Gesellschaften: der Rheinischen
Missionsgesellschaft, der Neuendettelsauer Missionsgesellschaft und der
Katholischen Missionsgesellschaft vom göttlichen Wort in Steyl betrieben.

b) Aus den Berichten der Reisenden und Forscher

Die Küste der Astrolabebai.[1]

Der Anblick der Küste von Astrolabebai überraschte und befriedigte
uns alle gar sehr. Das waren nicht die langweiligen, in gleichmäßiges
Grün gekleideten Berge, wie wir sie aus dem Bismarckarchipel gewohnt
waren, sondern die Landschaft wurde, je weiter wir in die Bai hinein-
kamen, um so ansprechender. Sie ist rings von hübschen, dicht bewaldeten
Bergreihen umschlossen, hinter denen gegen Süden stattliche Gebirgszüge
hervorragen, von denen die höchsten an 10 000 Fuß hoch sein mögen und
wohl zum System des Finisterre-Gebirges gehören. Die in den Schluchten lagernden weißen Wolkenmassen, welche so sehr weißen Schneeflocken
ähnelten, gaben diesem schönen Gebirgsbilde einen erhöhten Reiz. Wir
passierten die kleine Insel Bilibili, deren Bewohner in großen, kunstvoll
gebauten Kanus herbeieilten und in freundlicher Weise Verkehr anzu-
knüpfen suchten. Aber wir mußten diesmal ihren Versuchungen ausweichen, galt es doch zunächst Port Constantin aufzusuchen, wie sich
später zeigte, keineswegs ein Hafen, sondern eine kleine Buchtung, welche
wenig Sicherheit gewährt. — Vergebens spähten wir nach Siedelungen,
aber das mit dichtem Urwald bekleidete Ufer war wie ausgestorben!
Wie sich später zeigte, liegen die Dörfer im Dickicht des Urwaldes
versteckt und verraten sich dem Kenner meist durch nichts als kleine
Gruppen Kokospalmen und eine besondere Baumart, welche sich durch
die einfarbige, lebhaft gelbe Belaubung auszeichnet. Diese „gelben Bäume“,
welche sich übrigens an der ganzen Ostküste Neu-Guineas finden, markieren sich in dem dunklen Grün des Urwaldes sehr auffallend und er-
regen schon von weitem Aufmerksamkeit. So wurde von unseren See-
leuten die besonders hohe und dichte Gruppe gelber Bäume bei dem
Dorfe Bogati oder Bogadschi,[2] welches die Karten deshalb als „gelbes
Dorf“ bezeichnen, anfänglich für ein Segel gehalten.

---

[1] Dr. O. Finsch: „Samoafahrten“, S. 31.
[2] Gewöhnlich Bogadjim genannt. D. H.

Körperliche Bildung der Eingeborenen in Kaiser Wilhelmsland. [1]

Die Eingeborenen von Kaiser Wilhelmsland sind in ihren äußeren Anlagen im großen und ganzen von guter Statur, mittelgroß, schlank, in der Regel weniger muskulös und kräftig als die Europäer und mit üppigem, dunklem, krausem Haarwuchs versehen. Wie überall in Neuguinea, so haben auch hier Mischungen und die Verschiedenheit in der Ernährung und Beschäftigung Abweichungen von der Regel hervorgerufen. Wie bereits oben hervorgehoben wurde, finden sich Anklänge an den malayischen Typus auf Gressien-, Bertrand- und den benachbarten Inseln, ferner auch in der Bunu-Landschaft und besonders im Dorfe Matukar und am Ama-Fluß. Die Eingeborenen auf der Matty-Insel [2] erinnern in ihrem Äußern an die mongolische Rasse und sind vermutlich Abkömmlinge von vor längerer Zeit dorthin versprengten Chinesen, die sich mit der vorgefundenen Papuabevölkerung vermischt haben. Weiter finden wir bei den Eingeborenen auf dem Sattelberg gewisse Ähnlichkeit mit den Australnegern. Die Jabim in der Gegend von Finschhafen wiederum zeigen wie auch die Papuas am oberen Augusta-Fluß und am Hatzfeldthafen einen hervorstechend semitischen Typus, während die Eingeborenen an der Astrolabebai mehr an den kaukasischen erinnern.

Die Hautfarbe variiert vom tiefsten Schwarzbraun bis zum hellsten Gelbbraun; bisweilen finden sich ganz ungewöhnliche Abweichungen, und hier und da tauchen Albinos auf. Sehr dunkle Hautfärbung zeigen auch die Eingeborenen am Angriffshafen, am Augusta-Fluß, in der Hansabucht, in der Gegend von Hatzfeldthafen, Finschhafen und auf Dampier. Mehr dunkel als hell sind die Papuas an der Krauel-Bucht, in der Banu-Landschaft, am Huon-Golf, die Salens und die Leute südlich von Parsee-Point; nördlich von Parsee-Point ist die Bevölkerung von hellroter bis dunkelbrauner Färbung, und eigentümlich berührt hier wie am ganzen Huon-Golf das gänzliche Fehlen der Augenbrauen. Von etwas hellerer Hautfärbung sind die Leute am Berlin-, Dallmann- und Großfürst Alexis-Hafen, wie im Archipel der zufriedenen Menschen und an der Astrolabebai. Die hellste Hautfärbung in Deutsch-Neuguinea, heller als die der Malayen, haben die Matty-Insulaner. Die Männer sind hier über mittelgroß, kräftig gebaut, die Frauen kleiner und zierlicher. Beide Geschlechter weichen im übrigen Aussehen ganz von dem Papuatypus ab. Die Augen sind geschlitzt, die Nase ist nicht so breit wie sonst bei den Eingeborenen von Deutsch-Neuguinea, das Haar ist schlicht und wird von den Männern in langen korkenzieherartigen Strähnen von 70—80 cm Länge getragen. Die Frauen scheiteln es in der Mitte, bei den Kindern ist es stark und lockig.

---

[1] Dr. Krieger: „Neuguinea", S. 141.
[2] Aufgefunden 1892 von dem 1897 verstorbenen Ludwig Kärenbach.

Im übrigen unterscheidet sich die Bevölkerung der kleinen Neben=
inseln nicht allzuviel von der der Hauptinsel, im allgemeinen nicht mehr
als die Küstenbewohner von den Bergbewohnern; allerdings verfügt die
Bergbevölkerung von Kaiser Wilhelmsland über stärkere Beinmuskeln
und einen kräftiger entwickelten Unterkörper als die Strandbevölkerung,
deren Arme und Oberkörper dagegen durch die Bewegung des Ruderns
mehr entwickelt sind. Ferner haben ohne Frage in reichen Kopra= und
Sago=Bezirken die gut genährten Papuas ein besseres Aussehen als die
Bevölkerung, welche in Gegenden wohnt, wo der Boden mit Kasuarinen
bestanden und weite Flächen mit Alang=Alang bewachsen sind.

Die geistigen Fähigkeiten der Papuas. [1])

Die größte Unkenntnis herrscht noch jetzt über die „am tiefsten
stehende Rasse", die Australier. Von Missionaren, die jahrelang unter
ihnen wirkten, höre ich, daß die Australierkinder gute Auffassungsgabe
haben und erstaunlich schnell Lesen und Schreiben lernen. Genau so
liegen die Verhältnisse bei den Eingeborenen von Neu=Guinea, nur in=
sofern noch erheblich günstiger, als bei ihnen nicht der unbezähmbare,
den Australiern innewohnende Wandertrieb die geistige Ausbildung un=
günstig beeinflußt.

Die Papuakinder lernen durchschnittlich in einem Jahr Lesen und
Schreiben. Dabei entwickeln sie so großen Lerneifer, daß ich sie oft=
mals noch lange nach beendetem Schulunterrichte herumbuchstabieren
hörte. Hierbei ist zu berücksichtigen, daß keinerlei Schulzwang besteht
und auch die Eltern auf die Kinder kaum irgendwelchen Einfluß haben.
Die Kinder kommen also durchaus freiwillig oft weite Wege zur Schule.
Ich ging als Kind in meinem Heimatdorfe unweit Berlin in die
Dorfschule und weiß aus eigenster Erfahrung, daß all diese Dinge
bei uns ganz anders liegen, aber nicht etwa besser wie in Neu=Guinea.

Der Papuaknabe, welchen Reichskommissar Rose nach Berlin brachte,
lernte in kurzer Zeit deutsch sprechen und spricht diese Sprache auch
heute noch, obgleich er seit anderthalb Jahrzehnten wieder als „Wilder"
in seiner Heimat lebt.

Auch erwachsene Leute zeigen sich mitunter lernbegierig und kom=
men zum Unterricht. Ein schon seit Jahren verheirateter Bukaua=Mann
kam täglich zum Missionar in Privatstunde und machte im Lesen und
Schreiben gute Fortschritte. Er tat dies lediglich, weil er meinte, es
sei eine Schande, daß kleine Kinder lesen und schreiben können, er
aber nicht. Allerdings sind solche Fälle die Ausnahme. Das leichte

---

[1]) Prof. Dr. med. R. Neuhauß: „Deutsch=Neuguinea." Bd. I. S. 112
bis 117. Berlin 1911. Mit gütiger Erlaubnis des Verlages Dietrich Reimer
(Ernst Vohsen), Berlin.

Lernen und die schnelle Auffassung nimmt nach erlangter Mannbarkeit schnell ab, und es tritt dann eine gewisse Verknöcherung des Geistes ein.

Nur im Auffassen von Zahlen und im Rechnen legen die Papua merkwürdige Ungeschicklichkeit an den Tag. In ihrer eigenen Sprache haben sie besondere Bezeichnungen nur für die Zahlen 1—3 oder 1—5. 6 ist 5 + 1, 7 ist 5 + 2 usw. „10" drücken sie durch beide Hände aus; „20" ist der ganze Mann, d. h. zwei Hände und zwei Füße. Zahlenbegriffe, die höher als 20 sind, richtig zu erfassen, fällt auch denen schwer, welche sich bereits gute Schulbildung aneigneten. Gerade durch diesen Geistesdefekt, den sie noch dazu mit zahlreichen Europäern, die auch nicht rechnen können, gemeinsam haben, kamen die Papua in den Ruf geistiger Minderwertigkeit. „Die Leute können nur bis 3 zählen". Damit ist das Urteil fertig.

Auch in allen übrigen Dingen besitzen die Papua vortreffliche Auffassungsgabe; sie lernen geschickt mit europäischem Handwerkszeug umgehen, und ein Papuamädchen ist an der Nähmaschine bald genau so gewandt wie eine europäische Schneiderin. Sicherlich kann der geübteste Kunsttischler die Bretter nicht sauberer glatthobeln, als die Schwarzen dies taten, welche beim Bau der Missionsstation Malalo behilflich waren. Es bedarf nur der richtigen Anleitung, und diese wurde ihnen von dem Missionar, einem ehemaligen Schreiner, in trefflichster Weise gegeben.

Was den Leuten besonders anerzogen werden muß, ist Ausdauer. Der Schwarze kann ein oder zwei Tage mit außerordentlichem Fleiße sein Feld herrichten; besonders beim Fällen der Bäume, was ihm großes Vergnügen bereitet, leistet er Erstaunliches. Dann aber verbringt er wieder mehrere Tage faulenzend im Dorfe und hockt schwatzend oder betelkauend auf der Erde oder im Versammlungshause. Deshalb kann er sich so schwer in die Arbeitstätigkeit des Weißen hineinfinden und geht ungern auf die Plantagen; denn das stetige Arbeiten, auch wenn es nur im schneckenhaften Tempo geschieht, geht ihm wider die Natur. Die Inlandleute sind auch nach dieser Richtung hin brauchbarer als die melanesisch redende Küstenbevölkerung. Letztere fühlen sich allerwärts als Herren, für die arbeiten eine Schande ist. Die erzieherische Wirksamkeit der Missionare besserte hierin schon vieles: die Leute bauen ihre Häuser sorgfältiger und aus besserem Material, d. h. aus Brettern, die sie aus großen Bäumen mit der Axt, ohne Säge, herausschlagen; ferner legen sie aus eigenem Antriebe Wege zwischen den Dörfern an; auch erwacht bei ihnen bereits die Freude am Besitz, der beste Antrieb zur Arbeit, der infolge des allgemeinen Kommunismus früher gänzlich fehlte. Es steckt nach jeder Richtung hin ein guter Kern in den Leuten; wenn man sie in verständiger Weise heranbildet, werden sie dereinst einen brauchbaren Arbeiterstamm abgeben. Allerdings sind

nicht alle weißen Jünglinge, die Neu-Guinea mit ihrer Gegenwart be=
glücken, zur Erziehung eines solchen Volkes geeignet.

Dem Papua ist das Gefühl für Anstand angeboren. Man denke an
unsere liebe Jugend, wenn sich ein Schwarzer im Orte blicken läßt!
Nichts von alledem, wenn der Weiße in ein Papuadorf kommt: Frauen
und Mädchen machen sich so bald wie möglich unsichtbar, einige Kinder
brüllen wie unsere Kleinen, wenn sie sich vor dem „schwarzen Mann"
fürchten. Die übrige Bevölkerung nimmt kaum irgend welche Notiz von
dem Ankömmling. Nicht als ob die fremde Erscheinung ihr Innerstes
nicht aufs heftigste bewegte; im Gegenteil; man sieht im „Bumbum"[1])
einen Geist, der alles mögliche Schlechte bringen kann und oft genug ge=
bracht hat. Aber es ist gegen den Anstand, seine innere Erregung zu
verraten, und die Leute kauen vor den Hütten hockend ihre Betelnuß
weiter, als ob nichts vorgefallen sei. Wenn der Weiße ein Bad nimmt,
wird sich niemand hinstellen und ihn angaffen; sollten Leute zufällig
in seine Nähe kommen, so begeben sie sich außer Sehweite. Würdevolle
Ruhe und Zurschautragen von Gleichgültigkeit ist ganz besonders den
Küstenleuten, wie den Jabim und Bukaua, eigen. Die Kai des In=
landes sind lebhafter und können ihre Empfindungen nicht so gut ver=
bergen. Einen Küstenmann hätte ich auch durch hohe Belohnungen nicht
dazu bewegen können, sich beim Lachen kinematographieren zu lassen, was
der Kai zu seiner eigenen Erheiterung mit Vergnügen über sich er=
gehen ließ.

Als erste Anstandsregel gilt, daß jemand nicht ohne weiteres das
Haus des anderen betritt, sondern wartet, bis er vom Eigentümer der
Hütte hierzu aufgefordert wird. Wer, wie mancher Weiße, sich hieran
nicht kehrt, ist in ihren Augen ein „Wilder". Von ethnographischen
Sammlern sind gerade in diesem Punkte die Schwarzen oft schwer be=
leidigt worden. „Der Bumbum weiß eben nicht, was sich gehört," sagt
der Papua und ergibt sich in sein Schicksal.

Auch das Ehrgefühl ist sehr ausgeprägt und es hängt hiermit die
große Neigung zum Selbstmord zusammen. Der Mann schlägt seine
Frau; sie geht hin und hängt sich auf; er tut darauf das Gleiche. Bamler
erlebte auf Tami, daß ein Ehepaar wegen eines Zigarrenstummels in
Streit geriet. Die Sache endete damit, daß beide Selbstmord verübten.

Ein schöner Zug ist die grenzenlose Gastfreundschaft. Abends haben
die Frauen soeben das Mahl fertiggestellt, und große Schüsseln dampfen=
der Taro stehen auf den Veranden. Da dies für den Papua die einzige
Hauptmahlzeit des Tages ist, warten die hungrigen Leute mit Sehnsucht
auf diesen Augenblick. Da erscheinen gute Bekannte im Dorfe; sofort
wird diesen die ganze Mahlzeit vorgesetzt, selbst wenn die eigenen Leute

---

[1]) Papuanische Bezeichnung für den Europäer.

deshalb hungern müssen. Das habe ich auf den Inlandreisen oft mit=
angesehen, wenn wir abends in ein Dorf kamen, dessen Kopfzahl kaum
diejenige unserer Träger erreichte. Auch der Mann, dessen Frau ge=
storben ist, wird ohne weiteres von anderen Familien beköstigt. Die Gast=
freundschaft kann so weit gehen, daß der eigentliche Besitzer der Hütte aus
seiner Behausung geradezu herausgedrängt wird. Ein Bukaua besaß in
seinem Dorfe mit seiner Frau eine ansehnliche Hütte, errichtete sich aber
neben derselben eine kleine, primitive, weil die große durch seine Ver=
wandtschaft unausgesetzt in Anspruch genommen wurde.

Ju der fremden Ortschaft hat der Schwarze seinen Gastfreund, der
ihn aufnimmt, bewirtet und für seine Sicherheit sorgt. Es kommt vor,
daß ein mißliebiger Fremder, etwa ein gefürchteter Zauberer aus der
Nachbarschaft, in der Hütte seines Gastfreundes von den übrigen Dorf=
bewohnern überfallen und erschlagen wird. Dann legt man, um den
Gastfreund wieder zu versöhnen, ein Schwein als Sühnegeschenk auf die
Veranda des Hauses. Dies soll das mit Blut befleckte Haus wieder
„rein machen".

Die zur Schau getragene Gleichgültigkeit des Mannes gegen seine
Frau könnte die Vorstellung erwecken, als ob es hier gegenseitige Zu=
neigung nicht gibt. Das ist nach Aussage erfahrener Missionare durch=
aus irrig. Auch bei jungen Leuten ist die Liebe mitunter so heftig,
daß sie alle althergebrachten Gebräuche über den Haufen werfen und sich
gegen den Willen der maßgebenden Persönlichkeiten in ihrer Verwandt=
schaft vereinigen, selbst wenn sie dies nur dadurch erzwingen können,
daß beide davonlaufen und sich anwerben lassen. Sehr ausgeprägt ist die
Bruderliebe. Als bei einem Schiffsunglück einer der Geretteten hörte,
daß sein Bruder noch nicht am Lande war, wollte er durchaus wieder
ins Wasser, um ihn zu suchen. Ein anderer, der bei der Katastrophe
seinen Bruder verlor, ließ sich auf Tami nach der unbewohnten kleinen
Insel hinüberrudern, um sich dort ungestört ausweinen zu können.

Nicht anders steht es mit der Elternliebe. Die Mütter lassen sich
durch ihre Sprößlinge geradezu tyrannisieren und schleppen letztere, selbst
wenn dieselben schon recht gut laufen können, auch dann noch herum, wenn
sie unter der übrigen Last schon beinahe zusammenbrechen. Auch die Väter
tragen ihren Nachwuchs stundenlang auf dem Arme und stellen allerlei
Spielzeug her wie Kreisel, kleine Schiffe, Schilde, Pfeil, Bogen, Trom=
meln usw.

Von mehreren Fällen innigster Anhänglichkeit wurde ich Augen=
zeuge: Auf der Reise in das Kai=Inland führten wir einen Knaben mit,
der anderthalb Jahre vom Elternhause fern gewesen war. Als ihn
unterwegs seine Mutter sah, gab es ein rührendes Wiedersehen; die Frau
herzte den Knaben immer wieder und weinte laut vor Freude; die Mutter=
liebe durchbrach alle Regeln des papuanischen Anstandes, welche das

Zurschautragen von Gleichgültigkeit vorschreiben. Gelegentlich einer Küsten=
reise am Huongolf begleitete uns ein heimkehrender schwarzer Arbeiter,
der drei Jahre lang auf einer fernen Plantage gelebt hatte; beim Wieder=
sehen mußten die männlichen Anverwandten ihre Erregung zu bemeistern,
die Mutter aber weinte laut vor Freude. Auf derselben Reise wurde ein
Knabe angeworben. Auf dem stundenweiten Wege bis zur Küste begleiteten
ihn seine Mutter und Schwester, unaufhörlich weinend und das Haar
und die Arme des Knaben streichelnd; hierbei geschieht das Weinen so=
wohl in trauriger wie in freudiger Erregung nicht eintönig, sondern
mit eigenartiger wimmernder Melodie.

Trotz der äußerlichen Ruhe kann der Papua recht lebhaftes Tempera=
ment entwickeln, besonders bei häuslichen und dörflichen Zwistigkeiten.
Die Weiber leisten dann Erstaunliches in Zungenfertigkeit, während die
Männer mehr Gewicht auf das Brüllen legen; dabei fliegen Scheltworte
ganz besonderer Art hinüber und herüber.

Der Papua hat ausgesprochene Anlage zum Humor. Wiederholt
brachte man mir, wenn ich in den Dörfern ethnographische Gegenstände
eintauschte, mit verschmitztem Lächeln leere Konservenbüchsen oder einen
Filzhut unbeschreiblichen Alters. Bei dem Moll=Fest in Sissanu ver=
kleiden sich die Frauen als Männer, setzen Perücken auf, bemalen sich
die Gesichter, legen Bauchpanzer und Brustschilder der Männer an, ahmen
die Eigenheiten und Bewegungen der Männer nach und treiben in dieser
Vermummung allerlei Scherze. Wenn die jungen Tami von ihrer ersten
großen Bootfahrt heimkehren, wird eine humoristische Taufe, welche an
unsere Äquatortaufe erinnert, durch die Frauen an ihnen vollzogen. So=
bald die heimkehrenden Boote am Horizonte auftauchen, gehen die Frauen
auf ein Kanu, rollen in absichtlich plumper Weise das Segel zusammen;
einzelne springen ins Wasser und markieren Haifische, andere ergreifen
die Angel, um die Haifische zu fangen; wenn dann das Boot mit den
Heimkehrenden naht, werden die Jünglinge gehörig mit Wasser bespritzt.

Auch bei den Tänzen kommt der Humor zum Ausdruck, besonders
auf Tami und Siassi. So werden z. B. Känguruh= und Schweinejagd
in humoristischer Weise nachgeahmt, wobei ein Mann das Känguruh,
ein anderer den Jagdhund darstellt. Besonders bekunden einzelne Frauen
bei diesen Darstellungen ungewöhnliche humoristische Begabung.

Gesundheitsverhältnisse. [1]

Die Hauptfeinde des Europäers sind die Malaria und die Dys=
enterie, die beide mehr in der nassen als in der trockenen Jahreszeit
auftreten, aber am meisten in den Zeiten des Überganges von einer Zeit
zur anderen.

---

[1] Tappenbeck: „Deutsch=Neu=Guinea", S. 24.

Man hat es jahrelang verstanden, selbst in näher interessierten Kreisen, den Glauben aufrecht zu erhalten, als seien unsere Südsee= Besitzungen, wenn nicht durchaus gesund, so doch ungleich besser als alle unsere afrikanischen Kolonien.

Das trifft zweifellos nicht zu, und man kann wohl mit derselben Berechtigung wie in unseren afrikanischen äquatorialen Besitzungen, we= nigstens in Kaiser Wilhelmsland die bisherigen Kulturstätten als große Kirchhöfe bezeichnen.

Nicht alle Plätze sind gleich ungünstig, aber es gibt weder in Kaiser Wilhelmsland noch im Bismarck=Archipel einen Platz, der etwa als „malariafrei" bezeichnet werden kann. Nach den neuesten Untersuchungen des Geheimrats Koch war an fast allen von ihm besuchten Plätzen auch das Blut noch kleiner Eingeborenenkinder schon von Malariaplasmodien infiziert.

Kaiser Wilhelmsland hat gegen die afrikanischen Malariagegenden noch den Nachteil, daß sich die Fieberanfälle in sehr kurzen Zwischen= räumen wiederholen, dagegen im allgemeinen weniger Neigung zeigen, die schweren Formen — Schwarzwasserfieber — anzunehmen.' Im Bismarck=Archipel treten Fieberanfälle ungleich seltener auf — meist in monatelangen Zwischenräumen — aber im Verhältnis zu der Zahl der Fälle überhaupt ist gegen das Festland von Neuguinea mehr Neigung zu den schweren Formen. In den Bergen werden sich wahrscheinlich malariafreie Regionen finden lassen; doch ist schon jetzt als sicher anzu= nehmen, daß diese erst in bedeutender Höhe vorhanden sein werden.

Die Missionsstation Sattelberg in einer Höhe von 970 m über dem Huon=Golf ist zwar ungemein gesünder als das Flachland, aber keines= wegs fieberfrei; dafür macht sich dort als eine Folge der häufigen Nebel und kühleren Nächte eine Neigung zu rheumatischen Leiden wohl nicht gerade so direkt gefährlich, aber jedenfalls noch unangenehmer als die Malariaanfälle bemerkbar.

Am gesundesten sind die niedrigen Küstenstriche, und als die minder= wertigsten gelten die mit Mangrove umsäumten Einbuchtungen, wie z. B. Friedrich Wilhelmshafen.

Urwald bei Friedrich Wilhelmshafen. [1]

In dem äußersten, westlichen, verschmälerten, zipfeligen Ende des Hafens, der hier Korallenriffe zeigt und nur mit Boot passierbar ist, setzt ein schmaler Kanal in die Tiefe des Urwaldes hinein. Wir befuhren ihn im Boot, blieben aber bald sitzen und überzeugten uns, daß hier

---

[1] Dr. O. Finsch: „Samoafahrten", S. 53.

keine Flußmündung sei. Das Wasser war bradig und in dem Didicht
der Nipapalmen, deren Wedel überall den Weg versperrten, kaum durch=
zudringen. Dabei rührte in dem fast stagnierenden Wasser jeder Ruder=
schlag neue moderige Dünste verfaulender Pflanzenstoffe auf; eine rechte
echte Fieberluft, die man förmlich riechen konnte. Übrigens fanden wir
die Spuren der Eingeborenen in betretenen Pfaden, die uns später zu
wohlgepflegten Plantagen führten. Sie gehören den Inselbewohnern,
denn das Festland um Friedrich Wilhelmshafen scheint ganz unbewohnt
zu sein. Der Boden ist auch in diesem Gebiet ein sehr fruchtbarer, dessen
korallinische Bildung die allenthalben umherliegenden Korallentrümmer
deutlich erkennen lassen. Die Baumvegetation war eine entsprechend
üppige, aber das Auge sucht vergebens nach jenen lieblichen Kindern
Floras, den Blumen, die so mannigfach abwechselnd unsere Wälder zieren.
Hie und da sieht man ein lilienartiges Staudengewächs mit plumper
Blume, oder hoch in dem Gelaube die schön roten Blumen gewisser
Schlingpflanzen girlandenartig von Baum zu Baum ranken, seltener
eine Orchidee. Diese Blumenarmut ist eben für alle Urwälder dieser
Tropenregion charakteristisch, wie der Reichtum an Lianen und anderen
Schlingpflanzen. Letztere umstricken große Bäume häufig so dicht, daß
die sonst schönen Formen bizarr und phantastisch aussehen. Die zahllos
herabhängenden, oft armdicken Enden und die dünnen, mit häßlichen
feinen Dornen besetzten Ranken bereiten häufig unüberwindliche Hinder=
nisse. Diese rankenden Lianen, die sich anfangs, unschuldig wie unser
Efeu, gleichsam schutzsuchend an dem Baumstamme emporwinden, saugen
an seinem Lebensmark, bis sie ihn schließlich ganz ersticken. Hunderte
von Parasitenarmen, zu gewaltiger Dicke angewachsen, umklammern und
halten den morschen Riesen noch zusammen, an dessen Zerstörung
Milliarden geschäftiger Ameisen mithelfen, bis ihn ein Windstoß ganz zu
Boden streckt. Das ist so in wenigen Strichen das Bild eines Urwaldes,
wie ich es im großen und ganzen überall in jenen Regionen fand, und
das meist sehr von den Vorstellungen abweicht, welche sich der Laie macht.
Ja, diese Urwälder sind großartig, interessant durch die Menge neuer
Eindrücke, welche sie dem Neuling bieten, der manche Begriffe von Baum=
wuchs, Üppigkeit und Vegetationsfülle zu verbessern haben wird, aber
ein harmonisches Ganze wie unsere Hochwälder bieten sie nicht. Wer so
lange wie ich in diesen Urwäldern lebte, unter ihnen seine Hütte auf=
schlug und täglich mit Schling= und Rankengewächsen zu kämpfen hatte,
wie dies bei meinem früheren Aufenthalte an der Südostküste Neuguineas
und der Kap York=Halbinsel der Fall war, dem werden die heimischen
Wälder erst recht lieb geworden sein, und nach allen meinen Welt=
erfahrungen muß ich offen bekennen: „. . . . Der deutsche Wald ist der
schönste!"

Ansicht der Pflanzung Stephansort (Kaiser Wilhelmsland).

Der Papuahund. [1]

Die Abstammung des Papuahundes bleibt auf einer Insel, wo kein einziges Raubtier vorkommt, ein Rätsel, dessen Lösung innigst mit der Herkunft des hier lebenden Menschen zusammenhängt, eine Frage, welche eine viel größere Bedeutsamkeit hat, als es vielen scheinen dürfte. Aufgrund des Vorhandenseins von Hunden als Haustier hat die Annahme Berechtigung, daß die Papuas überhaupt ein eingewandertes Volk sind. Über das Wort „Woher" will ich hier indes weiter keine Betrachtungen anstellen. Der Papuahund, in Bongu „Sfa" genannt, gehört übrigens jener eigentümlichen Rasse an, wie sie sich allenthalben in Neu-Guinea findet, und die sich am meisten mit einem kleinen Dingo vergleichen läßt. Er ist glatthaarig, von kleiner, unansehnlicher Statur, hat einen fuchsähnlichen Kopf, aber mit stumpfer Schnauze und aufrechtstehenden, spitzgerundeten Ohren. Der Schwanz ist stark nach links gedreht, wird aber beim Anblick eines Fremden aus Furchtsamkeit meist hängend getragen. Die Färbung variiert außerordentlich, und schon hieraus spricht die lange Domestikation am deutlichsten. Im allgemeinen herrscht eine rostfahle Färbung vor, mit weißer Schnauze, Stirnmitte, Kehle, Bauch und Schwanzspitze; aber es gibt auch dunkelbraune Exemplare, solche mit weißem Kopf und schwarzgefleckte, kurzum: nicht zwei Exemplare sind völlig gleich. Eine besondere Eigentümlichkeit des Papuahundes ist, daß er nicht bellt, sondern nur heult; aber ich hörte die Hunde in Astrolabebai nicht jene regelmäßigen Heulkonzerte aufführen, bei dem sich alle Hunde vereinigen und welche nicht gerade zu den Annehmlichkeiten von Port Moresby gehören. Der Papuahund ist übrigens von scheuem, feigem Wesen, sehr diebisch und schon wegen seiner geringen Größe nicht zur Jagd geeignet, wie er kein guter Wächter ist. Gewöhnlich pflegen sich bei Annäherung von Fremden die Hunde des Dorfes lautlos wegzuschleichen. „Wie der Hund, so der Herr" gilt auch für Neu-Guinea, insofern, als beide keine Jäger, wohl aber Vegetarianer sind. Wie sein Herr nährt sich der Papuahund vorzugsweise von Pflanzenstoffen, frißt z. B. mit Vorliebe Kokosnuß, und sein bei den Papuas so sehr beliebtes Fleisch mag infolgedessen wohl nicht übel schmecken. Man hält den Hund eben des Essens wegen. Hunde und Schweine werden übrigens nur bei Festen aufgetischt, welche die Papua sehr lieben und mit großer Beharrlichkeit, oft mehrere Tage lang, feiern.

Häuser an der Nordküste. [2]

Unter Führung der Eingeborenen marschierten wir über schönes, fruchtbares Grasland nach ihren Niederlassungen, die an der Westseite

---

[1] Dr. O. Finsch: „Samoafahrten", S. 53.
[2] Dr. O. Finsch: „Samoafahrten", S. 307.

von Gauß=Bucht liegen, da Dallmann=Hafen, mit Ausnahme von ein paar Häusern, unbewohnt ist. Unweit dieser Siedelungen in Gauß=Bucht mündet ein hübscher, leider unzugänglicher Fluß, der Herbert. Treffliche Kultivationen, in denen hauptsächlich Bananen und Tabak (Sagum) ge= zogen wurden, lehnten sich unmittelbar an das für papuanische Ver= hältnisse ebenso große als schöne Dorf Rabun oder Labuhn. Es zählte, von Bäumen und Kokospalmen beschattet, an 20 Häuser, solide und stattliche Bauten, denen nur Fenster fehlten, um gar manche viel arm= seligere Hütte daheim zu übertreffen. Einzelne dieser Pfahlhäuser (Rum) waren 40—50 Fuß lang, 24 Fuß breit und bis unter die Giebelspitze an 20 Fuß hoch. Das Dach bestand aus Ried oder Gras, die Seiten= wände aus sehr sauber befestigten, zuweilen rot und schwarz bemalten Blattscheiden der Nipa= oder Sagopalme, die Diele aus gespaltenen Latten von Betelpalmen. Charakteristisch für den hiesigen Baustil ist das Fehlen eines Vorplatzes oder einer Plattform, da die Treppe gleich unter der in eigentümlicher Weise verschiebbaren Tür liegt. Die im Innern der Häuser herrschende Dunkelheit erlaubte erst allmählich Orien= tierung, ließ aber die gewöhnliche Einfachheit der Einrichtung erkennen: in der Mitte die Feuerstelle, aus mit Sand gefüllten Rahmen bestehend, an den Seiten Lagerstätten aus gespaltenem Bambus, mit Kokospalmen belegt, und Töpfe. Letztere stimmten in der Form mit denen von Bilibili überein und wie ich sie auch am Caprivi sah; es gab aber auch Töpfe von kolossaler Größe, die als Behälter für Sago dienten. Keramik schien auch hier eine Quelle des Wohlstandes und Reichtums, denn es gab Töpfe im Überfluß; so waren unter anderem auch be= sondere an Stricken befestigte Horden mit solchen versehen. Große Häuser enthielten zwei Abteilungen und werden, wie schon die doppelte Feuerstelle andeutete, wohl von mehr als einer Familie bewohnt. In einem Hause bemerkte ich eine rohgeschnitzte Holzfigur, einen sogenannten Götzen, ähnlich den Telmus von Astrolabe, aber ohne die für jenes Gebiet charakteristische langausgestreckte Zunge. Wenn auch Holz= schnitzereien an den Häusern fehlten, so fanden sich doch andere Arbeiten, welche von der Geschicklichkeit der hiesigen Eingeborenen in diesem Genre zeugten.

Baumhäuser. [1]

Die Häuser unterscheiden sich von denen in Bentleybai hauptsächlich dadurch, daß sie auf sehr hohen Pfählen wohl zehn Fuß über der Erde stehen und aus Sagopalmblatt gebaut sind, deren lohfarbene Färbung sie schon von weitem auszeichnet. Ich sah übrigens auch Häuser auf niedrigen Pfählen und solche von ovaler Form, denen gewisse Häuser auf Aroani wohl als Muster gedient hatten. Besonders überraschte mich,

---

[1] Dr. O. Finsch: „Samoafahrten", S. 271.

ein Baumhaus, das noch im Bau begriffen war. Solche Baumhäuſer, die ich aus dem Innern von Port Moresby kannte, gehören zu den kunſtvollſten Bauwerken der Steinzeit. Denn es iſt nicht ſo leicht in den Äſten und im Wipfel eines Baumes, oft in einer Höhe von 50 bis 60 Fuß, ein Haus zu bauen, das den Winden widerſteht. Dieſe Häuſer dienen als Feſten und Warten, in welche ſich die Dorfbewohner bei einem feindlichen Überfall zurückziehen. Die primitive Leiter aus Lianen, welche zu dem luftigen Bau führt, wird hinaufgezogen und die Feſtung iſt zur Verteidigung fertig. Sie enthält außer Waſſervorräten Unmaſſen von Wurfgeſchoſſen in Geſtalt von Speeren und Steinen, womit gar mancher Sturm abgeſchlagen werden kann, wenn auch das Dorf in Flammen aufgehen ſollte.

Betel und Kokos.[1]

An weiteren Genußmitteln iſt allgemein der Betel bekannt. Die etwa walnußgroßen gelben oder grünen Früchte der Betelpalme reifen in Büſcheln. Die Papua entfernen zunächſt die Faſerhülle der Früchte und genießen dann den inneren Kern mit der Zutat von pulveriſiertem Kalk, den ſie aus gebrannten Korallen gewinnen. Der erfriſchende Nach= geſchmack iſt das Beſte am Betel. Der Geſchmack an ſich iſt beißend und ſäuerlich und zieht das Zahnfleiſch zuſammen, ähnlich wie Alaun, hinterläßt ferner die unangenehme Wirkung, daß er das Zahnfleiſch und die Zunge rot und die Zähne bei andauerndem Gebrauch beinahe ſchwarz färbt.

Durch Vorhandenſein reicher Kokosnußbeſtände zeichnet ſich die Ge= gend an der Hanſa=Bucht aus, ferner der Küſtenſtrich zwiſchen Berlin= und Dallmann=Hafen und darüber hinaus. Weitere Kopragebiete ſind die Bertrand=, Matty= und Purdy=Inſeln. Auf den letzteren pflegen nicht ſelten Eingeborene, Untertanen des holländiſchen Schutzgebietes, zu landen und ſich längere Zeit aufzuhalten, um die dortigen reichen Kokosnußhaine zur Gewinnung von Öl auszubeuten, das ſie dann in großen Kautſchuk= flaſchen nach ihrer Heimat bringen und vertreiben. Mit der Kopra= gewinnung haben ſich unſere Schutzbefohlenen ſelbſt noch nicht befaßt, haben auch bisher nur ſelten Gelegenheit gehabt, hierbei Europäern hilf= reiche Hand zu leiſten; auch pflanzen ſie leider ſelbſt noch keine Nüſſe aus, verſtehen ſich daher lediglich auf ihren Konſum; nachdem ſie mit einem ſcharfen Gegenſtand die grüne Schale entfernt haben, reißen ſie mit den Zähnen den feſten Baſt herunter, dann bohren ſie in die harte Schale ein Loch und ſchlürfen beſonders auf ihren Märſchen mit Behagen das erquickende Naß. Der übrige ſchmackhafte Inhalt dient ihnen als Nahrungsmittel.

---

[1] Dr. Krieger, „Neu==Guinea", S. 215.

Tauschhandel. [1])

Ein allgemeines Tauschmittel gibt es bisher im Schutzgebiet noch nicht. Finsch will an einzelnen Plätzen eine Art Muschelgeld vorgefunden haben, so am Dallmann-Hafen, Venus-Huk und in der Nähe des Terrassenlandes, und diesem gleich aufgereihte Hundezähne an anderen Orten, jedoch ist er sich seiner Sache nicht ganz sicher, und in keinem Falle dürfte das Muschelgeld hier schon die Bedeutung eines solchen allgemeinen Tauschmittels haben wie das Diwarra-Geld im Bismarck-Archipel, ohne das man in dem dortigen Handelsverkehr jetzt nicht mehr auskommt.

Im Tauschverkehr mit den Weißen richtet sich der praktische Sinn der Eingeborenen mehr und mehr auf Eisen, wenn es auch im Innern und selbst an der Küste noch viele Plätze gibt, wo Eisen ganz unbekannt ist, so am Caprivi-, Ramu- und Rüdiger-Fluß. Von einem eigentlichen Handelsverkehr zwischen Europäern und Eingeborenen kann in Kaiser Wilhelmsland noch nicht die Rede sein, und es wird bei der Schwerfälligkeit und Bedürfnislosigkeit der Eingeborenen noch eine geraume Zeit vergehen, bis ein solcher sich entwickelt. Ein fernerer Grund dafür, daß bisher von einem nennenswerten Tauschhandel zwischen Eingeborenen und Weißen in dem Schutzgebiet nicht gesprochen werden kann, mag darin gefunden werden, daß gerade in der unmittelbaren Nähe der Station — abgesehen vielleicht von den Ansiedelungen am Berlin-Hafen und auf den Missionsstationen — die Bevölkerung sehr spärlich ist. Man hat in Friedrich Wilhelms-Hafen versucht, sogenannte Markttage einzurichten und die Eingeborenen zu veranlassen, an diesen Tagen sich mit ihren Handelsprodukten auf der Station einzufinden. Sie kamen auch wohl das eine oder das andere Mal, wollten aber die für den Markt bestimmten Tage nicht dauernd einhalten. Der Papua liebt den Zwang nicht, er kommt, wann es ihm beliebt oder sein Bedürfnis es gerade erheischt; dann will er aber auch, daß man ihm freundlich begegnet. Findet er aber gutes Entgegenkommen, so gewöhnt er sich vielleicht allmählich an Stetigkeit; vorläufig haben die Eingeborenen aber noch zu wenig Bedürfnisse, und sie kommen zum Markt nur dann, wenn sie das Begehren nach Tabak, der noch lange die erste Rolle als Tauschmittel bilden wird, dazu treibt. Bisher hält sich der Handel und Verkehr auch unter den Eingeborenen, wie wir gesehen haben, in sehr bescheidenen Grenzen, und durch Handel ist noch kein Papua in Kaiser Wilhelmsland zu Wohlstand gekommen. Die Gründe liegen mit in dem feigen Charakterzug des Volkes, der sie nicht über die Grenzen des Stammgebietes hinausgehen läßt, aus Furcht vor Verzauberung.

---

[1]) Dr. Krieger: „Neu-Guinea", S. 225.

Der Paradiesvogel. [1])

Im Gegensatz zur Säugetierwelt ist die Vogelwelt bis zu para=
diesischer Vollkommenheit entwickelt. Die über 60 Arten von Paradies=
vögeln, welche die Insel beleben und auf der ganzen Welt ausschließlich
in Neu=Guinea vorkommen (nicht einmal in dem nahen Bismarck=
Archipel), sind etwas so Wunderbares, daß man schwerlich eine Er=
klärung dafür finden wird, weshalb gerade hier das Gefieder sich zu so
idealer Schönheit entwickelte. Ein bis zwei dieser Arten ließe man sich
gefallen; sie könnten durch zufällige Zuchtwahl entstanden sein. Aber gleich,
weit mehr als ein halbes Hundert, und dieselben in jeder Beziehung
derart verschieden, daß die abweichendsten Urformen zugrunde liegen
müssen! Was sonst nirgends in der Welt vorkommt: ein vollkommen
blauer Vogel! Man darf die wunderbare Zartheit des sammetweichen
Gefieders nicht nach den starren Mumien und ausgestopften Bälgen be=
urteilen. Der frisch geschossene Vogel — einen lebenden bekommt man
so gut wie niemals in die Hand — steht in bezug auf Leuchtkraft der
Farben und Weichheit des Gefieders unglaublich hoch. Der bunte Papagei
ist ein Farbenkleckser, der Paradiesvogel ein Farbenkünstler. Bei letzte=
rem wird man nie schreiende Farben nebeneinander finden, wie sie so
trefflich zum sonstigen Geschrei der Papageien passen; vielmehr ist
bei ihm alles harmonisch abgestimmt und die besonders auf den Brust=
schilden häufig vorkommenden Schillerfarben, welche sich mit dem Winkel
ändern, unter dem man das Gefieder betrachtet, verleihen dem Gan=
zen höchste Lebendigkeit.

Der arme König unter den Vögeln! Er muß sein Leben lassen,
weil die Modepuppe auf der Promenade zeigen will, daß sie für den
Hutputz mehr auszugeben vermag als ihre Konkurrentin.

Die Paradiesvögel wären schon längst ausgerottet, wenn nicht der
Schöpfer lediglich die Männchen mit diesem herrlichen Kleide be=
schenkt hätte, welches zudem nur während der Balzzeit den höchsten Gipfel
der Vollkommenheit besitzt. Den Weibchen, welche an Einfachheit des
Gefieders nichts zu wünschen übrig lassen, wird nicht nachgestellt, und
sie können vorläufig die Art erhalten — vorläufig; denn wenn es mit dem
Morden so fortgeht, werden über kurz oder lang alle Männchen abge=
schossen sein. Schon sind einzelne Küstenstriche gelichtet, und die Tiere
fangen an, sich in das Innere zurückzuziehen. Dies kann aber nur in
bescheidenen Grenzen geschehen; denn viele Arten kommen nur in räum=
lich beschränkten Gebieten vor; offenbar finden sie nur hier die ihnen
und ihrem Gefieder zusagenden Lebensbedingungen. So verlangt z. B.

---

[1]) Prof. Dr. med. R. Neuhauß: „Deutsch Neuguinea." Bd. I. S. 487
bis 488. Berlin 1911. Mit gütiger Erlaubnis des Verlages Dietrich Reimer
(Ernst Vohsen), Berlin.

der weiße Paradiesvogel rund 1000 m Meereshöhe, die Paradieselster sogar 1200 bis 1400 m, und sie wird nur im Kai=Inlande angetroffen. Die Heimat des roten Paradiesvogels (Paradisea Auguste-Victoria) ist die Umgebung des Sattelberges und die Nordküste des Huongolfes. Der auf Damenhüten am meisten getragene gelbe Paradiesvogel (P. minor) hat mit das weiteste Verbreitungsgebiet: von der Astrolabe= bucht bis zur holländischen Grenze; er ist aber am Huongolf unbekannt. Der herrliche blaue Vogel findet sich nur auf englischem Gebiete. Der kleine, scharlachrote, wundervolle Königsvogel hat seine Heimat an der Küste bei Finschhafen.   Also diejenigen, welche sich damit trösten, daß es im Innern noch genug Paradiesvögel gibt, wenn dieselben an der Küste ausgerottet sind, befinden sich in schwerem Irrtum, wenn sie meinen, daß vorläufig noch keine Gefahr im Verzuge sei. Um alle Arten zu er= halten, kann die Regierung nicht schnell genug mit einem allgemeinen Schießverbot vorgehen.

II. Der Bismarckarchipel und die Salomonen

a) Allgemeine Beschreibung des Landes
Lage und Erwerbsgeschichte.

Der Bismarckarchipel liegt nördlich und nordöstlich von Neuguinea, umfaßt etwa 200 Inseln, deren größte Neupommern (Neubritannien), Neumecklenburg (Neuirland), Neuhannover und Neulauenburg (Herzog von York-Inseln) sind.

Außerdem gehören hierher die beiden Inseln Bougainville und Buka von der Salomonengruppe, während die übrigen Salomonen englischer Besitz sind. Von kleineren Gruppen sind zu nennen: Die Hibernischen Inseln im Nordosten von Neumecklenburg, die Admiralitätsinseln, die Purdyinseln, die Hermitinseln (Agomesgruppe), die Anachoreteninseln (Kaniesgruppe), die Ninigogruppe (Echiquierinseln), die Frenchinseln, sowie die Inseln Matty und die Mériteinsel. Der gesamte Flächeninhalt wird auf ungefähr 60 000 qkm geschätzt, ist also ungefähr so groß wie Niederland und Belgien zusammen. Nachdem der deutsche Handel schon lange auf diesen Inselgruppen Fuß gefaßt hatte, gelang es einer Expedition der Neuguinea-Kompagnie unter Otto Finsch und Kapitän Dallmann im Bismarckarchipel ebenso wie auf Kaiser Wilhelmsland festen Fuß zu fassen und dadurch eine Grundlage für die bald darauf vom Fürsten Bismarck mit der englischen Regierung eröffneten Verhandlungen zu schaffen. Es kam zu einem Vergleich mit England, in welchem nicht nur die Begrenzung des Kaiser Wilhelmslandes bestimmt, sondern auch die deutsche Herrschaft auf dem Bismarckarchipel, der bis dahin den Namen Neubritannia-Archipel geführt hatte, bis zu den Marshallinseln hin erweitert wurde. Schon im folgenden Jahre wurde durch ein neues Abkommen zwischen Deutschland und England der nordwestliche Teil der Salomonen gleichfalls dem deutschen Interessenbereich zugewiesen. Die gesamten Gebiete wurden zunächst durch einen Kaiserlichen Schutzbrief der Neuguinea-Kompagnie mit ausgedehnten Hoheitsrechten übertragen. Durch das Abkommen vom Jahre 1899 fielen indessen die Salomoninseln Choiseul und Isabel wieder an England zurück.

Bodengestalt.   Bewässerung.

Der Bismarckarchipel im Verein mit den Salomonen stellt vermut=
lich die letzten Erhebungen eines in die Meerestiefe versunkenen Land=
komplexes dar.   Die Hauptmasse derselben, die Inseln Neuhannover,
Neumecklenburg und Salomonen bilden eine von Nordwesten nach Süd=
osten verlaufende Kette von Eilanden, deren jede wiederum, schmal und
lang gestreckt, die gleiche Streichrichtung aufweist.   Zwischen dem nord=
westlichen Teile dieser Kette und dem Kaiser Wilhelmsland ist ein tiefes
Einbruchsbecken erkennbar, das im Süden von der Insel Neupommern
abgeschlossen und dessen Nordrand durch die Admiralitätsinseln bezeichnet
ist.   Die gewaltsamen Vorgänge des Erdinnern, die zu dem Versinken
dieses mächtigen Gebietes Veranlassung gegeben haben, haben natürlich
die Bildung zahlreicher Bruchspalten zur Folge gehabt, aus denen neue
vulkanische Erhebungen emporgequollen sind.   Daneben sind viele kleinere
Inseln durch Korallenbildung entstanden.

Der deutsche Anteil an der Gruppe der Salomonen umfaßt haupt=
sächlich die beiden Inseln Bougainville und Buka, die nur durch den
schmalen, tiefen König Albertsund getrennt sind, vulkanischen Ursprungs
zu sein scheinen und auf einen Flächeninhalt von etwa 10 000 qkm
geschätzt werden.   Das Innere der Bougainvilleinsel, die noch tätige Vul=
kane zeigt, ist unerforscht.   Die Insel ist in der Hauptsache gebirgig und
erreicht im Kaiser= und Kronprinzengebirge Höhen bis über 3000 m.
Die Küste fällt im Osten steil ab und besitzt bei Kap Laverdie und Numa=
numa gute Ankerplätze.   Die Westküste, welche den Gazellehafen aufweist,
zeigt Sumpfbildung.   Die Insel Buka ist in ihrem nördlichen Teile schmal
und flach, in dem südlichen Teile gebirgig.   Auch hier stürzt die Ostküste,
der ein ununterbrochenes Riff vorgelagert ist, steil zur See ab.   Die
Westküste zeigt vielfach Mangrovensumpfbildungen.

Die Grünen Inseln, die den Übergang zu der Insel Neumecklenburg
vermitteln, bestehen aus gehobenen Korallenkalken.

Die Insel Neumecklenburg (Neuirland), wohl 400 km lang, bei einer
Breite von 8 bis 40 km, zeigt eine Oberfläche von über 11 000 qkm.
Der Südwestrand fällt steil zum Meere ab.   Die Nordostseite dacht sich
allmählich zur Küste ab.   Das Innere ist gebirgig, aber wenig bekannt.
Das Schleinitzgebirge erreicht eine Höhe bis zu 1200, das Rosselgebirge
bis zu 1000 m.   Südlich von der Nordspitze Neumecklenburgs liegt die
Korallenkalkinsel Djaul (Sandwichinsel).

Durch die Byronstraße von Neumecklenburg getrennt, schließt sich im
Nordwesten die Insel Neuhannover als letztes Glied der Inselkette an.
Sie hat einen Flächeninhalt von etwa 1400 qkm.   Dem leicht gewellten
Bergland des Innern ist eine mit Urwald bedeckte Ebene vorgelagert.
Im Südwesten zeigt das Land Neigung zur Sumpfbildung.

Eingeborene aus Bogadjim (Kaiser Wilhelmsland).

Am Seestrand von Bogadjim (Kaiser Wilhelmsland).

Parallel mit der genannten Inselreihe erstreckt sich unmittelbar nörd=
lich davon die Kette der Hibernischen Inseln, bestehend (von Südost nach
Nordwest) aus den Feadinseln, der Insel Gerard de Nys, der Gardner=
insel, der Fischerinsel, der Sturminsel, Kerue, St. Matthiasinsel u. a.
Die größte Insel des Archipels, Neupommern, mit einem Flächen=
inhalt von etwa 25 000 qkm, erstreckt sich in der Gestalt eines flachen
Bogens von der Südspitze Neumecklenburgs in der Richtung auf die
Maclayküste Kaiser Wilhelmslands. An zwei Stellen wird die Insel
durch gegenüberliegende Buchten bis auf eine geringe Breite eingeschnürt.
So einmal durch die Hixonbai, der die Wibebai gegenüberliegt, und
ferner an der Stelle, wo die Insel plötzlich nach Westen umbiegt. Die
Küste ist stark zerrissen, zeigt viele gute Häfen, und besonders im Norden
sind ihr unzählige kleine Inseln vorgelagert. An der Nordküste sind die
Zöllerbai, Börgensbai, Reinbai, Eleonorenbai, Stettinerbai und Kommo=
dorebai gute Ankerplätze. Im Süden sind besonders die Hansabucht, die
Montaguebai und die Jacquinotbai hervorzuheben. An der Nordküste
der Gazellehalbinsel, des nördlichen Teiles der Insel Neupommern, ver=
dienen die Blanchebai, die Talilibai und der Weberhafen besondere Be=
achtung. Das Land ist von zahlreichen Bergzügen durchsetzt, die in
nordwestlicher Richtung zu streichen scheinen und eine lange Reihe von
Vulkanen aufweisen. So an der äußersten Westspitze die Bergkegel Below
und Hunstein, auf der Admiralhalbinsel an der Nordküste die Vulkane
Krümmel, Welcker, Langhans, Scheering, Raoul. Südlich von der Hixon=
bai, an der Westküste der Insel, erheben sich die höchsten Gipfel derselben,
die Vulkankegel Nordsohn, Vater, Südsohn und Richthofen. Auch die
Gazellehalbinsel zeigt zahlreiche vulkanische Aufschüttungen, wie den Wu=
nakukur, die Südtochter, Mutter und Nordtochter auf der hakenförmigen
Halbinsel im Norden der Blanchebai. Ein Nebenkrater der Südtochter
ist der 250 m hohe Ghaievulkan. Von den nördlich vorgelagerten Inseln
sind besonders zu nennen die Insel Gicquel und Duportail.

Nordöstlich von der Blanchebai liegt die Neulauenburg= (Duke of
York=) Gruppe, welche aus den Inseln Amakada, Makada, Muarlin,
Mioko, Utuan, Ulu, Karrawarra und Kabakon, zusammen etwa 68 qkm,
besteht. Sie sind die Bruchstücke einer ehemaligen Korallenbank. Die
Hauptinsel Amakada hat mehrere gute Häfen (Hunterhafen an der Nord=
spitze, Makadahafen im Norden, Faulebai im Süden). Nordwestlich von der
Admiralhalbinsel liegt die Gruppe der Frenchinseln, die aus fünf Ei=
landen besteht. Die größte, Widu, ist vulkanischen Ursprunges und hat
zwei gute Häfen. Südwestlich von Widu liegt die Mériteinsel, die nicht
mehr zur Gruppe der Frenchinseln gerechnet wird.

Der Nordwestrand des großen Einbruchsbeckens wird, wie oben
bereits angeführt, durch eine Reihe von Inselgruppen gekennzeichnet,
unter denen die Admiralitätsinseln die bedeutendsten sind. Die Haupt=

insel dieser Gruppe, Manus, hat eine Oberfläche von über 1900 qkm und viele gute Ankerplätze. Der Strand ist flach, mit reichen Kokospalm=beständen bedeckt, das Innere mäßig erhöht und mit dichtem Hochwald bestanden.

Bei der durchweg geringen Breite der Inseln des Bismarckarchipels ist die Entwicklung größerer Wasserläufe völlig ausgeschlossen. Nur Neupommern hat zahlreiche Flüsse von zum Teil nicht unansehnlicher Breite aufzuweisen. Die Mündung ist indessen meist durch eine Barre gesperrt.

Klima. Gesundheitsverhältnisse.

Das Klima der gesamten Inselwelt des Bismarckarchipels ist tropischer Natur. Die Temperatur ist sehr gleichmäßig und beträgt im Mittel 26 ° C. Der Regenfall ist reichlich und beläuft sich z. B. in Herbertshöhe nach fünfjährigem Mittel auf über 2000 mm. Von Mitte Oktober bis Mitte April weht der feuchtwarme Nordwestpassat; in dieser Zeit sind die Niederschläge stärker. Der Südostpassat, der in der zweiten Hälfte des Jahres vorherrscht, bringt etwas kühlere Temperatur. Stürme sind selten. Orkane kommen nicht vor.

Die Gesundheitsverhältnisse sind im allgemeinen günstiger als in Kaiser Wilhelmsland. Am gefährlichsten ist die Dysenterie, die auch unter den Eingeborenen viele Opfer fordert. Die Malaria ist zwar überall verbreitet, verläuft aber im allgemeinen milder als auf dem Festlande. Die Salomonen sollen fieberfrei sein.

Pflanzen= und Tierwelt.

Trotz des günstigen Klimas zeigt die Vegetation nicht überall die üppige Entwicklung wie auf dem Festlande, da der Boden, besonders der der Koralleninseln, weniger ergiebig ist. Das Auftreten von Man=grovebeständen an manchen Teilen der Küste ist bereits erwähnt worden. Die Tiefebene und die Flußränder sind mit dichtem Busch bestanden, der den Eingeborenen vielerlei Früchte liefert und von manchen wertvollen Nutzhölzern durchsetzt ist, wie Calophyllum inophyllum, Afzelia bijuga, Baringtonia usw. überall, wo sich eine tiefere Humusdecke gebildet hat, sind reiche Bestände von Kokospalmen zu finden. Vielfach ist die Kokos=palme auch von Europäern in großen Plantagen angepflanzt worden. Jenseits einer Höhe von 200 m kommt dieselbe indessen nicht mehr recht fort. Die Gebirge sind überall mit dichtem Busch bestanden, der nur hin und wieder von Hochstämmen unterbrochen wird. Die Abhänge der Vulkane zeigen meist Grasbestand. Auch die Gazellehalbinsel hat auf der Hochebene Savannencharakter. Hier findet sich auch eine Eukalyptusart, die als Nutzholz sehr geschätzt wird, da sie der Zerstörung der weißen Ameisen nicht ausgesetzt ist.

Was die Tierwelt anlangt, so ist sie im allgemeinen der des Fest=
landes von Neuguinea gleichartig.

Bevölkerung.

Die Bewohner der Salomonen sind groß, kräftig, sehr dunkel gefärbt
und kriegerisch. Ihre Waffen sind Bogen und Speere. Sie sind der
Menschenfresserei ergeben. Die Bukaleute sind fleißig und arbeitswillig
und werden seit langer Zeit vielfach im Dienste europäischer Firmen ver=
wendet. Die Neumecklenburger sind heller und zierlicher gebaut, aber
gleichfalls Menschenfresser und von kriegerischer Wildheit. Ihre Waffen
sind Holzspeere und langstielige Äxte, während ihnen der Bogen un=
bekannt ist. Die Eingeborenen des Rosselgebirges zeigen einen abweichen=
den Typus, sie sind groß, stark, auffallend häßlich und gehen völlig un=
bekleidet. Überhaupt zerfällt die Bevölkerung Neumecklenburgs in eine süd=
liche und eine nördliche Gruppe, die nach Sprache und Rasse verschieden
sind. Die Bewohner von Neuhannover sind friedfertiger und als Arbeiter
wohl zu verwenden. In Neupommern unterscheidet sich die Küsten=
bevölkerung nach Sprache und Rasse von der des inneren Hochlandes.
Die Bergvölker, zu denen die Baining, Maruwat und Paleawa gehören,
scheinen reine Papua und die Reste einer ursprünglichen Bevölkerung zu
sein. Als Waffen führen sie schwere Steinkeulen. Sie treiben Ackerbau
und zwar nicht nur für den eigenen Bedarf, sondern auch für Handels=
zwecke. Die Bewohner der Gazellehalbinsel sind groß, sehr kräftig, arbeits=
sam und daher ein beliebtes Arbeitermaterial. Sie führen Speere aus
Holz und hölzerne Keulen. Ihre Hauptbeschäftigungen sind Ackerbau und
Fischfang. Auch die Bewohner der Admiralitätsinseln sind schön und
kräftig gebaut. Die Küstenleute leben in Pfahlbauten. Ihre Speere sind
nur aus Holz; den Bogen führen sie nicht. Ihre Kleidung beschränkt
sich auf einen Lendenschurz.

Im allgemeinen ist die Bevölkerung, besonders die der inneren Hoch=
länder, noch wenig bekannt. Auch lassen sich Angaben über ihre Anzahl
bisher nicht machen. Die weiße Bevölkerung betrug 1911 748 Köpfe
einschließlich Kaiser Wilhelmsland.

Produktion des Landes. Gewerbefleiß. Handel und Verkehr.

Die Produktion des Landes beschränkt sich, neben dem Bau der für
Nahrungszwecke in Betracht kommenden Knollengewächse, auf Bananen,
Brotfruchtbäume, Papayen, Limonen, Mais, Tabak u. dergl. Eine
größere Ausdehnung hat nur die Kultur der Kokospalme aufzuweisen,
die überall im Archipel angepflanzt wird. Auch die Europäer haben in
erster Linie sich die Kultur der Kokospalme zur Aufgabe gemacht.
Auch der Anbau von Kakao und Kautschuk hat sich bewährt. Viehzucht
in größerem Maßstabe ist bei den Eingeborenen gänzlich unbekannt;

doch finden sich in den Pflanzungen der Europäer zahlreiche Rinder, Schafe, Schweine, die gut gedeihen.

Der Handel liegt in den Händen einiger großer Firmen, welche den Archipel mit einem Netz von Stationen überzogen haben. Der Haupt=ausfuhrartikel ist Kopra. Von geringerer Wichtigkeit sind Trepang, Schildpatt, Perlschalen und Baumwolle. Eingeführt werden Lebensmittel und Gebrauchsgegenstände für Europäer, Gewebe, Eisenwaren und der=gleichen. Der Wert der Einfuhr betrug einschließlich Kaiser Wilhelms=land 1911 etwa 5,2 Mill. ℳ., der der Ausfuhr 4 Mill. ℳ. An erster Stelle stand Kopra,. an zweiter Paradiesvögel mit 171 000 ℳ. Post=agenturen befinden sich in Herbertshöhe, Rabaul auf Neupommern, Käwieng auf Neumecklenburg und Kiëta auf Bougainville. Die beiden ersten haben auch Ortsfernsprechnetze. Den Verkehr mit dem Mutter=lande vermittelt der Norddeutsche Lloyd alle vier Wochen zweimal durch die Schiffe der Japan=Australlinie. Der Verkehr der Niederlassungen untereinander geschieht in unbestimmten Fristen durch die Küstendampfer Sumatra und Langeoog derselben Reederei, teils auch durch Regierungs= und Privatfahrzeuge. Die Erschließung des Innern geschieht sehr lang=sam, doch ist in Wegebauten, besonders auf der Gazellenhalbinsel Neu=pommerns, schon Erhebliches geleistet.

Verwaltung. Schule. Mission.

In Simpsonhafen auf Neupommern ist der Sitz des Kaiserlichen Gou=verneurs, dem nicht nur der Bismarck=Archipel, sondern, wie bereits früher erwähnt, auch die übrigen deutschen Besitzungen in der Südsee mit Ausnahme Samoas unterstehen. Dem Gouverneur steht je ein Richter für Kaiser Wilhelmsland einerseits, wie für den Bismarck=archipel einschließlich der Salomonsinseln andererseits zur Seite. Am Missionswerk arbeiten die Australische Methodisten=Gesellschaft, die Ge=nossenschaft vom Heiligsten Herzen Jesu und die Gesellschaft des Gött=lichen Wortes. Krankenhäuser sind in Rabaul und Käwieng, Re=gierungsschulen, eine für Europäerkinder, eine für Farbige, sind nahe bei Rabaul.

b) Aus den Berichten der Reisenden und Forscher

Die Geiser auf der Willaumez=Halbinsel Neupommerns. [1)]

Vorsichtig in langsamer Fahrt näherten wir uns dem Garua=Hafen, denn das Fahrwasser war recht unheimlich. Etliche Riffe und Insel=chen waren auf der Seekarte überhaupt nicht vermerkt, dann wieder

---

[1)] Aus Vogel: Eine Forschungsreise im Bismarckarchipel." S. 136—140. Hamburg 1911. Mit gütiger Erlaubnis des Verlages L. Friederichsen & C., Hamburg.

erwiesen sich groß eingetragene Riffe als winzige Untiefen. Entweder war die Vermessung unvollkommen, oder die unberechenbaren Geister der Vulkane hatten sich den Scherz gemacht, mit einem einzigen Ruck die sorgfältige Arbeit der Menschen über den Haufen zu werfen.

Mittags gingen wir zu Anker und entdeckten zugleich auch das Interessanteste der Gegend: Hinten, in der Nordwestecke des Hafens stiegen stoßweise hohe, dichte Dampfwolken aus dem Busch auf, wuchsen schnell zu beträchtlicher Höhe, sanken wieder in sich zusammen und wurden durch andere, neu aufschießende abgelöst. Ununterbrochen wiederholte sich das Schauspiel. Diese weithin sichtbaren Dampfsäulen bezeichnen die Lage eines großen Geiserfeldes.

Als der Anker gefallen war, wurde auch zugleich die Pinasse zu Wasser gebracht und angeheizt, und gleich nach unserem Frühstück fuhren wir mit zwei Booten im Schlepp zum Geiserfelde. In unserer Neugier und Erwartung steuerten wir natürlich geradeswegs auf die Dampfwolken zu, aber immer wieder gerieten wir in ein Gewirr von Riffbänken, mußten rückwärts aus den Sackgassen heraus, Umwege machen und neue Durchfahrten suchen. Zum Schluß liefen wir solange über eine weite Tangwiese, bis wir festsaßen, stiegen dann in die Boote über und erreichten mit diesen die äußerste Spitze eines Baumstammes, der halb auf dem Sande, halb im Wasser lag. Der Erste von uns balancierte auf dem glitschigen Holze entlang und glaubte sich mit einem letzten Sprunge auf den Sand gerettet; er war aber sofort durch den Sand hindurch in heißen Schlamm gesunken und flüchtete schleunigst auf die nächste grasbewachsene Bodenwelle. Unweit unserer Landungsstelle ergoß sich ein warmer trüber Bach in die Bucht, und eben hinter dem Strande hatte sich ein großer Tümpel gebildet, der eine Temperatur von 43,5° C. hatte und von den Eingeborenen zum Baden verwendet zu werden schien. Wir umgingen den Tümpel, kletterten schräg an dem Abhange eines angrenzenden Hügels entlang und gingen dann etwa 200 m landeinwärts, bis plötzlich das ganze Geiserfeld vor uns lag. Es war ein überwältigendes Schauspiel, nach kurzem Marsche durch den dunklen, jedes Geräusch erstickenden Wald, unvermittelt ein Feld lärmender vulkanischer Tätigkeit vor sich zu sehen.

Als wir aus dem Busch heraustraten, befanden wir uns auf einem kleinen, einige Meter hohen Abhange und hatten einen überblick auf das ganze Feld. Wir setzten uns auf ein paar gestürzte Bäume und mußten erst eine ganze Weile das großartige Bild auf uns einwirken lassen, bis wir uns entschließen konnten, auf Einzelheiten acht zu geben.

Ein langgestrecktes, steiniges Feld von 200 zu 80 m Ausdehnung lag vor uns und glühte unter der steilen Sonne in den fabelhaftesten Farben: rot, braun, orange, gelb, lila, weiß und schwarz. Tiefe

Schluchten zerrissen die Felsmassen; auf den versinterten Hügeln fauchten
und tobten aus weiten Öffnungen mit dem Zischen und Getöse großer
Maschinen riesige, blendende Dampfsäulen, und kochende Wassersäulen wur=
den emporgeschleudert. In den Senkungen brodelten gurgelnde Schlamm=
quellen; alles periodisch, doch unabhängig voneinander anschwellend und
wieder abnehmend, wie von menschlicher, willkürlicher Hand beherrscht.
Die ganze steinige Mulde selbst war ohne jeden Pflanzenwuchs, wurde
aber auf drei Seiten von dicht bewaldeten Höhenzügen umgeben; auf
der vierten trennte ein ebenfalls mit dichtem Busch bestandener Wall,
durch den sich der heiße Bach sein Bett genagt hatte, das Geiserfeld
vom Meere, das in der Luftlinie etwa 100 m entfernt sein mag. —
Dieser fabelhafte Gegensatz; hier das lärmende Trümmerfeld geräusch=
voller, vulkanischer Tätigkeit — rings stiller, tiefer Urwald, kein Mensch,
keine Spur von Menschennähe, nur gelegentlich ein Rauschen, als ob
ein Regen auf die Bäume niederginge: ein großer Nashornvogel zieht
mit schwerem, sausendem Flügelschlage über die Wipfel hin.

Endlich rafften wir uns zur Arbeit auf, machten unsere Apparate
klar und begannen Aufnahmen und Zeichnungen zu machen. Wir kletter=
ten auf das Feld hinunter und suchten vorsichtig unseren Weg über den
unheimlichen Boden, der bald unterminiert dröhnte, bald glühend heiß
war. Lange Stöcke hatten wir uns geschnitten, um einen Halt zu haben,
wenn der Boden unter unseren Füßen nachgeben sollte, und unseren
Jungen hatten wir Schuhe angezogen, um sie vor Brandwunden zu
schützen. Es war ihnen aber unmöglich, in ihnen zu gehen; sie zogen
sie bald wieder aus und suchten tastend ihren Weg barfuß.

Standen wir am Ausflusse des warmen Baches, so lag rechts
vor uns ein 50 zu 20 m großes Schlammbecken, in dem an verschiede=
nen Stellen trübes, heißes Wasser aufquoll. Zum Teil bezog der Bach
sein Wasser aus diesem Tümpel; einen stärkeren Zufluß erhielt er aber
aus einem im Vordergrunde liegenden Loche von 4 bis 5 m Durch=
messer, aus dem, ebenfalls unter starker Dampfentwicklung, heißer Schlamm
brodelte. Außer an diesen Stellen stiegen noch an fünf anderen Punk=
ten, verstreut auf dem ganzen Felde, hohe Dampfsäulen auf.

Etwa in der Mitte der Ebene lag der kräftigste Geiser. Er besaß
einen Krater von 5 m Durchmesser und hatte an dessen Rande einen
hohen versinterten Felshügel aufgehäuft. 3—4 m tief lag sein Wasser=
spiegel im Ruhestande, aus seitlichen Spalten strömte Wasser in das
Becken hinunter, und leichte Dampfwolken nur lagerten auf dem Spiegel.
Dann aber begann das Wasser zu kochen, stärker strömten die Zuflüsse
aus den Spalten, und das Wasser stieg empor. Eine heftige Dampf=
entwicklung setzte ein, und bald war der Krater um 2 m höher mit
Wasser angefüllt. Nun war es für den Beobachter Zeit, sich schleunigst
aus dem Staube zu machen, denn schon im nächsten Augenblick begann

der Geiser das kochende Wasser emporzuschleudern, und mit lautem Fauchen schoß ein über meterstarker Strahl in die Höhe, daß rings der Boden bebte. Die massive Säule löste sich in einer gewissen Höhe in einen starken Sprühregen auf, der vom Winde seitlich über den Kraterrand hinausgeschleudert wurde. Bis zu 12 m Höhe sahen wir die Wassermassen geschleudert, alles um sich her in dichte Dampfwolken hüllend. Eine Zeitlang hielt der Ausbruch an, wurde dann schwächer, der Sprudel fiel in sich zusammen, und ziemlich schnell hatte sich der Geiser beruhigt; das Wasser sank wieder in die Tiefe und sammelte sich zum nächsten Ausbruch.

Die Dauer der einzelnen Eruptionen und der Pausen zwischen ihnen schwankt beständig und ist anscheinend unberechenbar. Das Wasser hat eine Temperatur von etwa 100° C und salzigen Geschmack. Dieser Hauptgeiser trägt den Namen Robert Kochs, der gelegentlich seiner Südseereise einen Ausflug dorthin machte.

Unweit von diesem Geiser liegen zwei weitere Quellen dicht beieinander mit einer Öffnung von 2 bis 3 m Durchmesser. Die eine wirft Wasser bis zu 3 m Höhe, während die andere, die einen sehr tief gelegenen Wasserspiegel besitzt, nur Dampfwolken ausstößt. In ihr kochten wir unsere Konserven, die wir mit einer Liane an einem langen Stocke befestigt hatten. Am Ende des Feldes liegt der letzte Geiser, der sich einen meterhohen Sinterkegel gebaut hat. Man kann dicht an ihn herantreten, da er nicht speit, und erblickt in einer zerrissenen Felshöhle die durcheinanderstürzenden Wassermassen. In der Nähe dieses Kraters lagen etliche völlig versinterte Baumstämme. Auch auf den angrenzenden bewaldeten Höhen lagen bewaldete Sinterblöcke umher, und an verschiedenen Stellen stiegen aus Fumarolen kleine Dampfwolken auf. Es gelang uns in einigen Aufnahmen, auch in einem Kinematogramme, die Quellen in den verschiedenen Stadien ihrer Ausbrüche festzuhalten. Die Schiffsoffiziere fertigten eine genaue kartographische Aufnahme des Geiser-Feldes an, damit an Hand dieser Karte spätere Veränderungen des vulkanischen Gebietes festgestellt werden können. Selbstverständlich wurden Wasser- und Gesteinproben mitgenommen.

Ein Ausbruch des Ghaie-Vulkans. [1])

Im Norden der nach einem englischen Kriegsschiffe so benannten Blanchebucht erheben sich drei anscheinend erloschene Vulkane, die Mutter mit den beiden Töchtern; ihre Höhe ist sehr bedeutend. Der Verfasser ermittelte für die Mutter durch Messung mittels Kochthermometers 2241

---

[1]) Joachim Graf Pfeil: „Studien und Beobachtungen aus der Südsee", S. 170.

Fuß, die Spuren ihrer Wirksamkeit werden uns noch weiter beschäftigen. Ihre Kraft scheint sich erschöpft zu haben oder doch wenigstens augenblicklich auszuruhen. Nachdem der kleinste der drei Berge, die eine Tochter, anscheinend lange geschlummert hatte, gebaren ihre letzten Wehen noch einen Kegel, den „Ghaie". Auch dieser kleine Nachkomme galt für harmlos, bis er im Laufe des Jahres 1868 sich zu regen anfing. Nur kurze und schwache Vorwarnung gab er von der Tätigkeit, die er gleich darauf entwickelte. Drei Tage dauerte der jüngste Ausbruch. Die Blanchebucht und ihre Umgebung war auch tagsüber in tiefe Finsternis gehüllt, statt der völlig verdunkelten Sonne erleuchtete nur die aus dem Krater turmhoch aufschlagende Flamme für die Zeit ihrer Dauer Land und Meer mit schauervoll rotem Licht. Krachende Donnerschläge unterbrachen das Tosen der zum Sturmwind erregten, von rasendem Brüllen des Kraters stetig erfüllten Luft. Das Meer wütete in grausigem Kampfe mit dem ihm feindlichen Elemente des Feuers; kochend stürmte es an die Küsten, als wollte es die Lande verschlingen. Die Erde zitterte und wankte. Ein dichter Regen feinkörniger Asche senkte sich in weitem Umkreise hernieder; in mäßigerer Entfernung wurden noch Bimssteinstücke aufgehoben, die von der Explosion nicht zu Staub zermalmt worden waren. Als vor der allsiegenden Sonne die Finsternis wieder gewichen war, als die Milde der Natur in stiller Überlegenheit die sich titanenhaft aufbäumende Macht der Naturschrecknisse siegreich überwunden hatte, zeigte sich dem Auge des Beschauers eine kaum glaubhafte Umwälzung. Die Blanchebucht, selbst ohne Zweifel ein Produkt früherer Tätigkeit der oben erwähnten alten Vulkane, schien verschwunden, an ihrer Stelle breitete sich eine trümmerbedeckte Ebene aus. Durch den Ausbruch waren ungeheure Massen Bimsstein zutage gefördert worden, der die Bucht völlig, das Meer auf weite Strecken bedeckte. So mächtig war die schwimmende Schicht dieses Materials, daß ein kleiner Dampfer, der einige Tage nach dem Ausbruch neugierig in die Bucht hineinzudringen versuchte, unverrichteter Sache wieder umkehren mußte. Erst allmählich und im Laufe der Zeit führte die Strömung die Bimssteinmassen nach Norden und Nordwesten und verteilte sie auf die weiten Gebiete des Stillen Ozeans.

Die Winde im Bismarckarchipel. [1]

Im allgemeinen herrschen nur zwei Winde im Archipel vor, der Südost- und der Nordwestmonsun. Der erstere setzt etwa im Mai ein und hält sich bis zum Oktober, er weht weit anhaltender, mit weit größerer

---

[1] Joachim Graf Pfeil: „Studien und Beobachtungen aus der Südsee", S. 204.

Ochsenwagen zum Einbringen der Kokosnüsse auf der Ratunpflanzung (Bismarckarchipel).

Heftigkeit als sein Gegner und beherrscht die Trockenzeit. Der andere ist der Regenbringer, er weht milder und setzt tageweise völlig aus oder erlaubt Lokalwinden aus allen Richtungen ihn zeitweilig abzulösen. Es kommen indessen große Unregelmäßigkeiten hinsichtlich der Dauer und des Zeitpunktes des Eintrittes der Winde vor. Im Jahre 1888 wiesen die Monate November und Dezember anhaltenden starken Südost auf, der im zweiten Drittel des März bereits wiederkehrte. Ähnliche Ver= schiebungen kommen beim Monsunwechsel in der anderen Hälfte des Jahres vor. Der Südostmonsun bringt durchschnittlich heiteres Wetter, allein, wo man seiner zähen Energie während seiner ganzen kaum unter= brochenen Dauer schutzlos preisgegeben ist, wirkt er nervenzerrüttend. Ihm stetig ausgesetzte Bäume bequemen die Richtung ihres Wuchses seinem Drucke an, nur gesundes Blattwerk kann ihm gegenüber seinen Platz behaupten, was im mindesten angekränkelt ist, wird weggefegt; wo er Küstensand umherwirbeln kann, schleift er das Gestein an. Unter seinem Drucke ist die See stets mehr oder minder bewegt, die Kämme der leichten Wellen zerstäubt er und führt ungeheure Mengen Salz mit sich, die er auf feuchten Gegenständen wieder ablagert. Die Zinkdächer europäischer Wohnungen werden mit Salz gleichsam inkrustiert, und wenn die ersten Regen das Dach vom Hause des Verfassers wieder abspülten, so war das in großen Tanks aufgefangene Wasser stets ungenießbar und mußte abgelassen werden. Der Heftigkeit dieses Windes entspricht es vollkommen, daß, seiner Richtung folgend, die Gewässer nach Nordwesten drängen und in dieser Bewegung auch noch gegen den weit schwächeren Nordwestmonsun beharren, bis zur Zeit ihres allmählich eintretenden Stillstandes die ihre Bewegung veranlassende Kraft in Gestalt des Südost= windes wieder ersteht. Im allgemeinen folgen die Regen dem Winde, so daß man von einer trockenen Südostperiode und einer Regenzeit mit Nordwestwind reden kann. Allein, wie bei den Winden Abweichungen eintreten, so sind auch Anfang und Ausgang der Trocken= und Regenzeit unregelmäßig, man kann Regen haben, wenn man Trockenheit erwarten zu dürfen glaubt, und umgekehrt. So z. B. zeichnete sich der Mai des Jahres 1889 durch häufigen Regenfall aus, während derselbe Monat des Vorjahres durchweg trocken war. Die Monate Juli, August, September und Oktober können als Trockenzeit bezeichnet werden, d. h. als Monate mit geringerem Regenfalle. Absolute Trockenheit gehört zu den Selten= heiten, doch kommt es vor, daß längere regenlose Perioden eintreten. So waren die Monate Juni und Juli im Jahre 1888 so trocken, daß in Karrawarra das Trinkwasser mangelte. Die Insel besitzt keine Quelle, man sieht sich daher genötigt, Regenwasser in großen Tanks aufzufangen.

Höhenvegetation. [1]

Die Kokospalmen und palmartigen Gewächse scheinen im allgemeinen die höher als 200 m gelegenen Gegenden zu meiden, wenigstens da, wo dichte Vegetation ihnen den ungehinderten Zutritt salzhaltiger Luft wehrt. Oberhalb dieser Höhenlage ist, mit Ausnahme der vulkanischen Kegel, das Gelände fast durchgängig von dichtem Busch bedeckt, der jedoch auffallend wenige Hochstämme aufweist. Noch harren jene Gegenden der Erschließung, und es wäre vermessen, behaupten zu wollen, daß die kühlere Luft gebirgiger Inselteile nicht auch der Entwicklung kräftigeren Holz= wuchses günstig sei, allein in den hoch gelegenen Teilen Neumecklenburgs, die der Verfasser besuchte, waren starke Baumstämme verhältnismäßig selten anzutreffen. Dennoch rief der dichte Busch Erinnerungen an europäischen Wald wach. Das Unterholz ist im Gebirge nicht ganz so hoch und dicht als in tieferen Gegenden, die kühle Temperatur, das schattige Laubdach, die zahllosen von einem verirrten Sonnenstrahl getroffenen und in dessen Licht aufblitzenden, Ast und Gesträuch schmückenden Tautropfen, die dichte Decke, welche mannigfache Gattungen hellgrünen Mooses über Gestein und Baumstamm ausbreiten, vor allem aber das Rauschen der Blätter in einem kräftig kühlen Winde, versetzen das Empfinden in den nordischen Hochwald. Die vorkommenden Moose zeichnen sich durch zierliche Form und große Verschiedenheit aus. Der Verfasser sammelte eine sehr be= trächtliche Anzahl, von der ihm später bei einem Angriff der Eingeborenen ein Teil wieder verloren ging. Ein nicht unerheblicher Rest wurde in= dessen gerettet und dem botanischen Museum in Berlin überwiesen; es dürften die ersten Moose sein, die aus der immerhin bedeutenden Höhen= lage von etwa 600 m aus diesem Teile der Südsee nach Deutschland gelangt sind. Grasbestandenes Gelände gehört in dem bis jetzt bekannten Teile des Archipels durchaus zu den Ausnahmen. Wir haben schon die Grasebene auf der Gazelle=Halbinsel kennen gelernt und gesehen, daß die drei Vulkane daselbst grasbedeckte Gipfel haben. In Neumecklenburg fand der Verfasser eine einzige, wenig umfangreiche Stelle auf den Ost= abhängen des die Insel durchsetzenden Bergzuges, welche statt des üblichen Busches das in Java „Alang=Alang", in Südafrika „Tambuti" genannte, rohrartige hochstenglige Gras aufweist.

Die Vogelwelt des Bismarckarchipels. [2]

Die Vogelwelt des Archipels ist reich an Arten, deren einzelne, namentlich Tauben, Kakadus und Papageien, äußerst zahlreich vertreten

---

[1] Joachim Graf Pfeil: „Studien und Beobachtungen aus der Süd= see", S. 210.
[2] Joachim Graf Pfeil: „Studien und Beobachtungen aus der Süd= see", S. 261.

sind. Der weiße Kakadu ist in Neuguinea und Neupommern sehr häufig,
auf letzterer Insel wird eine Art mit blauen Augen von den Eingeborenen
sehr geschätzt und gern gezähmt. Der Verfasser erinnert sich nicht, ihn
auf Neumecklenburg gesehen zu haben. Der schwarze Kakadu gehört
ausschließlich Neuguinea an, wo er aber selten zu sein scheint. Papageien
sind überall anzutreffen. Zwei sehr bunte Arten bevölkerten Karrawarra,
verzogen sich aber bald, als auf sie geschossen wurde, um sie zur Her=
stellung einer ganz vorzüglichen Bouillon zu verwenden. Auf der
Gazelle=Halbinsel findet sich eine kleinere, ganz ungemein farbenprächtige
Gattung, die leicht zu fangen ist, aber die Gefangenschaft durchaus nicht
ertragen kann. Nach wenigen Tagen stellte sich bei allen den eingebrachten
Exemplaren eine Art Krampf ein, der die Füße und Flügel in die merk=
würdigsten Stellungen verzieht. Alle Gelenke schwellen dabei an, die
Sehnen werden steif, die Bewegungsfähigkeit hört auf, sie fallen von
ihrem Sitz, auf dem sie sich nicht mehr festzuhalten vermögen, und nach
kurzer Zeit erfolgt der Tod. Es unterliegt keinem Zweifel, daß die Er=
nährung der Tiere dabei in Frage kommt, nur war es unmöglich, fest=
zustellen, was ihnen zusagte oder sie schädigte. Sie pflegten mit großem
Vergnügen alles zu verzehren, was ihnen geboten wurde, bis ganz plötzlich
die Krankheit da war. Niemand hatte damals Zeit, den Gepflogenheiten
dieser schönen Tiere am Orte ihres Vorkommens Aufmerksamkeit zu
schenken, und von dem Kanaken erfährt man das Resultat etwa vor=
liegender Beobachtungen nicht. Nur die Tatsache, daß die geschilderte
Krankheit auftritt, scheint ihnen bekannt zu sein, woraus sich wiederum
schließen läßt, daß auch ihnen die Lebensweise des Vogels fremd ist, den
der Verfasser niemals in gezähmten Exemplaren bei den Eingeborenen
angetroffen hat. Am zahlreichsten an Individuen und Gattungen sind
die Tauben vertreten. Man findet mehrere Arten des sogenannten Tauben=
papageies, deren eine durch einen hornigen Auswuchs von roter Farbe
an der Basis des Schnabels auffällt. Von ebenso großer Farbenpracht
wie sein afrikanischer Vetter, erreicht er nicht ganz dessen Größe und Fett=
leibigkeit, ist daher als Braten auch weniger geschätzt. Graue Tauben
bevölkern einige der Inseln in ungeheuren Scharen. Zwischen der Neu=
lauenburg=Gruppe und dem Festlande von Neupommern liegen zwei kleine
Felseneilande, die von uns die Taubeninseln genannt wurden wegen der
zahllosen Schwärme dieser Vögel, die hier ihre Ruheplätze und auch wohl
Brutstätten hatten und vielleicht auch noch haben, wenn die ihnen zuteil
werdende Nachstellung beschränkt worden ist. Des Tages über besuchen
diese Tauben die Neulauenburg=Inselgruppe und Neumecklenburg, von wo
sie des Abends in dichten Scharen wieder zurückkehren. Auch die westliche
Ecke von Karrawarra war eine von ihnen bevorzugte Lokalität, bis Flinten=
knall und Schrot ihnen den Aufenthalt verleideten. In geringerer An=
zahl und nicht in Schwärmen pflegen drei andere Taubenarten aufzutreten,

deren eine wegen ihres zierlichen Baues und netten Federkleides, braun
mit grünen Flügeln, besonderes Wohlgefallen erregt. Eine eigenartige
Gattung Taube trifft man in dem mittleren Teile Neumecklenburgs; auf
der Neulauenburg-Gruppe und der Gazelle-Halbinsel ist sie noch nicht beobachtet worden, doch soll eine ihr wenigstens ähnliche Art in Nord-
australien vorkommen, wo sie „Torresstrait pigeon" genannt wird. Sie
ist von mittlerer Größe, gelblichweißer Farbe und schwarz geränderten
Flügeln und Schwanz. Auf der Gazelle-Halbinsel kommt der Kasuar vor.
Zwar bekam ihn der Verfasser nicht zu Gesicht, doch wurden seine Eier
mitunter zum Verkauf gebracht. In der Neulauenburg-Gruppe und auf
Neumecklenburg ist dieser Vogel unbekannt. Schnepfen sind zahlreich und
in zwei Varietäten vorhanden, sie wurden hauptsächlich auf der Neulauenburg-Gruppe wahrgenommen. Groß ist die Anzahl der mövenartigen
Vögel. Ziemlich häufig kommt eine große Möve von brauner Farbe und
geradem Schnabel vor. Die wenigen von dieser Art geschossenen
Exemplare waren derartig von großen lausartigen Parasiten besetzt, daß
selbst die Kanaken sich scheuten, den Vogel länger in der Hand zu halten.
Die parasitären Insekten bewegen sich mit Vorliebe seit- und rückwärts
und zwar mit großer Geschwindigkeit; da sie gewaltige Zangen tragen,
müssen sie für den Vogel, auf dessen Leibe sie schmarotzen, eine höchst
widerwärtige Plage sein. Im Busch finden sich in großer Zahl die
Megapoden, Buschhühner genannt. Ihr Fleisch ist unbrauchbar; von
ganz hervorragendem Werte aber sind ihre im Verhältnis zu ihrem
Körper außerordentlich großen, zimtbraunen Eier. Die Vögel im Archipel
gehören nicht zu der Gattung, welche Laub und dürres Holz zum Bau
ungeheurer Nesthaufen zusammenscharrt. Hier legt das Huhn seine Eier
in die Löcher, die es in den Sand kratzt, und zwar pflegten stets mehrere
der Tiere dasselbe Loch zu benutzen. Der Vogel ist ungemein scheu,
hält sich für gewöhnlich nur im dunklen Busch auf, sichert, ehe er heraus-
tritt, eilt dann zu dem Nestloch im Sande, wo in möglichster Eile das
Ei gelegt wird, und läuft sofort nach vollzogenem Geschäft hastigen
Schrittes in das bergende Gebüsch zurück, die Eier dem Geschick und der
Sonne überlassend. Die Kanaken kennen die Stellen, wo die Nester sich
befinden, passen wohl versteckt auf, wenn die Vögel legen, und entnehmen
den Nestern die Eier, die sie teils selbst verzehren, teils den Europäern
verkaufen, die dafür horrende Preise zahlen, da frische Eier ein im
Archipel seltener Leckerbissen sind. Natürlich wird der arme Weiße oft
geprellt, denn, um ganz sicher zu sein, daß die Eier frisch sind, muß
er sie sofort sämtlich aufschlagen. Unterläßt er dies und bezahlt den
geforderten Preis, so findet er hinterher natürlich jedesmal, daß die
Eier schon im Stadium der Entwicklung sich befinden, in dem sie trotz
der dabei stattfindenden Exhalation im Charakter von Schwefelwasserstoff-
gas dem Kanaken noch völlig genußfähig erscheinen.

Das Muschelgeld der Eingeborenen der Gazellenhalbinsel. [1]

Man kann von den Küsteneingeborenen der Gazellehalbinsel nicht sprechen, ohne gleichzeitig das „Tabu" zu erwähnen. Tabu, bei manchen Stämmen Tambu gesprochen (dasselbe Wort heißt auch „verboten"), ist das Muschelgeld, welches aus kleinen auf Schnüren aneinander gereihten weißen Muscheln etwa von der halben Größe eines Einpfennigstückes besteht. Dieselbe Art Muschelgeld wird auch auf der Neulauenburg=Gruppe gebraucht und führt dort den Namen Diwara. Das Muschelgeld ist dasjenige, was der Kanaker am meisten liebt, auf dessen Erwerb von klein auf sein Sinnen und Trachten gerichtet ist. Mit Tabu kann der Eingeborene alles erlangen, was sein Herz begehrt, Nahrungsmittel, Waffen, Geräte, Weiber. Er kann Hilfe im Kampf und selbst Meuchelmörder, um sich seiner Feinde zu entledigen, damit erkaufen. Wer viel Tabu hat, ist nicht nur bei Lebzeiten ein großer, angesehener und gefürchteter Mann. Sogar für das Leben nach dem Tode ist es wesentlich, viel Muschelgeld besessen zu haben. Nur die Seele desjenigen hat ein angenehmes Dasein nach dem Tode zu erwarten, der eine angemessene Menge Tabu hinterlassen hat. Die Seele eines Armen kann nie nach den Vergnügungsplätzen der Geister der Verstorbenen gelangen, während die Seele eines „Uviana", eines reichen Mannes, nach seinem Tode in Gestalt einer Sternschnuppe dorthin fliegen kann. So ist der Arme nicht nur im Leben eine Null unter seinen Stammesgenossen, sondern ihn erwartet auch nach dem Tode ein freudenleeres Dasein.

Bei solchen Anschauungen erscheint es nicht wunderbar, daß die Kanaker habsüchtiger und geldgieriger sind, als der ärgste jüdische Wucherer. Jeder sucht so viel Tabu zusammenzuscharren, wie er nur irgend bekommen kann.

Das Tabu wird sowohl in ganzen Fäden, deren Länge durch seitliches Ausstrecken beider Arme gemessen wird, wie auch in kleinen eine größere oder geringere Zahl von Muscheln enthaltenden, von dem Faden abgetrennten Stücken in Zahlung gegeben. Wenn der Kanaker eine größere Anzahl Fäden beisammen hat, so legt er sie in Form eines Ringes nebeneinander und umwickelt sie mit Bast und Schnüren. Das Ganze, das dann etwa wie ein dickes Wagenrad, oder wie ein Rettungsgürtel aussieht, nennt man „Loloi". Es gibt solche, welche 500, 1000 und mehr Fäden enthalten. Im allgemeinen verbergen die Eingeborenen sorgfältig ihre Schätze. Doch zeigte mir gelegentlich ein alter Häuptling, welcher landeinwärts hinter der Ralumpflanzung lebte, drei Lolois, welche zusammen 3000 Fäden Tabu enthielten.

---

[1] Dr. Heinrich Schnee: „Bilder aus der Südsee". Mit 37 Abbildungen und einer großen Karte. (Eleg. gebd. 12 M. Mit gütiger Erlaubnis des Verlages von Dietrich Reimer (Ernst Vohsen), Berlin.

Totengebräuche der Kanaken. [1])

Während der Lebenszeit des Kanaken kommt irgend ein beson=
derer Rang oder Einfluß, den er besitzen mag, gegenüber seinen Nachbarn
in irgend einer äußeren Form kaum jemals zum Ausdruck. Dies ist für
den Zeitpunkt seines Todes vorbehalten, wo es ihm nichts mehr nützen
kann, andere aber davon profitieren. Wir haben schon gesehen, wie bei
dem Tode eines Reichen die Zahl der Leidtragenden in genauem Ver=
hältnis steht zu der Menge Diwarra, die nach altem Brauche zur Ver=
teilung kommt. Man kann unter den Kanaken daher mit mehr Recht von
vergnügten Leidtragenden als von lachenden Erben reden. War der Ver=
storbene ein Mann von Rang und Einfluß, so ist sein Leichenbegängnis
mit nicht geringer Zeremonie verknüpft. Der Körper wird in ein Kanoe
gelegt und dieses etwa vier Fuß über dem Boden auf aufrecht stehenden
Pfählen befestigt. In den Boden des Kanoes wird in der Mitte ein
Loch gebrochen, von welchem ein zur Röhre ausgebohrtes Bambus bis
in eine ungefähr einen Fuß tiefe Grube in die Erde führt. Diese Röhre
soll alle flüssigen Verwesungsprodukte in die Erde leiten. In dem Kanoe
verbleibt der Körper, bis alle verweslichen Teile vollkommen verschwunden
und nur die Knochen übrig geblieben sind. Diese werden dann festlich
begraben, auf der Stelle einige bunte Crotons gepflanzt und solche
Gegenstände niedergelegt, die der Verstorbene wert hielt. Sein Schädel
wird im Tambuhause aufgehängt, damit sein Geist in der Nähe des
Dorfes weile und sich überzeuge, daß sein Andenken in Ehren gehalten
wird. Die Weiber des Verstorbenen haben harte Bedingungen zu er=
füllen. Ehe der Leichnam in das Kanoe gelegt wird, verbleibt er mehrere
Tage in dem Hause, welches er bei Lebzeiten bewohnte. Hier haben ihm
seine Frauen eine Zeitlang Gesellschaft zu leisten, und niemand darf
während dessen das Haus betreten. Den Frauen wird ihre Nahrung
hineingereicht, ihre Exkremente geben sie in dazu bestimmten Kokosnuß=
schalen heraus. Man vermag sich kaum vorzustellen, was es zu bedeuten
hat, in einem tropischen Klima tagelang mit einem Leichnam eingesperrt
zu sein; dennoch hört man nichts von Erkrankungen der dazu Verurteilten,
vermutlich, weil keine ansteckenden Krankheiten hier vorkommen. Auf die
Umgebung wirkt das Kanoe, in welches später der Leichnam gelegt wird,
verpestend. Ein Missionar hatte darunter zu leiden, daß gerade vor
seinem Hause ein solcher Kanoesarg aufgestellt wurde, wo der Verfasser
ihn selbst sah. Erst die Zahlung von 100 Faden Diwarra, also ein
Wert von etwa 200 Mark, vermochte die Angehörigen, das Kanoe an
einen anderen Ort zu bringen. Ein weniger bedeutender Mann wird in
seinem eigenen Hause begraben. Der Erdboden wird aufgewühlt und

---

[1]) Joachim Graf Pfeil: „Studien und Beobachtungen aus der Süd=
see", S. 79.

der Körper ohne Hinzufügung irgend welcher Gegenstände lang ausge=
streckt hineingelegt. Die Frauen müssen nun das Haus weiter bewohnen,
ihr Hauswesen auf dem frischen Grabe des Verstorbenen weiterführen.
Die Effluvien sind natürlich entsetzlich, allein das scheint die Hinter=
bliebenen nicht zu belästigen, auch habe ich keinen Fall feststellen können,
in welchem durch das Leben in unmittelbarer Umgebung einer verwesenden
Leiche die Gesundheit der so Betroffenen gefährdet worden wäre. Vielleicht
saugt der poröse Korallenboden alle Feuchtigkeit so rasch auf, daß sich
krankheiterregende Keime nicht entwickeln können. War der Verstorbene
ein Mann ohne Bedeutung, was so viel heißt, daß er vermögenslos war,
so wird er innerhalb des das Dorf umgebenden Zaunes begraben und
einige Crotons auf das Grab gepflanzt. Kleine Kinder werden auch in
Vorratshäusern beerdigt, in denen dann niemand wohnt. Oft werden
nach Jahren die Knochen wieder ausgegraben und in die See geworfen
oder an anderer Stelle verscharrt, die Schädel aber im Tambuhause auf=
gehangen. In Neumecklenburg besteht die Sitte der Kremation. Der
Leichnam wird auf einem Gestell von Speeren zur Verbrennungsstätte
getragen und hier in sitzender Stellung auf einem Holzstoß verbrannt.
Dies Begräbnis findet stets unmittelbar nach erfolgtem Tode statt; doch
soll es vorkommen, daß alte Leute, die lange mit dem Tode zu ringen
haben, noch ehe sie ganz verschieden sind, dem Feuertode übergeben
werden. Die Neumecklenburger sollen so hohen Wert auf eine prunkvolle
Feuerbestattung legen, daß sie das Holz zu ihrem Feuerstoß selbst sammeln
und lange in ihren Häusern aufbewahren, damit es gut austrockne und
brenne. Oft werden Leichen in die See versenkt und zu diesem Zwecke
vorher mit einer aus Kokospalmenblättern geflochtenen Matte umhüllt
und mit einem Steine beschwert. Frauen sollen stets in dieser Weise ihre
Ruhestätte finden. Zweifelsohne bestehen ganz bestimmte Regeln darüber,
ob Leichen zu Lande begraben oder in die See versenkt werden sollen;
es gelang dem Verfasser leider nicht, sie ausfindig zu machen. Auf Neu=
mecklenburg besteht die Sitte, einem Verstorbenen die Hände zusammen
zu binden und daran einen Busch Gras oder leichter Zweige zu befestigen.
An die Füße wird dann ein Stein gebunden und der Leichnam in die
See versenkt. Die Eingeborenen glauben, daß das Wasser der See in
der Tiefe ebenso bewegt sei als an der Oberfläche und vermeinen nun,
daß der Busch die Arme des Leichnams über den Kopf emporhalten und
das Wasser sie in schwingender Bewegung erhalten werde. Das soll die
Fische abhalten, sich dem Körper zu nähern und ihn zu zerstören. Auch
die Trauerzeremonien beweisen, wie sich der Kanake selbst in den Augen=
blicken, die sonst jeden Menschen zum mindesten objektiv stimmen, nicht
von den gröbsten materiellen Interessen befreien kann. Ist bei dem Tode
eines Reichen viel Diwarra verteilt worden, so hat der Erbe das Recht,
ein großes Tambu zu proklamieren. Während dreier Monate darf kein

Empfänger von Diwarra etwas zerstören, nicht einmal einen Ast brechen oder Erde umwühlen. Er darf somit sich auch an Garten= und Ernte=arbeiten nicht beteiligen, sondern muß sie von anderen verrichten lassen. Nach Ablauf der für das Tambu festgesetzten Zeit muß sich jeder der damit Belegten freikaufen, so daß der ursprüngliche Verteiler von Diwarra schließlich doch wieder auf seine Kosten kommt. Beim Hinscheiden von bescheideneren Leuten ist das Tambu nicht so schwer und von kürzerer Dauer.

Die Verwandten und Leidtragenden färben ihre Gesichter schwarz und zwar die Weiber bei jedem Trauerfalle, die Männer nur, wenn der Dahingeschiedene ein Mann war. Oft begnügen sie sich auch mit zwei dicken Strichen unter den Augen. Während der Trauer dürfen sie gewisse Speisen nicht genießen. Nach einiger Zeit löst die oder der nächste An=verwandte das Tambu ab durch Gabe eines Stückes Diwarra an den nächsten Leidtragenden; dieser gibt es um etwas vermindert weiter, und so fort, bis ein kleiner Rest in die Hände des letzten Leidtragenden ge=langt; dann sind alle von dem Tambu erlöst.

Halsbänder der Frauen auf Neulauenburg. [1]

Das Halsband der Frauen ist in der Hauptsache aus kleinen böhmi=schen Glasperlen und Opossumzähnen zusammengesetzt und hat an herunter=hängenden kurzen Schnüren vielerlei kleine Zierstücke. Je nach dem Reichtum des Mannes wachsen auch diese Frauenhalsbänder von der einfachen Perlenschnur bis zu 6 cm breiten Bändern mit einem Mittel=stück aus Opossumzähnen, welch letzteres hauptsächlich dem Schmuck Wert verleiht und zwar deshalb, weil jedes Opossum nur zwei der hierzu ver=wendbaren Zähne besitzt, mithin zur Herstellung eines solchen Stückes oft 50 dieser Tiere erforderlich sind. Ein besonders schönes Band, welches die mit so reichen Narbenmustern gezierte Lieblingsfrau King Dicks trug und die es von ihrem Hals lösend mir schenkte, besteht aus einem gewissermaßen das Schloß bildenden 6 cm hohen und 4 cm breiten Mittelstück von über 100 Opossumzähnen. An diese schließen sich nach beiden Seiten je 12 Perlenschnüre an, welche durch je zwei senkrecht stehende feine Schildkrötstäbchen geführt sind, wodurch sie in der Bandform gehalten werden. Vorn an dem Schloß hängen zwölf und hinten an den beiden Bindeschnüren vier und acht 6—10 cm lange einfache Perlenschnüre, an welchen je eine kleine Muschel, ein Stück geschnittenes Perlmutter (die Halbmondform ist sehr beliebt), ein alter Knopf, eine ausgehöhlte halbe Bohne mit durchaus hervorstehendem Schweinezahn, ein Stückchen spiral=förmig gedrehter Rinde, eine größere Perle u. a. m. befestigt ist. Einzelne Schnüre sind mit solchem Zierat noch nicht versehen, und ich vermute,

---

[1] B. von Werner: „Ein deutsches Kriegsschiff in der Südsee", S. 412.

daß diese noch auf die Geschenke warten, welche der Gatte gelegentlich zu geben hat. Bei einem zweiten, mir von einer andern Frau Dicks ge=schenkten Halsband, schließt sich an das Mittelstück statt der zwölf Schnüre ein aus Perlen gewebtes breites Band mit zierlichen Mustern an, auch sind die nach unten hängenden einzelnen Schnüre nicht direkt am Schloß befestigt, sondern es hängt an diesem zunächst ein 10 cm langes und 3 cm breites Perlenband, dessen Verlängerung die einzelnen Schnüre erst bilden. Die Halsbänder mit ihren weißen, blauen und roten Farben stehen, fest um den Hals gelegt, den braunen Gestalten entschieden gut. Hier mag angeführt werden, daß diese Eingeborenen eigentlich nur drei Farben kennen; das aus einer Erdart gewonnene Rot, das aus Ruß und Palmöl hergestellte Schwarz und das aus gebrannten Korallen hervor=gehende Weiß. Blau kommt allerdings auch vor, doch ist dies jedenfalls von den Europäern eingeführtes Indigo. Andere Farben habe ich auf Duke of York und in Neubritannien nicht angewendet gesehen. In Neu=irland muß nach der Bemalung der dort gefertigten Masken auch Gelb bekannt sein. Die weiße Farbe scheint die beliebteste und geschätzteste zu sein, weil beim Tauschhandel die weißen Glasperlen am höchsten im Preise stehen.

Ein Dug=Dug=Tanz der Neulauenburger. [1]

Kurze Zeit nachdem wir Platz genommen, hören wir rechts aus dem Hohlweg von der Höhe ein dumpf grollendes Brüllen, wie das eines Löwen, welches links aus dem Hohlweg aus der Tiefe beantwortet wird und nun ununterbrochen Schlag auf Schlag folgt; es ist ein von mehreren hundert Kehlen gleichzeitig ausgestoßener, tiefer, langgezogener Ton, welcher mit einem in der Quint liegenden kurz herausgestoßenen höheren Ton jäh abschließt. Das Brüllen wird stärker und stärker, in den Hohlwegen werden Menschen sichtbar, braune, dicht aneinanderge=drängte nackte Männer, den Kopf zwischen die Schulter gezogen, in der er=hobenen Rechten den wurffertigen Speer. Wie der Heerwurm wälzen und schieben sich die Menschenströme langsamen Schrittes in dem Takte des Brüllens nach dem vor uns liegenden Platze zu, quellen wie gestautes Wasser aus den schmalen Gassen heraus und überfluten. schließlich den ganzen Platz. An 1000 Krieger dringen mit erhobenen Speeren aufeinander ein, für das Auge wie ein träger, aber alles vor sich niederwerfender Lavastrom, bleiben aber wie angewurzelt stehen und verstummen, als die Reihen der linken Partei sich öffnen und aus ihrer Mitte das schöne Dug=Dug=Kanu herausgetragen wird und neben diesem auf den Schultern zweier Männer King Dick mit seiner Blechkrone auf dem Kopfe erscheint. Daß Topulu nicht in dem Kanu sitzt, sondern sich nebenhertragen läßt,

---

[1] B. von Werner: „Ein deutsches Kriegsschiff in der Südsee", S. 446.

ist die einzige Abweichung von dem wirklichen Dug-Dug. Topulu läßt
sich neben dem Kanu einmal die Reihen auf- und abtragen, dann treten
die Eingeborenen zurück und stellen sich an der uns gegenüberliegenden
Felswand auf. Das Kanu wird zur Seite hingestellt und die Führer der
beiden Parteien, Topulu und Torragud, kommen zu uns. Kaum ist der
Platz frei, so brechen aus dem umliegenden Buschwerk die Dug-Dugs
einzeln hervor, vereinigen sich hüpfend in der Mitte des Platzes, schweben
wie Irrlichter richtungslos hin und her und sinken zu beiden Seiten ihrer
Krieger wie ein eingeschobenes Fernrohr zusammen. Sie haben sich nur
gesetzt, da aber jetzt der Laubrock noch so unverhältnismäßig hoch ist,
sieht es aus, als ob sie über die Knie in der Erde eingesunken wären,
und sie geben so einen noch wunderlicheren Anblick als wie zuvor. Jetzt
ist die Zeit für die Haupthandlung gekommen. Topulu tritt mit einem
sogenannten Ziegenhainer, einem 3 cm dicken Stock vor, ruft einen
Namen, ein Häuptling springt vor, stellt sich, uns den Rücken zukehrend,
drei Schritte vor uns auf; Topulu holt aus und zieht dem Manne einen
Hieb über den Rücken, daß wir die Knochen knacken zu hören glauben
und der Mann halb zusammenbricht, wendet sich dann zu uns, zeigt mit
der rechten Hand nach seinen Leuten, ruft mit grinsendem Gesicht aus:
„me look out!" und verschwindet dann mit einigen Sprüngen wieder in
den Menschenknäuel. Darauf ruft Torragud einen Häuptling aus seiner
Partei, und dieselbe Szene wiederholt sich. Der Sinn dieser drastischen
Schaustellung ist, daß die beiden Häuptlinge berufen sind, die Inne-
haltung des Tabugesetzes zu überwachen, und der Schlag soll sie stets
an ihre Pflichten erinnern.

Der Handel auf Neulauenburg.[1]

Die Duke of York-Gruppe[2] ist schon jetzt der Zentralpunkt des
Handels, welcher sich in den letzten Jahren hier entwickelt hat. Derselbe
befindet sich in den Händen zweier deutscher Häuser, diese sind die
Handels- und Plantagengesellschaft auf Samoa, vormals J. C. Godeffroy,
und die Brüder Hernsheim, welche mit großer Energie und Ausdauer
Verbindungen mit diesem gefürchteten Menschenschlage anknüpften, sich
durch immer wiederkehrende Brandlegungen und Ermordung eines
Handelsagenten nicht abschrecken ließen, sondern ausdauerten und jetzt,
soweit eine richtige Beurteilung möglich ist, endgültig gesiegt haben, allerdings schließlich mit Hilfe der Kriegsmarine, deren Unterstützung ihnen
vorher gefehlt hatte. Die deutschen Kaufleute haben auch hier, wie schon
an manch anderm Platze, den Missionaren den Weg geebnet und diesen
das Eindringen überhaupt erst möglich gemacht. Nicht die Missionare sind
in diesen Gegenden die Mauerbrecher, sondern der Handel ist es, wel-

---

[1] B. von Werner: „Ein deutsches Kriegsschiff in der Südsee", S. 385.
[2] jetzt Neulauenburg genannt.

cher zur Fernhaltung der Konkurrenz in aller Stille arbeiten muß.
Ehe die Verhältnisse auf dieser Gruppe, wie auf der großen Nachbarinsel
Neubritannien, den jetzigen verhältnismäßig geordneten Stand erreichen
konnten, ist allerdings manches Blut geflossen. Die hiesigen Handels=
agenten sind keine schmächtigen Jünglinge, welche den ganzen Tag hinter
dem Schreibtisch sitzen, sondern wetterfeste und verwegene Männer, die
zum größten Teile aus dem Seemannsstande hervorgegangen, besser mit
dem Revolver und dem Messer, als mit der Feder umzugehen wissen
— Leute, die selten im Hause sind und auf beschwerlicher Reise von
einem Platz zum andern, von einer Insel zur andern den größten Teil
des Jahres in kleinen Fahrzeugen und offenen Booten zubringen —
Leute, die ihre persönliche Sicherheit in der eigenen Hand halten und
daher, wenn es gilt, nicht nur ihr Leben zu verteidigen haben, sondern
zur Sicherung ihrer Stellung auch, unter Umständen zum Angriff über=
gehen müssen, da keine Behörde zur Stelle ist, welche ihnen Schutz
gewähren könnte; sie müssen leben wie der Volksstamm, auf dessen Grund
und Boden sie sich befinden, d. h. jeder hat für sich selbst zu sorgen
und darf nie ohne Waffe sein; wer sich nicht selbst schützen kann,
wird von dem andern vernichtet.

Marktplätze. [1]

Die Marktplätze der Gazelle=Halbinsel liegen fast ohne Ausnahme
auf dem Plateau, etwa eine Stunde Weges von der Küste entfernt, und
finden sich hauptsächlich an der Nordküste bis etwa Kabaira und östlich bis
Kabanga und zeichnen sich durch nichts als eine kleine Rasenbank in ihrer
Mitte aus; diese wird benutzt, um von einem etwas erhöhten Standpunkt
aus überblick auf den Markt zu erhalten, auch wohl, um von hier aus
die Ware eindringlicher anpreisen zu können. Allerdings liegt laute
Empfehlung durchaus nicht im Wesen des Kanaken, und obwohl auf einem
Marktplatz oft mehr als 100 Personen anwesend sein mögen, man mithin
nicht wenig Spektakel zu erwarten berechtigt wäre, so verläuft doch selbst
eine derartige Versammlung, bei welcher reden geradezu ein Erfordernis
ist, wenigstens im Vergleich zu einem Markt mit gleicher Anzahl afrika=
nischer Besucher, in verhältnismäßiger Stille. Die zuerst ankommenden
Weiber säubern den Platz von den Spuren des letzten Markttages und
lassen sich dann neben ihrer Ware nieder, um auf die nächsten Ankömm=
linge zu warten. Diese sind schon von weitem sichtbar, denn das ein=
gefleischte Mißtrauen der Leute veranlaßt sie natürlich, ihre Marktplätze
womöglich auf ganz freie Stellen zu legen, aber selbst im Walde wird deren
Umgebung von Unterholz frei gehalten. Es ist unglaublich, welche Trag=

---

[1] Joachim Graf Pfeil: „Studien und Beobachtungen aus der Süd=
see", S. 117.

lasten von einem einzelnen Weibe auf den Markt geschafft werden und welche Produktenmenge daselbst Umsatz findet. Die Weiber tragen auf dem Rücken eine Art Sack aus Geflecht von Kokospalmblättern, welcher mittels eines breiten, über die Stirn laufenden Bandes aus gleichem Material noch festeren Halt gewinnt. Diese Trage ist bis oben hin mit Taro oder Yams gefüllt; zwischen die Wurzeln und Wände der Trage sind Stäbe gesteckt, welche zum Festhalten weiterer, hineingezwängter und der ersten Ladung aufgepackter Pakete dienen. Die Trägerin ist natürlich gezwungen, krumm zu gehen, ihre Ladung hat oft einen weit größeren Umfang als ihr eigner Oberkörper; außerdem trägt sie dann noch oft ein auf ihrer Hüfte sitzendes Baby. Die zur Begleitung mitgehenden Männer tragen außer wenigen Waffen gar nichts. Sie halten sich überhaupt abseits des Weibervolkes, denn es würde eine große Außerachtsetzung der eigenen Würde sein, wollte ein Mann inmitten eines Weiberhaufens oder auch nur über einen Platz gehen, auf dem mehrere Weiber sich niedergelassen haben. Verkaufsartikel sind hauptsächlich Produkte der Landwirtschaft und Fischerei. Die Leute des Inlandes verzehren gern Fische und gebrauchen Salzwasser, um ihre Speisen zu würzen, ein Bedürfnis, das sich durchaus nicht bei allen Küstenbewohnern findet. Es gebrauchen z. B. die Bewohner der Neulauenburg=Gruppe nicht gewohnheitsmäßig Salz zu ihren Speisen. Der Unterschied erklärt sich möglicherweise so, daß in salzschwangerer Seeluft die Haut des unbekleideten Kanaken genügend Salz absorbiert, um den Organismus zu sättigen, während die rauhere und reinere Bergluft gerade das Verlangen nach Salzen im Körper wachruft und deren Zufuhr im Wege der Nahrung fördert. Die Fischer wiederum schenken vielleicht ihren Gärten weniger Aufmerksamkeit als die Leute im Innern und sind daher genötigt, letzteren ihre Taro und Yams abzukaufen; sie bringen dafür Fische und Salzwasser auf den Markt, letzteres in den uns schon bekannten Eimern aus Bambus.

Europäische Industrie=Erzeugnisse. [1]

Abgesehen von den eigenen Naturprodukten kommen indessen auch die Industrieerzeugnisse Europas auf die Märkte. Bunte Taschentücher, sogenannte Lawa=Lawas,[2] Tabak, Streichhölzer usw. Diese Sachen werden natürlich von den Küstenleuten gebraucht, die sie von den europäischen Händlern erworben haben. Zwar werden sie in nur geringeren Mengen hier feilgeboten, aber mit großem Verdienst verkauft. Man darf annehmen, daß auf diese Weise die Erzeugnisse unserer Industrie sich schon bis auf ziemliche Entfernung in das Innere den Weg gebahnt haben,

---

[1] Joachim Graf Pfeil: „Studien und Beobachtungen aus der Südsee", S. 120.

[2] d. f. Hüfttücher.

die Grenze ihrer Verbreitung kann jedoch heute in keiner Weise festgestellt werden. Trotz des lebhaften Handelsverkehrs ist es bis heute
noch nicht gelungen, den Kanaken ein Bedürfnis anzugewöhnen, außer
Tabak. Würde ihnen dieser plötzlich entrissen, so würden sie es mut-
maßlich schmerzlich empfinden, am Ende aber noch etwas mehr Betel
kauen und sich zufrieden geben . . . Die eisernen Beile, Lawa-Lawas,
bunte Glasperlen, blaue und rote Farbe, Streichhölzer, kleine Spiegel,
Messer, Mundharmonika, Draht verschiedener Gattungen und die übrigen
Artikel, welche den Bestand der Warenlager im Archipel bilden, sind dem
Kanaken zwar eine ganz angenehme Zugabe zum Leben, er würde sie aber
kaum vermissen, wenn deren Zufuhr plötzlich aufhören sollte. Die einzigen
Handelsartikel, gegen welche er die obengenannten Waren eintauscht, sind
im Grunde Kopra, Schildkrötenschale und Perlmutterschale. Auch Yams
und Taro sind Handelsartikel geworden, doch finden sie nur lokale Ver-
wertung, zum Export nach Europa eignen sie sich nicht. Der Handel
vollzieht sich in den denkbar einfachsten Formen. Die Eingeborenen
kommen in ihren Kanoes zu den Stationen gerudert und bringen die
reifen Kokosnüsse, von denen sie sechs bis acht Stück für eine Stange
Tabak geben. Das Öffnen der Nüsse und die Herstellung der Kopra, d. h.
das Trocknen des Kernes, besorgt der Käufer. Zwar hat man versucht,
die Eingeborenen daran zu gewöhnen, gleich den getrockneten Kern zu
bringen, doch erscheint die Maßregel nicht von hervorragendem Erfolge
begleitet gewesen zu sein. Als mit der Zeit sich mehrere Firmen auf
den Koprahandel warfen, wurde es nötig, das Einkaufsgebiet zu er-
weitern, und jede Firma legte, wo immer es angängig war, Stationen
an, auf denen ein Weißer einsam unter den Kanaken saß, bei denen er
die europäischen Handelswaren vertrieb. Es läßt sich denken, daß das
Leben eines solchen Händlers bald auf annähernd die Stufe des Kanaken
sinken mußte, und so kam es wohl auch, daß in früheren Zeiten meist
nur solche Leute sich auf Handelsstationen begaben, die vom Leben nicht
mehr viel zu erwarten hatten.

Verlobung und Eheschließung auf den Salomonsinseln. [1]

Wir geben die folgenden Notizen über die Eheschließung auf der
zum Archipel gehörenden Floridagruppe wieder. Als vorbereitende Handlung geht der Verlobung eines Mädchen ihre Tätowierung voraus;
denn dieser Schmuck ist die notwendige Vorbedingung, wenn sich Freier
einstellen sollen. Die Operation selbst ist keine Kleinigkeit und wird von
einem Manne, der dem ärztlichen Stande angehört und als Spezialist
für dieses Fach gilt, ausgeübt. Er gibt vor, einen Schutzgeist (Tindalo)

---

[1] A. Penny: „Mitteilungen der Geographischen Gesellschaft", Jena 1890,
S. 169.

zu besitzen, dessen Kraft (Mana) ihn zu schmerzloser Operation befähigt.
Die Dienste eines solchen Spezialisten stehen dem Publikum übrigens
nur gegen ein sehr bedeutendes Honorar zur Verfügung. Seine Tätigkeit
beginnt er zunächst damit, daß er eine Truppe geschulter Sänger —
Solisten und Chorpersonal — engagiert. In dem Falle, daß es sich um
eine Häuptlingstochter handelt, steigt der Aufwand noch durch die Not=
wendigkeit, den Künstlern ein ganz neues Repertoir von Gesängen für
diesen besonderen Fall zu beschaffen. Das Konzert beginnt bei Sonnen=
untergang und wird mit unermüdlichem Eifer die ganze Nacht hindurch
fortgesetzt. Dieser Musik muß nun das arme Mädchen, welches tätowiert
werden soll, lauschen, und eine Anzahl Freundinnen sind eigens dazu bei
ihr, um sie aufzurütteln, wenn der Schlaf seine Rechte verlangt. Der
Sonnenaufgang ist für den Tätowierer das Signal, die Operation zu
beginnen, und mit besonderer Geschicklichkeit, dem Erfolge nach zu ur=
teilen, graviert er mit seinem Bambusmesser ein netzförmiges Ornament=
muster in das Gesicht und den Busen des Mädchens ein. Als Ehrensache
gilt es dabei, mit spartanischer Tapferkeit jede Schmerzensäußerung zu
unterdrücken. Der Ruhm einer solcher Selbstbeherrschung kommt freilich
auf das Konto des vortrefflichen Tindalo des Operateurs, und umgekehrt
leidet das Ansehen des Spezialisten, wenn ein Mädchen sein Schmerz=
gefühl in einem Schrei oder Seufzer kund tut. Nach beendigter Operation
stellt sich gewöhnlich ein wohltätiger Schlaf ein, und wenn das Mädchen
wieder erwacht, spürt es nur noch geringen Schmerz und etwas Steifheit
an den operierten Stellen — eine unbedeutende Beschwernis im Vergleich
zu dem erhebenden Bewußtsein, daß nunmehr sich die Freier einstellen
werden. Von nun an haben auch die Verwandten und Freundinnen ein
wachsames Auge auf die Jungfrau, um leichtsinnige Streiche und jede
familiäre Annäherung an junge Männer zu verhüten. Es währt nicht
allzu lange, und ehrenvolle Bewerbungen laufen ein, womit eine gute
Zeit für die Befreundeten des begehrten Mädchens beginnt. Alle die=
jenigen, welche zu den Unkosten der Tätowierungszeremonie beigetragen
haben, erwarten nämlich, nun ihre Einzahlung nebst Zinsen zurück zu
erhalten. Die Höhe des Brautschatzes, welchen der Freier zu entrichten
hat, hängt ganz von dem Range des Mädchens und der Zahl und
sozialen Stellung der Freunde desselben ab. Missionar Penny erinnert
sich eines Falles, wo für die Tochter eines Häuptlings eine Summe von
ca. 1000 ℳ. in Landesmünze (Muschelgeld) gefordert wurde. Junge
Männer, denen es an reichen Freunden fehlt oder die zu faul sind, um
durch Dienstwilligkeit sich solche zu erwerben, müssen manchmal jahrelang
warten, ehe sie ans Heiraten denken können. Wo indes ein Freier
begründete Hoffnung hat, die für das Mädchen seiner Wahl geforderte
Summe schließlich zusammenzubringen, kann er eine bestimmte Summe
als Anzahlung bei dem Vater deponieren und sich so das Mädchen

sichern; diese Maßregel gibt ihm die Gewähr, daß ihm die Braut nicht von einem, der mehr bietet, abspenstig gemacht werden kann. Eine Häuptlingstochter heiratet selten im jugendlichen Alter, weil die hab= gierigen Angehörigen einen solch hohen Preis für ihre Hand fordern, daß nur wenige Männer sich zu dem Gedanken versteigen, um eine solche Schöne zu freien. Die oben erwähnte hohe Summe wurde von Takua, dem Häuptling von Mboli, für seine älteste Tochter verlangt, und der un= glückliche Freier, dessen Eitelkeit ihn zu der Torheit verführt hatte, durch seine Angehörigen um jene Jungfrau anzuhalten, mußte seinen Hochmut mit einer schweren Geldstrafe büßen, als es sich herausstellte, daß er den Brautschatz nicht aufbringen konnte. Es kommt öfters vor, daß Häupt= lingstöchter erst nach dem Tode ihres Vaters sich verheiraten; sie werden dann für wenig Geld von einem Witwer in mittleren Jahren, einem Polygamisten oder armen Schlucker übernommen, der lange Jahre hin= durch sich vergeblich nach einer Frau umgesehen hat. Ist der Preis für das Mädchen erlegt, so wird letzteres dem Freundeskreise ihres zukünftigen Gatten in Obhut gegeben. Die Braut lebt nur bei der Schwiegermutter bis zu dem Zeitpunkte, wo es dem jungen Paare gestattet ist, seinen eigenen Haushalt zu beginnen. Kurze Zeit nach der Zahlung des Kauf= preises geben die Eltern der Braut denen, welche zum Brautschatze bei= gesteuert haben, ein Fest, bei welchem ein großer Teil des Geldes wieder darauf geht. Nachdem dann noch als Gegenleistung zu Ehren der Eltern der Braut ein Fest stattgefunden hat, gelten die Hochzeitszeremonien für beendigt. Indes sind die Freunde der jungen Frau nie von einer ge= wissen Haftpflicht und Verantwortlichkeit für deren Aufführung frei. Wenn sie sich z. B. mit ihrem Manne veruneinigt, und letzterer infolge= dessen sich weigert, das von ihr gekochte Essen anzurühren, so müssen ihre Freunde den ehelichen Frieden durch Übersendung eines Geschenkes an den ungnädigen Gatten wieder herstellen. Eine von Takuas Frauen war durch ein unglückliches Zusammentreffen die Veranlassung gewesen, daß des Häuptlings neues Bootshaus mitsamt den darin befindlichen Kähnen bis auf den Grund niederbrannte. Die unglücklichen Freunde der Frau hatten eine große Strafsumme zu zahlen, welche Takua als Vergütung für den durch die Unvorsichtigkeit seiner Ehehälfte verursachten Schaden ein= kassierte. Dies scheint das einzige Privilegium zu sein, was die Ehe= männer auf Florida genießen, nachdem sie ihre Frauen so teuer erstanden haben.

Arbeiteranwerbungen im Bismarckarchipel. [1]

Nachdem in Lawangai die sämtliche Kopra an Bord genommen war, fuhren wir an der Küste von Neuhannover entlang. An verschiedenen

---

[1] Dr. Heinrich Schnee: „Bilder aus der Südsee". Mit 37 Abbildungen und einer großen Karte. Eleg. gebd. 12 M. Mit gütiger Erlaubnis des Ver= lages von Dietrich Reimer (Ernst Vohsen), Berlin.

Plätzen schickte der Kapitän Boote zum Anwerben von Arbeitern an Land.
Es war mir die Gelegenheit, die Rekrutierung praktisch kennen zu lernen,
um so erwünschter, als die Aufsicht über die Arbeiteranwerbung im Bis=
marckarchipel mit zu meinen amtlichen Obliegenheiten gehörte.

Außer dem Kapitän, welcher als erfahrener und den Eingeborenen
bekannter alter Südseekapitän in den meisten Fällen selbst als Anwerber
fungierte, befanden sich im Boot nur fünf Eingeborene von der Schiffs=
besatzung als Ruderer. Beile, Messer, Glasperlen, Tücher und Tabak
wurden in das Boot gelegt, um den Kanakern gezeigt und bei der An=
werbung gleich als erste Anzahlung für die Verwandten des Arbeiters
verwandt zu werden. Ferner wurde ein Gewehr auf den Boden des Bootes
gelegt, um im Fall eines Angriffs als Waffe zu dienen. Außerdem
hatten wir natürlich unsere Revolver im Gürtel. Wir näherten uns
der Küste, an welcher alsbald nackte, mit Speeren bewaffnete Eingeborene
erschienen. Wir fuhren dicht an das Ufer heran, der Kapitän begann
nun auf Pidginenglisch die Kanaker aufzufordern, sich anwerben zu lassen,
und dabei Tücher, Perlen und andere schöne Dinge verlockend vor den
begehrlichen Augen der Leute zu schwenken. Einer der Eingeborenen
antwortete auf Pidginenglisch, er sei schon einmal Arbeiter auf der
Pflanzung in Herbertshöhe gewesen und wolle auch wieder dorthin gehen.
Nachdem er eine Weile mit seinen Landsleuten verhandelt hatte, erklärte
sich noch ein anderer bereit, mitzugehen. Unser Boot fuhr nun an Land,
und die beiden Kanaker stiegen ein, wobei ziemlich erregte Gespräche
zwischen ihnen und ihren zurückbleibenden Gefährten entstanden, welche
offenbar die beiden jungen Leute mit geringer Freude abziehen sahen.
Doch die reichhaltigen Geschenke, welche ihnen alsbald übergeben und mit
Gier in Empfang genommen wurden, schienen versöhnend auf sie ein=
zuwirken, so daß sie schließlich, ihren Gebärden und den Ton ihres
Sprechens nach zu schließen, mit einem freundlichen Lebewohl die beiden
Angeworbenen abfahren ließen.

An einem anderen Punkt Neuhannovers fuhren wir wieder im Boot
ans Land. Es wiederholte sich dieselbe Szene, junge Leute waren geneigt,
sich anwerben zu lassen, wurden indessen von älteren Kanakern unter
drohenden Gebärden zurückgehalten. Alsbald rief der eine Eingeborene,
der etwas pidginenglisch konnte, dem Kapitän zu: me come (ich komme),
auf einen etwa einen Kilometer entfernten Landvorsprung deutend. Unser
Boot ruderte nach der angegebenen Gegend, und wirklich sahen wir kurz
darauf den Kanaker angerannt kommen. Wir waren noch etwa 30 m
vom Strande entfernt; doch sprang er ohne Besinnen ins Wasser und
schwamm auf das Boot zu, wo wir ihn alsbald aufnahmen. Unmittelbar
danach plumpste noch ein zweiter Eingeborener ins Wasser und schwamm
gleichfalls auf unser Boot zu. Gleich darauf sahen wir die Ursache ihrer
Flucht. Ihre Landsleute, welche sich ihrem Weggange widersetzt hatten,

Dampfer „Samoa" im Hafen von Bougainville (Salomons-Inseln).

kamen, zornig ihre Speere schwingend, angerannt. Wir ruderten noch etwas weiter ab, jedoch immer in Rufweite bleibend, und machten auf alle Fälle unser Gewehr schußfertig. Doch handelte es sich nicht um kriegerische Absichten auf seiten der Kanaker, vielmehr entspann sich zwischen den beiden Flüchtlingen und ihren Dorfgenossen eine erregte Unterhaltung in der uns unverständlichen Eingeborenensprache. Offenbar beschworen sie die letzteren wieder zurückzukehren, was aber unsere beiden kühnen Auswanderer standhaft ablehnten. Als es den Leuten am Strande klar zu sein schien, daß die Absicht der beiden Angeworbenen unabänderlich war, begannen zwei Weiber ein entsetzliches Geheul, welches mit pathetischen Ausrufen, die wie Flüche oder Verwünschungen klangen, untermischt war. Da ein nochmaliges Landen nicht zweckmäßig erschien, so deponierte der Kapitän die Geschenke für die Verwandten der beiden Angeworbenen auf einer aus dem Meer aufragenden Klippe, zu welcher alsbald auch ein Kanaker hinausschwamm und die Sachen holte. Darauf beruhigte sich auch das Gebrüll der beiden holden Schönen am Strand etwas, während wir in der Richtung auf unser Schiff zu abfuhren. Wie mir nachher ein in dieser Gegend bekannter Eingeborener von unserer Schiffsbesatzung mitteilte, war einer der beiden Angeworbenen mit zwei Weibern verheiratet, die ihm durch Eifersucht das Leben so schwer machten, daß er die Anwerbung als eine willkommene Gelegenheit benutzte, um den Freuden seines doppelten Ehelebens zu entgehen.

Wie man sieht, ist das Anwerben keine ganz leichte Sache und nebenbei ziemlich gefährlich. Im Bismarckarchipel und den Salomoninseln haben eine ganze Anzahl von Weißen und Farbigen dabei ihr Leben eingebüßt. In den letzten Jahren waren noch folgende Fälle vorgekommen:

Im Jahre 1894 wurden zwei von dem Segelschuner „Senta" der Neu-Guinea-Kompagnie zum Anwerben entsandte Boote in verräterischer Weise an der Küste Neumecklenburgs überfallen. In dem einen Boot befand sich der Steuermann Senff, welcher die Angeworbenen mit seinem Boot zu dem in angemessener Entfernung von der Küste haltenden zweiten Boot hinüberschaffte und dann wieder zum Strande fuhr, um weitere Eingeborene anzuwerben. Doch plötzlich hieben die das Boot umstehenden Kanaker mit Beilen auf ihn und seine Bootsmannschaft ein. In demselben Moment fielen in dem zweiten Boot die angeworbenen Eingeborenen über die Besatzung her und versuchten sie ins Wasser zu werfen. Die am Ufer stehenden, mit Speeren bewaffneten Eingeborenen sprangen herbei, um den Verwundeten den Garaus zu machen. Im ersten Boot befand sich ein zur Bootsbesatzung gehöriger Bukajunge, Quater, ein äußerst kräftiger Mann. Obwohl durch einen Beilhieb über den Kopf gefährlich verwundet, hatte er Geistesgegenwart und Kraft genug, die nächsten auf ihn gerichteten Speere zu ergreifen und mit gewaltigem Ruck den Angreifern zu entreißen. Im nächsten Moment hatte der tap-

fere Junge auch schon drei seiner Angreifer gespeert, so daß die anderen
entsetzt zurückwichen und die noch nicht erschlagenen Bootsleute die Mög=
lichkeit fanden, die im Boote liegenden Gewehre zu ergreifen und das
Feuer auf die Kanaker zu eröffnen. Der brave Buka, obwohl selbst über
und über blutend, hob noch den im Getümmel aus dem Boot ins Wasser
gefallenen, schwer verletzten Steuermann ins Boot und ruderte dann von
der gefährlichen Küste ab. Da inzwischen das letzte Boot von der „Senta"
unter Führung des Kapitäns zu Hilfe geeilt war, wagten die Kanaker
keinen weiteren Angriff. Der Steuermann war durch Beilhiebe über den
Kopf so schwer verwundet worden, daß er bald darauf starb. Zwei der
Bootsleute waren gleich beim ersten Angriff getötet worden, die übrigen
erholten sich von den mehr oder minder schweren Verletzungen. Quater,
welcher als Erinnerung an seine tapfere Tat eine mächtige Narbe auf der
einen Seite des Gesichts behielt, war später Polizeijunge in Herberts=
höhe und wurde wegen seiner auch anderwärts bewiesenen Brauchbarkeit
und Unerschrockenheit zum Unteroffizier befördert.

Im Jahre 1896 wurde auf Tabar (Gardener=Insel) ein Mordanfall
auf den Kapitän Lemmin gemacht, welcher Arbeiter für die Deutsche
Handels= und Plantagen=Gesellschaft in Samoa anwerben wollte. Nur
durch einen glücklichen Zufall entging der Kapitän, welcher eine Wunde
am Kopf davontrug, der Ermordung.

1898 wurde bei Timbuz (Bougainville, Salomonsinseln) der Ka=
pitän Kolshorn, Führer des Kutters „Seaghost", ermordet, welcher dort=
hin sogenannte Retourarbeiter, d. h. Arbeiter, die ihre Vertragszeit be=
endet hatten, zurückbrachte. Nachdem die Retourarbeiter gelandet waren,
erschien eine Anzahl von Kanus mit unbewaffneten Eingeborenen, welche
Taro und andere Früchte brachten, längsseits des Kutters. Trotz War=
nung seitens der vier als Matrosen an Bord befindlichen Eingeborenen,
gleichfalls Salomonsinsulaner, ließ der Kapitän eine Anzahl Kanaker
an Bord kommen, während der „Seaghost" mit schwacher Brise langsam
nach dem Ausgange der Bucht von Timbuz segelte. Einer der Buka=
matrosen rief dem Kapitän zu: captain me 'fraid belong kanaka he
like kill you me (Kapitän, ich fürchte mich vor den Kanaken, sie wollen
uns töten). Der Kapitän sagte ihm jedoch, er solle den Mund halten, die
Kanaker seien seine guten Freunde. Gleich darauf, während einer der
Jungen ein Segel umstellte, und der Kapitän, um dies zu kontrollieren,
nach oben blickte, ergriff einer der Eingeborenen das neben der Kajüte
liegende Küchenbeil und spaltete dem Kapitän mit einem furchtbaren
Schlage das Haupt, worauf sämtliche Kanaker sich auf den leblos nieder=
fallenden Weißen und die farbigen Jungen stürzten. Einer der letzteren
wollte in die Kajüte hinein, um sich eines der dort befindlichen Gewehre
zu bemächtigen, doch ergriffen ihn die Wilden an der Tür und schnitten
ihm die Kehle durch. Die übrigen drei Jungen wurden gefesselt und

unter Siegesgeheul in die Kanus gebracht, um als Festbraten für eine künftige Gelegenheit aufgehoben zu werden. Der Kutter wurde völlig ausgeraubt und auf den Strand gesetzt, wo wir bei unserer Straf=expedition 1899 noch die überreste von ihm vorfanden. Der Leichnam des Kapitäns wurde in das Meer geworfen, die Leiche des ermordeten Buka=jungen dagegen mitgenommen und einem befreundeten Stamm als Fest=geschenk überwiesen, welcher alsbald einen Kannibalenschmaus veranstal=tete. Die Mordbande von Timbuz war offenbar im Vertrauen auf die in Gestalt der drei Gefangenen noch zur Verfügung stehenden Speisen so generös gewesen. Doch gelang es den Gefangenen glücklicherweise noch in derselben Nacht, als die Wachsamkeit der siegestrunkenen Wilden ein=geschläfert war, zu entfliehen und nach mancherlei Fährnissen von einem an der Küste passierenden Arbeiterschiff aufgenommen zu werden.

Die Bewohner der Admiralitätsinseln. [1]

Infolge der beständigen Kämpfe der Manus untereinander und mit den Usiai (Nichtpfahlbautenbewohner) sind die Stämme wenig zahlreich. Zu einigen Orten, wie Pere, Tchabele sollte die Anzahl der waffenfähigen Männer nach den mir von Manus gemachten Angaben je etwa 50 bis 60 betragen, in anderen Orten sollte sie noch geringer sein. Der Manusort Lotja sollte vor kurzer Zeit von Usiai überfallen sein, wobei angeblich sämtliche erwachsenen Männer bis auf fünf erschlagen wurden. Die Zahl der waffenfähigen Sépessaleute, welche wir bei unserer Expedition und bei unserem Besuch auf der Inselgruppe zu Gesicht bekamen, blieb hinter 50 zurück. Zahlreicher waren die Mokmandrianleute und die größte Zahl von Bewohnern sollte Buke (Zuckerhutinsel) aufweisen. Die von uns gesehenen Pfahlbautendörfer wiesen in keinem Fall mehr als etwa 20 bis 30 Häuser auf, denen sich allerdings auf dem Lande zerstreut liegende Gehöfte anschlossen.

Die Usiai sind bedeutend zahlreicher. Die Zahl der auf Pitulu wohnenden Eingeborenen wurde auf etwa 2000 geschätzt, auch in anderen Teilen der Inselgruppe sollten sie an Zahl die Manus weit überragen. Trotzdem nehmen die Manus eine herrschende Stellung in der Admira=litätsgruppe ein. An vielen Stellen scheint eine Art Tributpflicht der umwohnenden Usiai gegen die Manus zu bestehen. Letztere beschäftigen sich außer mit der Kriegführung besonders mit Fischfang, während der Anbau von Jams, Taro, Bananen und anderen Früchten von den Usiais betrieben wird. Die Usiai haben vor den verschlageneren und in der Seefahrt weit überlegenen Manus, welche beständig alle erreichbaren

---

[1] Dr. Heinrich Schnee: „Bilder aus der Südsee". Mit 37 Abbildungen und einer großen Karte. Eleg. gebd. 12 M. Mit gütiger Erlaubnis des Ver=lages von Dietrich Reimer (Ernst Vohsen), Berlin.

Küsten heimsuchen, und die Männer totschlagen und die Weiber rauben, soweit nicht ein befreundetes Verhältnis der oben angedeuteten Art zwischen benachbarten Manus und Usiai besteht, eine große Angst. Die Usiai ähneln den Manus durchaus in der äußerlichen Erscheinung, Kleidung und Bewaffnung. Sie kennen ebenso wie die Manus die Kanufahrt, stehen letzteren aber darin an Geschicklichkeit nach. Sämtliche Eingeborene der Gruppe sind Menschenfresser.

Die Kunstfertigkeit der Insulaner ist weit entwickelter als die der Bewohner von Neupommern und Neumecklenburg. Besonders sorgfältig gearbeitet sind die großen Segelkanus der Manus „Endrol" und die Fischnetze „Nja". Die Hauptwaffe ist der Speer, welcher in vielen verschiedenen Arten gefertigt wird. Besonders beliebt ist der Obsidianspeer. Der Obsidian[1] wird an drei Plätzen gewonnen, in Lou, Balual und Pom. Die Speerschäfte werden aus Bambus oder Holz gefertigt und dann auf eine der drei genannten Inseln gebracht, deren Bewohner gegen Bezahlung die Obsidianspitze „Pitilou" daran befestigen. Zur Befestigung dient eine rote Masse „Panavi", welche angeblich aus dem Sagobaum gewonnen wird. Die Verbindung wird mit Verzierungen versehen und ist bisweilen als menschliche Figur geformt. Neben Speeren mit einfacher Spitze finden sich auch ganz selten solche mit zwei und selbst mit drei Spitzen. Die Speere haben je nach der Art der Anfertigung, speziell nach der Art des zum Schaft verwandten Holzes verschiedene Namen, z. B. Bunjau, Patambue, Kuku, Je, Patompeei. Im Norden der Hauptinsel sind die Obsidianspeere seltener und dafür Holzspeere, aus langem Bambusschaft mit hineingesetzter verzierter Holzspitze, welche mit Bast festgeschnürt und dann mit einer Masse überkleistert ist, häufiger. Solche Speere aus Bambus mit einer Spitze aus Betelholz (Buei) heißen „Kawakau".

Neben diesen Hauptwaffen sind besonders kleine Dolche „Kotjo", aus Obsidian mit rotem, verziertem Griff aus derselben Masse, mit welcher die Obsidianspitzen auf den Speeren befestigt werden, sehr beliebt. Pfeil und Bogen sind unbekannt.

Als Schmuck werden schmale Muschelarmringe „Lal", welche mit eingebrannten Verzierungen versehen sind, getragen, ferner auf der Brust runde Muschelverzierungen ähnlich dem „Kapkap" der Neumecklenburger, bei den Manus „Puembul" genannt. Die Männer sind meist mit Ziernarben versehen, „Gameit" genannt.

Auf manchen geschnitzten Darstellungen menschlicher Köpfe, so bei einzelnen, besonders schön geschnitzten Kalklöffeln, „Keram", welche beim Betelkauen benutzt wurden, findet sich eine sonderbare Haartracht, beinahe wie ein alter preußischer Zopf aussehend. Nach Angabe der Manus

---

[1] Glasartige Lava.

tragen sie ihr Haar bei einem großen, „Kan" genannten Tanzfest so frisiert.

Wenn die Befragung nach Geräten und ähnlichen Dingen schon die größten Schwierigkeiten bot, da nur wenige Manus ganz geringe Kennt= nisse im Pidginenglischen hatten und auch unsere früheren Neumecklen= burger Dolmetscher nur sehr mangelhaft sich darin verständlich machen konnten, so war es fast unmöglich, über Sitten und Gebräuche irgend etwas Sicheres zu erkunden. Immerhin glaube ich nach Beantwortung vieler Einzelfragen mit einiger Sicherheit annehmen zu können, daß bei den Manus, wie bei den meisten übrigen Eingeborenen des Archipels, Mutterrecht herrscht, d. h. daß für die rechtlichen Beziehungen in erster Linie nicht das Verhältnis zwischen Vater und Sohn, sondern die Ver= wandtschaft zwischen Onkel und Neffen mütterlicherseits entscheidend ist.

Zu erwähnen ist noch das Signalwesen der Eingeborenen der Ma= nusinseln. Auf weite Entfernungen von Insel zu Insel findet eine Ver= ständigung am Tage durch Rauch=, des Nachts durch Feuersignale statt. Insbesondere wurde das Eintreffen eines europäischen Schiffes in der Gruppe stets auf diese Weise den entfernter wohnenden Eingeborenen bekannt gegeben.

III. Die Marshallinseln.

a) Allgemeine Beschreibung des Landes
Lage und Erwerbungsgeschichte.

Der Archipel der Marshall=, Brown= und Providence=Inseln liegt über 300 deutsche Meilen in nordöstlicher Richtung von Kaiser Wilhelms= land entfernt, unmittelbar östlich von der Karolinengruppe, zwischen dem 5. und 13. Parallelgrad nördlicher Breite und dem 161. und 174. Meri= dian östlicher Länge (Greenwich) und überspannt einen Meeresraum von 350 000 qkm, ohne mehr als etwa 450 qkm Flächenraum einzunehmen. Abgesehen von den beiden im äußersten Westen für sich gelegenen Gruppen der Brown= und Providence=Inseln zerfällt der Marshallarchipel in zwei aus zahlreichen, kleinen, flachen Ringinseln bestehenden Inselketten, der Rälikgruppe im Westen und der Ratakgruppe im Osten.

Die Marshallinseln wurden im Jahre 1529 von Alvaro de Saavedra entdeckt und haben ihren Namen nach dem britischen Seefahrer Marshall, der sie 1788 von neuem auffand. Auch unser Dichter A d a l b e r t v o n C h a m i s s o hat sie besucht und mit begeisterten Worten geschildert. Aus= gangs der siebziger Jahre des 19. Jahrhunderts wurde, wie auf Samoa und im Bismarckarchipel, so auch auf den Marshallinseln eine deutsche Kohlenstation eingerichtet. Eine deutsche Firma hatte sich auf der Insel Jaluit schon seit langem handeltreibend niedergelassen. Mit Rücksicht hierauf gelang es, gelegentlich der Verhandlungen mit England über die beiderseitigen Ansprüche in Neuguinea und im Bismarckarchipel auch die Marshallinseln für Deutschland zu gewinnen (Vertrag vom 10. April 1886). Bereits am 15. Oktober 1885 war die deutsche Flagge gehißt.

Bodengestalt. Bewässerung.

Der Marshallarchipel verdankt dem Baumeister des Ozeans, den Korallen, seine Entstehung. Er ruht auf zwei parallel von Südosten nach Nordwest verlaufenden Meereserhebungen, auf denen zahlreiche Korallen= riffe sich aufgebaut haben, die meist nur wenige Meter über die Meeres=

oberfläche hinausragen. Nur die Inſel Nauru, die abgeſondert im Süden, faſt unter dem Äquator liegt, zeigt eine Erhöhung von 40—70 m über der Meeresoberfläche, was wohl auf ſpätere vulkaniſche Hebung des Untergrundes zurückzuführen iſt. Alle Riffe zeigen die gleiche Geſtalt. Sie bilden in ihrem oberen Teile einen durch zahlreiche Einſchnitte (ſogenannte Paſſagen) zerriſſenen Kranz, welcher eine 30—50 m tiefe Lagune einſchließt. Nur die höchſten Teile dieſes Kreuzers (den man auch Atoll, Ringinſel oder Laguneninſel nennt), überragen in der Flutzeit das Waſſer. Das Atoll Kwadjelin wird durch die zahlreichen Durch= brechungen des Riffkranzes in 80 kleine Inſeln zerlegt. Auch Jaluit beſteht aus 55 Teilinſeln; andere Atolle ſind weniger zerriſſen. Meiſt haben die Riffkränze nur eine Breite von wenigen 100 Fuß. Doch erreicht z. B. die Hauptinſel des Atolls Madjuru (Medjeru) eine Breite von einem Kilometer (über 50 km lang). Die Ratakreihe beſteht aus 15, die Rälikreihe aus 18 Ringinſeln.

Daß bei der geſchilderten Beſchaffenheit der Inſeln von Flußwaſſer= läufen nicht die Rede ſein kann, leuchtet ohne weiteres ein; Quellen und Bäche fehlen wegen der poröſen Natur des Untergrundes vollſtändig.

Klima. Geſundheitsverhältniſſe.

Das Klima iſt tropiſch, ſehr warm und feucht. Die Temperatur zeigt große Gleichförmigkeit und beträgt in Jaluit im Mittel etwa 27° C. Auch der Unterſchied zwiſchen Tag= und Nachttemperatur iſt kaum merklich. Die Niederſchlagsmengen ſind ungewöhnlich hoch (zirka 4500 mm) und treffen faſt alle Monate des Jahres gleichmäßig. Nur Januar und Februar ſind mitunter etwas weniger regenreich. Der Unterſchied der Jahreszeiten iſt alſo auch in dieſer Beziehung nahezu verwiſcht. Den ſtärkſten Regenfall haben Jaluit und Madjuru; die nördlicheren Inſeln ſind dagegen regenärmer. In Nauru im Süden gibt es zu Zeiten ſogar ſehr trockene Jahre. Im allgemeinen herrſchen öſtliche Winde vor. Vom Dezember bis April weht der Nordoſtpaſſat, während in den übrigen Monaten öſtliche und ſüdöſtliche Winde aufzu= treten pflegen. In den Monaten Auguſt bis November ſind Windſtillen nicht ſelten, aber auch Südweſtorkane treten in dieſer Zeit mitunter auf und richten furchtbare Verheerungen an. Da Sumpfbildung infolge der Natur des Untergrundes ausgeſchloſſen iſt, ſo fehlen die Fieberkrank= heiten trotz des Tropenklimas vollſtändig. Dagegen wirken die an= dauernd hohe Temperatur und der ſtarke Feuchtigkeitsgehalt der Luft auf Herz, Niere und Lunge der Europäer ungünſtig ein. Die Lungen= ſchwindſucht pflegt beſonders ſtürmiſch zu verlaufen. Auch Rheumatis= mus der Muskeln und Gelenke iſt nicht ſelten.

Pflanzen- und Tierwelt.

Viele Inseln sind lediglich mit Korallentrümmern und weißem Sand bedeckt, nur an wenigen Stellen hat sich eine stärkere Humusschicht ge= bildet. Wo das letztere der Fall ist, ist eine immerhin ziemlich reichliche Vegetation zur Entwicklung gelangt, die aber nur wenige Arten aufweist. Nach Norden zu wird die Pflanzendecke immer ärmlicher; neben Farn= kräutern, Wolfsmilchpflanzen und einigen Gräsern sind besonders die drei Charakterbäume der Südseeflora zu erwähnen: die in großen Mengen angepflanzte Kokospalme, welche den Hauptreichtum der Inseln aus= macht, der Brotfruchtbaum, der den Eingeborenen ein wichtiges Nah= rungsmittel liefert, und der Pandang, der von den Eingeborenen in vierzig Spielarten gezogen wird.

Auch die Tierwelt ist nur wenig vertreten; alle größeren Säuge= tiere aber, Schlangen und Frösche fehlen gänzlich. Hunde, Katzen und Schweine sind indessen seit langem eingeführt, Ratten und Mäuse von den Schiffen eingeschleppt worden. Einheimisch sind nur eine Fledermaus= art, Eidechsen, mehrere Krabbenarten usw.

Reicher ist die Vogelwelt vertreten. Neben einer Tauben= (Frucht= taube) und einer Kuckucksart finden sich zahlreiche Wat= und Schwimm= vögel. Ameisen und Moskitos werden ebenso lästig wie Skorpione und Skolopendren. Auch Schmetterlinge und Käfer kommen in einigen Dutzend Arten vor. Um so reichlicher ist das Wasser bevölkert. Fische und Krustentiere finden sich in unerschöpflicher Menge und zahllosen Arten. Neben der wertvollen Perlmuschel bemerkt man die zentner= schwere Riesenmuschel. Haifische sind häufig und werden wegen ihrer Flossen, die in China als Leckerbissen gelten, viel gefangen. Auch Seegurken (Trepang) werden gesammelt.

Bevölkerung.

Die Bevölkerung beträgt etwa 10 500 Seelen, was eine ziemlich hohe Volksdichte ergibt. Die Marshallinsulaner sind Mikronesier; sie sind mittelgroß, schlank, kräftig, von gelbbrauner bis dunkelbrauner Haut= farbe, langem, schwarzem Haarwuchs und spärlichem Bart. Von sanfter Gemütsart und intelligentem Wesen, sind sie andererseits phlegmatisch, zur Arbeit wenig geneigt und der Lüge ergeben, sowie Anwandlungen von Heimtücke unterworfen. Ihre ursprüngliche einfache Tracht und die in großem Umfange geübte Tätowierung werden unter dem Einfluß der Mission bald gänzlich verschwunden sein. Ihre Nahrung besteht haupt= sächlich aus Pflanzenkost und Fischen. Das Tabakrauchen ist sehr beliebt, die Einfuhr von Spirituosen von der Regierung glücklicherweise verboten.

In sozialer Hinsicht zerfällt die Bevölkerung in vier Klassen, die Jrodj (Oberhäuptlinge), die Burak (Häuptlinge), die Leataketak (Dorf=

(Aus der amtlichen Denkschrift.) Dorfszene in Rabutu auf Ramataua (Bismarckarchipel).

(Aus der amtlichen Denkschrift.)   Strandbild von Jaluit (Marshall=Inseln).

schulzen) und die Kajur (gemeine Leute). Nur die beiden ersten Klassen besitzen Grundeigentum; die Ortsvorsteher verwalten dasselbe für die Häuptlingsklassen, und die Kajur haben lediglich das Recht des Fisch= fangs und der Bodenbenutzung. Bei Heiraten unter Angehörigen ver= schiedener Klassen folgen die Kinder dem Range der Mutter.

Neben den Eingeborenen wohnen auf den Inseln zahlreiche Chinesen, die aber wie überall in ihre Heimat zurückkehren, wenn sie genug er= spart haben, um in China leben zu können, und 172 Weiße, unter denen die Engländer in der Überzahl sind.

Produktion des Landes. Gewerbefleiß. Handel und Verkehr.

Das Haupterzeugnis der Inseln ist die Kokosnuß, die nicht nur zur Nahrung dient, sondern deren getrockneter Kern, die Kopra, auch in großen Mengen ausgeführt wird. Beliebte Nahrungsmittel sind ferner die Früchte des Brotfruchtbaums und des Pandangs, die Banane, die Wurzel des Taro, das aus einer Wurzelknolle gewonnene Arrowroot= mehl, die Früchte des Melonenbaumes usw. Auf diese Erzeugnisse be= schränkt sich auch der Ackerbau der Eingeborenen, der mit europäischen Geräten betrieben wird. Körnerfrüchte werden weder hier, noch über= haupt in der Südsee gebaut. Mehrere europäische Firmen haben größere Kokosnußpflanzungen angelegt. Für die Viehzucht fehlt eine wichtige Vorbedingung, nämlich geeignete Futtergräser. Als Haustiere werden Hunde, Katzen und Schweine gehalten, auch Hühner und Enten, welch letztere man aber nur bei feierlichen Gelegenheiten verspeist. Dagegen wird der Fischfang rege betrieben; die Jagd auf Haifische ist bereits erwähnt. Besondere Leistungen haben die Eingeborenen im Bootsbau aufzuweisen; eine kleine Schiffsbauanstalt auf der Plantage Liekieb arbeitet sogar für den Bedarf auf den benachbarten Gilbert= und Karo= lineninseln. Die Hauptausfuhr besteht in Kopra und Phosphat. An Kopra erzeugte die Inselgruppe 1910 3277 Tonnen. Phosphat kommt von der unter dem Äquator gelegenen Insel Nauru. Es ist phosphor= saurer Kalk und ist entstanden durch chemische Verbindung des durch die mächtigen tropischen Regengüsse aufgelösten und ausgelaugten Vogel= düngers mit dem Korallenkalk. 1910 wurden von diesem vielbegehrten Düngemittel 142 675 Tonnen im Werte von 8$^1/_2$ Mill. ℳ. vorwiegend nach Australien und Japan, aber auch nach Deutschland und den Ver= einigten Staaten verschifft. Die Gesamteinfuhr betrug 1,3 Mill. ℳ., die Ausfuhr dagegen 9,4 Mill. ℳ.

Auf Jaluit und Nauru sind Postagenturen. Durch einen Dampfer der Jaluitgesellschaft erhält das Schutzgebiet jährlich sechsmal eine Ver= bindung mit der Heimat über Hongkong; seit einiger Zeit besteht auch eine Verbindung mit Europa über Sidney.

Verwaltung. Schule. Mission.

Seit dem 1. April 1906 sind die Marshallinseln als Kaiserl. Bezirks=
amt dem Gouverneur von Deutsch=Neuguinea unterstellt. Sitz der Be=
zirksverwaltung ist Jaluit. Das Missionswerk liegt in den Händen der
evangelischen Bostoner Missionsgesellschaft und der katholischen Genossen=
schaft der Missionare vom Heiligsten Herzen Jesu. Die meisten Zög=
linge der Missionsschulen können schreiben und lesen.

b) Aus den Berichten der Reisenden und Forscher

Die Insel Jaluit. [1]

Jaluit (oder Yaluit [sprich Dschalut, nach anderer Angabe Scheludsch],
Telut, Bonham, Banham, Isles de la Coquille, Elizabeth) ein Atoll unter
5 Grad 55′ nördl. Br. und 169 Grad 42′ östl. L. G., das
Platterson 1809 entdeckte, ist die wichtigste Insel der Marshallgruppe. Die
Korallenbank umschreibt einen Kreis von ungefähr 70 englischen Meilen
und trägt 55 Inseln, von denen 34 auf der Ost= und 21 auf der Westseite
liegen. Die Fläche der Inseln beträgt 90 Quadratkilometer. Die La=
gune ist in der Mitte 17 Meilen breit und ungefähr 27 Meilen lang. Der
Ost= und der Südwestteil des Beckens zeigen eine Anzahl (zusammen ca.
40) von Korallenstöcken, auf deren größtem (Cabbenbeck, vor der Südost=
passage) zwei Inselchen entstanden sind. Von den 6 Passagen, die zur
Lagune führen, sind die südöstlichste zwischen Jabwor (Bonham), der
Hauptinsel, und Enybor und die südwestlichste zwischen Medjerurik und
Ai die besten. Der Nordosten besitzt drei Kanäle. Der erste, östlich von
Kinadjang, ist breit und tief, jedoch befinden sich innerhalb desselben
eine Anzahl flacher Untiefen. Die zweite (mittlere) der nordöstlichen
Passagen führt zwischen Imrodj und Kinadjang hindurch, ist etwas
schmal, aber frei von Untiefen. Die dritte Passage ist die größte von den
dreien, liegt zwischen Medjado und Imrodj und ist ohne gefährliche Un=
tiefen. Im Südteil der Lagune und auch außerhalb derselben sind mehrere
Ankerplätze geboten: Jaluit gilt für einen der trefflichsten Naturhäfen
der Welt. Mit Ausnahme von Pinglag, Ai, Medjerurik, Metjado,
Imrodj und Kinadjang sind die Eilande dieses Atolls unfruchtbar und
stellenweise wegen der Massen spitziger Korallen und losen Steingerölle
kaum zu Fuß zu passieren. Die Einwohnerzahl betrug 1878: 1006
Menschen (335 Männer, 398 Frauen, 273 Kinder).

Fauna von Radack. [2]

Außer den Säugetieren, die das Meer ernährt, den Delphinen, die
die Radacker nur selten und einzeln erlegen, da sie nicht zahlreich und

---

[1] C. Hager: „Die Marshallinseln“, S. 45.
[2] Chamisso bei: „Kotzebue, Entdeckungsreise“, Bd. III, S. 112.

mächtig sind, sie wie andere Insulaner herdenweis zu umringen, in ihre Riffe einzutreiben und zu erjagen, den Kaschelot und den seltneren Walfischen, wird auf Radack nur die allgemein verbreitete Ratte gefunden, welche sich, da ihr kein Feind an die Seite gesetzt ist, auf eine furchtbare Weise vermehrt hat. Kadu, der die Ratte nur im Gefolge des Menschen zu denken scheint, behauptet, sie befände sich auf Bigar nicht. Man stellt auf den bewohnteren Gruppen und namentlich auf Aur diesen lästigen Tieren zuweilen nach. Man läßt sie bei Lockspeisen sich versammeln, die halb von Feuergruben umringt sind und treibt sie dann in das Feuer, das man für sie geschürt hat. — Die Ratte wird auf Udirik von den Weibern gespeist, und auch auf Wotja haben unsere Matrosen Weiber sie essen sehen.

Die Hühner finden sich auf Radack wild oder verwildert, sie dienen nur auf Udirik zur Speise und werden auf anderen Gruppen nur zur Lust einzeln gefangen und gezähmt, ohne daß man Nutzen aus ihnen zu ziehen verstünde. Man findet hier und da um die Wohnungen einen Hahn, der mit einer Schnur am Fuß an einen Pfahl gebunden, an den Streithahn der Tagalen erinnert. Ein kleiner weißer Reiher wird gleichfalls gezähmt. Außer dem Huhn und der Taube der Südsee (Columba australis) kommen nur Wald= und Wasservögel vor, und diese sind auf den bewohnten Gruppen nicht in großer Anzahl. Am häufigsten ist die Sterna stolida, die sich gern in der Nähe der Brandung aufhält.

Die Seeschildkröte wird auf Bigar gefangen; aus der Klasse der Amphibien kommen außerdem vier kleine Arten Eidechsen auf Radack vor.

Die Lagunen im Innern der Inselgruppen sind an Fischen nur arm. Man trifft außen um die Riffe und an deren Eingängen Scharen von Haifischen an, die nur selten in das innere Meer dringen; diese Tiere sollen bei Bigar den Menschen unschädlich sein. Wir haben beim Eingange in Eilu Boniten gefangen. — Der fliegende Fisch ist in der Nähe der niederen Inseln am häufigsten. Die Radacker stellen ihm nachts bei Feuerschein nach. Es kommen mehrere Arten von Fischen vor, die nicht gegessen werden und deren Genuß für tödlich gilt. Kadu führte uns ein Beispiel von also erfolgten Vergiftungen an. Dieselben Arten werden auf Ulea, nachdem man einen inneren Teil (die Leber?) herausgenommen hat, verspeist, und etliche (namentlich Didon= und Tetrodonarten) gelten sogar für lecker Bissen. Unter den giftigen Fischen von Radack werden zwei Roggen (Raja) angeführt, welche eine ausnehmende Größe erreichen; die eine hat, wie Raja Aquila und Raja Postinaca, einen großen Stachel am Schwanze, die andere hat deren fünf. Beide sollen nach Kadu zu ihrer Verteidigung diese Stachel von sich schießen und deren Verlust binnen zwanzig Tagen wieder erzeugen. Man greift sie nur von vorn an. Sie werden der Haut wegen, die die Trommeln zu bespannen dient, nachgesucht. Beide Arten werden auf Ulea gegessen.

Man trifft eine reiche Mannigfaltigkeit sowohl einschaliger oder zwei=
schaliger Muscheln an. Manche werden gespeist, und die Schalen von
manchen werden verschiedentlich benutzt. Das Tritonshorn dient als
Signaltrompete. Die Riesenmuschel und andere große zweischalige Muscheln
dienen als Gefäße und werden auch Schneidewerkzeuge daraus verfertigt,
die Perlmutter wird zu Messern geschärft, und kleinere Schneckenarten
werden zum Schmuck in zierlichen Reihen um Haupt und Nacken ge=
tragen.

Unter den Krebsen machen sich verschiedene kleine Pagurusarten be=
merkbar, die in erborgten bunten Gehäusen von allerhand Seeschnecken in
das Innere der Insel ihrer Nahrung nachgehen.

An nackten Mollusken, Würmern und Zoophyten ist die Fauna vor=
züglich reich.

Körperliche Bildung der Marshallinsulaner. [1]

Was die körperliche Bildung anbelangt, so erscheint der Marshallaner
im Durchschnitt bei schlankem Wuchs und ebenmäßiger Gliederentwicklung
mittelkräftig und erreicht mit einer zwischen 1,52 bis 1,72 m schwankenden
Höhe ziemlich die Durchschnittsgröße der Europäer. Ausnahmsweise
kommen auch größere Menschen vor, und namentlich bei den müßigen
Häuptlingen findet sich hier und da Fettentwicklung. Die Hautfarbe ist
natürlich nicht die völlig gleiche bei allen Individuen, sie variiert von
Olivengelbbraun bis in ein rötliches Ziegelbraun; der am häufigsten zu
treffende Ton dürfte mit Kastanienbraun bezeichnet werden. Auch umfaßt
derselbe Ton nicht gleichmäßig den ganzen Körper; Gesicht und Hals,
ferner die Gegend hinter und unter dem Ohre, die Achselhöhle und Leisten=
gegend und die vom Grasschurz bedeckten Teile sind heller. Fast so hell
wie bei uns sind Hand= und Fußsohlen und die Nägel. Kniee und Ell=
bogen sind merkbar dunkler; die Rückenseite erscheint im ganzen etwas
mehr gedunkelt als die Vorderseite, ebenso das Schienbein. Junge Frauen
und überhaupt junge Leute sind heller als Erwachsene; das Haar ist meist
schwarz und schlicht; feines lockiges und wolliges Haar gehört namentlich
bei den Frauen nicht zu den Seltenheiten. Die Männer tragen es ent=
weder kurz abgeschnitten, wie dies seit Einführung der Mission üblich,
oder nach der alten Weise in einen Schopf hochgebunden. Bei den Frauen
hängt es meist, in der Mitte gescheitelt, lang herab. Mit Bartwuchs sind
sie nur spärlich versehen.

Die Augen sind groß, voll, dunkel, meist blaubraun, und zeigen
heiteren, lebhaften, geweckten Ausdruck. Die Backenknochen treten mäßig
hervor. Die Nase erscheint, wie bei allen Südseevölkern, an der Basis
breit und flach, nach der Spitze konkav aufsteigend, kolbig aufgeworfen,

---

[1] C. Hager: „Die Marshallinsulaner", S. 70.

die Flügel sind breit und stark gewölbt, die Nüstern groß, länglich rund
bis rundlich, weit geöffnet. Übrigens trifft man auch Nasen, die sich
mit Ausnahme ihrer etwas größeren Breite von europäischen kaum unterscheiden, wie sanft bis stark gebogene, die dann den betreffenden Personen
meist jenen jüdischen Typus verleihen, den man bei allen hell- und dunkel-
farbigen Völkern der Südsee vereinzelt antrifft. Der Mund ist groß, mit
vollen, breiten, braunen, zuweilen rot durchscheinenden Lippen; mitunter
trifft man auch europäisch geformte, kaum etwas dickere Lippen. Die
großen, regelmäßigen Zähne tragen blendenden Schmelz. Die Ohrläppchen
liebt der Marshallaner vermittels Durchbohrens und Einlegens von
schweren Gegenständen ganz ihrer natürlichen Gestalt zu berauben, so daß
sie oft bis auf die Schultern herabhängen, oft auch durchreißen. Auffallend klein sind die übrigens platten Füße. Im ganzen ist das weibliche
Geschlecht kleiner und schwächer entwickelt als das männliche, dafür aber
auch gelenkiger und beweglicher. So läßt sich z. B. der Knochen des
Unterarmes am weiblichen Ellbogen gleich leicht nach innen wie nach
außen biegen. In der Jugend sind die Frauen sehr hübsche Erscheinungen
mit wohlgeformter Büste und rundem Gesicht. Dem Alter freilich haftet
auch hier, besonders wenn es sich nur mäßig verhüllt zeigt, die Häßlichkeit an, bisweilen abschreckende Häßlichkeit. Sie altern, bevor sie die volle
Blüte erreicht haben.

Religiöse Anschauungen der Radackinsulaner. [1]

Die Bewohner von Radack verehren einen unsichtbaren Gott im
Himmel und bringen ihm ohne Tempel und Priester einfache Opfer von
Früchten dar. In der Sprache bedeutet Jageach Gott, der Name des
Gottes ist Anis. Bei zu unternehmenden Kriegen und ähnlichen Gelegenheiten finden feierliche Opfer statt; die Handlung geschieht im Freien.
Einer aus der Versammlung, nicht der Chef, weiht dem Gott die Früchte
durch Emporhalten und Anrufen; die Formel ist: Gidien Anis mne jea,
das letzte Wort wiederholt das versammelte Volk. Wenn ein Hausvater
zum Fischfang ausfährt oder etwas ihm Wichtiges unternimmt, so opfert
er unter den Seinen. Es gibt auf verschiedenen Inseln heilige Bäume,
Kokospalmen, in deren Krone sich Anis niederläßt. Um den Fuß eines
solchen Baumes sind vier Balken im Viereck gelegt. Es scheint nicht verboten zu sein, in den Raum, den sie einschließen, zu treten, und die
Früchte des Baumes werden von den Menschen gegessen.

Die Operation des Tatuirens steht auf Radack in Beziehung mit dem
religiösen Glauben und darf ohne gewisse göttliche Zeichen nicht unternommen werden. Die, welche tatuiert zu werden begehren, bringen die

---

[1] Chamisso bei Kotzebue, Entdeckungsreise, Bd. 3, S. 117.

Nacht in einem Hause zu, auf welches der Chef, welcher die Operation vollziehen soll, den Gott herab beschwört; ein vernehmbarer Ton, ein Pfeifen, soll seine Zustimmung kund geben. Bleibt dieses Zeichen aus, so unterbleibt auch die Operation, daher sie an etlichen nie vollführt wird. Im Fall der Übertretung würde das Meer über die Insel kommen und alles Land untergehen. Vom Meere bedroht wohlbekannte Gefahr allein den Inseln, und der religiöse Glaube verhängt oft diese Rute über die Menschen. Dagegen helfen aber Beschwörungen. Kadu hat auf Radack das Meer bis an den Fuß der Kokosbäume steigen sehen, aber es wurde beizeiten besprochen und trat in seine Grenzen zurück. Er nannte uns zwei Männer und ein Weib, die auf Radack diese Beschwörung verstehen.

Die wüste Inselgruppe Bigar hat ihren eigenen Gott. Der Gott von Bigar ist blind; er hat zwei junge Söhne namens Rigabuil, und die Menschen, die Bigar besuchen, nennen einander, so lange sie da sind, Rigabuil, damit der blinde Gott sie für seine Söhne halte und ihnen Gutes tue. Anis darf auf Bigar nicht angerufen werden, der Gott würde den, der es täte, mit schwerer Krankheit und mit Tod schlagen. Unter einem Baume von Bigar werden Opfer von Früchten, Kokos usw. dargebracht. Daß in die Gruben Wasser quelle, helfen wohl und ohne Fehl ausgesprochene Beschwörungsformeln, denn, ist der Erfolg ungünstig, so ist etwas versehen worden, und die Worte wurden nicht recht gesagt. Es ist überall wie bei uns. Bei Bigar dürfen die Haifische dem Menschen nichts tun, Gott läßt es nicht zu. Von allen Gruppen Radacks aus wird Bigar über Udirik besucht, nur die aus Eilu dürfen es nicht unmittelbar. Sie müssen einen Monat auf Udirik verweilen, bevor sie hinfahren, und müssen nach der Rückkehr einen anderen Monat auf derselben Gruppe verharren, bevor sie von dem mitgebrachten Vorrat genießen.

Tanz der Marshallinsulaner. [1]

Das Erscheinen Lebons ist das Signal für den Beginn des Tanzes. Die Frauenzimmer stimmen, sobald Lebon sich ihnen bis auf zwanzig Schritt genähert hat, begleitet von dem einförmigen Tam=Tam ihrer Trommeln, einen monotonen Gesang an. Die Trommel, ein ausgehöhltes Stück Holz in Form eines Stundenglases, auf der einen Seite mit Fischhaut überspannt, auf der anderen offen, wird mit der einen Hand auf dem Schoß gehalten und mit der flachen anderen Hand geschlagen; der Gesang enthält nur wenige sich stets wiederholende Strophen, welche auf den König Bezug haben. Der König kommt in raschem Schritt und guter Haltung würdevoll angegangen, hält in der Mitte vor den Reihen der singenden Frauenzimmer, sieht sich mit mutigem Blick nach allen

---

[1] B. v. Werner: „Ein deutsches Kriegsschiff in der Südsee", S. 369.

Seiten um, als ob er den Feind suche, nimmt ihn in dem Orchester an, stößt einen Schrei aus, welcher furchtbar sein soll und nur mit dem Quietschen eines in den Schwanz gekniffenen Schweines verglichen werden kann, und beginnt nun seine Darstellung, welche ihn in seinem ganzen Grimm und seiner ganzen Furchtbarkeit zeigen soll. Die Augen rollen in dem alle möglichen Linien beschreibenden Kopfe hin und her, das Gesicht wird verzerrt, wobei Mund und Unterkiefer in krampfhafter Tätigkeit sind und dem Gesicht einen kläglichen Ausdruck geben, welcher schreckenerregend sein soll, in Wirklichkeit aber jeden Augenblick den Ausbruch ganz jämmerlichen Weinens erwarten läßt und lebhaft an die japanischen Abbildungen grimmer Krieger erinnert. Mit dem Stock werden Stoß- und Wurfbewegungen des Speeres angedeutet, der ganze Körper windet sich in krampfhaften Bewegungen, welche ein lebendiges Bild von kraftvollem Ringen geben. Lebon macht seine Sache sehr schön, das zeigen die Gesichter der Zuschauer; aber er weiß auch, vor wem er sich als Krieger zu zeigen hat, gibt daher sein Bestes und tritt gewissermaßen als Schauspieler auf. Nicht so die singenden Frauenzimmer, welche der Zuschauer nicht gedenken, sondern den ersten und tapfersten Mann ihres Stammes vor sich sehen, in seinem Anschauen ganz aufgehen und sich geben, wie sie sind, nicht wie sie scheinen wollen. Diese interessierten mich daher mehr, obgleich sie nur das Beiwerk bildeten. Da sitzen sie in Reih und Glied mit steifem Körper, schlagen mit der rechten Hand die Trommel und singen mit gewöhnlicher Stimme ihren Gesang. Doch währt dies nicht lange, ein schnelleres Tempo zwingt den Tänzer zu rascheren Bewegungen, der Gesang wird lauter, die Reihen werden unruhig, die Köpfe schwanken hin und her, die Körper bewegen sich und nähern sich rutschend, ohne dies zu wollen, dem köstlichen Krieger, die Augen treten weit hervor, stieren nur nach dem Gesicht des gefeierten Mannes und erhalten einen ganz eigentümlichen Glanz. Die Körper, dem Tänzer nahe genug, fassen wieder festen Fuß, die Stirn fällt zurück, damit der die Taten des mit dem Feinde ringenden Beschützers besingende Mund diesem näher ist, die Köpfe mit ihren gläsernen Augen wackeln jetzt gleichmäßig nach dem Takte der Musik hin und her, die ganze Gruppe sieht aus wie ein Haufen chinesischer Porzellanpuppen mit langsam hin- und herwiegenden Köpfen. Da glaubt Lebon genug getan zu haben, er wirft seinen Stock weit weg, welcher von einem Häuptling aufgehoben und ihm nachher wieder zugestellt wird, wendet sich von dem Orchester ab und geht auf die ihn respektvoll erwartenden Häuptlinge zu. Die Frauenzimmer verstummen, scheinen aus einem Traum in das Leben zurückzufallen, erholen sich aber schnell genug, um rechtzeitig mit der Ankunft des Königs vor seinen Häuptlingen diese zu einem ähnlichen Tanze zu begleiten, den sie nunmehr vor ihrem König aufführen.

Wirtschaftliches von den Marshallinsulanern. [1]

Ihrer Beschaffenheit nach würden sich allerdings die Laguneninseln ganz vorzüglich zur Anlegung von Pflanzungen eignen, wenn nur die verhältnismäßig zu dichte Bewohnerschaft die Durchführung solcher Unternehmungen zulassen würde. Rücksichten auf ihre Nahrung und ihren Handel machen sie abgeneigt, auch das kleinste Stück zum Anbau von Kokospalmen sich eignenden Landes zu veräußern. Auf ursprünglich unbewohnten Inseln jedoch wurde mit der Anlage von Plantagen vorgegangen. A. Capelle kaufte 1877 von den Eingeborenen die Ratak-Insel Liekieb, bepflanzte sie mit Kokospalmen und bewirtschaftet sie mit teilweise gutem Ertrag in Gemeinschaft mit einigen nichtdeutschen Miteigentümern. In Rälik machte man Pflanzungsversuche auf Udjelang, indem die deutsche Handels- und Plantagen-Gesellschaft der Südsee-Inseln zu Hamburg dort den Grund und Boden von den sechs Eingeborenen in Miete genommen hat. Diese Gesellschaft, gegenwärtig die bedeutendste Südsee-Firma, ging im November 1879 aus dem Sturz des Hauses Godeffroy hervor, einem Ereignis übrigens, welches Verhältnisse herbeiführten, die mit dem Südsee-Geschäft keinen Zusammenhang hatten.

Die neue Gesellschaft, deren Wirken sich über den ganzen Westen des Stillen Ozeans erstreckt und deren Vorgehen in Pflanzungsunternehmungen und Ausbreitung des Handels vor einigen Jahren von einem Engländer mit dem der „Ostindischen Kompagnie" verglichen wurde, schuf sich hier drei Bereiche des geschäftlichen Betriebs: Apia (Samoa), Mioko (Bismarckarchipel) und Jaluit. Der Bereich von Jaluit umfaßt außer den Marshall-Inseln die Karolinen. Neben ihr arbeitet in diesem Teil des Meeres vorzugsweise die Firma Hernsheim & Co. (Franz und Eduard Hernsheim aus Mainz), die mit zwei selbständigen Filialen in Matupi (Bismarckarchipel) und Jaluit domiziliert ist.

Für das Gebiet von Jaluit kommt als Ausfuhrerzeugnis im wesentlichen nur Kopra in Betracht. Die Produktion beträgt jährlich hierin 1000—1500 Tonnen. Die Ausfuhr anderer Inselprodukte, wie Perlschalen, Schildpatt, Korallen, Guano usw., kommt auf den Marshallinseln fast gar nicht in Frage.

Die Art der Inangriffnahme und des Handelsbetriebes auf den einzelnen Inseln ist die in der Südsee überhaupt übliche. Einer oder mehrere Agenten werden von der Firma mit Zustimmung der Häuptlinge domiziliert und entsprechend eingerichtet, sowie Wohn- und Warenräume gebaut, Tauschwaren und Boote geliefert. Diese mitunter kostspielige Einrichtung und Ausrüstung geschieht auf Kosten und nach Wunsch der Agenten mit dem Kapital der Firma und zahlen jene den Vorschuß all-

---

[1] C. Hager: „Die Marshall-Inseln", S. 118.

(Aus der amtlichen Denkschrift.)

Dorfscene in Pingelap (Oft-Karolinen).

mählich ab. Unteragenten, die entweder gleichfalls von der Firma ange=
stellt und mit Tauschwaren versorgt werden, oder auf eigene Rechnung
handeln, kaufen die Kopra auf und liefern sie an die Agenten ab. Aus
den Agenturen wird dieselbe direkt oder über einen Zentralpunkt, der
z. B. für die deutsche Handels= und Plantagen=Gesellschaft Apia ist,
verschifft.

Die Agenten sind mit wenigen Ausnahmen Deutsche, während sich
die Unteragenten, aus Mangel an geeigneten Deutschen, vorzugsweise aus
Engländern rekrutieren. Erstere sind entweder fest angestellt und be=
ziehen daneben Tantiemen von den abgelieferten Produkten, oder es
werden ihnen letztere zu einem vereinbarten Preise abgenommen, wobei
es ihnen dann selbst überlassen ist, die Produkte so billig als möglich
zu erwerben. Jährlich ein= oder zweimal besucht eines der Schiffe der
Firma die Handelsstation, nimmt die Produkte ein und liefert neue
Tauschwaren.

Pandanus und Kokospalme auf Radack. [1]

Das nutzbarste Gewächs dieser Inselkette ist der gemeine Pandanus
der Südseeinseln (Wob). Er wächst wild auf dem dürrsten Sande, wo
erst die Vegetation anhebt, und bereichert den Grund durch die vielen
Blätter, die er abwirft. Er wuchert in den feuchten Niederungen reicherer
Inseln. Er wird außerdem mit Fleiß angebaut, zahlreiche Abarten mit
veredelter Frucht, die der Kultur zuzuschreiben sind, werden durch Ableger
fortgepflanzt. Ihr Samen bringt die Urform der Art (der Eruan) wieder
hervor. Die Frucht des Pandanus macht auf Radack die Volksnahrung
aus. Die zusammengesetzten faserigen Steinfrüchte, aus denen die kugel=
förmige Frucht besteht, enthalten an ihrer Basis, dem Punkte ihrer An=
heftung, einen würzigen Saft. Man klopft erst, um diesen Saft zu ge=
nießen, die Steinfrucht mit einem Stein, kauet sodann die Fasern und
dreht sie in dem Munde aus. Man backt auch die Früchte in Gruben,
nach der Art der Südsee, nicht sowohl um sie in diesem Zustand zu ge=
nießen als um daraus den Mogan zu bereiten, ein würziges, trockenes
Konfekt, das, ein köstlicher Vorrat, sorgfältig aufbewahrt, für Seereisen
aufgespart bleibt. Zur Bereitung des Mogan sind alle Glieder einer
oder mehrerer Familien geschäftig. Aus den Steinfrüchten, wie sie aus
der Backgrube kommen, wird der verdickte Saft über den Rand einer
Muschel ausgekratzt, dann auf einem mit Blättern belegten Rost aus=
gebreitet, über einem gelinden Kohlenfeuer der Sonne ausgesetzt und
gedörrt. Die dünne Scheibe, sobald als sie gehörig getrocknet, wird dicht
auf sich selbst zusammengerollt, und die Walze dann in Blättern des
Baumes sauber eingehüllt und umschnürt. Die Mandel dieser Frucht

---

[1] Chamisso: „Bei Kotzebue, Entdeckungsreise", Bd. III, S. 110.

ist geschmackvoll aber mühsam zu gewinnen und wird öfters vernachlässigt. Aus den Blättern des Pandanus verfertigen die Weiber alle Sorten Matten, sowohl die zierlich umrandeten, viereckigen, die zu Schürzen dienen, als die, die zu Schiffssegeln verwendet werden, und die dickeren, woraus das Lager besteht.

Nach dem Pandanus gebührt dem Kokosbaum (Nu) der zweite Rang. Nicht nur seine Nuß, die Trank und Speise, Gefäße und Öl zum häuslichen Gebrauch gewährt, macht ihn schätzbar, sondern auch und hauptsächlich der Bast um dieselbe, woraus Schnüre und Seile verfertigt werden. Auf dem Pandanus beruht die Nahrung, auf dem Kokosbaum die Schiffahrt dieses Volkes. Die Verfertigung der Schnüre und Seile ist eine Arbeit der Männer, und man sieht selbst die ersten Häuptlinge sich damit beschäftigen. Die Fasern des Bastes werden durch Mazeration in Süßwassergruben ausgeschieden und gereinigt. Die Schnur wird zugleich mit den zwei Fäden, aus welchen sie besteht, gesponnen, indem jeglichem vorläufig bereitete gleiche Bündel Fasern hinzugesetzt werden. Das Holz des alten Kokosbaums, zu Pulver gerieben und mit dem Saft der Hülle der unreifen Nuß zu einem Teige gemischt, wird, in Kokosschalen gekocht oder auf dem Feuer geröstet, zu einer Speise bereitet. Kokosschalen sind die einzigen Gefäße, worin die Menschen Wasser mit sich zu tragen vermögen; sie werden in geflochtenen, länglichen, eigens dazu bestimmten Körben, mehrere, das Auge nach oben, aneinander gereiht, verwahrt. Der Kokosbaum wird überall auf bewohnten und unbewohnten Inseln angepflanzt und vermehrt, aber bei vielen jungen Pflanzenschulen, auf die man trifft, sieht man ihn nur auf bewohnten Inseln Früchte tragen und nur auf wenigen und auf den südlicheren Gruppen seine luftige Krone hoch in den Lüften wiegen. Der Kokosbaum trägt auf Radack nur sehr kleine Nüsse.

Fischfang der Marshallinsulaner. [1]

Fische und Schaltiere werden häufig roh verzehrt; namentlich gilt dies von einer ganz kleinen Sardine, die zu bestimmten Jahreszeiten in großen Schwärmen in die Lagune kommt.

Selten sieht man um diese Zeit die Palmenkronen am Strande ohne Wächter, denn aus dieser Höhe erkennt das geübte Auge des Eingeborenen den dicht an der Oberfläche schwimmenden Fisch auf weite Entfernung. Sofort belebt sich der Strand; während einige sich dem Schwarme vorsichtig mit Kanus nähern und ihn dem Lande zuzutreiben suchen, tragen andere frische Palmblätter herzu oder rollen lange, fransenartige Schnüre auf. Sind die Fische etwa auf 100 Schritte nahe gekommen, so bildet alles was Beine hat eine Kette und umschließt sie im Halbkreise. Mit

---

[1] F. Hernsheim: „Südsee-Erinnerungen", S. 83.

Blättern und Schnüren wird rasch unter Wasser ein Netzwerk hergestellt und mit Geschrei und langen Stöcken der Fisch zurückgetrieben, wo er durchzubrechen versucht. Nun wartet man ruhig, bis Ebbe eingetreten ist, und nur ein paar Zoll Wasser auf dem Riffe bleiben. Gibt endlich der Häuptling das Zeichen, so stürzt sich die ganze Bevölkerung mit lautem Jubel auf die sichere Beute, von der jeder einen möglichst großen Anteil zu erhaschen sucht, denn was er nicht selbst verzehren kann, bringt er dem weißen Händler, der gerne einen guten Preis für den in der Tat sehr schmackhaften Fisch zahlt.

Die Bedächtigeren haben sich beizeiten einen Korb geflochten und bringen kleine Netze mit; andere benutzen ihre Strohhüte, die Mädchen streifen ihre Matten ab, wieder andere spießen die Tierchen sehr geschickt mit ganz kleinen Speeren oder betäuben sie durch einen Schlag.

In Ermangelung von Körben oder Taschen schiebt man die Köpfe der Sardinen zwischen die blendend weißen Zähne, bis oft acht bis zehn glitzernde Schuppenleiber aus dem Munde hängen.

Bei solchem Fischfange fallen alle Standesunterschiede. Jeder ist gleichberechtigt und stimmt in den allgemeinen Jubel ein. Kabua springt ebenso aufgeregt und ausgelassen umher, wie der sonst so ernste Missionar oder der unfreie Kajur, der nachher einen Teil seiner Beute als Tribut entrichten muß. Vier bis fünfhundert Pfund Fische ist der ungefähre Ertrag eines derartigen Fanges.

Auf ähnliche Weise wird der sechs bis acht Pfund wiegende „yellow-tail" (seines gelben Schwanzes halber so benannt) gefangen; nur daß man ihn mit Kanus aufsucht und von größeren Entfernungen dem Lande zutreibt. Eine, zwei Kanus verbindende, auf der Wasserfläche schwimmende Schnur genügt; denn merkwürdigerweise springt wohl einer oder der andere der Fische über die Schnur zurück, unter derselben hinweg schwimmt er jedoch nicht.

Andere der buntfarbigen Bewohner der Lagune werden mittels eines aus Perlmutterschale verfertigten Angelhakens gefangen. Manche darunter sind zart und wohlschmeckend, viele aber so giftig, daß ihr Genuß heftige Krämpfe verursacht, die ohne die schnelle Anwendung energischer Gegenmittel häufig mit dem Tode enden.

Die Phosphatlager von Nauru.[1]

Unser kleinstes Schutzgebiet, die Marshall-Inseln, hat einen Flächeninhalt von nur 400 qkm, der sich auf eine große Anzahl von Atollen verteilt, die mit wenigen Ausnahmen Laguneninseln sind und eine einheimische Bevölkerung von etwa 15 000 Seelen aufweisen. Zu diesem Schutzgebiet gehört die 0,26 südlicher Breite und 166,56 östlicher

---

[1] Aus Nr. 7 der Deutschen Kolonialzeitung 1908.

Länge liegende Insel Nauru. Während die Atolle eine Bodenerhebung von kaum 15 Fuß über den Hochwasserspiegel haben, ragt Nauru etwa 75 m empor. Aus gewaltigen Meerestiefen steigt die fast kreisrunde Insel in einem Winkel von 45° auf und bildet einen abgeflachten Kegel, dessen Flächenausdehnung etwa 2000 ha beträgt. Rings um die Insel zieht sich in einer Breite von 60—90 m ein Riff, dann folgt ein etwa 100 m breiter Gürtel ebenen Landes, auf dem die Kokospalme üppig gedeiht, und dahinter steigt steiniges Gelände auf, in dessen süd=westlichem Teil eine kleine, wenige Fuß tiefe Lagune liegt.

Als im Jahre 1886 die deutsche Flagge auf den Marshall=Inseln gehißt wurde, war Nauru noch eine der berüchtigtsten Inseln der Südsee. Die Bewohner — etwa 1500 Seelen — lebten in steter Fehde, und die unter ihnen angesiedelten weißen Händler waren meist schlimme Ge=sellen, entlaufene Matrosen oder gar entsprungene Sträflinge, die auf irgend eine geheimnisvolle Weise ihren Weg von Australien oder Neu=Kaledonien nach dieser weltentlegenen Insel, die sie beach combers paradise[1]) nannten, gefunden hatten und einen äußerst schlechten Einfluß auf die Eingeborenen ausübten. Tabak, Schnaps und Waffen bildeten die Haupthandelsartikel, gegen welche im Jahre etwa 100—200 Tonnen Kopra eingetauscht wurden. Ein um so mühseligerer Betrieb, als die Insel weder Hafen noch Ankergrund besitzt, und die kleinen Segel=schiffe ab= und anliegen mußten, um diesen Handel zu betreiben. Unter deutscher Verwaltung und dem segensreichen Verbot der Schnaps= und Waffeneinfuhr sind die Bewohner Naurus nach und nach zu nüchternen, friedlichen Menschen herangezogen worden, und das steinige Gelände, welches hinter dem Kokosgürtel ansteigt, hat sich als eine Anhäufung hochgradiger Phosphate erwiesen. Die Ausbeute solcher Düngerstoffe war als Privileg der Jaluit=Gesellschaft übertragen, welche bekannt=lich dem Reich die Verwaltungskosten des Schutzgebiets zu erstatten hatte. Als das Reich auch die Verwaltung dieses Schutzgebietes selbst übernahm, ließ man der Gesellschaft zwar dieses Privileg auch ferner, setzte jedoch eine Ausfuhrabgabe fest. Die genaueren Untersuchungen Sachverständiger ergaben, daß das Phosphat ursprünglich zweifellos von Vögeln hierher gebracht worden war, die die damals wohl unbewohnte Insel als Brutplatz benutzt haben werden, wie wir es heute noch in allerdings kleinerem Maßstabe auf anderen Inseln der Südsee beobachten können.

In der aller Wahrscheinlichkeit nach Jahrhunderte zurückliegenden Zeit, als diese Ablagerungen stattfanden, scheint Nauru ein Korallenatoll gewesen zu sein. Unter vulkanischen Einwirkungen hat die Insel He=bungen und Senkungen erhalten, von denen zwei beziehungsweise drei nach=

---

[1]) Strandräuberparadies.

weisbar sind. Vermutlich wird aber eine weit größere Anzahl stattge=
funden haben, ehe Nauru die heutige Gestalt angenommen hat. Das in
dem Guano enthaltene, lösliche Phosphat sickerte mit dem Regen auf den
Korallenuntergrund, sättigte sich hier mit dem erforderlichen Kalk und
bildete Phosphatgestein. Im Laufe der Jahrhunderte hat Brandung
und Regenfall die weniger harten Korallengebilde weggewaschen, während
sich der phosphorsaure Kalk in Höhlungen und Spalten zwischen dem ver=
witterten Gestein in Form von abgeschliffenen Kieseln und Sand sam=
melte. In diesem Zustand scheint sich die Insel abermals gehoben zu
haben und nach wie vor von den Vögeln besucht worden zu sein. Wiederum
sickerte das Phosphat aus diesen jüngeren Ablagerungen und zementierte
die in den Spalten angehäuften Phosphatgebilde einer früheren Periode
zu einem Konglomerat zusammen, wie wir es heute in großen Klumpen
finden. Diese zusammengeschweißten Gebilde sind häufig in so merk=
würdiger Weise mit den primären durcheinander geworfen, daß hieraus
schon auf die gewaltige Naturkraft geschlossen werden darf, die bei den
Hebungen und Senkungen der Insel tätig gewesen sein muß.

Die zahlreichen, über die ganze Insel vorgenommenen Bohrungen
haben bis zu einer Tiefe von 10 bis 15 Fuß überall das gleiche Material
ergeben, und allenthalben fand sich auf der Oberfläche Phosphat in Ge=
stalt abgeschliffener Kiesel, lose umherliegend. Bis zu welcher Tiefe die
Phosphatlager reichen mögen, ist noch nicht festgestellt; aber die nach=
gewiesenen Vorräte sind so gewaltig, daß ihr Abbau für mehrere Gene=
rationen ausreichen wird. Was nun die Ausnutzung dieser Funde be=
trifft, so haben wirtschaftliche Erwägungen und vor allem der Umstand,
daß in nächster Nähe eine englische Insel mit gleichen Phosphatbeständen
liegt, zu einer Vereinigung der deutschen und englischen Interessen ge=
führt. Es wurden zuerst auf der englischen und seit Jahresfrist auch auf
der deutschen Insel Einrichtungen geschaffen, um das Phosphat zu ge=
winnen, zu trocknen und an Bord zu schaffen. Viele hundert Eingeborene,
chinesische und japanische Arbeiter werden beschäftigt. Schienenstränge
durchqueren die Insel, Dampf und Elektrizität erzeugen Kraft, Licht und
Trinkwasser, solide Eisenkonstruktionen bergen die getrockneten Vorräte
und tragen die Wagen bis über den Rand des Riffes hinaus. Von hier
aus allerdings wird das Phosphat in kleinen Ruderbooten nach den
Dampfern befördert, welche an gewaltigen Bojen einige Schiffslängen
vom Riffe entfernt vertaut liegen. Man hatte gehofft, Schwebebrücken
oder ähnliche Vorrichtungen konstruieren zu können, um das Phosphat
unter Vermeidung des Boottransportes direkt in die Schiffe zu befördern,
war auch der Aussprengung eines Hafens näher getreten; aber alle Pro=
jekte der Ingenieurkunst scheiterten an der hier herrschenden, ungewöhn=
lich starken Meeresströmung und Dünung. Die Qualität des Phosphats
übertrifft alle bisher bekannten Ablagerungen, sowohl was den hohen

und vollständig gleichmäßigen Gehalt an Phosphorsäure betrifft als auch mit Rücksicht auf die ganz geringe Beimischung von Eisen und Tonerde.

Um das Phosphat für Düngzwecke verwendbar zu machen, wird es bekanntlich mit Schwefelsäure aufgeschlossen; es findet bei der immer rationelleren und wissenschaftlicheren Bewirtschaftung des Bodens von Jahr zu Jahr größere Verwendung.

Naturgemäß geht ein beträchtlicher Teil der Ablagerungen nach den die Südsee umgebenden Ländern: Japan, Australien, Neu=Seeland und Honolulu; aber auch Frankreich, Belgien, England, Schweden, Nor= wegen, Rußland und vor allem Deutschland beziehen große Mengen, die Union in Stettin allein z. B. 20 000 bis 25 000 Tonnen pro Jahr.

IV. Die Karolinen, Marianen und Palauinseln

a) Allgemeine Beschreibung des Landes

Lage. Erwerbungsgeschichte. Bodenbeschaffenheit.

Westlich vom Marshallarchipel erstreckt sich in langer, über 25 Längengrade reichender Kette die Gruppe der Karolineninseln. Hieran schließen sich wiederum im Westen die Palauinseln, während wenige Breitengrade nördlich von den West-Karolinen die Gruppe der Marianen oder Ladronen gelagert ist.

Schon im Jahre 1885 machte Deutschland den Versuch, die Karolineninseln in Besitz zu nehmen, stieß aber auf den Widerstand der Spanier, welche ältere Rechte geltend machten. Der Papst, dessen Vermittlung angerufen wurde, entschied zugunsten der spanischen Oberhoheit; doch erhielt Deutschland das Recht zur Anlage einer Kohlen- und Flottenstation. Durch einen Kaufvertrag vom 30. Juni 1899 gingen indessen diese Gruppe sowohl wie auch die Palau und die Marianen (mit Ausnahme von Guam) an Deutschland über.

Die Karolinen und Palau haben einen Flächenraum von 1600, die Marianen von etwa 600 qkm. Die Marianen und Palauinseln, sowie die Karolineninseln Kusaie, Ponape, der Rukarchipel und Yap sind Hochinseln, also vulkanischen Ursprunges. Den Inselkern bilden meist Basalte, die nicht selten von einem Panzer aus gehobenen Korallenkalken umschlossen werden. Auf Ponape erhebt sich der Talokomeberg bis zu einer Höhe von fast 900 m. Auch die Marianen zeigen vielfach ansehnliche Erhebungen, doch sind die Vulkane, wie es scheint, sämtlich erloschen.

Alle übrigen Inseln und Gruppen sind korallinischen Ursprungs und weisen die Form der Atolle auf.

Klima. Gesundheitsverhältnisse. Pflanzen- und Tierwelt. Bevölkerung.

Das Klima ist tropisch, die Temperatur gleichmäßig und durch die Seewinde gemildert. Der Regenfall ist bedeutend (auf Yap z. B. 2500 Millimeter); die Regenzeit umfaßt die Monate Juni bis Oktober. Wäh-

rend der Trockenzeit weht der Nordost=Monsun; die Regenzeit ist die Zeit
der wechselnden Winde. Während des Überganges von der Regen= zur
Trockenzeit (November) treten häufig heftige Orkane auf.

Die West=Karolinen scheinen von den schweren Tropenkrankheiten,
wie Malaria und Dysenterie, gänzlich frei zu sein. Auch sonst haben
Europäer wie Eingeborene nicht viel von Krankheiten zu leiden. Weniger
günstig scheinen die Verhältnisse auf dem östlichen Teil des Archipels und
auf den Marianen zu sein, wo besonders manche Hautkrankheiten und
heftige Rheumatismen auftreten.

Die Flora ist wenig artenreich und gelangt nur auf den vulkanischen
Hochinseln zu üppigerer Entfaltung. Der Strand zeigt an geschützten
Stellen Mangrovebestände. Das dahinter liegende Kulturland ähnelt
einem stark verwilderten Park, der durch Kokos= und Betelpalmen, Brot=
fruchtbäume, Bananen und andere Baumgewächse charakterisiert wird.
Die Abhänge der Gebirge und die Hochebenen zeigen meist Savannen=
charakter und sind nur selten mit Wald bestanden.

Noch spärlicher ist die Tierwelt vertreten. An Säugetieren finden
sich nur der fliegende Hund, der kleine Marianenhirsch, eine Rattenart
und das Schwein, auf Ponape auch Hunde und Katzen und auf Tinian
verwilderte Rinder. Die Vogelwelt zählt dagegen ziemlich viele Arten,
darunter auch eine ganze Reihe solcher, die den Inseln eigentümlich sind.
Die Bewohner sind polynesischer Abstammung, zeigen aber vielfach
melanesische Beimischung. Sie sind mittelgroß, wohlgestaltet, hellbraun
bis dunkelbraun, und haben schwarzes, schlichtes Haar. Die gesamte Be=
völkerung beträgt 43 600 farbige Einwohner. Hiervon entfallen auf die
Ostkarolinen 25 000, auf die Westkarolinen, Palauinseln und Marianen
18 000, von denen 1920 der Urbevölkerung der Chamorro angehören, wäh=
rend die übrigen eingewanderte Malayen, Japaner, Chinesen sind. An
Weißen befinden sich auf diesen Inselgruppen 148. Im Oktober 1910
erhob sich der Jokojstamm auf Ponape gegen die deutsche Herrschaft und
ermordete den Bezirksamtmann, drei andere Beamte und fünf eingeborene
Bootsjungen. Er wurde im Januar 1911 mit Hilfe der Besatzung der
kleinen Kreuzer „Cormoran", „Nürnberg" und „Emden" unterworfen,
17 Aufständische wurden hingerichtet, der ganze Stamm kam nach den
Palauinseln in die Verbannung. Leider hatte die Besatzung bei der
Unterwerfung 5 Tote und 7 Verwundete zu beklagen.

Produktion und Gewerbefleiß. Handel und Verkehr.

Das Klima ist günstig, der Lebenserwerb leicht und die Arbeitslust
der Eingeborenen daher gering. Für den Lebensunterhalt bauen sie
Taro, Yams, Maniok, hier und da auch Mais und Zuckerrohr; Kokos=

nüſſe, Brotfrüchte, Bananen, Limonen, Jambuſen trägt ihnen der Buſch=
wald. Die Herſtellung der einfachen Kleidung verlangt weder hohe
Kunſtfertigkeit noch beſondere Zubereitung der Materialien. Da ferner
die notwendigen Geräte und Waffen ſämtlich eingeführt werden, ſo iſt
die gewerbliche Betätigung der Karolinier ſehr gering. Auf Kuſaie wer=
den indeſſen feine Gewebe und Hüte aus Bananen= und Pandanus=
blättern hergeſtellt. Die wichtigſten Handelsprodukte ſind Kopra und auf
den Palauinſeln, Angaur und Pililju Phosphat, von dem im Jahre
1910 36000 t im Werte von faſt 1 Mill. ℳ. ausgeführt wurden. Da=
neben fallen Trepang, Schildpatt, geſalzene Fiſche, Trockenfleiſch, Vogel=
bälge, Tabak, Mais kaum ins Gewicht. Auf den Palauinſeln harren
Kohlenlager der Ausbeutung. 1910 betrug die Einfuhr 1,07 Mill.,
die Ausfuhr 1,7 Mill. ℳ. Poſtanſtalten befinden ſich in Palau, in
Yap auf den Weſt=, in Truk und Ponape auf den Oſt=Karolinen und
in Saipan auf den Marianen. „Die Inſel Yap iſt durch die der Deutſch=
Niederländiſchen Telegraphengeſellſchaft in Köln gehörigen Kabel Yap=
Menado (Celebes), Yap=Guam und Yap=Schanghai an das internatio=
nale Telegraphennetz angeſchloſſen." Die Poſtverbindungen werden durch
einen Dampfer der Jaluitgeſellſchaft hergeſtellt, der dreimal jährlich
die genannten Poſtämter von Sidney aus und rückkehrend dreimal von
Hongkong anläuft.

Verwaltung. Schule. Miſſion.

Das Schutzgebiet unterſteht dem Gouverneur von Kaiſer=Wilhelms=
land. Es iſt in zwei lokale Verwaltungsbezirke: Oſt=Karolinen (Bezirks=
amt Ponape) und Weſt=Karolinen mit den Palauinſeln und Marianen
(Bezirksamt Yap) eingeteilt. Die Verwaltung hat Erhebliches geleiſtet
in der Anlage von Verkehrswegen, Kanälen und hat dazu die Eingebore=
nen mit Erfolg herangezogen. Ihren Bemühungen iſt es auch gelungen,
die in den Jahren 1905—7 durch Taifune ſchwer geſchädigten Inſeln vor
Hungersnot zu bewahren und der den Kokosbeſtänden verderblichen
Schildlausplage Einhalt zu tun. Auf Saipan und Yap befinden ſich gut
beſuchte Regierungsſchulen. „Chamorrojungen werden nach Tſingtau ge=
ſchickt, um in den Marinewerkſtätten zu Handwerkern ausgebildet zu
werden."

Die Bevölkerung von Ponape (ca. 3000 Perſonen) iſt zu zwei Dritteln
proteſtantiſch, im übrigen katholiſch. Auch die Bevölkerung von Kuſaie
iſt bereits gänzlich für das Chriſtentum gewonnen, das auch auf den
übrigen Inſeln infolge der Wirkſamkeit der (evangeliſchen) Boſtoner
Miſſionsgeſellſchaft und des Spaniſchen Kapuzinerordens, der jetzt durch
deutſche Kapuziner abgelöſt wird, gute Fortſchritte gemacht hat. Auch
letztere haben Schulen gegründet.

b) Aus den Berichten der Reisenden und Forscher

Entdeckungsgeschichte der Karolinen. [1])

Der Archipel der Karolinen ist schon im Anfange des sechzehnten Jahrhunderts den Europäern bekannt geworden, da die Spanier auf den Fahrten von Mexiko nach den Molukken die nördlichsten Inseln desselben berühren mußten; die zuerst (von D i e g o d e R o c h a 1525 oder 1526) gesehene Insel war wahrscheinlich Lamoliork. Aber diese Entdeckungen endeten mit der Feststellung des Seeweges nach den Philippinen, der nördlich von den Karolinen vorbeiführte. Aufs neue traten die Spanier mit den Bewohnern dieser Inseln nach der Besitznahme der Ladronen in Verbindung hauptsächlich infolge der von den Jesuiten unternommenen Missionsversuche, die zu einer Kenntnis von dem westlichen Teile des Archipels führte, wie sie in jener Zeit (die Ladronen ausgenommen) von keinem einzigen des Ozeans bestand; aber für eine ordentliche Erforschung geschah dadurch ebensowenig wie durch den Verkehr, welchen die Karolinier seit 1788 mit der spanischen Kolonie in Guajan anknüpften und der seitdem nicht wieder aufgehört hat. Dagegen haben seit der Mitte des vorigen Jahrhunderts europäische Schiffe einzelne karolinische Inseln namentlich auf den Fahrten nach China im Westteil des Archipels kennen gelernt und dadurch einige Kunde von demselben verbreitet; die erste gründliche Erforschung war die des Franzosen D u p e r r e y 1824, der zum erstenmal die östlichen Inseln sorgfältiger untersuchte, sie tritt jedoch weit gegen die Aufnahme des Kap. Lütke 1827 und 1828 zurück, eine Aufnahme, die zu den glänzendsten von allen gehört, welche in dem Ozean vorgenommen sind und die die unentbehrliche Grundlage für die Schilde= rung des Archipels bildet und stets bilden wird.

Allgemeine Beschreibung von Yap. [2])

Dieselbe ist, von ein paar kleinen Atollen abgesehen, die westlichste der eigentlichen Karolinen. Sie teilt mit Kusaie, Ponape, Ruk und den Palau die Besonderheit eines gebirgigen Aufbaus; alle übrigen Komponenten des Archipels setzen sich nur aus niedrigen, eben über dem Wasser emporragenden Koralleninseln zusammen. Yap ist von Südwest nach Nordost gestreckt, mit einer Spitze weist es nach Süden und nimmt von da nach Norden an Breite immer zu, so daß im allgemeinen die Gestalt eines von links nach rechts gewendeten Kommas herauskommt. Die Längenausdehnung beträgt $2^1/_2$, die Breite in der Mitte etwa $1^1/_2$ Meilen. Das Areal, welches die Insel einnimmt, ist mit vier

---

[1]) M e i n i c k e: „Die Inseln des Stillen Ozeans", II, S. 343.
[2]) Prof. Dr. G. V o l k e n s: „über die Karolineninsel Yap". Verh. der Ges. für Erdkunde 1901. S. 62 ff.

Quadratmeilen etwa so groß wie das unseres Bundesstaates Bremen. Bei diesen kleinen Verhältnissen erscheint es nicht wunderbar, daß man von dem höchsten Berge, dem 300 m hohen Köbull, nicht nur das ganze feste Land zu überschauen vermag, sondern noch ringsum weit darüber hinweg die unendliche Fläche des Meeres. Der Blick ist ungemein reiz= voll. Von den tiefblauen Wogen des Ozeans hebt sich zunächst — in einer Entfernung von einer Viertel= bis zu einer ganzen Meile vom Strande — ein die ganze Insel umziehender, bei Sonnenlicht silberweiß glänzender Kranz, die Brandung ab, die viele Meter hoch aufspritzenden, in Schaum zerschlagenen Wellen kennzeichnend, mit denen sich das Meer gegen ein Küstenriff bricht. Davor, dem Lande zu, spielen grünliche und gelbliche Lichter auf dem ruhigeren Wasser als Widerschein des hellen Korallenbodens, der zur Ebbezeit oft kaum in Manneshöhe vom flüssigen Element überspült wird. Da und dort baut sich die Koralle höher auf, winzige Eilande bildend, die entweder dauernd oder nur bei tiefem Wasserstand sich über den Spiegel des Meeres erheben. Die letzteren sind naturgemäß kahl, die ersteren erscheinen mit Palmen und anderen Bäumen bedeckt, zwischen denen die Wellblechdächer verschiedener Handels= niederlassungen hervorlugen. Sie werden der Hauptinsel gegenüber von Europäern als Wohnplätze bevorzugt, weil sie allseitig bequem mit Booten zu erreichen sind und das Eigentum sich auf ihnen besser vor Diebstahl bewahren läßt. — Wir schauen von unserem Berge, von dem aus bei klarem Wetter nach der Färbung des Wassers jede Untiefe aufs deutlichste zu erkennen ist, nach Stellen rings im Kreise aus, die es auch tiefergehenden Schiffen gestatten, sich vom Ozean her dem Lande zu nähern. Wir sehen hier und da winzige Lücken in dem weißen Schaum= kranz der Brandung, aber nur eine davon, im Osten gelegen, bedeutet gleichsam ein Einfahrtstor, von dem aus eine Straße für Dampfer bis dicht zum Strande führt. Sich tief blau in ihrer Färbung von der hellen Tönung des unter Wasser befindlichen Riffes abhebend, stellt sie in ihren letzten, sich gelegentlich verbreiternden Auszweigungen den Tomill= hafen dar, den einzigen, den Yap für größere Schiffe besitzt. Verschiedene Wracks, die man in ihm gewahrt, deuten auf die Schwierigkeit des Fahr= wassers hin; aber sie ist jetzt gemindert, nachdem der neue deutsche Gouverneur es seine erste Amtshandlung sein ließ, durch mehr als 30 Bojen alle Untiefen und Riffkanten zu kennzeichnen.

Vom Meere wendet sich der Blick dem unter uns ausgebreiteten Lande zu. Wir sehen einen zerrissenen Küstenstreifen die Umgrenzung bilden; allenthalben, besonders aber gegen Norden, springen tiefe, viel= fach kanalartig schmale Buchten weit ins Innere, sich teilend und gabelnd, von unserem erhöhten Standpunkt auch darin erkennbar, daß ein fast schwarz erscheinendes Band dichter Mangrove=Vegetation sie umsäumt. Ganz im Norden haben die von verschiedenen Seiten her eindringenden

Fluten sich an zwei Stellen vereint und so dazu geführt, daß zwei größere Landkomplexe, Map und Rumong genannt, als besondere Inseln durch schmale Meeresarme abgetrennt worden sind. — Der Küstenstreifen stellt sich, wenn wir das Auge umherschweifen lassen, in sehr wechsel= vollem Bilde dar. Bald fällt er steil, oft senkrecht, 10 bis 30 m zum Meer ab, so besonders im Nordosten von Map und im Osten der Provinz Fanif, bald erhebt er sich kaum aus dem Meer und bleibt bis weit ins Land hinein eben, so vornehmlich an der gesamten Südspitze und in den Landschaften Gillifiz und Pin im Westen. Als Regel kann gelten, daß er als schmaler Gürtel von 10—1000 m Breite erscheint, hinter dem das Land mehr oder weniger plötzlich aufsteigt, entweder zu einer einzelnen Plateaustufe oder zu einem Hügelgelände, das in der aus drei Bergen bestehenden Burrä=Kette ungefähr in der Mitte der Insel seine höchsten, 250—300 m hohen Erhebungen findet. Wo der Küstenstreifen bis weit hinein eben ist, zeigt sich meist keine Mangrove vorgelagert; ein flacher Sandstrand breitet sich hier aus, die Decke bildend für festgefügten Korallenkalk. Nie hebt sich dieser, wie allenthalben auf den Palaus und vornehmlich auch auf den Marianen der Fall ist, zu bedeutenderen Höhen.

Bodengestalt der Marianen.[1]

Die südlichen Inseln des Archipels sind die niedrigsten; über ihrem ebenen, hügeligen Boden erheben sich nur hier und da einzelne kleine Berge; dagegen sind die nördlichen bergig, wenn auch die Höhe der Gipfel nicht bedeutend ist, die höchsten erreichen kaum 800 m Höhe. Das Gestein ist in den südlichen Inseln überwiegend Madreporenkalkstein, der über dem Meeresspiegel erhoben ist; dazwischen finden sich, besonders in Guahan, vulkanische Gesteine, welche die Erhebung des Kalksteins erklären. Die nördlichen Inseln sind dagegen ganz von vulkanischer Bildung; es fehlt ihnen auch nicht an tätigen Vulkanen, und Erdbeben sind nicht selten und richten zu Zeiten starke Verheerungen an. Die Küsten der südlichen Inseln sind mehr oder weniger von Küstenriffen umgeben, die der nördlichen dagegen frei davon, Häfen nur selten. Alle Inseln sind größtenteils dicht bewaldet; die Vegetation ist selbst im Ver= gleich mit der der Molukken und Philippinen noch reich und glänzend und schließt sich eng an die der indischen Inseln, namentlich der Philip= pinen an, die politische Verbindung mit diesen hat (wenigstens in Guahan, auf welche Insel unsere Kenntnisse von den natürlichen Produkten des Archipels fast allein beschränkt sind) die Einführung vieler Pflanzen von dort zur Folge gehabt, die häufig auch verwildert sind. Kryptogamen aller Art sind bei der Feuchtigkeit des Klimas sehr häufig, ebenso Gräser (die Europäer fanden Zuckerrohr und Reis bereits vor) und Zypereen;

---

[1] Meinicke: „Die Inseln des Stillen Oceans". II. S. 388.

Palmen fanden sich ursprünglich nur in zwei Arten (Kokos und Areka); von anderen Pflanzenfamilien sind Orchideen, Urticeen, Euphorbiaceen, Synanthereen, Leguminosen, Malvaceen, Rubiacen, Apochneen usw. besonders vorherrschend. Die Nahrungspflanzen sind die gewöhnlichen des Ozeans, zu denen noch mehrere aus den Philippinen eingeführte gekommen sind.

Das Klima von Yap. [1])

Was das Klima angeht, so ist bezüglich seiner Wirkung auf den Menschen zu betonen, daß es als ein außerordentlich gesundes bezeichnet werden kann. Ich habe doch etwa ein halbes Dutzend Europäer kennen gelernt, die seit 15 Jahren auf Yap leben, und alle versicherten, nie etwas vom Fieber, Dysenterie und anderen Tropenkrankheiten am eigenen Leibe gespürt zu haben. Auch die Eingeborenen leiden, wenn wir allerlei Hautaffektionen ausscheiden, offenbar sehr wenig unter Krankheiten. Ein Fall, den ich sicher als Lepra hätte deuten müssen, ist mir nicht vorgekommen, auch Syphilis scheint nur ganz vereinzelt vorzukommen. Das Klima ist, wie nicht anders erwartet werden kann, ein außerordentlich gleichmäßiges. Während der sieben Monate — von Anfang Dezember bis Ende Juni —, wo ich täglich dreimal meteorologische Beobachtungen anstellte, war die tiefste Schattentemperatur, die ich ablas, 25, die höchste 31° C. Gewöhnlich übersteigt die Tagesamplitude nicht 3 oder 4°, gewöhnlich wird die Hitze auch durch Seebrise so gemildert, daß man selbst während der Mittagspausen im angenehmsten Wohlbehagen zu schwelgen vermag. Die Temperatur bleibt sich das ganze Jahr über gleich, dagegen tritt ein ziemlich ausgeprägter Wechsel zwischen feuchter und trockener Zeit ein. Eine lange und intensive Trockenheit hatte ich selbst durchzumachen; denn es fielen von Mitte Januar bis Anfang Juni nur 156 mm Regen, was für eine Insel unter dem neunten Grad nördlicher Breite als ganz etwas Abnormes zu gelten hat. Alle Bäche trockneten während derselben aus, alle Quellen versiegten, so daß die Eingeborenen und teilweise auch die wenigen auf Yap lebenden Europäer gezwungen waren, das unentbehrliche Naß durch Ausgraben tiefer Erdschächte zu gewinnen. Als Regel kann gelten, daß jährlich etwa 2500 mm Regen fallen und davon gegen 2000 mm auf die Zeit vom Juni bis November. Langandauernde Regengüsse sind selten; die ganz überwiegende Zahl der Regenfälle hat einen böigen Charakter, indem schnell herbeieilende Wolken unter heftigen Windstürmen sich plötzlich entladen und dann wieder das heiterste, sonnigste Wetter herrscht. Die Regenzeit ist zugleich die Zeit der wechselnden Winde, während in der Trockenzeit der Nordost-Monsun fast ausschließlich herrscht. Die Winde sind am heftigsten von Ende

---

[1]) Prof. Dr. Volkens: „Über die Karolineninsel Yap." Verh. b. Ges. für Erdk. 1901. S. 67.

November bis Ausgang Mai und steigern sich in diesen Monaten manches
Mal zu Stürmen, die uns für unser Haus fürchten ließen. In den
Wochen, wo der Nordost=Monsun einsetzt, seltener in denen, wo er auf=
hört, also im November und Dezember einerseits und im Juni anderer=
seits, treten in unregelmäßigen Zwischenräumen die für diesen Teil der
Südsee verheerend wirkenden Taifune auf. Mir selbst ist es beschieden
gewesen, zwei davon mit durchmachen zu müssen, einen an Bord des
kleinen Kanonenbootes „Jaguar" im Hafen von Yap, den andern auf
einem winzigen Segelschoner während der Fahrt nach Guam auf den
Marianen. Nur wer einmal durch das Zentrum eines solchen Wirbel=
windes gekommen ist, kann sich einen Begriff von seinen Schrecknissen
machen. Yap sah aus, nachdem der 22 Stunden während Sturm
vorübergerast war, als ob ein Feuerherd über die Insel dahinge=
fahren sei.

Die Vegetation des Kulturlandes auf Yap. [1]

Ich schicke voraus, daß ich das Wort an dieser Stelle in etwas
beschränktem Sinne gebrauche, indem ich darunter die Zone verstehe,
innerhalb derer die Eingeborenen ihre Wohnplätze haben, eine Zone, die
einen mehr oder weniger breiten Küstensaum darstellt und sich nur da
tiefer ins Land erstreckt, wo Buchten einspringen oder von kleinen, perio=
dischen Bächen durchflossene Täler nach dem Meer zu sich öffnen. Das
Kulturland in diesem Sinn wird seiner Vegetation nach in den Büchern
gewöhnlich Palmenhain oder auch Brotfruchtwald genannt, was wohl
andeutet, daß wir es mit einem Gebiet waldartigen Charakters zu tun
haben, daneben aber die Vermutung rechtfertigt, daß hier eine durchaus
künstliche, nur von Menschenhand geschaffene Pflanzenformation herrsche.
In Wahrheit durchdringen sich Kunst und Natur. Kokos= und Betel=
Palmen, Brotfruchtbäume, Bananen, Papayen, Limonen, Jambusen und
Baumstachelbeeren sind in einen starkgelichteten, niederen Wald hinein=
versetzt und gewähren zusammen mit nutzlosen Bäumen — von denen ich
Banian= und Würgerfeigen, Terminalia, Cerbera, Serianthes, Cyno=
metra und Erythrina nenne — zusammen mit Sträuchern, Kräutern und
vereinzelten Lianen das Bild eines stark verwilderten Parkes oder auch
Gartens, der scheinbar ohne jede menschliche Pflege aufschießt. Da und
dort sind Lichtungen in diesem Parke, der durch die Kokospalme seine
Signatur erhält. Sie werden ausgefüllt einerseits durch die Gehöfte
und wenige größere Versammlungshäuser der Eingeborenen, andererseits
durch Pflanzungen von Knollgewächsen, unter denen Taro und eine
andere, Lack genannte, wunderbar dekorativ wirkende Aracee (**Cyrstosperma
edule Schott**), mit meterbreiten und drei Meter langen Blättern in erster

---

[1] Prof. Dr. G. Volkens: „über die Karolineninsel Yap". Verh. der
Ges. für Erdk. 1901. S. 65.

Linie steht. Von den Holzgewächsen des Kulturlandes, die nicht ange= pflanzt, also ursprünglich sind, ist der verbreitetste der Boeubaum (Inoarpus edulis) und als wichtig auch darum anzuführen, weil er in den Zeiten der Not, die auch diesem sonst so gesegneten Eiland keines= wegs unbekannt ist, mit seinen handtellergroßen, flachen Früchten ein mehlreiches Nahrungsmittel bietet.

Die Tierwelt. [1]

Nur drei Säuger weist die Fauna Yaps auf, einen fliegenden Hund, eine Ratte und eine Maus; die Vögel, wenn wir von den auch nicht zahlreich vertretenen Seevögeln absehen, beschränken sich auf etwa ein Dutzend Arten, von denen ein schwarzer Star am häufigsten ist, dazu kommt ein Honigvogel, eine wahrscheinlich von den Palaus her einge= führte Taube, ein weißer und ein grauer Reiher nebst einer Anzahl kleiner Spezies, die man nur gelegentlich zu Gesicht bekommt. Schlangen und Frösche fehlen ganz. Dafür sind vier Arten von Eidechsen gemein. Mit das auffälligste Tier ist ein Leguan, von dem ich Exemplare sah, die von der Schnauzen= bis zur Schwanzspitze $1^1/_4$ m maßen. Der Leguan ist für die Eingeborenen ein heiliges Tier, aber nur während einiger Monate, in anderen schlagen sie ihn ohne Bedenken tot. — Sehr spärlich ist im allgemeinen auch die Insektenwelt; Heuschrecken, Libellen, Schmetter= linge und Schwaben weisen noch einen gewissen Artenreichtum auf, von Käfern habe ich trotz eifriger Nachstellung nur etwa 20 verschiedene fest= stellen können.

Nicht zu sagen brauche ich, daß die Meeresfauna um so reichlicher entwickelt ist. Fährt man mit einem Boot über die Korallenbänke, die hier freilich nicht die Formenmannigfaltigkeit und Farbenpracht wie auf den Palaus besitzen, so sieht man das bis auf fünf und mehr Meter vollkommen durchsichtige Wasser von zahlreichen, häufig wunderbar bunten Fischen aller Klassen und jeder Größe belebt, Seesterne und Seeigel haften auf dem Grunde, und träge ruhen in ihrer Gesellschaft bis meter= lange Holothurien, von denen einzelne als Trepang gefischt und von den Händlern in getrocknetem Zustande zu hohen Preisen nach China ver= schifft werden. Die Zahl der Seeschnecken und Muscheln ist Legion; alle die bei uns als Zierarten aus der Südsee verbreiteten Gestalten treffen wir an, darunter auch die Perlmuschel, allerdings nicht in der Größe und Häufigkeit, wie in den Gewässern des Bismarckarchipels.

Küstenvegetation der Palauinseln. [2]

Wir fuhren bei Hochwasser über die nun gänzlich bedeckten inneren Riffe ziemlich nahe an der Küste entlang; überall ist sie von einem Saum

---

[1] Prof. Dr. G. Volkens: „Über die Karoloneninsel Yap", Verh. der Ges. für Erdk. 1901. S. 67.
[2] Semper: „Die Palau=Inseln", S. 80.

von Mangroven umgeben. Mitten aus dem plätschernden Wasser steigen
zahllose gerade dünne Stämme bis zu Manneshöhe empor und breiten
sich dann plötzlich aus in eine Krone unregelmäßiger Äste mit breiten,
saftigen, glänzendgrünen Blättern. Ihre Wurzeln ragen teilweise über
das Meer empor: dünne, wirre Gebilde, die, von der Ferne gesehen, wie
ein Kegel von regellos angehäuften Ruinen aussehen; zwischen ihnen
abgestorbene Stämme oder spitz und steif emporwachsende junge Bäume
und von den Zweigen herabhängend, aus den abgestorbenen Blüten=
kelchen hervorwachsend, senkrecht dem fruchtbaren Naß zustrebende Luft=
wurzeln frischer Keime. Dieses Dickicht scheint dem Auge nur schmal zu
sein; aber folgt man einem der vielen labyrinthisch sich in ihm verteilenden
Kanäle, so erstaunt man über ihre Ausdehnung. Überall ziehen sie sich
weit bis in das Land zwischen die Hügel hinein, und diese entspringen fast
immer mit ihrem steil ansteigenden Fuße aus den Sümpfen, in denen
die Mangroven wachsen. So fehlt dort eigentlich alles ebene Land
zwischen den Bergen und der Küste. Bei hoher Flut scheinen die
meisten Rhizophoren als einfache Stämme aus dem Wasser aufzusteigen,
welches das von den Wurzeln gebildete Geflecht gänzlich verdeckt. Dann
herrscht in diesem Walde tiefe Stille, die nur selten unterbrochen wird
durch das krächzende Geschrei eines glänzend blauen Eisvogels, der er=
schreckt vom Ruderschlage vor uns auffliegt oder vielleicht auf einen
Fischschwarm niederstößt, welchen die reißende Strömung der steigenden
Flut unter seinem Sitze vorbeigeführt hat. Eine mit breitem Ruder=
schwanze versehene Wasserschlange läßt sich schlafend mitten im Strome
einhertreiben. Wenn aber dann allmählich die Ebbe den sumpfigen Boden
des Waldes trocken zu legen beginnt, so erhebt sich ein ganz anderes
Leben zwischen den Wurzeln der Bäume, wie in ihren Zweigen, in den
Strömen, wie auf den kleinen freien Plätzen in den Teilungswinkeln der
Kanäle, die dadurch entstehen, daß hier Schlamm rascher angesetzt wird,
als die Mangroven denselben mit ihren Luftwurzeln für sich zu erobern
vermögen. Mitunter finden sich auch künstlich gelichtete Plätze im Walde.
Auf solche jetzt halbtrockenen Stellen lassen sich nun von allen Seiten
herbeieilend große Reiher nieder, die, ähnlich unseren Störchen, mit ihren
langstelzigen Beinen zwischen den Stumpfen der Rhizophorenwurzeln ein=
herstolzieren und nach allerlei Würmern suchen, die zu Tausenden aus
ihren Löchern hervorkommen. Laute knackende Töne bringt hier ein
kleiner Krebs hervor, indem er die Glieder seiner dicken Scheren kräftig
gegeneinanderschlägt. Die in den schönsten Farben prangenden Tele=
graphenkrebse sitzen mit ihren kolossalen einseitig ausgebildeten Zangen
vor dem Eingang ihrer Wohnungen und bewegen diese beständig auf und
nieder, als wollten sie ihre Freunde zum Besuche herbeirufen. Zierliche
Schnepfen und Bachstelzen laufen eilig und emsig suchend von Ort zu
Ort, und eine Unmasse von lungenatmenden Schnecken verlassen Löcher

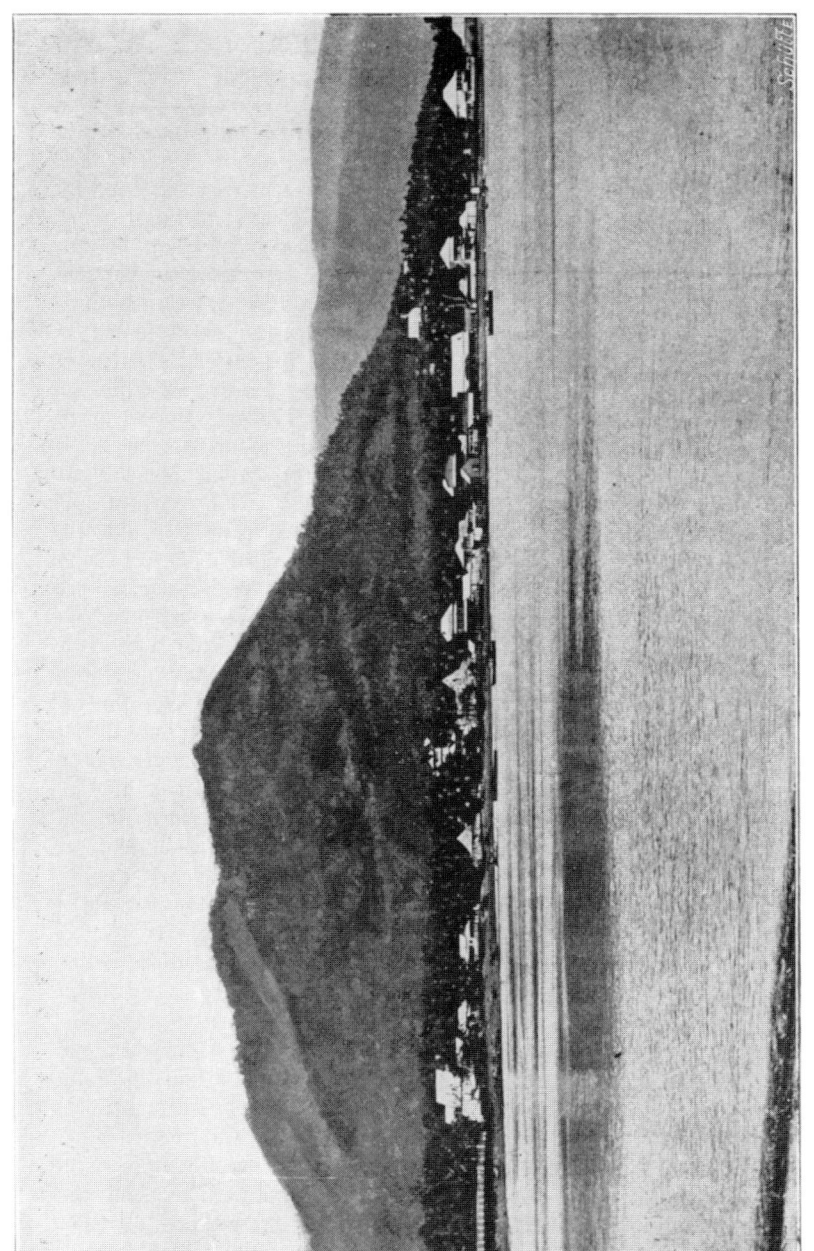

Ansicht von Apia mit dem Baiaberg (Samoa).

und Spalten, in denen das bedeckende Wasser eine kleine Menge Luft eingeschlossen hatte, um sich ebenfalls eine Zeitlang an hellem Sonnen= licht und reiner Atmosphäre zu erfreuen. Große, räuberische, auf dem Lande lebende Krabben begeben sich nun in dieses Labyrinth, um nach den Schnecken des Brackwassersumpfes zu suchen oder die großen, im Schlamm versteckten Muscheln solcher Gegenden mit ihren mächtigen Scheren zu zerbrechen. Auch der Mensch wetteifert dann mit ihnen im Suchen nach den wohlschmeckenden Muscheln. Die zurückkehrende Flut macht schließlich allem Leben wieder auf kurze Zeit ein Ende.

Das Meer bei den Palauinseln. [1]

Nun waren wir auf dunkelblauem Wasser, aber vergebens blickte ich in die Tiefe, um die Beschaffenheit des Meeresbodens zu ergründen. Hier im Norden ist der breite, dem Außenrande des Riffes fast parallel laufende Hauptkanal zwischen 40 und 60 Faden tief. Bald jedoch wurde das Wasser wieder heller; nicht plötzlich, sondern ganz allmählich ging das dunkle Indigoblau der Mitte des Kanals über in Berlinerblau von wundervoller Durchsichtigkeit, dann in Himmelblau und Smaragdgrün, zum Beweise, daß da nicht, wie in den kleinen Seitenkanälen, die Wände des Riffes senkrecht aus der purpurnen Finsternis emporsteigen. Nun traten auch schon einzelne Korallenknollen deutlicher hervor, bald zierliche Baumgestalten nachahmend, bald kolossale Blöcke, enorme Kugeln oder großen Tischen vergleichbar. Zwischen den Tausenden von Zweigen, denen wie schimmernde Blüten und Früchte die einzelnen nun schon er= kennbaren Polypen ansaßen, tummelten sich in lustigem Spiel zahllose kleine Fische in den buntesten Farben. Hier zog ein ganzer Schwarm der blaugebänderten Daschyllus=Arten einher, ein Papageifisch weidete mit seinen harten, einem Papageischnabel ähnlichen Kiefern die Korallen= blöcke ab, ein Aal wand sich in Schlangenwindungen am Boden einher. Aber die Polypen waren offenbar dies Spiel gewöhnt; denn keiner von ihnen zog seine Tentakel ein, die im Kreise um seinen beutegierigen Mund herumtasten — da plötzlich schießt ein ganzer Schwarm von kleinen und großen Fischen daher, wild durcheinander und offenbar in großer Angst. Gleich hinter ihnen kommt lüsternen Blickes ein Haifisch einher= geschwommen, er scheint kaum die Flossen zu bewegen, und doch schießt er so rasch vorbei! Und mit der plötzlichen Aufregung, die er am Grunde des Meeres hervorruft, ist nun auch das heitere Spiel der kleinen Fische, der ganze Wald blühender Bäume urplötzlich verschwunden — eine öde graue Fläche ruht der Meeresboden wie im Todesschlafe, und aus ihr strecken schmucklose Korallen ihre zackigen Arme empor, uns warnend vor der Gefahr, die sie eben noch unter dem bunten Kleide aller der prächtig gefärbten Tiere verbargen.

[1] Semper: „Die Palau=Insel", S. 124.

Tierleben auf den Palauinseln bei steigender Flut. [1]

Als ich erwachte, war auf dem Strande um mich her alles lebendig. Die Menschen freilich schliefen noch; aber die lebhaften Tiere tummelten sich schon wieder im erneuten Kampf um ihre Existenz. Da kriecht offen= bar dieselbe riesig große Landkrabbe abermals an mir vorüber, die vorhin gegen das Riff zu geeilt war; ihre Jagdgründe hat das steigende Wasser schon zurückerobert, aber sie scheint zufrieden zu sein mit der Beute des Tages. Mitunter steht sie still und greift mit ihren Scheren in den Sand hinein; das ist wohl ein kleiner Wurm, den sie zum Nachtisch zwischen ihre beständig auf= und zuklappenden Kaufüße schiebt. Nun kommt sie an mir vorüber; in einem Loche des alten Baumes zwischen Steinen und trockenem Laube verschwindet sie. Flohkrebse hüpfen und tanzen in Scharen um mich herum; auch sie treibt das steigende Wasser wie jene Landkrabbe vor sich her. Sie scheinen zu spielen, doch bei genauerem Zusehen erkenne ich, daß auch sie in dem Mulm ihre Beute suchen. Hier liegt ein großer Wurm, auf dem sie in großer Schar tastend und fressend herumspringen. Muntere Taschenkrebse laufen nach allen Richtungen umher, und mühselig genug schleppen einige Einsiedlerkrebse ihre ge= stohlenen Häuser mit sich fort. Diese sind offenbar unglücklich daran; ihren Feinden entrinnen wie jene hurtigen Krabben können sie nicht, noch viel weniger sich verteidigen wie die große Landkrabbe mit ihren mächtigen Scheren. Aber Not macht auch unter den Tieren erfinderisch. Bei dem geringsten Geräusch ziehen sie sich in ihre Schale zurück und verschließen nun die Öffnung des Gehäuses mit einer ihrer Scheren so vollständig, daß nicht leicht ein Schnabel eines Vogels an ihren weichen Leib zu kommen vermag; packt er aber doch ihre Schere, die vielleicht etwas zu klein war, um sich ganz der Schalenöffnung anzupassen, dann läßt der Krebs den Arm rasch entschlossen fahren. Haben sie doch die beneidenswerte Eigenschaft, sich einen neuen, schöner als zuvor, wieder ansetzen zu können. Wie mögt ihr Eremiten über den hilflosen Menschen lachen! — Immer näher heran kommt das Wasser und zwingt auch mich zum Rückzuge. Nun kriechen die Einsiedlerkrebse, die offenbar auch auf dem Lande leben, an dem Baume empor und in die Spalten hinein, und mit ihnen zugleich ein Heer von kleinen und größeren Strandschnecken. Das ist ein langweiliges Volk; apathisch und furchtsam tasten sie mit ihren Fühlern sorgfältig vor sich her. Auch sie verlieren sich in den Löchern zwischen den Wurzeln des Baumes. Reiche Beute an verschiedenen Arten machte ich, als ich ihnen nachgrub, und in der größten Tiefe des Baues fand ich eine ganze Familie einer solchen Strandschnecke (Melampus), die in friedlichster Eintracht der zahlreichen Mitglieder einen großen Haufen ihrer kleinen, regellos zusammengehäuften Eier zu hüten schienen.

---

[1] Semper: „Die Palauinseln", S. 162.

Körperliche Habitus der Eingeborenen von Yap. [1]

Die Eingeborenen Yaps stellen einen wohlgebauten Menschenschlag dar. Die Männer sind das schönere Geschlecht, weil ihre Gesichtszüge ausdrucksvoller, nicht so verschwommen erscheinen, wie die der meisten Weiber. Der Schönheit dieser wird für unseren Geschmack auch dadurch Abbruch getan, daß sie ihre Zähne mit Hilfe einer stark salmiakhaltigen Erde dauernd schwarz färben. Gestalten von herkulischem Wuchs trifft man selten, die Mehrzahl ist von mittlerer Größe und tadellos eben-mäßigem Körperbau. Die Weiber sind um vieles kleiner, reichen dem Mann für gewöhnlich nur bis zur Schulter und haben Neigung zu volleren Formen. Breite Nasen und wenig gewulstete Lippen können als Regel betrachtet werden, aber zahlreiche Ausnahmen lassen auch ein durchaus edles Profil gewahren. Die Weiber haben durchweg schwarzes, glattes Haar, das seitlich zu einem einfachen Knoten über dem linken Ohr aufgesteckt wird. Das Haar der Männer ist nur bei einem Teil gleichfalls lang und glatt und wird dann zusammengenommen und zu einem Bausch auf dem Hinterkopf befestigt, ein anderer Teil hat krauses Haar, denn die Schmiegsamkeit fehlt und daher, selbst wenn es 30 bis 40 cm lang ist und dicht am Hinterkopf zusammengebunden wird, mit den freien Enden als wirrer Haufen horizontal absteht. Der Bartwuchs des Mannes ist für gewöhnlich spärlich, außerdem verlangt die Sitte, daß alle Schnurrbarthaare durch Ausreißen entfernt werden. Die Hautfarbe spielt bei den einzelnen Individuen vom gelblichen Braun in ein dunkles Schokoladenbraun hinüber, ist aber immer durch ihren schönen warmen Ton ausgezeichnet. Eintrag tut der natürlichen Hautfärbung eine Einreibung des ganzen Körpers mit Reng, d. h. einer Paste aus gepulverter Curcumawurzel und Kokosöl. Sie gibt der Haut aller erwachsenen Individuen eine gelbe Tönung.

Die Vegetation des Wildlandes auf Yap. [2]

Die Vegetation, die auf dem gesamten zentralen und gebirgigen Grundstock Yaps auf wenigstens dreiviertel der Fläche der Insel zur Entwicklung gelangt, sticht gegen die des Kulturlandes ganz auffällig ab, so auffällig, wie ich es auf einem verhältnismäßig doch so kleinen Raum nie für möglich gehalten habe. Das Kulturland zaubert uns, wenn auch immerhin in bescheidener Fülle, einen Tropenwald vor. Die Hügelwellen und Berge, die, von einem Küstenraum abgesehen, das ganze

---

[1] Prof. Dr. G. Volkens: „Über die Karolineninsel Yap", Verh. der Ges. für Erdk. 1901. S. 70.
[2] Prof. Dr. G. Volkens: „Über die Karolineninsel Yap", Verh. der Ges. für Erdk. 1901. S. 30.

18*

Innere einnehmen, stellen eine Steppe dar, die in den Provinzen Tomill und Gaguill stellenweise auf eng umschriebenem Areal geradezu den Charakter einer Wüste annimmt. Werfen wir wieder von einem der höchsten Berge einen Blick auf die Insel, so sehen wir einwärts der Mangrove das Kulturland als dunkelgrün getönten Saum sich längs der Küste ausdehnen. Nur gelegentlich verraten ebenso gefärbte größere und kleinere Tupfen das Vorhandensein von Kokosbeständen auch in kessel=artigen Senkungen des Innern, im übrigen aber schweift das Auge über ein fast ununterbrochenes Grasland, aus dem sich in ganz lichtem Be=stande 4 bis 6 m hohe Schraubenbäume (Pandanus tectorius) erheben. Hunderte von Malen habe ich ganz ähnliche Szenerien auf meinen Wanderungen in Ostafrika gesehen, und genau wie da lernte ich auch hier Steppenbrände kennen, die zur Zeit höchster Trockenheit an einer Stelle entflammt, sich von selbst weiter verbreiten und im Laufe einer Nacht die vorher gelben Flächen der Berge und Hügel mit einem düsteren Schwarz überziehen. — Fragen wir uns, warum in der Vegetation dieser schroffe Gegensatz zwischen Kulturland und dem bergigen Innern besteht, so kann die Antwort nur lauten: er besteht, weil die Wasser= und Nähr=stoffversorgung für die Pflanzen in beiden Gebieten eine verschiedene ist. Durch den Regen empfangen wohl beide gleich viel Wasser, aber von den Bergen, deren Zersetzungskrume beständig heruntergewaschen wird, läuft es schnell ab, während es in den Tälern und dem Küstensaum mit ihrem tiefgründigeren Boden sich hält und es so den Gewächsen er=möglicht, über die ungünstige Periode der Trockenzeit hinwegzukommen.

Handel der Yapleute. [1]

Bei der sozialen Gliederung des Volkes spielt der Kleinhandel von Mann zu Mann oder Frau zu Frau keine hervorragende Rolle; dieser ist fast ganz auf den Verkehr mit Europäern bezw. den auf der Insel ansässigen Tagalen und Marianenleuten beschränkt. Handel unter sich betreiben in größerem Umfange eigentlich nur die Landschaften unter Vermittlung der Häuptlinge. Es werden dabei die Erträgnisse des Fisch=fanges und Feldfrüchte gegeneinander ausgetauscht, oder sie werden, was häufiger ist, in aller Form mit Geld gekauft. Unter den Geldsorten ist die bekannteste und in vielen Büchern bereits erwähnte das Steingeld „Fä" genannt. Es hat die Gestalt runder, in der Mitte mit einem Loch versehener Scheiben und stuft sich in der Größe von handtellergroßen Stücken bis zu solchen ab, die wie gewaltige, im Maximum bis zu 3 m im Durchmesser betragende Mühlsteine erscheinen, die zehn und mehr Zentner schwer sind und nur dadurch von einem zum anderen Ort über=führt werden können, daß man sie mit Hilfe eines durch das Loch in

---

[1] Prof. Dr. G. Volkens: „über die Karolineninsel Yap", S. 74.

der Mitte gesteckten Rundholzes wie ein Rad fortrollt. Zwanzig Männer
gehören bei den Riesen unter ihnen wenigstens dazu. Ich will auf dieses
Steingeld, da es schon vielfach behandelt worden ist, nicht näher eingehen
und nur erwähnen, daß es von Yapleuten auf den Palaus hergestellt
und früher auf Kanus, jetzt auf Europäern gehörigen Segelschonern von
dort nach Yap hinübergebracht wird. Außer dem Steingeld ist Muschel=
geld in Gebrauch, und zwar entweder in Form von Schnüren, die aus
Muschelscheibchen in Größe eines Fünfpfennigstückes bestehen, oder in
Form von nicht weiter bearbeiteten Schalen der Perlmuschel. Für be=
sondere Zwecke gelten auch Matten als Zahlmittel.

Die Weberei der Karolinen. [1])

Am meisten bezeichnend für die Karolinier ist jedenfalls die Weberei,
welche glücklicherweise 1880 auf Kusaie noch betrieben wurde, so daß ich
dieses Gewerbe zuerst eingehend beschreiben konnte. Das bisher als
„Webstuhl" bezeichnete, sehr sinnreich erfundene Gerät ist nämlich kein
solcher, sondern dient zum Aufmachen der Kette, was allein große Ge=
schicklichkeit und große Geduld erfordert, denn die verschiedenfarbigen
Fäden des Musters werden zusammengeknüpft, so daß an einem Lenden=
gürtel an 16 000 Knoten zu knüpfen sind. Der Webeprozeß selbst ist ein
sehr primitiver und erfordert keine anderen Gerätschaften, als ein paar
flache Brettchen, einige Stäbchen, um Fach zu bilden, ein flaches Stück
Holz als Lade oder Schwert und schließlich das Schiffchen für den Ein=
schlag, das ganz gewöhnlichen Weberschiffchen ähnelt. Als Material zur
Weberei verwendet man die Faser einer besonderen Art Banane, die in
drei Farben gefärbt wird, in den Zentralkarolinen auch Faser von
Hibiscus oder beide Fasern zusammen. Die gewebten Zeugstoffe haben
sehr verschiedene Länge und Breite (120 bis 220 cm lang, 17 bis
67 cm breit) und werden auf Ruk, Mortlock, den Hallinseln, Ulea und
Uliti verfertigt, wo Weberei noch jetzt im Schwunge zu sein scheint. Auch
auf Nukuor, Pikiram, Sonsol und Bunai verstand man zu weben, doch ist
auf den beiden letzteren Inseln diese Kunst bereits untergegangen, wie zu
meiner Zeit (1880) Ponape nur noch ein paar Weberinnen aufzuweisen
hatte. Denn überall wird und wurde diese Industrie nur vom weib=
lichen Geschlecht betrieben, dem wahrscheinlich auch das Verdienst der Er=
findung gebührt. Yap und Palau kannten keine Weberei, sondern bezogen
Stoffe von den Nachbarinseln.

Da diese gewebten Zeugstreifen für die Bewohner vieler Inseln die
fast einzige Bekleidung sind, so bilden sie zugleich einen der hervor=
ragendsten Tauschartikel.

---

[1]) Dr. O. Finsch: „Karolinen und Marianen", S. 25.

Wasserfahrzeuge der Karolinier. [1]

Wie überall bildet ein künstlich ausgehöhlter Baumstamm den Haupt=
teil oder Schiffsrumpf, der aber im Vergleich zur Länge stets unverhält=
nismäßig schmal ist, denn beispielsweise beträgt die Breite eines 6 m
langen Kanus nur 60 bis 70 cm. Um nun einen solchen Baumstamm
überhaupt als Fahrzeug geschickt zu machen, wird ein sogenannter Aus=
leger angebracht, dessen Hauptteil in einem mit dem Schiffskörper parallel
laufenden Schwimmbalken besteht, der durch mehr oder minder weit vor=
ragende Querstangen mit dem Schiffskörper verbunden ist, übrigens vor
eventuellem Umschlagen des Fahrzeugs sichert.

Je nach den Lokalitäten oder der Größe der Fahrzeuge ist der Aus=
leger in verschiedener Weise konstruiert, fehlt aber selbst an kleinen Kanus
nicht. Stämme des Brotfruchtbaumes werden am liebsten zu Kanus
verarbeitet; doch findet sich nicht überall passendes Material, und die
Paper zimmern deshalb ihre großen Fahrzeuge auf Palau. Die Größe
der Kanus ist natürlich sehr verschieden, und überall gibt es kleine und
große Fahrzeuge; so erwähnt Lütke solche von Lukunor, die nur eine
Person tragen, während nach Kubary manche Fahrzeuge der Palauer
bis 20 m lang und mit vierzig Ruderern bemannt sind. Alle diese
Ruderkanus dienen natürlich nur dem Lokalverkehr, und da die Kusaier
z. B. selten über die Lagune und Kanäle des Barriereriffs hinauskommen,
so fehlt ihren Kanus auch das sonst allgemein übliche Segel. Das letztere
ist meist sehr groß, dreieckig, aus Streifen von Mattengeflecht (aus
Padanusblatt) zusammengenäht, wird mit zwei winkelig gegeneinander
befestigten Stangen ausgespannt und ist an einem Mast befestigt. Die
Hantierung dieses Segelgeschirrs ist ziemlich umständlich, da beim Wenden
Mast wie Segel an den entgegengesetzten Bug getragen und hier in Naben
eingesetzt werden müssen. Eigentümlich ist es, daß die Segelkanus von
Ponape früher mastlos waren; aber diese Insulaner sind keine Seefahrer
und segeln nur nach Andema oder Pakin (10 resp. 18 Seemeilen), selten
bis Ngatik (60 Seemeilen). Auch die Palauer unternehmen keine großen
Seereisen, wofür alle diese aus nur einem Baumstamm bestehenden Kanus
überhaupt ungeeignet sind. Das eigentliche Hochseekanu repräsentiert
daher einen anderen Typus von Fahrzeugen, die nicht immer größer,
aber ansehnlich höher sind, indem man dem ausgehöhlten Baumstamm,
der nur als Kielstück dient, Seitenteile oder Bugstücke aufsetzt, die mittels
Stricken durch Bohrlöcher festgebunden und kalfatert werden. Zugleich
erhalten diese Fahrzeuge ein stärkeres Auslegergeschirr und mittschiffs
eine Plattform, welche als Deck dient und auf welcher zuweilen eine
kleine Hütte für die notdürftigste Unterkunft errichtet ist.

---

[1] Dr. O. Finsch: „Karolinen und Marianen", S. 44.

Ruinenstätten auf Ponape und Kusaie. [1]

Es handelt sich bei diesen Trümmern um die Reste einer ausge=
dehnten, wie das italienische Venedig in die Lagune eingebauten Stadt=
anlage, deren Baumaterialien mächtige Basaltsäulen in der sechseckigen
Form ihres dortigen natürlichen Vorkommens bildeten, welche man
aber vermutlich mit großen Mühen und Anspannung aller Energie
und Geduld auf zerbrechlichem Canoe in der inneren Lagune weit vom
Nordende der Insel hierher transportieren muß. Fordert bereits diese
Tatsache unsere Bewunderung, so wird dieselbe noch erhöht durch die Be=
trachtung der imponierenden Dimensionen (417 qm Fläche) der ganzen
Anlage und der zweifellos zu Befestigungszwecken bestimmt gewesenen haus=
hohen zyklopischen Mauern, sowie durch die sorgsam kunstvolle Aus=
führung der einzelnen Wasserbauten. Denn außer diesen gewaltigen,
im Innern der größeren natürlichen Insel wohl sicher zu Verteidigungs=
zwecken erbauten Mauerzügen, begegnen wir einer ganzen Anzahl nied=
riger, wenig über Fluthöhe emporragender kastenartiger Rahmen aus
Basaltblöcken, welche innen mit Basalt= und Korallentrümmern ausge=
füllt künstliche Inseln bilden, auf denen zweifellos einst die Häuser=
bauten dieses karolinischen Venedig standen. Dafür spricht einerseits
die derzeitige Auffindung solcher Häusertrümmer durch Kubary an Ort
und Stelle, andererseits ein Blick auf die noch heute auf Ponape üb=
liche Häuserbauart, welche ganz ebenso auf einem parallelogrammati=
schen Steinunterbau von Basalttrümmern den eigentlichen Holzbau auf=
führt. Bei der hervorragenden Bedeutung, welche einst diese ganze An=
lage von Nanmatal als Hauptstadt der Insel gehabt haben muß, ist
es kein Wunder, wenn wir außer diesen Resten von Wohnhäusern
dort auch größeren Grabanlagen begegnen. Als solche werden wir
jedenfalls das von hohen regelrecht quadratischen und terrassenförmig
aufgebauten Mauerzügen umgebene Häuptlingsgrab Nan=tauatsch zu be=
trachten haben, unter dessen basaltischer Decke neuerdings wieder Christian
sorgfältige Ausgrabungen veranstaltete. Was hierbei, sowie bei den von
Kubary und Finsch bereits früher an dieser und anderer Stelle gemachten
Ausgrabungen an Muscheläxten, Muschelplatten, Muschelstangen aus
Konus= sowie Fischhaken und Perlmutterschalen gefunden wurde, stimmt
völlig überein mit den modernen Arbeiten der heutigen Ka=
rolinier. Diese Tatsache dürfte beweisen, daß Kubarys Vermutung der
Erbauung von Nanmatal durch einen eingewanderten, begabteren und
den Ponapeanern fernstehenden Stamm haltlos ist, und daß die unver=
mischten Vorfahren der heutigen Karolinier die Erbauer gewesen sein

---

[1] Dr. Max Friederichsen: „Die Karolinen. Mitteilungen der Geogr.
Gesellschaft in Hamburg", Bd. 17, S. 22. Mit gütiger Erlaubnis des Ver=
lages L. Friederichsen & Co., Hamburg.

müssen, wie solches auch Finsch bereits ausgesprochen hat. Daß spanische Piraten nicht in Frage kommen konnten, sollte sich bei einigermaßen sorgfältiger Betrachtung und Untersuchung der Stätte eigentlich von jeher selbst verstanden haben.

Ganz ähnliche, wenn auch lange nicht so großartige Basaltmauern wie die von Nanmatal finden wir als Einfriedigung der Häuser, Gärten und Plantagen der Bewohner der Chabrol, dem Osthafen Kusaies, vor= gelagerten kleinen Insel Lälla. Auch hier haben sich neben den noch heute benutzten Mauern größere verlassene Anlagen aus früherer Zeit erhalten.

Vorstehender Exkurs zu den Ruinenstädten Ponapes und Kusaies soll vornehmlich zeigen, daß die Karolinier bereits b e i Ankunft der Europäer auf Werke ihrer Vorfahren blickten, welche sie selbst nicht mehr zu fertigen verstanden. Nach dem Einzug der Europäer und der plötz= lichen Überschwemmung der bisher nur an Steinwerkzeuge gewöhnten Karolinier mit Eisengeräten und Kultur=Werkzeugen aller Art, steigerte sich der begonnene Rückschritt rapide.

Die einst so hochentwickelte Schiffahrt geht arg zurück, die kunst= vollen Schildpattsachen der Palauer gehören zu den Seltenheiten der Museen, die kunstvollen Gürtel aus Kokosnuß= und Muschelperlen vermag man nicht mehr zu fertigen, und die noch von Kubary so eingehend studierten Bauten der Gemeindehäuser auf Palau und Yap mit ihrem reichen symbolischen Ornamentschmuck versteht man kaum mehr, weiß sie nicht mehr zu erbauen und staunt sie als Werke der „Kalits“ oder Geister an. Und doch würden alle diese Dinge sich leichter, schneller und besser mit denjenigen Werkzeugen fertigen lassen, welche heute europäische Kultur über die Inseln verbreitet hat. Wir stehen hier vor der betrübenden, aber nicht wegzuleugnenden Tatsache, daß für dieses wie für viele andere Naturvölker der anscheinend erwärmende Hauch höherer europäischer Kultur zum kalten Todesodem wurde. Ganz im gleichen Gang der Gedanken, wie sie Gerland in seiner Schrift über das Aussterben der Naturvölker niederlegte, schrieb Semper an den Schluß seines Werkes über die Palau=Inseln: „Mit den Beilen und Waffen aus Stein und Fischknochen haben wir Europäer den Karoliniern das einzige Mittel genommen, sich des schädlichen Einflusses ihrer natürlichen Faulheit und Indolenz zu erwehren. Das Bewußtsein leicht etwas erreichen zu können, ertötet nicht bloß bei den Wilden die Begierde nach dem Besitz. So mußte notwendig das, was für sie vergeblich ein Segen werden sollte, sie krank machen und hinsiechen lassen an Seele und Leib.“

Samoaner im Tanzschmuck.

Haus im Busch bei Apia (Samoa).

V. Deutsch-Samoa

a) Allgemeine Beschreibung des Landes

Lage und Erwerbungsgeschichte.

Bei der politischen Teilung der Samoa-Gruppe sind die vier westlichen Inseln Savaii, Apolima, Manono und Upolo an Deutschland gefallen. Sie liegen zwischen dem 13. und 14. Breitengrade südlich vom Gleicher und zwischen dem 171. und 173. Meridian ö. L. und umspannen einen Flächenraum von etwa 2572 qkm, sind also etwas größer als das Herzogtum Sachsen-Meiningen. Der Hauptanteil entfällt auf Savaii (1710 qkm) und Upolo (850 qkm), während Apolima und Manono, in der die beiden Hauptinseln trennenden Apolimastraße gelegen, nur winzige Eilande sind.

Auf Samoa hat der deutsche Unternehmungsgeist schon frühzeitig festen Fuß gefaßt. Der deutsche Handel in den Händen der Deutschen Handels- und Plantagengesellschaft der Südsee war weitaus am bedeutendsten, der deutsche Landbesitz am umfangreichsten und am besten entwickelt. Aber England und Amerika waren eifrige Mitbewerber. Die hierdurch entstehenden unaufhörlichen Reibungen, verbunden mit den nie ruhenden Zwistigkeiten der Eingeborenen führten zu einer Vereinbarung der drei beteiligten Mächte (Samoa-Konferenz zu Berlin 1889), wonach Malietoa als Oberkönig anerkannt und eine Aufsichtsregierung aus Vertretern Deutschlands, Englands und der Vereinigten Staaten Nordamerikas bestellt wurde. Dieser Vertrag tat aber weder den Fehden der Eingeborenen dauernd Einhalt noch unterdrückte er die Eifersüchteleien der Angehörigen der Vertragsstaaten. Hierunter litt nicht nur die wirtschaftliche Entwicklung der gesamten Inseln und insonderheit der deutschen Unternehmungen, sondern auch das Ansehen des Deutschen Reiches. Am 2. Dezember 1899 kam es daher zu einem neuen Abkommen, durch welches Deutschland der oben erwähnte Besitz endgültig zugesprochen wurde.

Bodengestalt. Bewässerung.

Die Inseln sind sämtlich vulkanischen Ursprungs, eine große Anzahl noch tätiger und erloschener Krater legt davon Zeugnis ab. Die Küste

ist reich gegliedert. Sowohl Upolu wie Savaii weisen zahlreiche tief=
einschneidende Buchten auf, von denen die Bucht von Apia auf Upolu die
wichtigste ist. Doch ist Savaii im Osten und Norden ein ausgedehntes
Korallenriff vorgelagert.

Nicht selten fällt die Küste der Inseln unvermittelt zum Meere ab.
Daneben finden sich aber auch ausgedehnte Küstenebenen und allmähliche
Abdachungen. Das Innere der beiden großen Inseln ist gebirgig, aber
im ganzen noch wenig erforscht. Die höchsten Berge auf Upolu sind der
Suisinga (900 m) in der Mitte der Insel und der Tofua (980 m) im
westlichen Drittel gelegen. Noch höhere Erhebungen (Manga Loa 1646 m)
finden sich auf Savaii. Apolima wird von einem versunkenen und zum
Teil zertrümmerten Krater gebildet.

Die Wasserläufe sind infolge der geringen Breite der Inseln und
des gebirgigen Innern nur unbedeutend. In die Bucht von Apia
münden der Baisingano und der Mulivai.

Klima. Gesundheitsverhältnisse.

Das Klima ist der Lage entsprechend tropisch. Die Temperatur hoch
und gleichförmig, aber durch kühle Seewinde gemildert. Im kältesten
Monat (Juli) beträgt sie durchschnittlich 24° C., im wärmsten 27° C.
Der Regenfall ist ziemlich beträchtlich (3400 mm im Jahre), am häufigsten
und stärksten vom Dezember bis April. In dem letzteren Zeitraume
wehen wechselnde Winde, von denen die westlichen Regenbringer sind.
Wochenlange Weststürme mit andauerndem Regenfall sind nichts Seltenes;
zuweilen treten verheerende Orkane auf. Im Südwinter (Mai bis
November) dagegen herrscht der kühle und trockene Südostmonsun.

Trotz Wärme und Feuchtigkeit ist das Klima außerordentlich gesund:
Fieber und Dysenterie fehlen fast ganz. Auch der Europäer kann ohne
Bedenken dauernd im Freien arbeiten. Zur Zeit des kühlen Südost=
windes treten allerdings Katarrhe und Influenza auf. Auch Lungen=
schwindsucht ist bei den Eingeborenen häufig, wohl als Folge der mangel=
haften Bekleidung. Sonst ist noch die Elefantiasis (starkes Anschwellen
einzelner Glieder) ein lästiges und besonders unter den Eingeborenen
viel verbreitetes Übel.

Pflanzen= und Tierwelt.

Die klimatischen Verhältnisse im Verein mit der günstigen Beschaffen=
heit des Bodens hat eine ungewöhnliche starke Entwicklung der Vege=
tation zu Wege gebracht. Höhen und Niederungen sind von einer üppigen
reizvollen Pflanzendecke überkleidet. Dichtes Buschwerk, von Rubiaceen,
Urtikaceen und Myrtaceen gebildet, von Banianen (Ficus), Pandanus=
arten, Kokosnußpalmen und Brotfruchtbäumen überragt, überzieht einen
großen Teil des Inselgeländes. In den höheren Regionen herrschen
Farnarten vor. Die wichtigsten Nahrungspflanzen sind außer der Kokos=

palme der Brotfruchtbaum, Yams, Taro, Bataten, Bananen, Zucker=
rohr u. a. Die Tierwelt ist dagegen nur dürftig vertreten. An Säuge=
tieren finden sich neben den eingeführten Haustieren nur fliegende Füchse,
einige kleinere Fledermausarten und Mäuse. Die Vögel sind durch 52
Gattungen vertreten, von denen 15 Samoa allein angehören. Besonders
häufig sind an den Küsten einige Gattungen von Wat= und Schwimm=
vögeln. In den Wäldern trifft man große Schwärme wilder Tauben
und scheckiger Papageien. Die Reptilien sind durch Geckos und Skinke
vertreten. Insekten finden sich wenig, doch machen sich die Moskitos
lästig bemerkbar, ebenso Nashornkäfer, welche die Kokospalmen bedrohen.

Bevölkerung.

Die Samoaner sind Polynesier. Ihre Gesamtzahl betrug am 1. Ok=
tober 1911 ausschließlich der in Samoa seßhaft gewordenen Südsee=
insulaner 33 500 und weist eine langsame Zunahme auf. Sie sind groß,
kräftig, hellbraun bis bronzefarben, haben breitgedrückte Nasen, wulstige
Lippen, stark entwickelte Unterkiefer, hervortretende Backenknochen, aber
im ganzen angenehme Gesichtszüge. Das Haar ist schwarz, meist aber
durch Kalk rötlich gebeizt und wird kurz getragen. Von Charakter ist
der Samoaner fröhlich und gastfrei, aber träge. Da die Eingeborenen
zu jeder regelmäßigen Arbeit untauglich sind, hat man sich gezwungen
gesehen, für größere wirtschaftliche Unternehmungen melanesische Arbeiter
einzuführen. Die Seitenwände der Häuser sind tagsüber meist offen,
um den kühlen Winden Einlaß zu gewähren, werden aber nachts zum
Schutze gegen die Moskitos durch Palmblattdecken verhangen. Dagegen
ist das Dach besonders sorgfältig hergestellt, um Regen und Sonne ab=
zuhalten. Die weiße Bevölkerung belief sich am 1. Januar 1911 auf
504 Personen; darunter waren 284 Deutsche. An Mischlingen waren
1009, an Chinesen 1321, an nichteingeborenen Südseeinsulanern 873
vorhanden.

Produktion des Landes. Gewerbefleiß. Handel und Verkehr.

Der Busch bietet viele Früchte im Überfluß. Kokospalme, Brot=
fruchtbaum und die verschiedenen Pandanusarten liefern nicht nur be=
liebte Lebensmittel, sondern werden auch sonst wirtschaftlich viel ver=
wertet. Die Kokosnüsse geben das Hauptausfuhrprodukt der Inseln, die
Kopra. Aus den Blättern der Palme werden ebenso wie aus denen der
Pandanusarten Matten geflochten, aus den Schalen der Nüsse die ge=
bräuchlichsten Gefäße hergestellt. Die Eingeborenen bauen neben Yams,
Taro und Bataten auch Bananen, Ananas und Zuckerrohr. Von den
Europäern sind hauptsächlich Kokospalmen im größeren Maßstabe ange=
pflanzt worden, doch haben auch Versuche mit Kakao und Kautschuk
gute Ergebnisse geliefert. An Haustieren halten die Samoaner Hunde

und Schweine, Hühner, Tauben und Enten. Die Deutsche Handels=
und Plantagengesellschaft der Südsee hat auch bereits Rinder, Pferde
und Esel mit gutem Erfolge eingeführt.

Die Eingeborenen sind gute Schiffer, treiben Fischerei, verfertigen
Zeuge und Matten, haben aber sonst keine erheblichen Leistungen auf
wirtschaftlichem Gebiete aufzuweisen. Der Hauptausfuhrartikel ist die
Kopra (1910 über 9000 Tonnen); daneben kommen noch Kakao (500
Tonnen), Kawawurzeln, auch etwas Kaffee und Kautschuk in Betracht.
Eingeführt werden besonders Kleidungsstücke, Biskuits, Salzfleisch und
konserviertes Fleisch. Der Ausfuhr von über 4,4 Mill. M. stand im
Jahre 1911 eine Einfuhr von 4 Mill. M. gegenüber, wurde also von
der Ausfuhr übertroffen.

Auf Samoa bestehen außer dem Kaiserl. Postamt zu Apia, das auch
ein Ortsfernsprechnetz besitzt, noch 7 Posthilfsstellen. Die Verbindung
mit dem Mutterland geht über Tutuila, Honolulu und San Franzisko
alle drei Wochen und über Fiji und Sydney alle vier Wochen. Eine
funkentelegraphische Verbindung zwischen Yap, Apia, Nauru und Rabaul
ist beabsichtigt, wodurch über Yap eine telegraphische Verbindung mit
dem Mutterlande hergestellt würde. Bis dahin muß der telegraphische
Verkehr sich der Vermittlung der Station Auckland (Neuseeland) be=
dienen.

Verwaltung, Schule, Mission.

Die Verwaltung untersteht einem Gouverneur (z. Zt. Dr. Schultz),
dem ein Gouvernementsrat zur Seite steht, liegt aber im übrigen in den
Händen der Samoaner. An der Spitze der samoanischen Selbstver=
waltung steht ein Oberhäuptling (mit dem Titel Le Alii Sili), dem ein
Rat (Faipule) beigegeben ist. Für die Zwecke der Verwaltung ist die
Insel Upolu in vier, Savaii in sechs Distrikte eingeteilt. Jeder Distrikt
untersteht einem Häuptling (Taitai Itu). Im ganzen werden 101 Ort=
schaften gezählt. Die Landeshauptstadt ist Apia an der Nordküste von
Upolu mit etwa 1300 Einwohnern. Der Hafen wird durch zahlreiche
Riffe sehr beengt und ist im Südsommer gegen Wind und Dünung völlig
ungeschützt. Östlich von Apia liegt die Kokospflanzung Vailele, welche
ebenso wie die Pflanzung Mulifanua im Westen der Insel der Deutschen
Handels= und Plantagengesellschaft der Südsee angehört. In Saluafata
ist eine Kohlenstation eingerichtet.

Bereits seit 1888 besteht in Apia eine deutsche Schule. Fast alle
Samoaner sind Christen. Den größten Anteil an dem Bekehrungswerke
hat die (Evangelische) Londoner Missionsgesellschaft gehabt, die schon seit
1830 auf Upolu und Savaii tätig ist. Auch die Wesleyaner haben gute
Erfolge aufzuweisen. Am wenigsten Anhänger hat die Katholische Ma=
risten=Kongregation zu werben vermocht, obwohl auch sie bereits seit
1840 auf Samoa gewirkt hat.

b) Aus den Berichten der Reisenden und Forscher

Untergang des „Eber" und des „Adler" am 16. März 1889.[1])

Der Sturm hatte am Nachmittage des 15. März begonnen; gegen 11 Uhr abends war er zum Orkan angewachsen, und fast alle im Hafen liegenden Kriegsschiffe hielten ihre Dampfmaschinen in Tätigkeit, um die Gewalt der Stöße gegen die Ankerketten zu verringern. Mächtige Wogen rollten aus dem offenen Meere durch die ungeschützte Seite in den Hafen und schleuderten die Schiffe mit furchtbarer Gewalt umher. Bereits um Mitternacht hatten die Anker, an denen der „Eber" vor dem Winde ritt, ihren Halt verloren. Eine Stunde später waren auch die Anker der „Vandalia" aus dem festen Grunde gerissen worden. Beide Schiffe vermochten noch mit Hilfe von Dampfkraft gegen den Sturm anzukämpfen und einen Zusammenstoß mit den anderen Schiffen zu vermeiden. Stärker und stärker wurde der Orkan, dessen gewaltiges Brausen nur von dem rollenden Getöse der gegen die Riffe schlagenden Wellen übertönt wurde. Gegen 3 Uhr morgens hatten die Anker sämtlicher Schiffe ihren Halt verloren, und die Fahrzeuge wurden machtlos im engen Hafen umhergeschleudert. Vom Ufer aus konnte man die Lichtsignale der Kriegsschiffe bemerken; aus den Bewegungen war zu ersehen, daß die Schiffe ohne Ankerhalt waren. Gegen Tagesanbruch ließ sich wahrnehmen, daß die Kriegsschiffe gegen die Riffe, wo die furchtbare Brandung Tod und Verderben drohte, angetrieben wurden. Dichte Rauchwolken sah man aufsteigen, ein Beweis, daß man verzweifelte Anstrengungen machte, mit Dampfeskraft gegen Wind und Wogen anzukämpfen. Auf dem oberen Verdeck sah man die Mannschaft sich an Masten und sonstigen Gegenständen, die einen Halt gewährten, anklammern. Wie leichte Korkstücke wurden die mächtigen Schiffe herumgeworfen, bald mit dem Bug, bald mit dem Stern emporgeschleudert, um dann wieder unter Wogen völlig zu verschwinden. Das kleinste Schiff, der „Eber", machte einen letzten Versuch, dem drohenden Geschick zu entgehen. Mit voller Dampfkraft drang er gegen die Wogen vor, doch den tobenden Elementen war er nicht gewachsen; von der Strömung wurde das Schiff gegen die „Nipsic" geschleudert, prallte dann gegen die „Olga" und trieb, als ob der Widerstand gebrochen, machtlos gegen die Riffe. Ungeheure Sturzwellen rollten über das Schiff hinweg. Im nächsten Moment wurde es von einer Woge emporgehoben und mit der Breitseite auf das Riff geschleudert. Ein furchtbares Krachen, und von dem Schiffe war nichts mehr zu sehen. Der

---

[1]) Obermüller: „Samoa", S. 46.

Todesschrei der Mannschaften mischte sich mit den Rufen des Ent=
setzens der am Ufer harrenden Menge. Inzwischen war der Kriegs=
dampfer „Adler" vom Sturm über die Bai getrieben worden und
befand sich nun in der Nähe der Riffe. Auch dieses Schiff trieb
mit der Breitseite gegen die Felsen und wurde dann auf die Riffe
emporgeschleudert und nach einer Seite umgekehrt.

Orkane auf Samoa.[1]

In den Sommermonaten, wie sie auf den Samoainseln vorkommen,
d. i. von Januar namentlich bis März und Mitte April, aber besonders
im März zur Zeit des Äquinoctiums hat man Orkane zu erwarten.
Dieselben beginnen mit heftigem Nordostwind und gehen über Norden
und Westen, endigend im Südwesten. Denselben gehen meist wochenlange
Weststürme mit Regen und niedrigem Barometerstande voraus, die
Atmosphäre eigentümlich beengend und schwül machend. Klärt es sich
dann im Nordosten auf mit noch tiefer fallender Quecksilbersäule, so ist
der Orkan nahe, und um so näher dem Beobachtungspunkt, je tiefer der
Stand der ersteren. Ist der Sturm ausgebrochen, so fällt das Barometer
so lange noch weiter, und zwar stoßweise mit geringer Steigerung vor
jeder Depression, bis der Wind nach Westen sich gedreht hat. Es dauern
diese Orkane meist ein bis drei Tage, und nach Beendigung derselben
tritt meist schönes Wetter mit Passatwind ein. In der Samoagruppe sind
übrigens diese verheerenden atmosphärischen Störungen nicht häufig und
treten regelmäßig in langen Jahresfristen auf. Während der letzten zehn
Jahre haben z. B. nur zwei Orkane die Gruppe berührt, wovon der
eine weniger durch die Gewalt des Windes, als durch die sehr aufgeregte
See Schaden verursachte. Unvergeßlich wird in dieser Beziehung der
Januar des Jahres 1865 für die Einwohner Apias sein, wo die Orkan=
sturzsee in die Bucht hineinrollte, den niedrigen Küstenstrich unter Wasser
setzend. Eine deutsche Bark, welche daselbst vor Anker lag, wurde in der
Nacht zum Scheitern gebracht, wobei von der ganzen Besatzung nur ein
Matrose durch ein glückliches Ungefähr das Leben rettete. Der Strand
bot nach Beendigung des furchtbaren Phänomens einen betrübenden An=
blick der Zerstörung dar, indem er mit unglaublichen Massen von Baum=
stämmen, Sand, Korallen, Schiffstrümmern usw. bedeckt war. Der eben
erwähnte zweite Orkan war sehr lokal und verheerte allein die Insel
Futuija. Im Süden der Samoagruppe, in den Tonga= und Viti=Inseln,
sind diese Orkane viel häufiger, beinahe jährlich im März und April
wiederkehrend. Sie entstehen dort im Südosten und enden im Nord=
westen. Außerdem, daß sie die Gestade der befallenen Inseln mit Schiffs=
trümmern bestreuen, hinterlassen sie das Land im Zustande einer Einöde,

---

[1] Obermüller: „Samoa", S. 3.

indem viele Bäume umgeweht und die stehenbleibenden ihrer Blätter be=
raubt werden. Am besten widerstehen die Kokospalmen der Gewalt
solcher Stürme, indem die Elastizität ihres Stammes denselben sich vor
dem Winde tief hinabzubiegen erlaubt. Nur selten sieht man auch die
Palmen strichweise vor dem Winde hingemäht und kann man dadurch
auf die ganz außerordentlich stoßwirkende Kraft solcher Orkanwinde
schließen. Der Orkan beeinträchtigt übrigens bedeutend die Produktion
der von demselben befallenen Insel für einige Jahre, bis sich wieder alles
erholt hat.

Gesundheitsverhältnisse auf Samoa.[1]

Trotz des wunderbar milden Klimas und der vorzüglichen gesund=
heitlichen Verhältnisse auf den Samoainseln, welche dem menschlichen
Organismus so sehr zusagen, wie man auch an verschiedenen Europäern,
die schon fast ein ganzes Menschenalter dort zugebracht haben, sehen kann,
kommt hier, wenn auch nicht in so ausgedehntem Maße wie auf den
Marquesasinseln, doch unter den Eingeborenen ziemlich häufig Lungen=
schwindsucht vor, was hier wohl ebenso wie dort eine Folge der unge=
nügenden Bekleidung des Körpers während der rauheren Regenzeit ist.
Von sonstigen Krankheiten lassen sich eigentlich nur Elefantiasis und eine
Hautkrankheit, welche als Ringwurm bezeichnet wird, nennen. Während
die letztere selten ist, sieht man Elefantiasis ziemlich häufig. Die Krank=
heit tritt vorzugsweise in den unteren Extremitäten und zuerst an nur
einem Beine auf, so daß in dem Falle, wenn beide Beine ergriffen
sind, das eine einen höheren Grad der Krankheit zeigt als das andere.
Übrigens werden auch Europäer, die viele Jahre ununterbrochen auf
den Samoainseln gelebt haben, von ihr heimgesucht, und ich habe einen
solchen Fall bei einem über 70 Jahre alten Engländer, welcher seit nahezu
50 Jahren als Zimmermann auf Upolu lebt, gesehen. Der rüstige Mann,
welcher trotz seiner geschwollenen Beine noch immer gut zu Fuß ist,
scheint äußerlich wenig darunter zu leiden; dies gilt übrigens auch von
den Samoanern. Vielfach wird behauptet, daß dem Mangel an aus=
reichender Fleischnahrung die Entstehung der Krankheit zuzuschreiben ist,
doch wird dies von anderer Seite wieder bestritten. Tatsache ist ja,
daß die Samoaner hauptsächlich von vegetabilischer Kost und in erster
Linie von jungen Kokosnüssen und der Brotfrucht leben, andererseits
findet man die Elefantiasis vorzugsweise bei den Häuptlingen, die sich
doch mehr Abwechselung in ihrer Ernährung gestatten, und auch Euro=
päer, welche regelmäßige Fleischnahrung zu sich nehmen, wollen nach
längerem ununterbrochenen Aufenthalt in Apia die Anfänge dieser Krank=
heit an sich beobachtet und der Weiterentwicklung nur durch einen län=

---

[1] B. von Werner: „Ein deutsches Kriegsschiff in der Südsee", S. 265.

geren Aufenthalt in Australien, Neu-Seeland oder Europa vorgebeugt
haben.

Sitten der Samoaner. [1]

Die Samoaner sind, wie ich schon angegeben habe, sehr reinlich und
halten auf gute Körperpflege, ob aus natürlichem Trieb oder ob dies nur
eine Folge ihrer Lebensweise ist, wird heutzutage schwer zu entscheiden
sein. Sie waschen und baden sich zwar nicht, entsprechend unserer Ge=
wöhnung, gleich früh morgens, sondern erst etwas später und verbinden
dies mit den häuslichen Verrichtungen. So reiben sie sich, bevor sie ihre
Hütte zur Beschaffung des Lebensunterhaltes verlassen, den Oberkörper
mit Kokosöl, das häufig mit wohlriechendem Baumharz durchmengt ist,
ein und dann gehen sie in das Wasser und auf die Korallenriffe auf den
Fischfang, wobei sie ihr Morgenbad nehmen. An diesem Fang beteiligen
sich Männer, Frauen und Kinder, da auch die letzteren vom zartesten
Alter wassergewohnt sind, ja oft eher schwimmen als gehen können. Ich
habe dies nicht glauben wollen, bis ich mich einmal durch den Augen=
schein überzeugte, daß ein am Strande niedergelegtes, vielleicht $1\frac{1}{2}$ Jahr
altes Kind, welches noch nicht gehen konnte, auf Händen und Füßen in
das Wasser kroch und sich dort schwimmend ziemlich sicher bewegte. Die
Sitte, den Oberkörper mit Öl einzureiben, was oft je nach Bedarf
täglich mehrere Male erfolgt, bezweckt wohl, die Haut gegen die Sonnen=
strahlen widerstandsfähiger zu machen. Nach dem Fischfang wird in den
Wald oder nach den Anpflanzungen gegangen, um Baum= und Erdfrüchte
zu holen und beides, wenn nötig, am Nachmittag oder Abend wiederholt.
Bestimmte Mahlzeiten kennen auch die Samoaner wie alle diese Insulaner
nicht, sondern sie essen, wenn ihnen der Sinn danach steht.

Kindererziehung auf Samoa. [2]

Während der ersten Lebensjahre nun stehen Knaben und Mädchen
ganz unter den Fittichen der Mutter. Das Mädchen erhält schon früh
Unterweisung im Anfertigen von Fächern, Körbchen, Matten, Rinden=
stoffen, Schmuckgegenständen und feinen Ölen, im Kawamachen, im
Tanzen, im Empfang der Gäste; sie lernt lachen und, wie Kubary
hübsch sagt, „sie lernt weinen, um in jedem Augenblick beweinen zu
können". Sobald sie kräftig genug sind, ziehen sie mit den Weibern
in den Wald, um die Blüten und Pflanzen kennen zu lernen, die zum
Schmucke dienen, und aufs Riff hinaus, um Muscheln und Schnecken,
Seeigel und Seewalzen, kurz alles das Kleinzeug, figota genannt, finden
und fangen zu helfen, das einen Hauptbestandteil der Nahrung ausmacht.

---

[1] B. von Werner: „Ein deutsches Kriegsschiff in der Südsee", S. 252.
[2] A. Kraemer: „Die Samoa=Inseln", Bd. 2. S. 57. Mit gütiger Er=
laubnis der E. Schweizerbartschen Verlagsbuchhandlung (E. Nägele), Stuttgart.

Auch liegt es den Mädchen ob, Zuckerrohrblätter zur Hausbedachung und die Blätter der wilden Banane zum Einkleiden der Gerichte beim Kochen zu holen, während ja das Hausbauen und Kochen selbst Sache der Männer ist; höchstens helfen sie daselbst bei kleinen Verrichtungen. Dagegen liegt den Frauen die Reinhaltung von Haus und Hof ob, sie kehren innen und außen mit dem Besen aus Kokosblattrippen (salu), entfernen den Unrat und jäten das Vorland. Eine besondere täg= liche Beschäftigung der jungen Mädchen ist endlich noch das Wasserholen, nicht allein von Salzwasser vom Meer zur Bereitung gewisser Gerichte, sondern besonders auch von Süßwasser aus oft weit entfernten Quellen, da die Samoaner es verschmähen, Flußwasser, das sie suamalo nennen, zu trinken. Das Tragen der Lasten geschieht nun bei den Frauen im Gegensatz zu den Männern, welche stets an einem Stabe, amo, tragen, entweder bei großen Lasten auf dem Rücken, wobei dann die Last mit zwei Baststreifen schulranzenartig festgebunden wird, so daß die Streifen oft stark in die Brüste einschneiden, oder auch bei kleineren Lasten, wie z. B. den mit Wasserflaschen gefüllten Körben auf der Seite. Die Tragart auf der Seite ist auch jungen Frauen und Mädchen eigentümlich, die oft schon recht große Kinder so herumschleppen, die dann in ihrem Adams= kostüm rittlings auf der rechten oder linken Hanke thronen. Während das Mädchen so lange Jahre oder immer, wenn sie nicht von nahen Ver= wandten adoptiert wird, bei der Mutter bleibt, folgt der Sohn schon früh dem Vater, um die männlichen Beschäftigungen zu erlernen. Und deren gibt es genug. Vor allem wird er schon früh in der Kochkunst unterwiesen, damit er als geschickter Koch die Freude seiner Eltern werde, im Anlegen ·von Pflanzungen, deren Produkte er als junger Mann herbeizuschaffen hat, er lernt Fischen und Jagen, denn die Fische des Meeres und die nutzbaren Bäume und Tiere des Waldes sollen ihm wohlbekannt sein, er lernt die Keule und die Lanze führen und übt sich in den gebräuchlichen Männerspielen. Je nach Stand und Abkunft lernt er auch die Künste des Haus= und Bootbaues, des Tatauierens, die An= fertigung von Holzgeräten, als Keulen, Kawaschüsseln und von Hand= werkszeug usw.

Dörfer und Häuser der Samoaner. [1])

Die Dörfer oder Städte, wie man die Ansiedelungen nun nennen will, liegen, da der Samoaner ohne die See nicht leben zu können scheint, vorzugsweise an der Küste, die Häuser verstreut unter Kokospalmen, und zwar in solcher Entfernung voneinander, daß kein Besitzer von seinem Nachbar belästigt wird. Und die ganze Ansiedlung umfaßt entweder den nie fehlenden Beratungs= bezw. Festplatz oder lehnt sich an denselben an.

---

[1]) B. von Werner: „Ein deutsches Kriegsschiff in der Südsee", S. 254.

Auf diesem Platz befinden sich stets das Haus des Häuptlings und das „Fale-tele" genannte Beratungshaus, in welchem auch Fremde und Gäste empfangen werden. Die Honneurs macht hier wie gewöhnlich die älteste Tochter des Häuptlings, welche aus diesem Grunde für seinen Hausstand eine so notwendige Persönlichkeit ist, daß, wenn der Hausherr überhaupt keine erwachsene Tochter hat, er oft der Landessitte gemäß ein erwachsenes Mädchen für immer oder auf die Zeit als Tochter adoptieren wird.

Die Bauart der Häuser ist einfach und durchaus zweckmäßig. Ihre Grundform ist oval mit einem größeren Durchmesser von 12—14 m und einem kleineren von 10 m, das Dach, dessen First 8—9 m über dem Erdboden liegt, ist halbkugelförmig. Die Hauptbestandteile des Baues sind das Dach, die seitlichen Dachstützen und ein in der Mitte der Hütte befindliches kräftiges Balkengerüst, welches die Mittelstütze für das schwere Dach bildet und gleichzeitig als Aufbewahrungsort für den Hausrat von Matten usw. dient. Die seitlichen Dachstützen, welche ebenso wie das Mittelgerüst aus Kokospalmenholz bestehen und etwa 3 m über den Erdboden reichen, sind so eingegraben, daß die oberen Enden etwas nach außen geneigt sind, wodurch der Durchmesser des Daches größer wird als derjenige des Fußbodens. Die seitliche Entfernung der Stützen untereinander beträgt ungefähr 2 m, so daß aus Laub gefertigte Vorhänge bequem zwischen je zweien angebracht werden können und am Tage gegen Sonne und Wind, sowie des Nachts überhaupt heruntergelassen werden. Auf den Seitenstützen ruht eine horizontale Balkenlage aus dem biegsamen Holz des Brotfruchtbaumes, und auf diese baut sich das gewölbte Dachgerippe aus demselben Holze auf. Die Dachdeckung besteht aus getrocknetem Laub, und zwar vorzugsweise aus Zuckerrohr-, daneben aber auch Palmenblättern. Die innere Bodenfläche der Hütte wird schließlich mit einer etwa 1 m hohen Steinschicht ausgefüllt und dadurch der Raum zwischen Dachrand und Fußboden auf 2 m verringert. In dieser Steinschicht befinden sich dicht neben dem Mittelgerüst zwei vertiefte Feuerstellen, welche am Tage als Kochherd und abends zur Beleuchtung der Hütte, welche nur aus dem freien Raum besteht, dienen. Wenn auch die Häuser stets dieselbe Form und meistenteils die gleiche Größe haben, so sieht man vereinzelt doch auch schon etwas europäisierte Häuptlingshäuser mit viereckigem Grundriß, festen Wänden, abgeschlagenen kleinen Zimmern und harten hölzernen Bettstellen; eine Verbesserung in bezug auf die Wohnungsverhältnisse sind diese Häuser aber ebensowenig, wie die langen Gewänder der Frauen es in betreff der Kleidung sind. Diese geschlossenen Häuser sind dumpf, weniger sauber und in der Regel voll Ungeziefer, unter welchen die Wanzen nicht fehlen, so daß die Besitzer, welche glauben zu ihrem äußeren Ansehen ein solch stattlicheres Haus besitzen zu müssen, gewöhnlich den Aufenthalt in dem sauberen und luftigen Fale-tele vorziehen und ihr eigentliches Haus nur zur sicheren

Aufbewahrung des mit der neueren Zeit sich mehrenden kleinen Besitztums benutzen.

An der inneren Einrichtung der Hütten ist das merkwürdigste eine
durch den ganzen Raum laufende, etwa fußhohe Schicht kleiner, runder,
glatter Steine, welche nicht größer als Hühnereier und nicht kleiner als
Taubeneier und so beweglich sind, daß sie sich durch die vorstehenden
Körperformen des sich setzenden oder hinlegenden Menschen verdrängen
lassen und so bewerkstelligen, daß der Körper überall gleichmäßig unterstützt und nirgends gedrückt wird. Auf diese Weise ist mit Hilfe einer
ausgebreiteten Matte, welche die direkte Berührung mit den Steinen verhindert, ein vorzügliches, verhältnismäßig weiches, kühles und gesundes
Lager geschaffen, welches trotz des harten Materials unseren Polster-
lagerstätten kaum nachsteht, in diesem Klima denselben sogar vorzuziehen ist.

Der gewöhnliche Hausrat besteht nur aus Matten, welche auf dem
Fußboden über die Steine gebreitet werden, aus Tapavorhängen, welche
nachts zum Schutz gegen die Moskitos und zur Abtrennung der verschiedenen Schlafstätten dienen, und den allerdings sehr harten Kopfkissen.
Diese nähern sich dem japanischen Modell und bestehen aus einem wage-
recht liegenden Stück Bambusrohr von 6—12 cm Dicke, das durch kleine
Füße auf eine Höhe von 16 cm gebracht ist. Von diesen Kopfkissen gibt
es kurze einschläfrige und bis zu $1^1/_2$ m lange, welche für mehrere
Personen bestimmt sind. Kochgeschirr ist nur selten vorhanden und dann
auch nur solches europäischen Ursprungs, da die Samoaner die Speisen
ebenso wie die Tahitier zwischen erhitzten Steinen bereiten und die
dazu erforderlichen Gefäße in grünen Blättern bestehen.

Bereitung der Kawa. [1]

In der Mitte zwischen den beiden Männern sitzen mit untergeschlagenen
Beinen die Mädchen, vor sich die aus einem einzigen Stück Holz geschnittene Kawabowle, eine mit vier kräftigen Füßen versehene runde
Schüssel von etwa 50 cm Durchmesser. Ehe die Männer Platz nehmen,
reichen sie noch den Mädchen in Kokosnußschalen frisches Wasser, mit
welchem diese sich, dabei ihre schönen weißen Zähne zeigend, den Mund
ausspülen und die Hände waschen. Dann schneiden die Männer mit
einem Messer kleine Stücke von einer weißlichen Wurzel (Piper methysti-
cum) ab, welche von den bequem und etwas in sich gesunken dasitzenden
Mädchen in den Mund gesteckt und gekaut werden. Anfänglich ist die
Arbeit des Kauens kaum zu bemerken, die kleinen Stücke mehren sich
aber und die Unterkiefer müssen einen immer größeren Bogen beschreiben,
bis der Mund die Masse nicht mehr bewältigen kann, die während des

---

[1] B. von Werner: „Ein deutsches Kriegsschiff in der Südsee", S. 228.

Kauens geschlossen gehaltenen Lippen sich öffnen, ein breiiger Kloß von über Walnußgröße in die untergehaltene Hand und von dieser in die Schüssel fällt. Sobald eine genügende Anzahl solcher Klöße beisammen ist, waschen die Mädchen sich wieder Mund und Hände, den Mund jedenfalls, um den beißend bittern Geschmack der Wurzel einigermaßen zu beseitigen, und nun beginnt die in der Mitte sitzende, aus dem Brei das Getränk zu bereiten. Nachdem einige Kokosnußschalen Wasser dazugegossen, wird das Ganze mit den Händen solange durchgearbeitet, bis eine vollkommene Vermischung erreicht ist und das Getränk eine hellgraue Farbe angenommen hat. Dann wird ein Bündel zusammengereihter Baststreifen zur Hand genommen und mit diesem, ähnlich wie mit einem Schwamm, die Flüssigkeit in der Weise durchgeseiht, daß die Baststreifen an beiden Enden gefaßt, vorsichtig durch dieselbe gezogen, dann zusammengelegt und ausgerungen werden, und zwar dies letztere mit einer ganz eigentümlich unnachahmlichen Hand- und Armbewegung. Nach dem Ausringen wird das Bastbündel mit einigen kräftigen Schlägen ausgeschüttelt, um die darin zurückgebliebenen kleinen festen Bestandteile zu beseitigen, und diese Manipulation wird so oft wiederholt, bis sich keine Rückstände mehr zeigen. Ist dies erreicht, dann ist der Trank, welcher in Samoa für die größte Delikatesse gehalten wird, fertig.

Die eßbaren Früchte Samoas. [1])

Ehe ich auf die verschiedenen Kochrezepte selbst zu sprechen komme, möchte ich zuvor noch der Früchte Erwähnung tun, deren Anpflanzung schon erwähnt wurde. Im Vordergrunde steht die Kokosnuß. In noch nicht überreifem Zustande besteht sie aus dem Fruchtwasser, gewöhnlich Kokosmilch genannt, welches Wort ich jedoch absichtlich vermeide, erstens weil es nämlich gar nicht wie Milch aussieht, sondern höchstens wie milchig getrübtes Wasser, während der aus dem Kokoskern ausgepreßte Saft genau so weiß wie Milch aussieht. Diesen nenne ich daher aus selbem Grunde Kokoskernsaft, welcher so dargestellt wird, daß man den die reife Nuß innen auskleidenden, ca. 1 cm dicken harten Kern klein schabt und dann aus dem Geschabsel den Saft mit dem Seiher auspreßt. Dieser Kokoskernsaft bildet infolge seines reichen öligen Gehaltes die Grundlage der meisten Speisen, und ist am besten unserer Butter oder dem Schmalz zu vergleichen. Die Kokosnüsse werden indes häufig auch in jüngerem Zustande angewandt; sie heißen sehr jung Mu'amu'a, halbreif Mamata, wenn sie von den Bäumen fallen Matali oder Popo, letzteres wenn der Kern dick und fest ist, während derselbe im halbreifen Zustande nur sehr dünn und mit dem Nagel abkratzbar ist. In diesem

---

[1]) A. Craemer: „Die Samoainseln", Bd. II, S. 144. Mit gütiger Erlaubnis der E. Schweizerbartschen Verlagsbuchhandlung (E. Nägele), Stuttgart.

Zuſtande iſt ſowohl das Fruchtwaſſer als auch der Kern zum Roheſſen am beſten. Jenſeits der Reife hingegen ſchwindet das Fruchtwaſſer völlig und an Stelle desſelben tritt der ſüße weiße Schwamm, dem der junge Trieb entſproßt. Wie wichtig die Kokosnuß im ſamoaniſchen Haushalte iſt, beweiſen auch die zahlreichen Worte, die ſich auf ſie beziehen.

Das Pflücken von den hohen Palmen geſchieht nun ſo, daß ein Mann ſich eine Schlinge um beide Füße legt, mittels welcher er den Stamm hinaufzuklimmen vermag. Er reißt die Nüſſe von den Stielen los und läßt ſie hinabfallen, worauf ſie dann mittels des Spalteſtocks ihrer Hülle entledigt werden. Während alſo der Kokoskernſaft für das Kochen von größter Bedeutung iſt, wird das Fruchtwaſſer meiſt weg= gegoſſen. Es findet nur zu wenig Gerichten Verwendung.

Die Brotfrüchte hingegen pflückt man meiſt nicht durch Erklimmen der Bäume, da ſie ähnlich unſeren Äpfeln an den Enden der Zweige hängen. Man benützt zu dieſem Zwecke einen langen Stock aus Bambus oder anderem leichten Holz, an deſſen Ende ſich ein Haken befindet, mit dem man die Stiele abreißt. Die Früchte ſind roh ungenießbar und werden meiſt einfach zum Röſten ganz auf heiße Steine gelegt, nachher werden ſie dann mit einer Selefatu=Muſchel abgeſchabt.

Die Banane wächſt in großen Trauben, von der die einzelnen Früchte abgebrochen und meiſt ähnlich wie die Brotfrüchte direkt auf den heißen Steinen in der Haut geröſtet werden. Sie werden dann mit dem Schälmeſſer geſchält und ſo als Zugabe zu Fleiſch namentlich auf der Reiſe gegeſſen.

Der Taro und Yams aber werden als Wurzelſtöcke aus dem Boden gegraben, der Taro mehr in Rübenform, der Yams ähnlicher in Geſtalt einer Kartoffel, nur weit, weit größer. Letzterer hält ſich lange Zeit in rohem Zuſtande, wenn man die Augen ausſchneidet.

Apia vor der deutſchen Beſitzergreifung. [1])

Apia muß im Vergleich zu den Städten anderer unabhängiger Inſeln ein großer und bedeutender Platz genannt werden, iſt der Sitz der ſamoa= niſchen Regierung und Mittelpunkt des deutſchen Handels für den weſt= lichen Teil der Südſee. Es erſcheint auffällig, daß von den ſamoaniſchen Häfen gerade Apia der Hauptplatz geworden iſt, wenn man erwägt, daß der kleine Hafen die anlaufenden Schiffe oft kaum alle aufnehmen kann und nur Schutz gegen die gewöhnlich hier allerdings vorherrſchenden ſüdlichen Winde gewährt, gegen alle nördlichen aber und namentlich gegen den alle zehn bis zwölf Jahre einmal von Norden her über die Inſel wegziehenden Orkan ganz offen iſt, ſo daß die dann von dem Sturm

---

[1]) B. von Werner: „Ein deutſches Kriegsſchiff in der Südſee", S. 218.

unglücklicherweise im Hafen überraschten Schiffe in der Regel verloren sind. Der vorzügliche Hafen von Pago=Pago[1]) (sprich: Pango=Pango) auf Tutuila bietet dagegen ganzen Flotten Raum und vollständige Sicher= heit gegen alle Winde. Und doch wird die Wahl von Apia verständlich, wenn man berücksichtigt, daß Upolu die fruchtbarste und bevölkertste der Samoainseln ist, in der Mitte zwischen Tutuila und Savaii liegt, daß hier die einflußreichsten Stämme der Samoaner seßhaft sind, daß Apia wiederum so ziemlich im Mittelpunkt von Upolu liegt und der Hafen bisher immer noch als der beste dieser Insel galt, denn der sehr viel bessere Hafen von Saluafata ist erst seit kürzerer Zeit als solcher bekannt.

Die Stadt Apia umschließt, wie schon gesagt, den ganzen Hafen. Von diesem aus gesehen rechts, also an dem westlichen Ende, läuft das Land in eine schmale, niedrige, mit Kokospalmen bestandene, Mulinu'u genannte Landzunge aus, auf deren äußerster Spitze sich der Regierungs= sitz befindet, nämlich einige Hütten und ein kleines Bretterhaus, welches früher die Wohnung des ersten Ministers war, solange der amerikanische Colonel S t e i n b e r g e r, welcher Apia vor etwa zwei Jahren wieder verlassen hat, dieses Amt bekleidete. Jetzt dient das Haus dem der= zeitigen amerikanischen Konsul gelegentlich zum vorübergehenden Aufent= halt, wenn dieser wie es scheint etwas wunderliche Herr sich das Ansehen geben will, die Samoaner gegen Gewaltmaßregeln europäischer Kriegs= schiffe zu beschützen. Er hißt dann an dem bei dem Hause befindlichen Flaggenstock die amerikanische Flagge und will die Samoaner glauben machen, daß keine Truppe und keine Kugel den Weg zu einem Platz finden könne, in dessen Nähe seine Konsulatsflagge weht. Einige Tage nach unserer Ankunft hatte der Herr denn auch das Haus wieder bezogen, ob mit einer bestimmten Absicht oder nur zufällig, kann ich nicht wissen.

An den Regierungssitz schließt sich ein Dorf der Eingeborenen an, dann folgt die großartige Anlage der Deutschen Handels= und Plantagen= Gesellschaft (früher J. C. Godeffroy und Sohn) mit ihrem stattlichen Wohnhaus, den Lagerräumen, einer Baumwoll = Reinigungsmaschine, Schiffs=Reparaturwerkstätte und großen freien Lagerplätzen. Das nächste inmitten eines großen Gartens von der Straße etwas zurückliegende Gebäude ist ein französisches Nonnenkloster, welches sich der Erziehung somoanischer, halbweißer und weißer Mädchen widmet. Dann kommt der eigentliche europäische Stadtteil, vielleicht richtiger das Fremdenviertel genannt, mit einigen besseren Häusern, zwei fragwürdigen Gasthäu= sern (Hôtel international und Gasthaus zur Stadt Hamburg), einigen Matrosenkneipen, den wieder weiter von der Straße zurückliegenden, aus roten Backsteinen erbauten Häusern der französischen katholischen Priester und einer hübschen, kleinen, aus Stein erbauten katholischen Kirche.

---

[1]) Im Besitz der Vereinigten Staaten von Nordamerika.

Demnächſt folgt wieder ein Eingeborenendorf, das nach der anderen
Seite von einem in den Hafen mündenden, ziemlich breiten Fluß be=
grenzt wird und in welchem das Haus der engliſchen Miſſion ſowie die
einer häßlichen Scheune ähnelnde evangeliſche Kirche liegen. Eine lange
hölzerne Brücke führt über den Fluß an der Anlage des zweiten hier
etablierten großen deutſchen Hauſes von Ruge & Hedemann aus Ham=
burg vorbei, wieder zu einigen von Fremden bewohnten Häuſern und
ſchließlich zu einem auf einer flach auslaufenden Landſpitze liegenden
Eingeborenendorf, welches hier im Oſten der Stadt ebenſo abſchließt,
wie Mulinu'u im Weſten.

Apia erhält hierdurch ein auffallend ſymmetriſches Anſehen. An die
von der Brandung überſpülten Korallenriffe ſchließen ſich an den beiden
äußerſten Seiten die niedrigen Landſpitzen mit den Dörfern der Einge=
borenen an und an dieſe, wie Wachtpoſten, die beiden Hamburger Häuſer
mit der deutſchen Flagge, zwiſchen welchen am Fuße des hohen dicht be=
waldeten Berges Apia die Fremden wohnen.